개정 5판

일반경비원 신임교육

김순석, 김양현
조민상, 박동수
정병수 공 저

도서출판 진영사

개정 5판

일반경비원 신임교육

김순석 · 김양현 · 조민상 · 박동수 · 정병수

2016년 01월 20일 초판 인쇄
2016년 01월 26일 초판 발행
2017년 04월 11일 개정판 발행
2018년 12월 11일 개정2판 발행
2021년 04월 9일 개정3판 발행
2024년 01월 5일 개정4판 발행
2025년 02월 3일 개정5판 발행
2026년 01월 8일 2쇄 발행

발행인 박 진 영
발행처 도서출판 진영사
인천광역시 부평구 주부토로236(갈산동 94) 인천테크노밸리U1 지식산업센터 B동 1507호
전화 : 032)505-4207
팩스 : 032)505-4206
E-mail : 0183734207@hanmail.net
등록 : 122-91-77317

ISBN 978-89-6541-688-3 93350
값 22,000원

교육년도	년 월 일 ~ 월 일
교육차수	제 차 교육생
성 명	

목 차

제 1 장 경비업법

제1절 민간경비 개념과 원리
제2절 경비업법 주요 내용

제1장 경비업법

제1절 민간경비 개념과 원리

1. 경비의 개념

1) 경비의 일반적 개념

사전적으로 경비(警備)란 전쟁, 재난, 범죄 등의 위험을 염려하여 미리 살피고 대비하는 행위를 의미한다. 따라서 경비란 생명·신체·재산 등을 포함하는 보호가치 있는 대상에 대해 야기되는 위험으로부터 사전에 보호함을 목적으로 하는 일련의 행위 또는 조치다. 좀 더 포괄적인 유사 용어로 '보안(保安)'이라고도 하며 이는 안전을 유지한다는 것을 의미한다. 우리나라 학계에서는 '시큐리티(seuurity)'를 일반적으로 '경비(警備)'로 번역하여 사용해 왔다. 반면 민간경비 산업에 종사하는 실무계에서는 경비라는 용어와 함께 사업의 특성에 따라 '보안(保安)'이라는 용어를 병행해서 사용한다.

이러한 경비 활동은 현대 국가 성립의 이론적 기초인 사회계약설에 입각하여 국가가 공적인 기능(군, 소방, 경찰 등)을 통하여 국민을 위험(전쟁, 재난, 범죄 등)으로부터 보호하기 위해 실시하는 다양한 형태의 조치로 발전했다. 자본주의의 거래가 서비스 영역으로 확대·고도화되고 개인의 보호 욕구가 강화되면서 공적 경비 서비스의 한계에 불만을 갖는 개인이 민간 영역에서 비용지불의 대가로 보호나 안전 서비스를 제공받는 형태의 사적 경비, 즉 민간경비의 개념을 발전시켰다.

2) 경비업법상 경비의 개념

「경비업법」에서는 '경비'에 관한 정의를 따로 규정하고 있지 않다. 다만, 「경비업법」은 개념적으로 비용을 지불한 고객에 대하여 다양한 위험(재난 또는 범죄 등)으로부터 고객의 요구에 따라 생명 · 신체 · 재산 등을 보호하는 일련의 서비스나 활동이라고 설명한다. 이러한 측면에서 「경비업법」에 적용받는 경비업무는 공적 경비를 제외한 민간경비(private security)로 한정한다.

3) 공경비와 민간경비의 비교

공적경비와 민간경비는 미래에 발생할 수 있는 위험에 대비한 보호 활동 또는 조치라는 점에서 공통점을 가지고 있다. 하지만 공경비가 대상으로 삼는 위험은 전쟁이나 재난과 같은 보다 광범위하고 추상적인 위험을 포함하며, 보호 대상 또한 개인보다 국가나 사회 전체와 같은 더 추상적이고 고차원적인 개념이다. 보호의 방식에 있어서도 민간 경비업체가 제공하는 보호 방법이나 조치보다 공경비의 조치는 더 강력하고 포괄적일 수 있다는 점에서 차이가 존재한다. 이러한 개념상의 차이 외에도 권한과 책임과 관련된 몇 가지 중요한 차이점이 있다.

첫째, 공경비의 보호 대상은 사회계약설에 근거한 국가와 국민 간의 일종의 계약(대헌장 또는 헌법)에 기초하여 국가가 국민 전체를 보호하는 것이다. 따라서 공경비는 국민에게 제공되는 보호의 양과 질에 제한이 없다. 반면, 민간경비의 보호 주체는 민간 경비업체나 소속 경비원이며, 보호 대상은 사전에 계약을 맺고 일정한 비용을 지불한 고객으로 한정된다. 따라서 민간경비에서 제공하는 보호 서비스의 양과 질은 고객이 지불한 비용에 따라 달라질 수 있다.

둘째, 공경비는 군인, 경찰, 소방관과 같은 공무원이 수행하며, 이들은 국가로부터 법적으로 부여받은 권한을 행사할 수 있다. 공권력의 행사를 통해 위험으로부터 보호하는 목적을 달성할 수 있는 것이다. 반면, 민간경비는 개인 간의 사적 계약 관계에 기반하고 있기 때문에 경비업무 수행 중 강제력을 행사하는 데에 법적 제한이 따른다.

셋째, 공경비의 경우, 군인이나 경찰, 소방관이 공권력을 행사하는 과정에서 발생할 수 있는 예기치 못한 피해에 대해서는 국가가 책임을 지는 체계가 보장된다. 그러나 민간경비의 경우, 경비 활동이 정당하게 이루어졌더라도 계약자나 제3자에게 발생한 인적 또는 물적 피해에 대해 국가가 대신 책임을 지는 법적 근거는 없다. 민간 경비업체 역시 계약자와의 계약에 따라 일정한 책임을 질 수는 있지만, 피해에 대한 법적 책임 주체로 인정되지는 않는다. 이러한 점이 민간경비 활동의 적극성을 제한하는 한계로 작용한다.

공경비와 민간경비 간의 이러한 차이점은 보호의 주체, 대상, 방법, 책임 범위에서 뚜렷하게 드러난다. 특히 공경비는 국민 전체를 대상으로 하는 무차별적인 보호를 제공하며, 민간경비는 계약에 의해 특정 개인이나 조직을 대상으로 맞춤형 보호 서비스를 제공한다. 또한, 공경비는 강력한 공권력을 행사할 수 있는 반면, 민간경비는 제한된 권한 속에서 보호 활동을 수행한다는 점에서 차이가 있다. 민간경비가 공경비의 한계를 보완하는 역할을 하고 있으나, 이러한 법적 한계는 민간경비 산업의 발전에 중요한 고려 사항이 된다.

2. 경비업의 공공성과 기업성

1) 경비(警備)로서의 공익성(公益性)

「경비업법」은 법률의 제정 및 개정에 있어 '공공성'과 '기업성'이라는 이념적 지향과 정책적 기조가 투영되어 있다. 이는 시대적 상황과 경비 환경의 대외적 여건 변화에 따라 일정 부분 달라진다. 즉, 「경비업법」에서 경비는 보호 등을 필요로 하는 시설 또는 사람에게 비용 지불을 대가로 제공되는 일종의 치안서비스이다. 전통적으로 치안서비스는 국가가 생산하고 공급하는 공공재라는 점에서 공적인 영역에 속한다. 뿐만 아니라 '보호' 서비스의 재료에 해당하는 '다양한 위험' 역시 개인이 창출할 수 있는 것이 아닌 국가 관리하의 공적 부산물이다. 이러한 측면에서 공공재로서의 '경비'는 민간 영역에서 이루어진다 하더라도 공공성(公共性)과 공익(公益) 추구 목적을 내재하고 있다.

2) 업(業)으로서의 기업성(企業性)

'업(業)'은 비즈니스(business)를 의미한다. 이것은 전적으로 민간부문의 사적 영역에 해당한다. 따라서 사업으로서의 경비업은 기업성(企業性)을 이념으로 하며 궁극적으로는 수익창출을 통한 사익(私益) 추구를 목적으로 한다. 이와 같이 경비업은 그 개념 자체에 공공성과 기업성의 양 이념을 동시에 내포하고 있으므로 시대와 환경에 따라 「경비업법」의 제정과 개정과정에 영향을 미친다.

3) 경비업법상 공익성과 기업성

경비업법이 반영하는 '공공성'과 '기업성'의 조화는 민간경비업의 중요한 특징을 설명해준다. 민간경비업은 이윤 추구를 목표로 하는 기업 활동의 특성을 가지면서도, 공공 안전과 사회적 이익을 위한 공공성을 유지해야 한다는 책임을 동시에 지닌다. 특히 치안 서비스가 국가에 의해 제공되던 전통적인 공공재였음을 감안할 때, 민간경비업체가 제공하는 경비 서비스는 개인과 시설을 보호하는 동시에 사회 전체의 안정성을 높이는 공공적 성격을 띠게 된다. 이에 따라, 민간경비업체는 기업적 이익을 추구하면서도 국가의 치안 체계를 보완하는 중요한 역할을 한다. 또한, 경비업법의 제정과 개정은 이 두 가지 이념의 균형을 맞추기 위한 노력의 일환이다. 경비업이 지나치게 기업성을 강조할 경우 공공의 안전을 해칠 우려가 있으며, 반대로 공공성을 지나치게 강조하면 민간경비업체의 경쟁력이 떨어질 수 있다. 따라서 경비업법은 이러한 균형을 유지하면서도 변화하는 사회적 요구에 부응하는 법적 틀을 제공해야 한다.

사회가 경비업의 사회적 책임을 강조할 때, 경비업의 공공성은 강화된다. 이는 「경비업법」을 통한 규제 강화로 이어지며, 그 결과 경제적 이윤 창출이 기대에 미치지 못할 경우 경비업자들은 투자를 망설이거나 업종 전환 및 이직을 고려하게 된다. 이러한 상황은 경비업의 위축을 가져오며, 치안 서비스 공급 체계에 문제를 야기할 수 있다. 반면, 사회가 경비업의 이윤 추구를 강조하면 기업성이 강화된다. 그러나 기업성의 강화는 경비업의 공공성을 약화시키고, 경비업의 사회적 책임이 간과될 위험이 있다. 결국 공공성과 기업성이 적절히 조화될 때, 사회의 치안 질서

유지에 기여할 수 있다.

「경비업법」에서는 경비업 운영 주체를 법인으로 제한하고, 경비업을 신고제가 아닌 절차가 까다로운 허가제로 규정하고 있다. 또한, 법인 임원의 결격 사유를 명시하며, 일반 경비원, 특수 경비원 및 경비지도사의 자격을 「국가공무원법」 제33조에 준하여 엄격히 규정하고 있다. 이 외에도 경비지도사의 배치를 의무화하고, 경비원에 대한 교육을 필수로 규정하며, 경비원 배치 시 사전 신고를 요구하는 등 경비업자의 겸업을 금지하고 있다. 법률 개정을 통해 지속적으로 행정처분, 벌칙 및 과태료 규정을 강화하고 있는 점도 경비업의 공공성을 강화하는 측면이다. 반면, 경비업자에 대한 과도한 규제 완화, 양벌규정에 대한 면책 규정 신설, 특수경비원의 상한 연령 상향, 각종 교육 시간의 단축 등은 「경비업법」을 통한 기업성 강화를 목적으로 하는 개정 사항이다.

이처럼 공공성과 기업성은 양립할 수 없는 개념이 아니다. 공공성이 강화된다고 해서 반드시 기업성이 위축된다고 볼 수 없다. 예를 들어, 무자격자나 부적격자에 대한 행정처분 및 벌칙을 강화하는 것은 공공성을 높이는 조치이지만, 이러한 조치가 건전한 경비업자의 이윤 보장을 도와 경비업 산업의 수준을 향상시키는 결과를 가져올 수 있다. 따라서 근본적으로 공공성을 해치지 않는 범위 내에서 기업성을 강화하는 것이 「경비업법」의 근본 취지에 부합하며, 경비 산업의 장기적인 발전에도 바람직하다.

3. 경비업법의 연역

1) 경비업법 제정배경 및 발전과정

한국의 민간경비는 1950년대 이후 미국의 원조 경제와 함께 상륙한 원조물품 경비 및 검수 업무로 시작되었으며, 주한 미 8군 군부대의 용역 경비를 담당하면서 발전해 나갔다. 당시 설립된 주요 경비업체로는 1953년의 용진보안공사, 1954년의 봉신기업, 1958년의 화영기업, 1959년의 신원기경 등이 있었다. 민간 시설에 대한 최초의 경비는 1962년 범아실업공사가 한국석유저장주식회사(KOSCO)와 석유제품 경비 및 검수 용역 계약을 체결하면서 본격화되었다.

1970년대 초, 민간경비는 당시 치안당국인 내무부 치안국 경비과의 지침에서 '비합법적인 시설방호 체계 가능성'을 언급하면서 위축되었다. 이는 당시 민간경비의 문제점이 사회적으로 부각되던 시기였던 것으로 추정된다. 그러나 산업화 시대를 맞이하며 민간경비에 대한 수요는 급증하였고, 이로 인해 다수의 경비업체가 등장했다. 이 시기 일본은 고도 경제 발전과 함께 경비산업이 성장하면서 1972년에 「경비업법」을 제정했다. 이에 국내 경비업계도 관련 법 제정을 정부에 건의하였고, 연구 과정을 거쳐 1976년에 「용역경비업법」이 제정되었다. 이 법은 산업화 과정에서의 치안 수요 증가와 경찰력의 한계로 인한 치안 공백을 해결하기 위해 제정된 것이었다. 이후, 「경비업법」은 주거환경 변화, 경비기술 발전, 국민의 경비에 대한 인식 변화 등에 따라 30여 차례가 넘는 입법 개정을 거쳐 현재의 모습을 갖추게 되었다. 2024년 기준, 「경비업법」에 새로 포함된 혼잡·교통유도 경비업을 포함한 총 6개의에 업종에 대해 경찰청 허가를 받은 경비업체는 약 5천 개 이상이며, 전체 경비원 수는 약 16만 명, 경비지도사는 2만5천명에 달한다.

현재 한국의 민간경비 및 보안 산업은 빠르게 성장하고 있다. 2023년 기준, 한국의 물리적 보안 시장 규모는 약 45억 달러(약 6조 원)에 달했으며, 사이버 보안 시장은 24억 달러(약 3조 원) 규모로 성장했다. 이 두 분야를 합친 한국 보안 산업의 총 규모는 70억 달러(약 9조 4천억 원) 이상으로 평가되었으며, 2024년에는 약 7.3억 달러(약 9조 7천억 원)로 성장할 것으로 예상된다.

2) 경비업법 주요 연역

〈표 1-1〉「경비업법」의 주요연역

차수	제개정년도	주요내용
제정	1976.12.31.	• 「용역경비업법」 최초 제정 • 경비업무를 각종 시설경비 및 호송경비 업무로 규정
5차	1995.12.30.	• 경비지도사 제도 신설 • 경비업무에 신변보호 업무 추가
7차	1999.3.31.	• 「경비업법」으로 명칭 변경 • 경비업무에 기계경비 업무 추가
8차	2001.4.7.	• 경비업무에 특수경비 업무 추가 • 경비원 교육제도 의무화
15차	2009.4.1.	• 특수경비원 연령 상한 60세로 확대
23차	2016.1.26.	• 일반 신청자 신임교육 가능규정 신설
26차	2019.4.16	• 경비지도사 시험 및 교육 위탁기관 공무원 준용 규정
31차	2022.11.15	• 시설경비업 허가요건 완화 • 경비원 및 경비지도사 기본교육 시간 축소
32차	2024.1.30. (2025.1.31.시행)	• 경비업무에 혼잡·교통유도경비업 추가
33차	2024.2.13. (2024.8.14.시행)	• 경비지도사 보수교육제도 신설 • 경비지도사 선임 및 해임 신고제도 의무화

제2절 경비업법 주요내용

1. 경비업의 범위

1) 현행 경비업법상 경비업의 적용범위

(1) 시설경비업무

경비를 필요로 하는 시설 및 장소에서의 도난·화재 그 밖의 혼잡 등으로 인한 위험 발생을 방지하는 업무이다(1976년「용역경비업법」제정시 포함).

(2) 호송경비업무

운반 중에 있는 현금·유가증권·귀금속·상품 그 밖의 물건에 대하여 도난·화재 등 위험 발생을 방지하는 업무이다(1976년「용역경비업법」제정시 포함).

(3) 신변보호업무

사람의 생명이나 신체에 대한 위해의 발생을 방지하고 그 신변을 보호하는 업무이다(1995년「용역경비업법」개정으로 추가).

(4) 기계경비업무

경비대상시설에 설치한 기기에 의하여 감지·송신된 정보를 그 경비대상 시설 외의 장소에 설치한 관제시설의 기기로 수신하여 도난·화재 등 위험발생을 방지하는 업무이다. 일반적으로는 기계로 운영되는 무인경비시스템의 운영 및 관리이다. 하지만 오늘날 독자적인 기계경비보다는 기계경비와 인력경비를 혼합하여 업무의 효율성을 높이는 혼합 경비시스템을 선호하는 추세에 있다는 점에서 현재의 혼합 경비시스템을 기계경비업무에 포함시켜 분류하는 것이 바람직하다(1999년「경비업법」개정으로 추가).

(5) 특수경비업무

공항(항공기 포함), 항만 등 대통령령이 정하는 국가중요시설의 경비 및 도난·화재 등 위험발생을 방지하는 업무이다. 대통령령이 정하는 국가중요시설은 「통합방위법」 제21조 제4항에 따라 국방부장관이 관계기관장 및 국가정보원장과 협의를 통하여 지정되는 시설로 공공기관, 공항, 항만, 주요 산업시설 등으로 적에게 점령 또는 파괴되거나 기능이 마비될 경우 국가안보와 국민생활에 심각한 영향을 주게 되는 시설이다(2001년「경비업법」개정으로 추가).

(6) 혼잡·교통유도경비업무

도로에 접속한 공사현장 및 사람과 차량의 통행에 위험이 있는 장소 또는 도로를 점유하는 행사장 등에서 교통사고나 그 밖의 혼잡 등으로 인한 위험발생을 방지하는 업무를 말한다(2024년「경비업법」개정으로 추가, 2025년 1월31일자로 시행).

2) 경비업의 목적과 한계

(1) 경비업 제정 목적

「경비업법」의 제정 목적은 경비업의 육성 및 발전과 그 체계적인 관리에 관하여 필요한 사항을 정함으로써 경비업의 건전한 육성에 이바지하고자 한다.

(2) 목적 수행의 한계

현행 「경비업법」은 경비업의 자유로운 운영을 제한하여 경비업의 발전에 많은 제약을 가하고 있다. 현재 「경비업법」은 시설경비, 호송경비, 신변보호, 기계경비, 특수경비, 혼잡·교통유도경비 등 여섯 가지 업무로 경비업을 한정하고 있다. 이 규정은 열거된 업무 외의 경비업을 금지하므로 법적 요건의 명확성을 충족시키는 데는 기여하지만, 급변하는 경비 환경에 대한 능동적 대응이 부족하다는 비판을 받고 있다. 또한, 이는 신성장 산업 육성과 일자리 창출에 부합하지 않으며, 직업 선택의 자유를 침해할 소지도 있다. 과거에도 새로운 경비 기술이나 경비 환경 변화가 발생할 때마다 기계경비(1999년), 신변보호(1995년), 특수경비(2001년), 혼잡·교통유도경비(2024년)와 같은 추가적 입법이 이루어졌으나, 입법 절차가 느리고 까다로워 변화에 빠르게 대응하지 못한다는 문제점이 존재했다. 이에 따라 외국에서는 이미 자리 잡은 위험물질 수송 경비, 민간 군사 경비, 정보 보호, 민간 조사업(탐정업) 등 다양한 경비업 분야의 공인화가 논의되고 있다.

새로운 보호 자산(정보, 비트코인 등)과 보호 기술(AI 인공지능, 드론, IoT, 양자컴퓨터 등)의 빠른 도입은 경비업의 외연을 확장하고, 한국 민간경비 산업에 새로운 성장 기회를 제공할 수 있다. 이러한 확장은 국내 경비산업의 글로벌화와 국가 경쟁력 강화에도 기여할 수 있을 것이다. 한국 민간경비 산업은 빠르게 변화하는 기술 및 보안 환경에 맞춰 확장이 필요하며, 이를 위해 다양한 경비업 법률 및 제도의 개정이 요구된다. 특히 정보 보호, 신기술 적용 등 미래 사회에 대비한 경비업의 발전이 중요한 시점이다.

2. 경비업무의 범위

1) 현행 경비업법상 경비업무

(1) 경비업법 제2조에 따른 근거

현행 「경비업법」은 경비업무에 대한 포괄적이고 명확한 정의를 포함하고 있지 않다. 다만, 제2조에서는 시설경비업무, 호송경비업무, 기계경비업무, 특수경비업무, 혼잡·교통유도경비업무 등을 개별적으로 규정하면서 "도난, 화재, 그 밖의 혼잡 등으로 인한 위험 발생을 방지하는 업무"로 설명하고 있다. 또한 신변보호업무에 대해서는 '사람의 생명이나 신체에 대한 위해 발생을 방지하고 신변을 보호하는 업무'로 정의하고 있다. 이를 종합해보면, 경비 업무는 위험 발생을 방지하고 생명, 신체 및 개인의 재산을 보호하는 것이라는 일반적인 정의를 도출할 수 있다.

(2) 경비업법 제7조, 제15조, 제28조에 따른 근거

현행 「경비업법」 제7조 제5항은 "경비업자는 허가받은 경비 업무 외의 업무에 경비원을 종사하게 해서는 안 된다."고 규정하고 있다. 제15조의2 제1항과 제2항에서는 "① 경비원은 직무 수행 시 타인에게 위력을 과시하거나 물리력을 행사하는 등 경비 업무의 범위를 벗어난 행위를 해서는 안 된다. ② 누구든지 경비원에게 경비 업무 범위를 벗어난 행위를 시켜서는 안 된다."고 명시하고 있다. 또한, 제19조 제1항 제2호는 "제7조 제5항을 위반해 허가받지 않은 업무에 경비원을 종사시킨 경우 경비업 허가를 취소해야 한다."고 규정하며, 제28조 제2항 제9호는 "제15조의2 제2항을 위반해 경비업무 범위를 벗어난 행위를 시킨 자는 3년 이하의 징역 또는 3천만 원 이하의 벌금에 처한다."고 명시하고 있다. 그러나 「경비업법」은 경비 업무가 구체적으로 무엇인지에 대한 명확한 정의를 포함하고 있지 않으며, 이로 인해 여러 혼란을 야기할 수 있으며, 타 법률과의 충돌을 초래할 가능성도 있다.

(3) 경비업무의 범위 관련 실무상 쟁점

① 경비업무에 관한 과거 유권해석(법제처 07-0041)

「경비업법」이 일반적인 법률과 달리 경비 업무의 범위를 명확히 규정하지 않은 것은 법적 미비점으로 볼 수 있다. 이는 다양한 유사 경비 형태와의 중복이나 충돌, 혼란을 일으킬 가능성이 있다. 실제로 경비원에게 경비 업무 외에 청소, 재활용 분리, 주차 관리, 택배 수령 등 잡무를 시킬 수 있는지에 대해 실무상 논란이 있었다. 경비업자는 동일한 비용으로 여러 업무에 경비원을 투입하는 것이 시장경제의 관점에서 현실적일 수 있지만, 이는 본질적인 경비 업무에 지장을 줄 수 있으며, 경비원에 대한 부당한 처우로 이어질 위험이 있다. 이에 따라 이해당사자들 간의 갈등에서 비롯된 유권해석이 존재한다.

> 「경비업법」 제4조 제1항에 따라 시설경비업 허가를 받은 시설경비업자는 당해 시설경비업체에 고용된 같은 법 제2조 제3호 가목의 일반경비원이 경비대상시설인 아파트 등 공동주택에서 발생한 재활용 쓰레기 분리작업에 종사하게 할 수 없다. 「경비업법」 상 시설경비업이라 함은, 경비를 필요로 하는 시설 및 장소(이하 "경비대상시설"이라 한다)에서의 도난·화재 그 밖의 혼잡 등으로 인한 위험발생을 방지하는 업무의 전부 또는 일부를 도급받아 행하는 영업을 말하고(제2조 제1호 가목) ... 중략...
> 경비대상시설인 아파트 등에서 발생하는 재활용 쓰레기 분리작업은 「주택법」에 따른 아파트 등 공동주택의 유지·관리업무에 해당하는 업무로서 「주택법」 제43조 제7항 및 같은 법시행령 제55조 제1항 제2호에서 공동주택단지 안의 경비업무와는 별도로 공동주택의 관리주체의 업무로 규정하고 있는바, 이는 「경비업법」 상 해당 경비대상시설에서의 위험발생을 방지하기 위한 시설경비업무에 직접적으로 해당한다고 보기가 어려울 뿐만 아니라 나아가 시설경비업무에 필요적으로 수반되는 업무이거나 부수적인 업무로 보기도 어렵다고 할 것이므로 재활용 쓰레기 분리작업과 같은 업무는 같은 법상 시설경비업무 외의 업무라고 할 것입니다.

※ 출처 : 「경비업법」 제7조(경비원의 경비업무 범위)와 관련하여 경찰청의 법령 해석(법제처 07-0041, 2007. 3. 23, 경찰청)

② 경비업무에 관한 최근 헌재판결(2020헌가19)

헌법재판소는 2023년 3월 23일, 경비원이 경비 업무 외의 비(非)경비업무를 수행하는 것을 금지하는 「경비업법」 제7조 제5항에 대해 **헌법불합치 결정**을 내렸다(2020헌가19). 이는 경비업자가 경비 업무 외의 업무에 경비원을 투입하는 것을 금지하고, 이를 위반할 시 경비업 허가를 취소하도록 한 규정이 과잉금지 원칙을 위반하여 헌법에 부합하지 않는다는 판결이다. 그러나 단순 위헌 결정이 아닌 헌법불합치 결정을 내린 이유는 즉각적인 위헌 결정이 오히려 더 불합리한 결과를 초래할 수 있기 때문이다.

이번 결정은 경비업무와 관리업무를 병행하는 공동주택의 경비원과 관련해 「공동주택관리법」과 「경비업법」 사이의 규율 혼란 문제를 다룬 점에서도 중요한 의의를 가진다. 특히 경비원이 경비 업무 외에 부수적으로 다른 업무를 수행할 수 있는 범위를 판단하는 기준으로 '경비업무 전념성 훼손 여부'를 제시한 점도 이번 결정의 의의로 볼 수 있다.

해당 사건의 제청신청인은 A주식회사는 주택관리업, 경비용역업, 시설관리업 등을 주된 목적으로 설립된 회사로서 경상남도지방경찰청으로부터 시설경비업 허가를 받은 경비업자이다. A회사는 B아파트 입주자대표회의와 공동주택 위·수탁 관리계약을 체결한 탁관리업자로서 甲을 경비원으로 고용하여, 甲으로 하여금 B아파트에 근무하면서 **경비업무 외에 음식물쓰레기통 세척, 재활용 분리수거, 택배관리, 주변환경 정비 등의 업무를 수행**하게 하였다. 경상남도지방경찰청장은 A회사에 대해 「경비업법」 제7조 제5항을 위반하여 경비원 甲을 경비업무 외 업무에 종사하게 하였다는 등의 이유로 경비업 허가 취소처분을 하였다. 이에 A회사는 경상남도지방경찰청장을 상대로 창원지방법원에 경비업 허가취소 처분의 취소를 구하는 소를 제기하고, 재판 계속 중 「경비업법」 제7조 제5항, 제19조 제1항 제2호가 직업의 자유 등을 침해한다고 주장하며 소속 경비원에게 비(非)경비업무를 수행하게 하였다는 이유만으로 일률적·필요적으로 허가받은 경비업 전부를 취소하도록 하는 것은 부당하다는 이유로 위헌법률심판을 제청 하였으며, 허가관청의 허가 취소로 말미암아 자신이 더 이상 공동주택 관리업무를 수행할 수 없게 되었으므로 이에 따라 직업선택의 자유도 침해되었다고 주장하였다. 이에 대해 헌재는 심판대상 조항에 대하여 단순위헌결정을 하는 대신 헌법불합치결정을 선고하고 그 적용을 중지하였다. 이를 통해 헌법재판소는 경비원의 비경비업무의 수행이 단순히 경비업무에 포함되는지를 판단하기보다는 비경비업무의 수행으로 말미암아 경비원의 경비업무 전념성이 중대하게 훼손되었는지를 중점적으로 확인하고자 하였다.

※ 출처 : 헌법재판소 판결(2020헌가19) 재구성

③ 판결의 의미 및 문제점

「공동주택관리법」의 개정은 아파트 등 공동주택에서 근무하는 경비원의 직무범위를 일부 관리업무까지 확대한 취지를 반영한 것이다. 이는 이전의 기준(2007년 법제처 유권해석에서 경비업무 관련 직무 범위를 필요적 수반 업무 또는 부수적 업무로 판단)에 비해 직무 범위를 더 넓게 인정한 것으로 해석할 수 있다. 특히, 「경비업법」 제7조 제5항(허가받은 직무 외 수행 시 허가 취소)에 대한 과잉금지원칙 위반 여부를 판단할 때, 경비원이 비(非)경비 업무를 수행하는 것이 경비 업무의 전념성을 직접 해치지 않는다고 보았다. 그럼에도 불구하고 이 조항이 경비업무의 전념성을 훼손하는 정도를 고려하지 않고 일률적으로 금지하며, 필요적 허가 취소를 규정하고 있다는 점에서 침해의 최소성과 법익의 균형성 원칙에 반한다고 판단했다. 이는 「공동주택관리법」의 개정으로 공동주택 경비원이 관리 업무를 수행하는 취지를 반영한 것이다.

그러나 2020년 개정된 「공동주택관리법」의 형성적 효력을 인정하더라도, 이는 경비업의 본래 취지와 향후 경비 산업의 발전에 여러 가지 우려를 불러일으킨다. 「경비업법」에서 경비업무의 개념을 명확히 하지 않은 것이 문제의 근원으로, 생명과 재산 보호라는 경비의 본연의 임무가 약화될 가능성이 있다. 「경비업법」이 경비원 자격과 허가 규정을 강화한 취지에도 어긋나며, 경비업의 중요성 및 전문화가 민간보안 산업의 발전과 직결된다는 점에서 경비원의 무분별한 업무 확장은 우려스럽다.

3. 일반경비원

1) 일반경비원의 개념

「경비업법」 제2조 제3항에 따르면 경비원이란 허가를 받은 경비업체(법인)가 채용한 고용인으로서 일반경비원과 특수경비원으로 구분한다. 이중 일반경비원은 「경비업법」 제2조 제1호에서 구분하고 있는 여섯 가지 경비 업무 중 특수경비업무를 제외한 시설경비, 호송경비, 신변보호, 기계경비, 혼잡·교통유도경비업무를 수행하는 경비원이다.

(1) 타 법률과의 충돌에 따른 쟁점

① 「공동주택관리법」 등에 따른 경비원

「경비업법」의 적용 범위와 관련된 주요 문제 중 하나는 공동주택 경비원의 법적 지위이다. 1976년 제정된 「용역경비업법」에서는 주택 시설도 경비 대상에 포함되었으나, 1981년 개정된 「공동주택관리령」에서는 공동주택의 경비를 주택관리업자가 관장하도록 규정했다. 이는 공동주택 경비원을 단순 노무 종사자로 간주하여 입법화한 것으로 보인다.

현재 공동주택(아파트, 연립주택, 다세대주택)에는 「공동주택관리법」이 적용되며, 공동주택은 '의무관리 대상'과 '비(非)의무관리 대상'으로 구분된다. 비(非)의무관리 대상 공동주택에서는 입주자대표회의의 결정에 따라 자체경비(직접 고용)나 계약경비(도급계약) 방식으로 경비원을 배치할 수 있다. 자체경비의 경우 「경비업법」이 적용되지 않으며, 계약경비의 경우에는 해당 법이 적용된다. 그러나 의무관리 대상 공동주택(300세대 이상, 승강기 또는 중앙난방이 설치된 150세대 이상)에서는 경비원의 지위와 경비업무 처리 방식에 대한 논란이 있다. 이러한 의무관리 대상 공동주택은 자치관리 또는 위탁관리 방식으로 운영되며, 관리주체가 경비업무를 직접 수행하거나 용역을 통해 처리할 수 있다. 자치관리의 관리주체는 관리사무소장이며, 위탁관리의 관리주체는 주택관리업자이다. '의무관리 대상 공동주택'의 경우 <그림 1-1>과 같이 관리 방식이 자치관리 방식이나 위탁관리 방식이냐에 관계없이 관리주체는 경비업무를 직영으로 할 수도 있고, 용역으로 할 수도 있는 것이다.

〈그림 1-1〉 공동주택 관리방식별 경비업법 적용여부

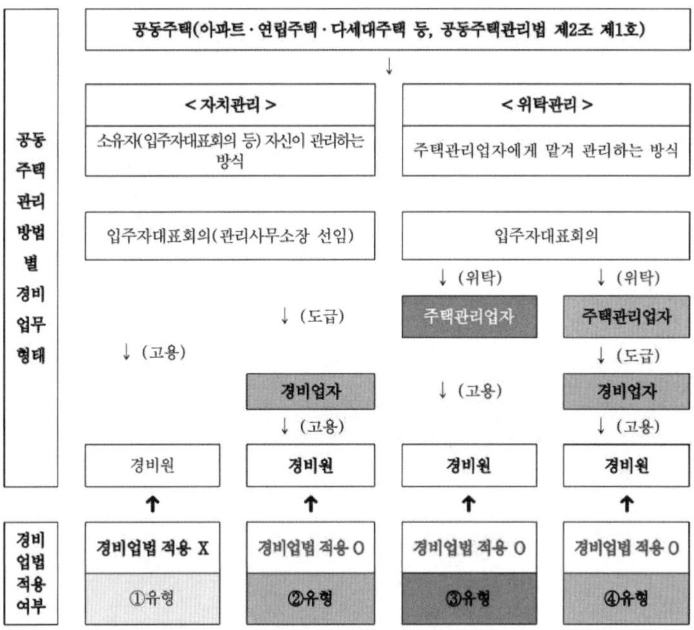

※ 출처 : 국토교통부(2021). 공동주택 경비원 업무범위 안내.

①번 유형과 같이 입주자대표회의 등이 직접 경비원을 고용하는 경우에는 시설에 대한 경비업무를 수행한다고 하더라도 「경비업법」의 적용대상이 되지 않는다. 「경비업법」은 소유자(입주자대표회의 등)가 경비업자에게 경비업무를 맡기는 도급경비에 적용되기 때문에 ①번과 같은 유형은 제외되는 것이다. 반면, ③번 유형의 경우는 형식적으로는 주택관리업자에게 고용된 것으로 보이지만, 실질적으로는 경비업 허가를 받은 주택관리

업자만이 할 수 있는 경비업법상 경비업무 형태이다. 2018년 서울중앙지법의 판결(2018고정1521)2)을 근거로 경찰청에서 입주자대표회의로부터 위탁받아 경비업무를 수행하는 주택관리업자도 경비업의 허가가 필요함을 안내하였으며, 2020년 12월31일까지 주택관리업자에게 경비업 허가를 취득하도록 했다.

〈표 1-3〉 공동주택관리법 시행령에 포함된 경비원의 역할

<table>
<tr><th colspan="3">업무구분</th><th>허용 업무</th><th>제한 업무</th></tr>
<tr><td rowspan="3">관리업무(추가)</td><td colspan="2">청소와 이에 준하는 미화의 보조</td><td>•잡초 제거, 낙엽 청소
•부분적 가지치기, 수목 관수
•단지 내 쓰레기 수거 및 제설 작업</td><td>•기술·장비를 요하는 도색·제초작업, 수목 식재, 소독 및 정원조성, 건물 내 청소(승강기, 계단실, 복도 등)</td></tr>
<tr><td colspan="2">재활용 가능 자원의 분리배출 감시 및 정리</td><td>•재활용품 분리배출 감시 · 정리
•재활용품 반출 확인
•재활용품 반출 후 주변정리
•대형폐기물 스티커 관리</td><td>•개별세대 대형폐기물 수거 · 운반</td></tr>
<tr><td colspan="2">안내문의 게시와 우편수취함 투입</td><td>•안내문 게시 및 비치
•우편수취함 투입</td><td>•고지서 · 안내문 개별 배부
•각종 동의서 징구
•공용공간 수리
•전기, 가스, 수도 등 검침
•선거관리위원회 운영 보조
•관리사무소 일반업무 보조</td></tr>
<tr><td rowspan="3">경비업무</td><td colspan="2">도난 · 화재</td><td>•도난 · 화재 · 위험발생 방지
•순찰, 방범, CCTV 감시
•외부인 출입관리
•심야시간 등의 위험 발생 방지하기 위한 긴급업무</td><td></td></tr>
<tr><td rowspan="2">위험발생방지를 위한 범위</td><td>주차관리</td><td>•불법주차 감시
•장애인 주차구역 주차감시
•외부차량 출입 통제
•차량의 안전한 통행 유도
•정·후문 차량 통제
•위험발생을 방지하기 위한 차량 이동조치</td><td>•개인차량 주차대행(대리주차)</td></tr>
<tr><td>택배물품 보관</td><td>•택배물 · 우편물 · 등기 등 보관 및 대장관리</td><td>•개별세대 택배물 배달</td></tr>
</table>

2021년 개정된 「공동주택관리 시행령」 제69조의2에서는 경비원이 예외적으로 종사할 수 있는 업무를 규정하고 있다. 이는 「경비업법」 제7조 제5항의 경비원 업무 제한을 완화하여, 경비원이 공동주택 관리에 필요한 일부 업무를 담당할 수 있도록 허용하는 내용이다. 2020년 개정된 「공동주택관리법」 제65조의2에 따르면, 경비업자는 대통령령으로 정한 공동주택 관리 업무를 경비원에게 부여할 수 있다. 이러한 규정은 현실에서 경비원이 경비업무 외에 다른 업무를 수행하는 상황을 반영한 것으로, 근로자 보호를 강화하면서도 경비원의 업무 범위에 대한 혼란을 초래할 가능성이 있다.

② 「파견근로자보호 등에 관한 법률」에 따른 경비원

「경비업법」에 적용되는 '경비원'이란 경비업자가 채용한 고용인을 말하므로 「파견근로자보호 등에 관한 법률」 (이하 '파견법'이라 한다)상 파견사업주가 고용한 근로자인 파견근로자는 수위 및 경비 업무를 하더라도 「경비업법」이 적용되는 경비원이 아니다. 따라서 「경비업법」상 경비원과 「파견법」상 경비원은 구분되는 것이며, 이에 따른 업무 범위도 다르다.

「파견법」 제5조 제1항은 근로자 파견사업은 제조업의 직접 생산공정 업무를 제외하고 전문지식 · 기술 · 경험 또는 업무의 성질 등을 고려하여 적합하다고 판단되는 업무로서 대통령령이 정하는 업무를 대상으로 한다. '대통령령이 정하는 업무'라 함은『한국표준직업분류』 코드 91225 또는 91225에 해당하는 "「경비업법」 제2조 제1호에 따른 경비업무를 제외한 '수위 및 경비원 업무' 또는 '주차장 관리원의 업무'" 등을 말한다. 즉, 근로자 파견사업 대상인 경비원의 업무에서 「경비업법」상 경비업무를 제외하고 있으므로 파견근로자가 경비업무를 수행하더라도 「경비업법」상 경비원은 아니다. 따라서 「파견법」상 경비원은 단순노무 종사자로서 단순한 경비업무 외에 유관업무라 할 수 있는 청소나 재활용 쓰레기 분리업무 등의 업무도 계약의 내용에 따라 할 수 있는 반면에 「경비업법」상 경비원은 보안 관련 서비스 종사자로서 원칙적으로 경비업무 이외의 업무를 할 수 없다. 그 외에도 양자는 〈표 1-2〉에서 보는 바와 같이 계약형식 등에서 많은 차이점이 있다. 그런데도 일반인들은 물론 입법자인 국회의원들까지 양자를 구분하지 않고 혼용하여 사용함으로써 여기저기서 혼선이 발생하고 있다는 점에서 용어를 재정립하는 개정이 필요하다.

(2) 일반경비원(경비지도사) 및 특수경비원의 결격사유 비교

<table>
<tr><th>구분</th><th>경비지도사 및 경비원</th><th>특수경비원</th></tr>
<tr><td rowspan="9">공통</td><td colspan="2">피성년후견인</td></tr>
<tr><td colspan="2">파산선고를 받고 복권되지 아니한 자</td></tr>
<tr><td colspan="2">금고 이상의 형의 선고를 받고 그 집행이 종료(집행이 종료된 것으로 보는 경우를 포함한다)되거나 집행이 면제된 날부터 5년이 지나지 아니한 자</td></tr>
<tr><td colspan="2">금고 이상의 형의 집행유예 선고를 받고 그 유예기간 중에 있는 자</td></tr>
<tr><td colspan="2">다음 중 하나에 해당하는 죄를 범하여 벌금형을 선고받은 날부터 10년이 지나지 아니하거나 금고 이상의 형을 선고받고 그 집행이 종료된(종료된 것으로 보는 경우를 포함) 날 또는 집행이 유예·면제된 날부터 10년이 지나지 아니한 자; 주로 범죄 단체 조직 및 성관련 범죄 ㉠ 「형법」 제114조의 죄(범죄단체 등의 조직) ㉡ 「폭력행위 등 처벌에 관한 법률」 제4조의 죄(단체 등의 구성·활동) ㉢ 「형법」 제297조(강간), 제297조의2(유사강간), 제298조부터 제301조까지(강제추행, 준강간, 준강제추행, 강간 등 상해·치상), 제301조의2(강간 등 살인·치사), 제302조(미성년자 등에 대한 간음), 제303조(업무상위력 등에 의한 간음), 제305조(미성년자에 대한 간음, 추행), 제305조의2(상습범)의 죄 ㉣ 「성폭력범죄의 처벌 등에 관한 특례법」 제3조부터 제11조까지(특수강도강간 등, 특수강간 등, 친족관계에 의한 강간 등, 장애인에 대한 강간·강제추행 등, 13세 미만의 미성년자에 대한 강간, 강제추행 등, 강간 등 상해·치상, 강간 등 살인·치사, 업무상 위력 등에 의한 추행, 공중 밀집 장소에서의 추행) 및 제15조(제3조부터 제9조까지의 미수범만)의 죄 ㉤ 「아동·청소년의 성보호에 관한 법률」 제7조(아동·청소년에 대한 강간·강제추행등) 및 제8조(장애인인 아동·청소년에 대한 간음 등)의 죄 ㉥ 위의 ㉢부터 ㉤까지의 죄로서 다른 법률에 따라 가중처벌 되는 죄</td></tr>
<tr><td colspan="2">다음의 어느 하나에 해당하는 죄를 범하여 벌금형을 선고받은 날부터 5년이 지나지 아니
하거나 금고 이상의 형을 선고받고 그 집행이 유예된 날부터 5년이 지나지 아니한 자 ; 주로 재산범죄의 절도 및 강도 관련 범죄 ㉠ 「형법」 제329조부터 제331조(절도, 야간주거침입절도, 특수절도), 제331조의2(자동차등 불법사용) 및 제332조부터 제343조(강도, 특수강도)의 죄 ㉡ 위의 ㉠에 해당하는 죄로서 다른 법률에 따라 가중처벌 되는 죄</td></tr>
<tr><td colspan="2">위의 ⑤(성관련 범죄)의 ㉢부터 ㉥까지의 어느 하나에 해당하는 죄를 범하여 치료감호를 선고받고 그 집행이 종료된 날 또는 집행이 면제된 날부터 10년이 지나지 아니한 자 또는 위의 ⑥(재산관련 범죄)의 어느 하나에 해당하는 죄를 범하여 치료감호를 선고받고 그 집행이 면제된 날부터 5년이 지나지 아니한 자</td></tr>
<tr><td colspan="2">경비업법이나 경비업법에 따른 명령을 위반하여 벌금형을 선고받은 날부터 5년이 지나지 아니하거나 금고 이상의 형을 선고받고 그 집행이 유예된 날부터 5년이 지나지 아니한 자</td></tr>
<tr><td colspan="2"></td></tr>
<tr><td rowspan="4">구별</td><td rowspan="4">18세 미만인 사람</td><td>18세 미만이거나 60세 이상인 사람</td></tr>
<tr><td>심신상실자, 알코올 중독자 등 대통령령으로 정하는 정신적 제약이 있는 자</td></tr>
<tr><td>금고 이상의 형의 선고유예를 받고 그 유예기간 중에 있는 자</td></tr>
<tr><td>행정안전부령으로 정하는 신체조건에 미달되는 자(팔다리 완전, 맨눈시력 0.2 또는 교정시력 0.8 이상)</td></tr>
</table>

2) 일반경비원 교육

(1) 일반경비원 신임교육

① 일반경비원 신임교육 규정

경비업자는 「경비업법」 제13조에 따라 경비원에게 대통령령으로 정한 일반경비원 신임교육을 의무적으로 받게 해야 한다. 이 교육은 경비업자가 부담하며, 법에서 정한 기관 또는 단체에서 재직 경비원에게 제공된다. 또한, 2016년 1월 26일 개정된 「경비업법」 제13조 제2항에 따라, 경비업에 지원하는 일반인도 채용 전에 대통령령으로 지정된 교육기관에서 신임교육을 받을 수 있도록 규정하고 있다.

② 일반경비원 신임교육 면제규정에 대한 쟁점

「경비업법」 제13조에 따르면, 경비업자는 대통령령으로 정한 경력이나 자격을 갖춘 경우 신임교육에서 제외할 수 있다. 이에 「경비업법 시행령」 제18조 제2항은 경찰공무원, 경호공무원, 부사관 이상의 경력자를 신임교육 면제 대상으로 규정하고 있다. 하지만 이들 경력에 대한 기간 제한이 없어, 경비원 교육 이수자나 다른 경력자들과의 형평성 문제가 제기되고 있다. 따라서 향후 합리적인 기한 설정이 필요하다는 의견이 있다. 면제 사유에 해당하는 자는 다음과 같다.

㉠ 「경비업법」 제13조 제1항(일반경비원 재직자 교육) 제3항(특수경비원 재직자 교육)에 따른 경비원으로 재직자 신임교육을 받은 사람이 채용 전 3년 이내에 경비업무에 종사한 **경력**이 있는 사람

㉡ 「경찰공무원법」에 따른 경찰공무원으로 근무한 경력이 있는 사람

㉢ 「대통령 등의 경호에 관한 법률」에 따른 경호공무원 또는 별정직공무원으로 근무한 경력이 있는 사람

㉣ 「군인사법」에 따른 부사관 이상으로 근무한 경력이 있는 사람

㉤ 경비지도사 자격이 있는 사람

㉥ 채용 당시 「경비업법」 제13조 제2항(취업전 일반신청자)에 따른 채용 전 일반경비원 신임교육을 받은 지 3년이 지나지 아니한 사람

③ 신임교육 이수증의 유효기간에 관한 논란

「경비업법 시행령」 제18조(일반경비원에 대한 교육)와 관련하여, 일반경비 신임교육 이수증의 유효기간이 3년인지에 대해 실무상 논란이 존재한다. 2016년 1월 26일 「경비업법」 제13조 제2항이 추가되면서, 기존 재직자 중심의 일반경비원 신임교육이 일반인까지 확대되었다. 이로 인해 신임교육의 지속적인 효과에 대한 문제가 제기되었고, 교육 이수 후 경비업체 취업까지의 시간이 길어질 경우 교육의 효과가 지속되지 않는다는 우려가 발생했다. 이에 경찰청은 2016년 6월 28일 「경비업법 시행령」을 개정하여 '채용 당시 신임교육을 받은 지 3년이 지나지 않은 사람'에 대한 면제 규정을 추가하였다. 즉, 경비업체에 취업하기 전 3년 이내에 교육을 이수한 사람만이 신임교육 면제를 받을 수 있게 되었다.

④ 일반경비원 신임교육 과목 및 시간

경찰청장은 일반경비원에 대한 신임교육의 실시를 위하여 연도별 교육계획을 수립하고, 일반경비원 신임교육 기관 또는 단체가 교육계획에 따라 교육을 실시하도록 해야 한다.

〈표 1-6〉 일반경비원 신임교육 과목과 시간(시행 2025.1.30.)

구분(교육시간)	과목	시간
이론교육 (4시간)	• 「경비업법」 등 관계 법령	2
	• 범죄예방론	2
실무교육 (19시간)	• 시설경비실무	3
	• 호송경비실무	2
	• 신변보호실무	2
	• 기계경비실무	2
	• 혼잡 · 교통유도경비실무	2
	• 사고예방대책	2
	• 체포 · 호신술	2
	• 장비사용법	2
	• 직업윤리 및 서비스	2
기타(1시간)	• 입교식, 평가 및 수료식	1
계		24

(2) 일반경비원 직무교육

경비업자는 소속된 일반경비원에게 선임된 경비지도사가 수립한 교육계획에 따라 매월 2시간의 직무교육을 제공해야 한다. 이는 「경비업법 시행규칙」 제13조 제1항에 의거하여 행정안전부령으로 규정되어 있다. 직무교육 과목은 시행규칙 제13조 제2항에 따라 일반경비원의 직무 수행에 필요한 이론, 실무 과목 및 직업윤리 등을 포함하며, 주로 경비지도사가 교육을 담당한다.

(3) 일반경비원 교육기관 지정

경찰청장은 경비원 신임교육의 효율성을 높이기 위해 전문 인력과 시설을 갖춘 기관 또는 단체를 경비원 교육기관으로 지정할 수 있다. 또한, 전국적으로 균형 잡힌 교육을 제공하기 위해 교육 수준과 방법에 대한 지침을 마련하고 시행할 수 있다. 교육기관이 지침을 위반할 경우 경찰청장은 시정 명령을 내릴 수 있으며, 교육기관의 지정 기준 및 절차는 대통령령으로 정한다.

(4) 일반경비원 교육기관 취소

경찰청장은 경비원 교육기관이 다음 각 호의 어느 하나에 해당하는 경우에는 그 지정을 취소하거나 1년 이내의 기간을 정하여 업무의 전부 또는 일부를 정지할 수 있다. 그 밖에 경비원 교육기관의 지정 취소 및 업무 정지에 관한 세부기준 및 절차는 그 위반행위의 유형과 위반의 정도 등을 고려하여 행정안전부령으로 정한다. 다만, ①에 해당하는 경우에는 그 지정을 취소하여야 한다.

① 거짓이나 그 밖의 부정한 방법으로 경비원 교육기관의 지정을 받은 경우
② 지정받은 사항을 위반하여 업무를 행한 경우
③ 시정명령을 받고도 정당한 사유 없이 정하여진 기간 이내에 시정하지 아니한 경우
④ 대통령령이 정한 기준에 적합하지 아니하게 된 경우

4. 특수경비원

1) 특수경비원의 개념

특수경비원이란 「경비업법 시행령」 제2조에 따라 공항, 항만, 원자력발전소 등 국가정보원장이 지정한 국가보안 목표시설 및 「통합방위법」 제21조 제4항에 따라 국방부장관이 지정한 국가중요시설에서 경비 업무를 수행하는 자를 말한다. 이들은 도난, 화재 등 각종 위험 발생을 방지하는 업무를 담당한다. 특수경비원은 국가 안보와 관련된 중요한 시설의 안전을 책임지며, 일반 경비원보다 엄격한 교육과 훈련을 받아야 한다.

2) 특수경비원 교육

특수경비업자는 대통령령으로 정하는 바에 따라 특수경비원에게 특수경비원 신임교육과 정기적인 직무교육을 받게 하여야 하고, 특수경비원 신임교육을 받지 아니한 자를 특수경비업무에 종사하게 하여서는 안 된다.

(1) 특수경비원 신임교육

① 특수경비원 신임교육 면제자

「경비업법 시행령」 제19조 제2항에 의해 채용 전 3년 이내에, 특수경비업무에 종사한 경력이 있는 사람은 해당 특수경비원 신임교육 대상에서 제외 할 수 있다.

② 특수경비원 신임교육 과목 및 시간

특수경비원 신임교육 기관 또는 단체의 장은 특수경비원 신임교육 과정을 마친 사람에게 신임교육 이수증을 교부하고 이를 신임교육 이수증 교부대장에 기록하여야 한다. 또한 경비업자는 특수경비원이 신임교육을 받은 때에는 경비원 명부에 그 사실을 기재하여야 한다.

〈표 1-7〉 특수경비원 신임교육 과목과 시간(시행 2025.1.31.)

구분(교육시간)	과목	시간
이론교육 (15시간)	• 「경비업법」 및 「경찰관직무집행법」등 관계 법령	8
	• 헌법 및 형사법	4
	• 범죄예방론	3
실무교육 (61시간)	• 테러 및 재난 대응요령	4
	• 폭발물 처리요령	6
	• 화재대처법	3
	• 응급처치법	3
	• 장비사용법	3
	• 출입통제 요령	3
	• 직업윤리 및 서비스	2
	• 혼잡 · 교통유도경비 업무	4
	• 정보보호 및 보안업무	6
	• 시설경비요령	4
	• 민방공	4
	• 총기조작	3
	• 사격	6
	• 체포 · 호신술	4
	• 관찰 · 기록기법	3
기타(4시간)	• 입교식 · 평가 및 수료식	4
계		80

(2) 특수경비원 직무교육

특수경비업자는 소속 특수경비원에게 선임된 경비지도사가 수립한 교육계획에 따라 매월 3시간의 직무교육을 실시해야 한다. 이는 행정안전부령에 따라 이루어지며, 필요시 관할 경찰서장이나 공항경찰대장이 공무원을 파견하여 직무 관련 교육을 진행할 수 있다. 직무교육 과목은 특수경비원의 직무 수행에 필요한 이론, 실무 과목 및 직업윤리 등을 포함한다. 특수경비원의 직무교육은 국가중요시설의 보안을 유지하고, 경비원의 직무 역량을 강화하기 위해 필수적이다.

(3) 특수경비원 교육기관 지정

경찰청장은 특수경비원 신임교육의 효율성을 높이기 위해 전문 인력과 시설을 갖춘 기관이나 단체를 경비원 교육기관으로 지정할 수 있다. 또한, 전국적인 교육의 균형을 유지하기 위해 교육 수준과 방법에 관한 지침을 마련하고 이를 시행할 수 있다. 교육기관이 지침을 위반할 경우, 경찰청장은 일정 기간 내에 시정을 명할 수 있다. 경비원 교육기관의 지정 기준과 절차 등 필요한 사항은 대통령령으로 정한다. 특수경비원의 전문성 강화를 위해 교육기관은 엄격한 기준을 충족해야 하며, 교육 품질을 지속적으로 평가받는다.

(4) 특수경비원 교육기관 취소

경찰청장은 경비원 교육기관이 다음 각 호의 어느 하나에 해당하는 경우에는 그 지정을 취소하거나 1년 이내의 기간을 정하여 업무의 전부 또는 일부를 정지할 수 있다. 그 밖에 경비원 교육기관의 지정 취소 및 업무 정지에 관한 세부기준 및 절차는 그 위반행위의 유형과 위반의 정도 등을 고려하여 행정안전부령으로 정한다. 다만, ①에 해당하는 경우에는 그 지정을 취소하여야 한다.

① 거짓이나 그 밖의 부정한 방법으로 경비원 교육기관의 지정을 받은 경우
② 지정받은 사항을 위반하여 업무를 행한 경우
③ 시정명령을 받고도 정당한 사유 없이 정하여진 기간 이내에 시정하지 아니한 경우
④ 대통령령이 정한 기준에 적합하지 아니하게 된 경우

3) 특수경비원의 직무 및 의무

(1) 특수경비원의 직무

「경비업법」 제14조에 의해 특수경비업자는 특수경비원으로 하여금 배치된 경비구역 안에서 관할 경찰서장 및 공항경찰대장 등 국가중요시설의 경비책임자인 관할 경찰관서장과 국가중요시설 시설주의 감독을 받아 시설을 경비하고 도난·화재 그 밖의 위험 발생을 방지하는 업무를 수행하게 하여야 한다. 또한 특수경비원은 국가중요시설에 대한 경비업무 수행 중 국가중요시설의 정상적인 운영을 해치는 장해를 일으켜서는 안 된다.

(2) 특수경비원의 의무

① 일반적 의무

「경비업법」 제15조의2에 의하여 모든 경비원은 직무를 수행함에 있어 타인에게 위력을 과시하거나 물리력을 행사하는 등 경비업무의 범위를 벗어난 행위를 해서는 안 된다.

② 특수경비원 고유의 의무

㉠ 복종 의무: 특수경비원은 직무를 수행함에 있어 시설주·관할 경찰관서장 및 소속 상사의 직무상 명령에 복종하여야 한다.

㉡ 이탈금지 의무 : 특수경비원은 소속 상사의 허가 또는 정당한 사유 없이 경비구역을 벗어나서는 안 된다.

㉢ 쟁의행위금지 의무 : 특수경비원은 파업·태업 그 밖에 경비업무의 정상적인 운영을 저해하는 일체의 쟁의행위를 하여서는 안 된다.

㉣ 무기 안전사용수칙 준수 의무 : 특수경비원은 무기를 휴대하고 경비업무를 수행하는 때에 무기 안전사용 수칙을 지켜야 한다.

③ 「경비업법」 제15조의2 경비원의 의무 관련 쟁점

「경비업법」은 공공경비 기관이 담당하지 못하는 치안유지의 공백을 채우기 위해 민간경비가 국가를 대신하는 역할을 규정하고 있다. 이 법은 개인의 신체와 재산을 보호하고, 사회 안전과 질서 유지를 목적으로 한다. 민간경비제도는 국가의 기본권 보호 의무의 한계를 보완하는 제도이므로, 경비원의 법적 지위는 매우 중요하다. 경비원은 경비대상 시설과 사람에 대한 위해를 사전에 방지하며, 위험이 발생할 경우 신속히 대응해야 한다. 그러나 경비원이 행사할 수 있는 권한은 민사적인 부분에 한정되며, 경찰작용에 관한 권한은 부여되지 않는다. 경비원은 사적인 계약에 의해 경비 대상에 대한 제한된 권한을 행사할 뿐, 법 집행 권한은 갖지 않는다. 경비원의 권한은 경찰과는 달리 제한적이므로, 실질적인 공권력 행사는 불가능하며, 위법 행위에 대한 제재는 주로 신고를 통해 이루어진다.

「경비업법」 제15조의2에서는 경비원이 직무 수행 시 타인에게 위력을 과시하거나 물리력을 행사하는 등 경비업무의 범위를 벗어난 행위를 금지하고 있다. 이에 따라 경비원은 경비의뢰자의 권한 범위 내에서만 권한을 행사할 수 있으며, 그 이상의 물리력 사용은 제한된다. 법적으로 경비원의 사후적 권한에 대한 명확한 규정이 없기 때문에, 경비업무의 소극적 태도와 사후 대처에 대한 한계를 초래할 수 있다. 또한, 경비업무 수행 시 특수경비원의 무기 사용에 대한 예외적 재량권을 제외하고는 경비원의 업무상 재량권이 크게 제한된다. 이는 경비업무의 유연성을 감소시켜 문제 해결의 효율성을 저하시킬 수 있다. 따라서 경비업의 전문성과 예방적 위기 대응 능력을 강화하기 위해 입법을 통해 경비원 권한을 확대하고 재량성 확보를 위한 기준을 마련할 필요가 있다. 경비원에게 권한과 재량을 부여하는 것은 긴급 상황에서 신속한 대응과 문제 해결의 효율성을 높이는 데 중요한 요소로 작용할 수 있다.

(3) 특수경비원의 무기사용

① 무기의 휴대

「경비업법」 제14조 제3항에 의해 시 · 도 경찰청장은 국가중요시설에 대한 경비업무의 수행을 위하여 필요하다고 인정하는 때에는 시설주의 신청에 의하여 무기를 구입한다. 이 경우 시설주는 그 무기의 구입대금을 지불하고, 구입한 무기를 국가에 기부 채납하여야 한다. 시 · 도 경찰청장은 국가중요시설에 대한 경비업무의 수행에 의하여 필요하다고 인정하는 때에는 관할 경찰관서장이 시설주의 신청에 의하여 시설주로부터 국가에 기부채납 된 무기를 대여하게 하고, 시설주는 이를 특수경비원이 휴대하게 할 수 있다. 이 경우 특수경비원은 정당한 사유 없이 무기를 소지하고 배치된 경비구역을 벗어나서는 안 된다.

② 무기의 관리

「경비업법」 제14조 제4항에 따라 무기를 대여 받은 국가중요시설의 시설주 또는 같은 조 제7항에 따른 관리책임자는 「경비업법 시행규칙」 제18조에 의해 다음과 같이 관리해야 한다.

「경비업법」 제14조 제4항에 따라 무기를 대여 받은 국가중요시설의 시설주 또는 같은 조 제7항에 따른 관리책임자는 「경비업법 시행규칙」 제18조에 의해 다음과 같이 관리해야 한다.

㉠ 무기의 관리를 위한 책임자를 지정하고 관할경찰관서장에게 이를 통보할 것

ⓛ 무기고 및 탄약고는 단층에 설치하고 환기 · 방습 · 방화 및 총 받침대 등의 시설을 할 것

ⓒ 탄약고는 많은 사람을 수용하거나 오고 가는 시설과 떨어진 곳에 설치할 것

ⓡ 무기고 및 탄약고에는 이중 잠금장치를 하여야 하며, 열쇠는 관리책임자가 보관하되, 근무시간 이후에는 열쇠를 당직책임자에게 인계하여 보관시킬 것

ⓜ 관할경찰관서장이 정하는 바에 의하여 무기의 관리 실태를 매월 파악하여 다음 달 3일까지 관할경찰관서장에게 통보할 것

ⓑ 대여받은 무기를 빼앗기거나 대여받은 무기가 분실 · 도난 또는 훼손되는 등의 사고가 발생한 때에는 관할경찰관서장에게 그 사유를 지체없이 통보할 것

ⓢ 대여받은 무기를 빼앗기거나 대여받은 무기가 분실 · 도난 또는 훼손된 때에는 경찰청장이 정하는 바에 의하여 그 전액을 배상할 것. 다만, 전시 · 사변, 천재 · 지변 그 밖의 불가항력의 사유가 있다고 시 · 도 경찰청장이 인정한 때에는 그러하지 아니하다.

ⓞ 시설주는 자체계획을 수립하여 보관하고 있는 무기를 매주 1회 이상 손질할 수 있게 할 것

③ 무기의 출납

규칙 제18조 제2항에서 시설주 또는 관리책임자는 고의 또는 과실로 무기를 빼앗기거나 무기가 분실 · 도난 또는 훼손되도록 한 특수경비원에 대하여 특수경비업자에게 교체 또는 징계 등의 조치를 요청할 수 있다. 이 경우 특수경비업자는 특별한 사유가 없는 한 이에 응하여야 한다. 규칙 제18조 제3항에서는 무기를 대여받은 시설주 또는 관리책임자가 특수경비원에게 무기를 출납하고자 하는 때에는 다음 각호의 관리수칙에 따라 무기를 관리하여야 한다.

ⓖ 관할경찰관서장이 무기를 회수하여 집중적으로 관리하도록 지시하는 경우 또는 출납하는 탄약의 수를 증감하거나 출납을 중지하도록 지시하는 경우에는 이에 따를 것

ⓛ 탄약의 출납은 소총에 있어서는 1정당 15발 이내, 권총에 있어서는 1정당 7발 이내로 하되, 생산된 후 오래된 탄약을 우선적으로 출납할 것

ⓒ 무기를 지급받은 특수경비원으로 하여금 무기를 매주 1회 이상 손질하게 할 것

㉣ 수리가 필요한 무기가 있는 때에는 그 목록과 무기장비운영카드를 첨부하여 관할 경찰관서장에게 수리를 요청할 것

④ 무기의 손질

규칙 제18조 제4항에서는 시설주로부터 무기를 지급받은 특수경비원은 다음 각호의 관리수칙에 따라 무기를 관리하여야 한다.

㉠ 무기를 지급받거나 반납하는 때 또는 무기의 인계 인수를 하는 때에는 반드시 "앞에 총"의 자세에서 "검사 총"을 할 것

㉡ 무기를 지급받은 때에는 별도의 지시가 없는 한 탄약은 무기로부터 분리하여 휴대하여야 하며, 소총은 "우로 어깨걸어 총"의 자세를 유지하고, 권총은 "권총집에 넣어 총"의 자세를 유지할 것

㉢ 지급받은 무기를 다른 사람에게 보관·휴대 또는 손질시키지 아니할 것

㉣ 무기를 손질 또는 조작하는 때에는 총구를 반드시 공중으로 향하게 할 것

㉤ 무기를 반납하는 때에는 손질을 철저히 한 후 반납하도록 할 것

㉥ 근무시간 이후에는 무기를 시설주에게 반납하거나 교대근무자에게 인계할 것

⑤ 무기의 회수

2021년 12월 31일 개정된「경비업법 시행규칙」제18조 제5항에서는 무기지급에 대한 제한과 회수 대상자를 다음과 같이 명시하고 있다.

㉠ 형사사건으로 인하여 조사를 받고 있는 사람

㉡ 사직 의사를 표명한 사람

㉢ 정신질환자

㉣ 그 밖에 무기를 지급하기에 부적합하다고 인정되는 사람

⑥ 무기 사용의 한계

「경비업법」제14조 제8항에 의하여 특수경비원은 국가중요시설의 경비를 위하여 무기를 사용하지 아니하고는 다른 수단이 없다고 인정되는 때에는 필요한 한도 안에서 무기를 사용할 수 있다. 다만, 다음에 해당하는 때를 제외하고는 사람에게 위해를 끼쳐서

는 안 된다.

㉠ 무기 또는 폭발물을 소지하고 국가중요시설에 침입한 자가 특수경비원으로부터 3회 이상 투기 또는 투항을 요구받고도 이에 불응하면서 계속 항거하는 경우 이를 억제하기 위하여 무기를 사용하지 아니하고는 다른 수단이 없다고 인정되는 때

㉡ 국가중요시설에 침입한 무장간첩이 특수경비원으로부터 투항을 요구받고도 이에 불응한 때

⑦ 무기휴대의 절차

「경비업법 시행령」 제20조에 의하여 시설주는 특수경비원이 휴대할 무기를 대여 받고자 하는 때에는 무기대여신청서를 관할 경찰관서장을 거쳐 시·도 경찰청장에게 제출해야 한다. 또한 시설주는 관할 경찰관서장으로부터 대여 받은 무기를 특수경비원에게 휴대하게 하는 경우에는 관할 경찰관서장의 사전승인을 얻어야 한다. 사전승인을 함에 있어서 관할 경찰관서장은 국가중요시설에 총기 또는 폭발물의 소지자나 무장간첩 침입의 우려가 있는지의 여부 등을 고려하는 등 특수경비원에게 무기를 지급하여야 할 필요성이 있는지의 여부에 관하여 판단해야 한다.

4) 특수경비원의 당연 퇴직

「경비업법」 제10조의2 조항 신설을 통하여 특수경비원이 제10조의 결격사유에 해당하게 될 때는 당연 퇴직한다. 다만 나이가 60세가 되어 퇴직하는 경우에는 60세가 된 날이 1월부터 6월 사이에 있으면 6월 30일에, 7월부터 12월 사이에 있으면 12월 31일에 각각 당연 퇴직되고, 제10조 제1항 제2호는 파산선고를 받은 사람으로 「채무자 회생 및 파산에 관한 법률」에 따라 신청기간 내에 면책신청을 하지 아니하였거나 면책불허가 결정 또는 면책 취소가 확정된 경우만 해당하며, 제10조 제2항 제4호는 「성폭력범죄의 처벌 등에 관한 특례법」 제2조, 「아동·청소년의 성보호에 관한 법률」 제2조 제2호 및 직무와 관련하여 「형법」 제355조에 규정된 죄를 범한 사람으로서 금고 이상의 형의 선고유예를 받은 경우만 해당한다. 또한 「경비업법」 제10조 제2항 제2호에서 "심신상실자, 알코올 중독자 등 대통령령으로 정하는 정신적 제약이 있는 자"란 다음과 같다.

㉠ 심신상실자
㉡ 마약 · 대마 · 향정신성의약품 또는 알코올 중독자
㉢ 「치매관리법」 제2조 제1호에 따른 치매, 조현병 · 조현정동장애 · 양극성정동장애(조울병) · 재발성우울장애 등의 정신질환이나 정신 발육지연, 뇌전증 등이 있는 사람. 다만, 해당 분야 전문의가 특수경비원으로서 적합하다고 인정하는 사람은 제외한다.

5. 경비지도사

1) 경비지도사의 개념

경비원의 지도 · 감독 · 교육을 전담하는 자인 경비지도사 제도는 경비원의 자질 향상을 위하여 1995년 제5차 개정 「경비업법」에서 신설했다. 경비지도사는 일반경비지도사와 기계경비지도사로 나뉘며 일반경비지도사는 시설경비, 호송경비, 신변보호, 혼잡 · 교통유도경비, 특수경비 업무에 종사하는 경비원 그리고 기계경비지도사는 기계경비업무에 종사하는 경비원에 대한 지도 · 감독 · 교육을 실시한다.

2) 경비지도사의 시험

(1) 경비지도사 시험의 시행

경비지도사 자격은 경비업법 제10조 제1항의 결격사유에 해당하지 아니하는 자로서 경찰청장이 시행하는 경비지도사 시험에 합격하고 대통령령으로 정하는 바에 따라 경찰청장이 실시하는 '기본교육'을 받은 자이어야 한다. 자격취득 과정은 응시원서 접수, 1차시험 합격, 2차시험 합격, 결격사유 조회, 최종 합격, 기본교육 이수(40시간), 자격증 교부의 순서에 따른다. 경비지도사 시험은 매년 1회 이상 시행하며, 시험과목, 시험공고, 시험의 일부가 면제되는 자의 범위 그 밖에 경비지도사 시험에 관하여 필요한 사항은 「경비업법 시행령」 제11조에 의해 시험시행일 90일 전까지 공고한다.

(2) 경비지도사 시험의 방법 및 과목

① 시험의 방법

㉠ 경비지도사 시험은 필기시험으로 제1차, 제2차 시험으로 구분하여 실시한다.

㉡ 제1차 시험 및 제2차 시험은 선택형으로 하되, 제2차 시험에 있어서는 선택형 외에 단답형을 추가할 수 있다.

㉢ 제2차 시험은 제1차 시험에 합격한 자에 대하여 실시한다.

㉣ 제1차 시험 합격자는 다음 회의 시험에 한하여 제1차 시험을 면제한다.

② 시험의 과목

〈표 1-8〉 경비지도사 시험과목

구분		일반경비지도사	기계경비지도사
1차 시험	공통	법학개론, 민간경비론	
2차 시험	필수	경비업법	
	선택1	소방학, 범죄학, 경호학	기계경비개론, 기계경비기획 및 설계

③ 시험의 일부면제

다음의 어느 하나에 해당하는 사람은 경비지도사 제1차 시험을 면제한다.

㉠ 「경찰공무원법」에 따른 경찰공무원으로 7년 이상 재직한 사람

㉡ 「대통령 등의 경호에 관한 법률」에 따른 경호공무원 또는 별정직공무원으로 7년 이상 재직한 사람

㉢ 「군인사법」에 따른 각 군 전투병과 또는 헌병병과 부사관 이상 간부로 7년 이상 재직한 사람

㉣ 「경비업법」에 따른 경비업무에 7년 이상(특수경비업무의 경우에는 3년 이상) 종사하고 「경비업법 시행규칙」 제10조에서 정하는 교육과정을 이수한 사람. 다만, 「경비업법 시행규칙」 제10조는 고등교육법에 의한 전문대학 이상의 교육기관(경비지도사의 시험과목 3과목 이상이 개설된 교육기관에 한한다)에서 1년 이상의 경비업무관련 과정을 마친 사람 또는 경찰청장이 지정하는 기관 또는 단체에서 실시하는 64시간 이상의 경비지도사 양성과정을 마치고 수료시험에 합격한 사람을 말한다.

ⓜ 「고등교육법」에 따른 대학 이상의 학교를 졸업한 사람으로서 재학 중 경비지도사 시험과목을 3과목 이상을 이수하고 졸업한 후 경비업무에 종사한 경력이 3년 이상인 사람

ⓑ 「고등교육법」에 따른 전문대학을 졸업한 사람으로서 재학 중 경비지도사 시험과목을 3과목 이상을 이수하고 졸업한 후 경비업무에 종사한 경력이 5년 이상인 사람

ⓢ 일반경비지도사의 자격을 취득한 후 기계경비지도사의 시험에 응시하는 사람 또는 기계경비지도사의 자격을 취득한 후 일반경비지도사의 시험에 응시하는 사람

ⓞ 「공무원임용령」에 따른 행정직군 교정직렬 공무원으로 7년 이상 재직한 사람

④ 시험합격자의 결정

ⓐ 제1차시험의 합격결정에 있어서는 매 과목 100점을 만점으로 하며, 매 과목 40점 이상, 전과목 평균 60점 이상 득점한 자를 합격자로 결정한다.

ⓑ 제2차시험의 합격결정에 있어서는 선발예정인원의 범위 안에서 60점 이상을 득점한 자 중에서 고득점 순으로 합격자를 결정한다. 이 경우 동점자로 인하여 선발 예정인원이 초과하는 때에는 동점자 모두를 합격자로 한다.

(3) 경비지도사 시험에 대한 위탁

경찰청장은 제11조의 규정에 의한 경비지도사의 시험에 관한 업무를 대통령령이 정하는 바에 따라 관계전문기관 또는 단체에 위탁할 수 있다.(경비지도사 교육에 대한 위임 및 위탁 규정은 삭제됨)

3) 경비지도사 교육

(1) 기본교육

경비지도사 시험에 합격한 자는 경찰청장이 지정하고 고시하는 기관 또는 단체에서 총 40시간의 기본교육을 이수하여야 한다. 교육에 소요되는 비용은 경비지도사의 교육을 받는 자의 부담으로 한다.

〈표 1-9〉 경비지도사 기본교육 과목 및 시간(시행 2025.1.31.)

<table>
<tr><th>구분(교육시간)</th><th colspan="2">과목</th><th>시간</th></tr>
<tr><td rowspan="8">공통교육
(22시간)</td><td colspan="2">• 「경비업법」, 「경찰관직무집행법」, 「도로교통법」 및 「개인정보보호법」에 따른 개인정보 보호지침 등</td><td>4</td></tr>
<tr><td colspan="2">• 실무 Ⅰ</td><td>4</td></tr>
<tr><td colspan="2">• 실무 Ⅱ</td><td>3</td></tr>
<tr><td colspan="2">• 범죄 · 테러 · 재난 대응 요혈 및 화재대처법</td><td>2</td></tr>
<tr><td colspan="2">• 응급처치법</td><td>2</td></tr>
<tr><td colspan="2">• 직업윤리 및 인권보호</td><td>2</td></tr>
<tr><td colspan="2">• 체포 · 호신술</td><td>2</td></tr>
<tr><td colspan="2">• 입교식 · 평가 · 수료식</td><td>3</td></tr>
<tr><td rowspan="11">자격의 종류별
교육(18시간)</td><td rowspan="7">일반경비지도사</td><td>• 시설경비</td><td>3</td></tr>
<tr><td>• 호송경비</td><td>2</td></tr>
<tr><td>• 신변보호</td><td>2</td></tr>
<tr><td>• 특수경비</td><td>2</td></tr>
<tr><td>• 혼잡 · 다중운집인파 관리</td><td>2</td></tr>
<tr><td>• 교통안전 관리</td><td>2</td></tr>
<tr><td>• 일반경비 현장실습</td><td>5</td></tr>
<tr><td rowspan="4">기계경비지도사</td><td>• 인력경비개론</td><td>5</td></tr>
<tr><td>• 기계경비 기획및설계</td><td>4</td></tr>
<tr><td>• 기계경비 운용관리</td><td>4</td></tr>
<tr><td>• 기계경비 현장실습</td><td>5</td></tr>
<tr><td colspan="3">계</td><td>40</td></tr>
</table>

(2) 보수교육

선임된 경비지도사는 대통령령으로 정하는 바에 따라 경찰청장이 실시하는 보수교육을 받아야 한다.(2024.2.13. 신설, 2024.8.14. 시행)

① 경비지도사의 보수교육은 선임된 날부터 매 3년이 되는 날이 속하는 해에 실시하는 6시간 이상의 교육으로 하되, 일반경비지도사와 기계경비지도사에 모두 선임된 경우에는 보수교육의 일부를 면제할 수 있도록 한다.

② 기본교육 또는 직전 보수교육을 받은 날부터 3년 이상 보수교육을 받은 적이 없는 사람이 경비지도사로 선임된 경우에는 선임된 날부터 60일 이내에 보수교육을 받도록 한다.

〈표 1-9〉 경비지도사 실무교육 과목 및 시간(시행 2024.8.14.)

<table>
<tr><th colspan="2">구분(교육시간)</th><th>과목</th><th>시간</th></tr>
<tr><td colspan="2" rowspan="2">공통교육
(2시간)</td><td>• 경비업 법령</td><td>1</td></tr>
<tr><td>• 직업윤리 및 인권보호</td><td>1</td></tr>
<tr><td rowspan="2">자격의
종류별
교육
(4시간)</td><td>일반
경비지도사</td><td>• 일반경비 실무</td><td>4</td></tr>
<tr><td>기계
경비지도사</td><td>• 기계경비 실무</td><td>4</td></tr>
<tr><td colspan="2">계</td><td></td><td>6</td></tr>
</table>

(3) 경비지도사 교육기관

경찰청장은 경비지도사에 대한 기본교육 및 보수교육에 관한 업무를 전문인력 및 시설 등을 갖춘 법인으로서 경찰청장이 지정하는 기관 또는 단체에 위탁할 수 있다. 또한 경찰청장은 경비지도사에 대한 기본교육 및 보수교육의 전국적 균형을 유지하기 위하여 교육수준 및 교육방법 등에 필요한 지침을 마련하여 시행할 수 있다.

경비지도사 교육기관이 경찰청장이 정한 교육지침을 위반한 경우에는 기간을 정하여 시정을 명할 수 있다. 그 밖에 경비지도사 교육기관의 지정 기준 및 절차 등에 필요한 사항은 대통령령으로 정한다. 그 밖에 경비지도사 교육기관의 지정 취소 및 업무 정지에 관한 세부기준 및 절차는 그 위반행위의 유형과 위반의 정도 등을 고려하여 행정안전부령으로 정한다.

경찰청장은 경비지도사 교육기관이 다음 각 호의 어느 하나에 해당하는 경우에는 그 지정을 취소하거나 1년의 범위에서 기간을 정하여 업무의 전부 또는 일부를 정지할 수 있다. 다만, ①의 경우에 해당할 경우에는 그 지정을 취소하여야 한다.

① 거짓이나 그 밖의 부정한 방법으로 경비지도사 교육기관의 지정을 받은 경우
② 지정받은 사항을 위반하여 업무를 행한 경우
③ 경찰청장이 정한 교육지침을 위반하여 시정명령을 받고도 정당한 사유 없이 정하여진 기간 이내에 시정하지 아니한 경우
④ 대통령령이 정한 교육기관 지정 기준에 적합하지 아니하게 된 경우

4) 경비지도사의 선임

(1) 경비지도사 선임의 의의

경비업자는 「경비업법 시행령」 제16조에 의해 경비지도사를 선임해야 한다. 또한, 경비업자는 경비지도사를 선임하거나 해임하는 때에는 행정안전부령으로 정하는 바에 따라 해당 경비현장을 관할하는 시·도경찰청장 또는 경찰서장에게 신고하여야 한다. 경비지도사는 시설경비, 호송경비, 신변보호, 특수경비, 혼잡·교통유도 경비원을 지도·감독·교육하는 일반경비지도사와 기계경비업무에 종사하는 경비원을 지도·감독·교육하는 기계경비지도사로 구분하여 선임하여야 하며 위반 시 과태료가 부과된다.

(2) 경비지도사의 선임·해임 신고의무

① 경비업자는 법 제12조의2에 따라 경비지도사를 선임 또는 해임하는 때에는 경비지도사를 선임 또는 해임한 날부터 15일 이내에 경비지도사 자격증 사본을 첨부(경비지도사 선임 신고의 경우에만 해당한다)하여 별지 제10호의4서식의 경비지도사 선임·해임신고서(전자문서로 된 신고서를 포함하며, 이하 같다)를 해당 경비현장(경비원 배치장소를 말하며, 이하 "배치지"라 한다)을 관할하는 시·도경찰청장 또는 경찰서장에게 제출해야 한다. 다만, 경비지도사 선임 신고 시 경비지도사 선임신고서에 기재한 해임예정일에 경비지도사를 해임한 경우에는 경비지도사 해임신고서를 제출하지 않아도 된다.

② 경비업자는 제1항 본문에도 불구하고 법 제18조제2항 단서에 따라 집단민원현장에 경비원 배치허가를 받은 경우 경비원을 배치하기 전까지 경비지도사 선임신고서를 배치지를 관할하는 경찰서장에게 제출해야 한다.

③ 시·도경찰청장 또는 경찰서장은 경비지도사로 선임되거나 선임되었던 사람이 요청하는 경우 별지 제10호의5서식의 경비지도사 선임 확인증을 발급할 수 있다.

(3) 경비지도사의 선임·배치기준

2023년 5월 15일자로 개정된 「경비업법 시행령」에 따른 경비지도사의 선임·배치기준은 다음과 같다.

㉠ 경비업자는 경비원을 배치하여 영업활동을 하고 있는 지역을 관할하는 시 · 도 경찰청의 관할구역별로 경비원 200명까지는 경비지도사 1명을 선임 · 배치하고, 경비원이 200명을 초과하는 경우 200명을 초과하는 경비원 100명 단위로 경비지도사 1명씩을 추가로 선임 · 배치해야 한다.

㉡ ㉠ 따라 경비지도사가 선임 · 배치된 시 · 도 경찰청의 관할구역과 경계를 맞닿아 인접한 시 · 도 경찰청의 관할구역에 배치된 경비원이 30명 이하인 경우에는 ㉠에도 불구하고 경비지도사를 따로 선임 · 배치하지 않을 수 있다. 이 경우 제주특별자치도경찰청과 전라남도경찰청은 경계를 맞닿아 인접한 것으로 본다.

㉢ ㉡에 따라 경비지도사를 따로 선임 · 배치하지 않는 경우 경비지도사 1명이 지도 · 감독 및 교육할 수 있는 경비원의 총수(경계를 맞닿아 인접한 시 · 도 경찰청의 관할구역에 배치된 경비원의 수를 합산한다)는 200명을 초과할 수 없다.

㉣ 시설경비업무 · 호송경비업무 · 신변보호업무 또는 특수경비업무를 하는 경비업자는 일반경비지도사를 선임 · 배치하고, 시설경비업무 · 호송경비업무 · 신변보호업무 또는 특수경비업무 중 둘 이상의 경비업무를 하는 경우에는 각 경비업무에 종사하는 경비원의 수를 합산한 인원을 기준으로 경비지도사를 선임 · 배치해야 한다.

㉤ 특수경비업무를 수행하는 경비업자는 제19조제1항에 따른 특수경비원 신임교육을 이수한 일반경비지도사를 선임 · 배치해야 한다.

(3) 경비지도사 선임의 강제

경비업자는 경비원을 최초 1인이라도 배치하는 경우 경비지도사를 반드시 선임해야 하며, 결원 및 자격정지의 사유로 공백이 생길 경우 15일 이내에 새로이 충원하여야 한다.

5) 경비지도사의 직무

① 경비지도사의 직무는 다음과 같다.

㉠ 경비원의 지도 · 감독 · 교육에 관한 계획의 수립 · 실시 및 그 기록의 유지

㉡ 경비현장에 배치된 경비원에 대한 순회점검 및 감독

㉢ 경찰기관 및 소방기관과의 연락방법에 대한 지도

㉣ 집단민원현장에 배치된 경비원에 대한 지도 · 감독

㉤ 기계경비업무를 위한 기계장치의 운용 · 감독(기계경비지도사의 경우)

㉥ 오경보방지 등을 위한 기기관리의 감독(기계경비지도사의 경우)

② 경비지도사는 위의 ㉠, ㉡, ㉤, ㉥의 직무를 월 1회 이상 수행하여야 한다.

③ 또한 ㉠에 따라 경비원에 대한 교육을 실시한 경우, 경비원 직무교육 실시대장에 그 내용을 기록하여 2년간 보존하여야 한다.

④ 집단민원현장에 선임 · 배치된 경비지도사의 직무

㉠ 경비원 등의 의무 위반행위 예방 및 제지

㉡ 경비원의 복장 착용 등에 대한 지도 · 감독

㉢ 경비원의 장비 휴대 및 사용에 대한 지도 · 감독

㉣ 집단민원현장에 비치된 경비원 명부의 관리

6) 경비지도사 자격의 취소

경찰청장은 경비지도사가 다음 각 호의 어느 하나에 해당하는 때에는 그 자격을 취소하여야 한다.

① 제10조제1항 각호의 결격사유에 해당하게 된 때

② 허위 그 밖의 부정한 방법으로 경비지도사자격증을 교부받은 때

③ 경비지도사자격증을 다른 사람에게 빌려주거나 양도한 때

④ 자격정지 기간 중에 경비지도사로 선임되어 활동한 때

7) 경비지도사의 자격정지

「경비업법 시행령」 제25조에 의한 경비지도사의 자격정지 기준은 다음과 같다.

위반행위	해당 법조문	행정처분기준		
		1차	2차	3차이상
1. 법 제12조제3항의 규정에 위반하여 직무를 성실하게 수행하지 아니한 때	법 제20조 제2항 제1호	자격정지 3월	자격정지 6월	자격정지 12월
2. 법 제24조의 규정에 의한 경찰청장, 시 · 도 경찰청장의 명령을 위반한 때	법 제20조 제2항 제2호	자격정지 1월	자격정지 6월	자격정지 9월

※ 비고 : 위반행위의 횟수에 따른 행정처분의 기준은 당해 위반행위가 있은 이전 최근 2년간 같은 위반행위로 행정처분을 받은 경우에 적용한다.

6. 경비업의 허가

1) 허가사항

(1) 허가절차

① 경비업의 허가권자는 시 · 도 경찰청장이다.

② 경비업의 허가를 받으려는 경우에는 허가신청서에, 경비업자가 허가를 받은 경비업무를 변경하거나 새로운 경비업무를 추가하려는 경우에는 변경허가신청서에 다음의 서류를 첨부하여 법인의 주사무소를 관할하는 시 · 도 경찰청장 또는 해당 시 · 도 경찰청 소속의 경찰서장에게 제출하여야 한다. 이 경우 신청서를 제출받은 경찰서장은 지체 없이 관할 시 · 도 경찰청장에게 보내야 한다.

㉠ 법인의 정관 1부

㉡ 법인 임원의 이력서 1부

㉢ 경비인력 · 시설 및 장비의 확보계획서 1부(경비업 허가의 신청시 이를 갖출 수 없는 경우에 한한다) 단, 자본금은 반드시 갖추어야 한다.

(2) 허가요건

「경비업법」 제4조에 의하여 경비업을 영위하거나 변경하고자 하는 법인은 도급받아 행하고자 하는 경비업무를 특정하여 그 법인의 주(主)사무소(통상 본사를 의미)의 소재지를 관할하는 시 · 도 경찰청장의 허가를 받아야 한다. 허가를 받고

자 하는 법인은 「경비업법 시행령」 제3조에서 정하는 경비인력 · 자본금 · 시설 및 장비를 아래와 같이 갖추어야 한다. 다만, 경비업의 허가 또는 변경허가를 신청하는 때에 아래의 규정에 의한 시설 등(자본금은 반드시 갖추어야 한다)을 갖출 수 없는 경우에는 허가 또는 변경허가의 신청 시 시설 등의 확보계획서를 제출한 후 허가 또는 변경허가를 받은 날부터 1월 이내에 아래의 규정에 의한 경비인력 · 시설 및 장비를 갖추고 시 · 도 경찰청장의 확인을 받아야 한다. 이를 어길 경우 허가 취소 사유가 된다.

〈표 1-10〉 경비업의 시설 등의 기준

시설 등 기준 / 업무별	경비인력	자본금	시설	장비 등
시설경비	• 일반경비원 10명 이상 • 경비지도사 1명 이상	1억 원 이상	•기준 경비인력 수 이상을 동시에 교육 할 수 있는 교육장	• 기준 경비인력 수 이상의 경비원 복장 및 경적, 단봉, 분사기
호송경비	• 무술유단자인 일반경비원 5명 이상 • 경비지도사 1명 이상	1억 원 이상	•기준 경비인력 수 이상을 동시에 교육 할 수 있는 교육장	• 기준 경비인력 수 이상의 경비원 복장 및 경적, 단봉, 분사기 • 호송용 차량 1대 이상 • 현금호송백 1개 이상
신변보호	• 무술유단자인 일반경비원 5명 이상 • 경비지도사 1명 이상	1억 원 이상	•기준 경비인력수 이상을 동시에 교육 할 수 있는 교육장	• 기준 경비인력 수 이상의 경적, 단봉, 분사기 • 기준 경비인력 수 이상의 무전기 등 통신장비
기계경비	• 전자 · 통신 분야 기술자격증소지자 5명을 포함한 일반경비원 10명 이상 • 경비지도사 1명 이상	1억 원 이상	•기준 경비인력 수 이상을 동시에 교육 할 수 있는 교육장 •관제시설	• 기준 경비인력 수 이상의 경비원 복장 및 경적, 단봉, 분사기 • 감지장치 · 송신장치 및 수신장치 • 출장소별로 출동차량 2대 이상
특수경비	• 특수경비원 20명 이상 • 경비지도사 1명 이상	3억 원 이상	•기준 경비인력 수 이상을 동시에 교육 할 수 있는 교육장	• 기준 경비인력 수 이상의 경비원 복장 및 경적, 단봉, 분사기

시설 등 기준 / 업무별	경비인력	자본금	시설	장비 등
혼잡 · 교통 유도경비	•일반경비원 10명 이상 •경비지도사 1명 이상	억 원 이상	•기준 경비인력 수 이상을 동시에 교육할 수 있는 교육장	• 기준 경비인력 수 이상의 경비원 복장 및 경적, 단봉, 분사기, 무전기, 경광봉

※ 자본금의 경우 하나의 경비업무에 대한 자본금을 갖춘 경비업자가 그 외의 경비업무를 추가로 하고자 하는 경우 자본금을 갖춘 것으로 본다. 다만, 특수경비업자 외의 자가 특수경비업무를 추가로 하고자 하는 경우에는 이미 갖추고 있는 자본금을 포함하여 특수경비업무의 자본금 기준(3억 원)에 적합하여야 한다.

(3) 허가증 발급

① 시 · 도 경찰청장은 신규허가 또는 변경허가의 신청을 받은 때에는 경비업을 영위하고자 하는 법인의 임원 중 결격사유에 해당하는 자가 있는지의 유무, 경비인력 · 시설 및 장비의 확보 또는 확보가능성의 여부, 자본금과 대표자 · 임원의 경력 및 신용 등을 검토하여 허가여부를 결정해야 한다.

② 시 · 도 경찰청장은 경비업을 허가하거나 변경허가를 한 경우에는 해당 법인의 주사무소를 관할하는 경찰서장을 거쳐 신청인에게 허가증을 발급해야 한다.

③ 경비업자는 경비업 허가증을 잃어버리거나 경비업 허가증이 못쓰게 된 경우에는 허가증 재교부신청서에 다음의 구분에 따른 서류를 첨부하여 법인의 주사무소를 관할하는 시 · 도 경찰청장 또는 해당 시 · 도 경찰청 소속의 경찰서장에게 재발급을 신청해 하고, 신청서를 제출받은 경찰서장은 지체 없이 관할 시 · 도 경찰청장에게 보내야 한다.

㉠ 허가증을 잃어버린 경우에는 그 사유서

㉡ 허가증을 못 쓰게 된 경우에는 그 허가증

(4) 허가의 제한

① 누구든지 허가를 받은 경비업체와 동일한 명칭으로 경비업 허가를 받을 수 없다.

② 「경비업법」상 허가받은 경비업무 이외의 업무에 경비원을 종사하게 한때, 허가받은 날부터 2년 이내에 경비도급 실적이 없을 때, 최종도급계약 종료일 다음 날부터 2년 이내에 도급실적이 없을 때, 소속 경비원으로 하여금 경비업무를 벗어난 행위를 하게 하여 허가가 취소된 경우 허가가 취소된 날부터 10년이 지나지 아니

한 때에는 누구든지 허가가 취소된 경비업체와 동일한 명칭으로 허가를 받을 수 없다.

③ 「경비업법」상 위와 같은 사유로 허가가 취소된 법인은 법인명 또는 임원의 변경에도 불구하고 허가가 취소된 날부터 5년이 지나지 아니한 때에는 허가를 받을 수 없다.

(5) 허가법인의 신고사항

① 허가법인의 신고사유

「경비업법」 제4조 제3항에 의해 경비업의 허가를 받은 법인은 다음의 어느 하나에 해당하는 때에는 시 · 도 경찰청장에게 신고하여야 하며 위반 시 과태료 처분 대상이 된다. 신고는 그 사유가 발생한 날부터 30일 이내에 해야 한다.

㉠ 영업을 폐업하거나 휴업한 때
㉡ 법인의 명칭이나 대표자 · 임원을 변경한 때
㉢ 법인의 주사무소나 출장소를 신설 · 이전 또는 폐지한 때
㉣ 기계경비업무의 수행을 위한 관제시설을 신설 · 이전 또는 폐지한 때
㉤ 특수경비업무를 개시하거나 종료한 때
㉥ 그 밖에 대통령령이 정하는 주요사항(정관의 목적 등)을 변경한 때

② 허가법인의 신고절차

㉠ 폐업신고

경비업자는 폐업한 경우에는 폐업을 한 날부터 7일 이내에 폐업신고서에 허가증을 첨부하여 법인의 주사무소를 관할하는 시 · 도 경찰청장 또는 해당 시 · 도 경찰청 소속의 경찰서장에게 제출하여야 한다. 이 경우 폐업신고서를 제출받은 경찰서장은 지체 없이 관할 시 · 도 경찰청장에게 보내야 한다. 이러한 신고는 신고 그 자체로 효력을 발생하므로 시 · 도 경찰청장의 수리행위가 따로 필요한 것은 아니나, 신고서의 기재나 첨부 서류의 미비로 인한 보완요구는 가능하다.

㉡ 휴업신고

경비업자는 휴업을 한 경우에는 휴업한 날부터 7일 이내에 휴업 신고서를 법인의 주사무소를 관할하는 시·도 경찰청장 또는 해당 시·도 경찰청 소속의 경찰서장에게 제출하여야 하고, 휴업 신고서를 제출받은 경찰서장은 지체 없이 관할 시·도 경찰청장에게 보내야 한다. 휴업신고를 한 경비업자가 신고한 휴업기간이 끝나기 전에 영업을 다시 시작하려는 경우에는 영업을 다시 시작한 후 7일 이내에 영업재개신고서를 신고한 휴업기간을 연장하려는 경우에는 신고한 휴업기간이 끝난 후 7일 이내에 휴업기간 연장신고서를 제출해야 한다.

㉢ 기타신고

신설·이전 또는 폐지한 때에 신고를 하여야 하는 출장소는 주사무소 외의 장소로서 일상적으로 일정 지역안의 경비업무를 지휘·총괄하는 영업거점인 지점·지사 또는 사업소 등의 장소로 한다. 그 밖에 대통령령이 정하는 중요사항이라 함은 정관의 목적을 말한다. 신고사유 중 「경비업법」 제4조 제3항 제2호에서 제6호까지의 규정에 따른 신고는 그 사유가 발생한 날부터 30일 이내에 해야 한다.

(6) 허가의 유효기간

① 유효기간

경비업 허가의 유효기간은 허가받은 날부터 5년으로 한다. 유효기간이 만료된 후 계속하여 경비업을 하고자 하는 법인은 「경비업법 시행규칙」 제6조에 의하여 갱신허가를 받아야 한다. 이는 경비업체의 난립을 방지하고 허가받은 경비업체 중에서도 별다른 영업실적이 없는 업체들을 정비하고자 하는 의도이다.

② 갱신절차

「경비업법 시행규칙」 제6조에 따르면 갱신허가를 받으려는 자는 허가의 유효기간 만료일 30일 전까지 갱신허가신청서에 다음의 서류를 첨부하여 법인의 주사무소를 관할하는 시·도 경찰청장 또는 해당 시·도 경찰청 소속의 경찰서장에게 제출해야 한다.

㉠ 허가증 원본

㉡ 법인의 정관(변경사항이 있는 경우에만 해당)

신청서를 제출받은 시·도 경찰청장은 「전자정부법」 제36조 제1항에 따른 행정정보의 공동이용을 통하여 법인의 등기사항증명서를 확인하여야 한다. 또한 시·도 경찰청장은 갱신허가를 하는 때에는 유효기간이 만료되는 허가증을 회수한 후 새로운 허가증을 교부해야 한다.

2) 허가의 취소 및 영업정지

(1) 허가 취소 사유

허가관청은 경비업자가 다음 각 호의 어느 하나에 해당하는 때에는 그 허가를 취소하여야 한다.

① 허위 그 밖의 부정한 방법으로 허가를 받은 때

② 제7조제5항의 규정에 위반하여 허가받은 경비업무외의 업무에 경비원을 종사하게 한 때

③ 제7조제9항의 규정에 위반하여 경비업 및 경비관련업외의 영업을 한 때

④ 정당한 사유없이 허가를 받은 날부터 2년 이내에 경비 도급실적이 없거나 계속하여 1년 이상 휴업한 때

⑤ 정당한 사유없이 최종 도급계약 종료일의 다음 날부터 2년 이내에 경비 도급실적이 없을 때

⑥ 영업정지처분을 받고 계속하여 영업을 한 때

⑦ 제15조의2제2항을 위반하여 소속 경비원으로 하여금 경비업무의 범위를 벗어난 행위를 하게 한 때

⑧ 제18조제8항에 따른 관할 경찰관서장의 배치폐지 명령에 따르지 아니한 때

(2) 영업정지 사유

허가관청은 경비업자가 다음 각 호의 어느 하나에 해당하는 때에는 대통령령으로 정하는 행정처분의 기준에 따라 그 허가를 취소하거나 6개월 이내의 기간을 정하여 영업의 전부 또는 일부에 대하여 영업정지를 명할 수 있다.

① 제4조제1항 후단을 위반하여 시·도경찰청장의 허가 없이 경비업무를 변경한 때
② 제7조제2항을 위반하여 도급을 의뢰받은 경비업무가 위법한 것임에도 이를 거부하지 아니한 때
③ 제7조제6항을 위반하여 경비지도사를 집단민원현장에 선임·배치하지 아니한 때
④ 제8조를 위반하여 경비대상 시설에 관한 경보 대응체제를 갖추지 아니한 때
⑤ 제9조제2항을 위반하여 관련 서류를 작성·비치하지 아니한 때
⑥ 제10조제3항을 위반하여 결격사유에 해당하는 경비원을 배치하거나 결격사유에 해당하는 경비지도사를 선임·배치한 때
⑦ 제12조제1항을 위반하여 경비지도사를 선임한 때
⑧ 제13조를 위반하여 경비원으로 하여금 교육을 받게 하지 아니한 때
⑨ 제16조에 따른 경비원의 복장 등에 관한 규정을 위반한 때
⑩ 제16조의2에 따른 경비원의 장비 등에 관한 규정을 위반한 때
⑪ 제16조의3에 따른 경비원의 출동차량 등에 관한 규정을 위반한 때
⑫ 제18조제1항 단서를 위반하여 집단민원현장에 일반경비원 명부를 작성·비치하지 아니한 때
⑬ 제18조제2항 각 호 외의 부분 단서를 위반하여 배치허가를 받지 아니하고 경비원을 배치하거나 경비원 명단 및 배치일시·배치장소 등 배치허가 신청의 내용을 거짓으로 한 때
⑭ 제18조제6항을 위반하여 결격사유에 해당하는 일반경비원을 집단민원현장에 배치한 때
⑮ 제24조에 따른 감독상 명령에 따르지 아니한 때
⑯ 제26조를 위반하여 손해를 배상하지 아니한 때

허가관청은 허가취소 또는 영업정지처분을 하는 때에는 경비업자가 허가받은 경비업무중 허가취소 또는 영업정지사유에 해당되는 경비업무에 한하여 처분을 하여야 한다. 다만, 도급을 의뢰받은 경비업무가 위법한 것임에도 이를 거부하지 아니한 때 및 제12조제1항을 위반하여 경비지도사를 선임한 때에 해당하여 허가취소를 하는 때에는 그러하지 아니하다.

7. 법인의 임원

1) 임원의 결격사유

「경비업법」 제5조에서는 법인 임원의 결격사유를 명시하고 있으며 이는 위 경비업체의 제한사유와 동일하다. 공공성이 강한 업무를 수행하는 회사(법인)이기에 그 임원의 자격에도 일정한 결격사유가 있어서는 안 된다. 특히 특수경비업무의 중요성에 비추어 특수경비업무를 수행하는 법인에 대해 더욱 엄격한 제한을 두고 있다. 따라서 아래에 해당하는 자는 경비업을 영위하는 법인의 임원이 될 수 없다.

① 피성년후견인
② 파산선고를 받고 복권되지 아니한 자
③ 금고 이상의 형의 선고를 받고 그 형이 실효되지 아니한 자
④ 특수경비업무를 수행하는 법인의 임원으로서 경비업법 또는 「대통령 등의 경호에 관한 법률」에 위반하여 벌금형의 선고를 받고 3년이 지나지 아니한 자
⑤ 경비업법 또는 경비업법에 의한 명령에 위반하여 허가가 취소(제19조제1항제2호 및 제7호 사유로 인한 취소는 제외)된 법인의 허가취소 당시의 임원이었던 자로서 그 취소 후 3년이 지나지 아니한 자가 허가취소 사유에 해당하는 경비업무와 동종의 경비업무를 수행하는 법인의 임원이 되고자 할 경우(다른 법령에 의한 허가취소는 해당하지 않는다.)
⑥ 「경비업법」상 허가받은 경비업무외의 업무에 경비원을 종사하게 하거나 소속 경비원으로 하여금 경비업무의 범위를 벗어나 행위를 하게 한 사유로 허가가 취소된 법인의 허가취소 당시의 임원이었던 자로서 허가가 취소된 날부터 5년이 지나지 아니한 자

2) 임원의 계속사유

이러한 임원의 결격사유는 법인 허가의 기준이면서 법인 취소의 요건이다. 따라서 허가 후에 법인의 임원 중 결격사유가 발생하면 법인 임원 자격에서 제외된다.

8. 경비업자의 의무

1) 경비업자의 공통 의무

① 업무범위에 관한 의무 : 경비업자는 경비대상시설의 소유자 또는 관리자의 관리권의 범위 안에서 경비업무를 수행하여야 하며, 다른 사람의 자유와 권리를 침해하거나 그의 정당한 활동에 간섭해서는 안 된다.

② 정당한 도급 의무 : 경비업자는 경비업무를 성실하게 수행하여야 하고, 도급을 의뢰받은 경비업무가 위법 또는 부당한 것일 때에는 이를 거부해야 한다.

③ 경비원의 권익보호 의무 : 경비업자는 불공정한 계약으로 경비원의 권익을 침해하거나 경비업의 건전한 육성과 발전을 해치는 행위를 해서는 안 된다.

④ 비밀누설금지 의무 : 경비업자의 임직원이거나 임직원이었던 자는 다른 법률에 특별한 규정이 있는 경우를 제외하고는 그 직무상 알게 된 비밀을 누설하거나 다른 사람에게 제공하여 이용하도록 하는 등 부당한 목적을 위하여 사용해서는 안 된다.

⑤ 타 업무 종사금지 의무 : 경비업자는 허가받은 경비업무외의 업무에 경비원을 종사하게 해서는 안 되며 위반 시 허가 취소사유에 해당한다.

⑥ 집단민원현장 경비지도사 선임 의무 : 경비업자는 집단민원현장에 경비원을 배치하는 때에는 경비지도사를 선임하고 그 장소에 배치하여 행정안전부령으로 정하는 바에 따라 경비원을 지도·감독하게 하여야 한다.「경비업법 시행규칙」제6조2에 규정된 집단민원 현장에 선임·배치된 경비지도사의 직무는 다음과 같다.

㉠ 경비원 등의 의무 위반행위 예방 및 제지
㉡ 경비원의 복장 착용 등에 대한 지도·감독
㉢ 경비원의 장비 휴대 및 사용에 대한 지도·감독
㉣ 집단민원현장에 비치된 경비원 명부의 관리

2) 특수경비업자의 의무

① 특수경비업무 중단 시 임무

특수경비업자가 특수경비업무의 개시 신고를 한 때에는 국가중요시설에 대한 특수경비업무의 수행이 중단되는 경우 시설주의 동의를 얻어 다른 특수경비업자 중에서 경비 대행업자를 지정하여 허가관청에 신고해야 한다. 경비대행업자의 지정을 변경하는 경우에도 또한 같다.

② 특수경비업무의 인수 시 임무

특수경비업자는 국가중요시설에 대한 특수경비업무를 중단하게 되는 경우에는 미리 경비 대행업자에게 통보하여야 하며, 경비 대행업자는 통보받는 즉시 그 경비업무를 인수해야 한다. 이 경우 경비업무를 인수한 경비 대행업자 역시 자신을 대행할 또 다른 경비 대행업자를 지정 · 신고해야 한다.

③ 특수경비업자의 영업제한 의무

특수경비업자는 이 법에 의한 경비업과 경비장비의 제조 · 설비 · 판매업, 네트워크를 활용한 정보산업, 시설물 유지관리업 및 경비원 교육업 등 대통령령이 정하는 경비관련업 이외의 영업을 하지 못한다.

3) 경비업무 도급인 등의 의무

① 누구든지 허가를 받지 아니한 자에게 경비업무를 도급하여서는 아니 되며 위반 시 3년 이하의 징역 또는 3천만 원 이하의 벌금에 처한다.

② 누구든지 집단민원현장에 경비인력을 20명 이상 배치하려고 할 때에는 그 경비인력을 직접 고용하여서는 아니 되고, 경비업자에게 경비업무를 도급하여야 한다. 다만, 시설주 등이 집단민원현장 발생 3개월 전까지 직접 고용하여 경비업무를 수행하는 피고용인의 경우에는 그러하지 아니하다. 집단민원현장에 20명 이상의 경비인력을 배치하면서 그 경비인력을 직접 고용한 자는 3년 이하의 징역 또는 3천만 원 이하의 벌금에 처한다.

③ 경비업무를 도급하는 자는 그 경비업무를 수급한 경비업자의 경비원 채용 시 무자격자나 부적격자 등을 채용하도록 관여하거나 영향력을 행사해서는 안 되며 위반 시 영향력을 행사한 도급인은 3년 이하의 징역 또는 3천만 원 이하의 벌금에 처한다.

④ 무자격자 및 부적격자의 구체적인 범위 등은 대통령령으로 정한다.

9. 경비원의 복장 · 장비 · 출동차량

경비원의 복장·장비 및 출동차량 등에 관하여는 「경비업법」 제16조, 제16조의2, 제16조의3 및 「경비업법 시행규칙」 제19조에 정하고 있다.

1) 경비원의 복장

① 경비업자는 경찰공무원 또는 군인의 제복과 색상 및 디자인 등이 명확히 구별되는 소속 경비원의 복장을 정하고 이를 확인할 수 있는 사진을 첨부하여 주된 사무소를 관할하는 시 · 도 경찰청장에게 「경비업법 시행규칙」 제19조에 따라 소속 경비원에게 복장을 착용하기 전에 경비원 복장 등 신고서를 제출하여야 한다.

② 경비업자는 경비업무 수행 시 경비원에게 소속 경비업체를 표시한 이름표를 부착하도록 하고, ①에 따라 신고 된 동일한 복장을 착용하게 하여야 하며, 복장에 소속 회사를 오인할 수 있는 표시를 하거나 다른 회사의 복장을 착용하게 하여서는 안 된다. 다만, 집단민원현장이 아닌 곳에서 신변보호업무를 수행하는 경우 또는 경비업무의 성격상 부득이한 사유가 있어 관할 경찰관서장이 허용하는 경우에는 그러하지 아니하다.

③ 시 · 도 경찰청장은 ①에 따라 제출받은 사진을 검토한 후 경비업자에게 복장 변경 등에 대한 시정명령을 할 수 있다.

④ 시정명령을 받은 경비업자는 이를 이행하여야 하고, 시정명령 이행보고서에 이행 사실을 입증할 수 있는 사진 등의 서류를 첨부하여 시정명령을 한 시 · 도 경찰청장에게 제출하여 이행 보고를 해야 한다.

⑤ 경비원은 경비업무 수행 시 이름표를 경비원 복장의 상의 가슴 부위에 부착하여 경비원의 이름을 외부에서 알아볼 수 있도록 해야 한다.

2) 경비원의 장비

① 경비원은 근무 중 경적, 단봉, 분사기, 안전방패, 무전기 및 그 밖에 경비 업무 수행에 필요한 것으로서 공격적인 용도로 제작되지 아니하는 장비를 휴대할 수 있으

며, 안전모 및 방검복 등 안전장비를 착용할 수 있다. 이러한 장비는 근무 중에만 이를 휴대할 수 있다.

② 경비업자가 경비원에게 분사기를 휴대하여 직무를 수행하게 하는 경우에는 「총포·도검·화약류 등 단속법」에 따라 미리 분사기의 소지허가를 받아야 한다.

③ 누구든지 장비를 임의로 개조하여 통상의 용법과 달리 사용함으로써 다른 사람의 생명·신체에 위해를 가하여서는 안 된다.

④ 경비원은 경비업무를 위하여 필요하다고 인정되는 상당한 이유가 있을 때는 필요한 최소한도에서 장비를 사용할 수 있다.

3) 출동차량

① 경비업자는 출동차량 등의 도색 및 표지를 경찰차량 및 군차량과 명확히 구별될 수 있게 해야 한다.

② 경비업자는 출동차량 등의 도색 및 표지를 정하고 이를 확인할 수 있는 사진을 첨부하여 주된 사무소를 관할하는 시·도 경찰청장에게 행정안전부령으로 정하는 바에 따라 신고해야 한다.

③ 시·도 경찰청장은 제출받은 사진을 검토한 후 경비업자에게 도색 및 표지 변경 등에 대한 시정명령을 할 수 있다.

④ 시정명령을 받은 경비업자는 이를 이행하여야 하고, 시정명령 이행보고서에 이행사실을 입증할 수 있는 사진 등의 서류를 첨부하여 시정명령을 한 시·도 경찰청장에게 제출하여 이행보고를 해야 한다.

10. 결격사유 확인을 위한 범죄경력조회

1) 의의

경찰청장, 시·도 경찰청장 또는 관할 경찰관서장은 직권으로 또는 범죄경력조회 요청이 있는 경우에는 경비업자의 임원, 경비지도사 또는 경비원이 결격사유에 해당하는지를 확인하기 위하여 「형의 실효 등에 관한 법률」에 따른 범죄경력조회를 할 수 있다.

2) 범죄경력조회의 요청

① 경비업자는 선출 · 선임 · 채용 또는 배치하려는 임원, 경비지도사 또는 경비원이 결격사유에 해당하는지를 확인하기 위하여 주된 사무소, 출장소 또는 배치장소를 관할하는 시 · 도 경찰청장 또는 경찰관서장에게 「형의 실효 등에 관한 법률」에 따른 범죄경력조회를 요청할 수 있다.

② 범죄경력조회를 요청하는 경우 범죄경력조회 신청서(전자문서로 된 신청서를 포함한다)에 다음의 서류를 첨부해야 한다.

㉠ 경비업 허가증 사본

㉡ 취업자 또는 취업예정자 범죄경력조회 동의서

3) 결격사유자 등의 통보

① 범죄경력조회 요청을 받은 시 · 도 경찰청장 또는 관할 경찰관서장은 경비업자에게 그 결과를 통보할 때에는 경비업자의 임원, 경비지도사 또는 경비원이 결격사유에 해당하는지 여부만을 통보해야 한다.

② 시 · 도 경찰청장 또는 관할 경찰관서장은 경비업자의 임원, 경비지도사 또는 경비원이 결격사유에 해당하는 사실을 알게 되거나 이 법 또는 이 법에 따른 명령을 위반한 때에는 경비업자에게 그 사실을 통보해야 한다.

11. 민감정보 및 고유식별정보의 처리

경찰청장, 시 · 도 경찰청장, 경찰서장 및 경찰관서장(경찰청장 및 경찰관서장의 권한을 위임 · 위탁받은 자를 포함한다)은 다음의 사무를 수행하기 위하여 불가피한 경우 「개인정보 보호법 시행령」에 따른 범죄경력 자료에 해당하는 정보와 주민등록번호 또는 외국인등록번호가 포함된 자료를 처리할 수 있다.

① 경비업의 허가 및 갱신허가 등에 관한 사무

② 경비지도사 시험 등에 관한 사무

③ 경비원의 교육 등에 관한 사무

④ 특수경비원의 직무 및 무기사용 등에 관한 사무

⑤ 결격사유자 등의 통보에 관한 사무
⑥ 경비원 배치 등 신고에 관한 사무
⑦ 행정처분에 관한 사무
⑧ 경비업자 및 경비지도사의 지도·감독에 관한 사무
⑨ 보안지도·점검 및 보안측정에 관한 사무
⑩ 위의 규정에 따른 사무를 수행하기 위하여 필요한 사무

12. 경비원 배치허가

1) 경비원 명부

① 경비업자는 행정안전부령이 정하는 바에 따라 경비원의 명부를 다음의 장소에 각각 작성·비치하여 두고, 이를 항상 정리하여야 하며 위반시 과태료 처분 대상이 된다.

㉠ 주된 사무소
㉡ 출장소
㉢ 집단민원현장

② 경비업자는 경비원 명부에 없는 자를 경비업무에 종사하게 하여서는 아니 되고, 경비원을 배치하는 경우에는 신임교육을 이수한 자를 배치해야 한다.

③ 경비업자는 경비원을 배치하여 경비업무를 수행하게 하는 때에는 행정안전부령으로 정하는 바에 따라 배치된 경비원의 인적사항과 배치일시·배치장소 등 근무상황을 기록하여 보관해야 한다.

㉠ 경비업자는 경비업무를 수행하는 경비원의 인적사항, 배치일시, 배치장소, 배치폐지일시 및 근무여부 등 근무상황을 기록한 근무상황기록부를 작성하여 주된 사무소 및 출장소에 갖추어 두어야 한다.

㉡ 경비업자는 근무상황기록부를 1년 동안 보관하여야 하며 위반시 과태료가 부과된다.

2) 경비원 배치신고

① 경비업자는 경비업무를 수행하기 위하여 20일 이상 경비원을 배치하거나 그 기간을 연장하려는 때에는 경비원을 배치한 후 7일 이내에 배치신고서를, 배치지를 관할하는 경찰관서장에게 제출해야 한다.

② 「경비업법」상 집단민원현장이 아닌 곳에서 신변보호업무를 수행하는 경비원과 특수경비원을 배치하는 경우에는 경비원을 배치하는 기간과 관계없이 경비원을 배치하기 전까지 제출해야 한다.

③ 이때 특수경비원을 배치하는 경비업자는 배치신고서에 특수경비원 병력(病歷)신고 및 개인정보 이용 동의서를 첨부하여 관할 경찰관서장에게 제출해야 한다. 이에 동의서를 제출받은 관할 경찰관서장은 국민건강보험공단 등 관계기관에 치료경력의 조회를 요청할 수 있다.

④ 관할 경찰관서장은 위 동의서의 기재내용 또는 관계기관의 조회결과를 확인하여 필요한 경우 경비업자에게 다음 각 호의 서류를 제출하도록 요청할 수 있다. 이 경우 경비업자는 해당 특수경비원의 서류(제출일 기준 6개월 이내에 발급된 서류에 한정한다)를 관할 경찰관서장에게 제출해야 한다.

㉠ 「경비업법 시행령」 제10조의 2에 해당하는 심신상실자, 마약·대마·향정신성 의약품 또는 알코올 중독자, 「치매관리법」 제2조 제1호에 따른 대상자는 이에 해당하지 않음을 증명하는 해당 분야 전문의의 진단서 1부

㉡ 「치매관리법」 제2조 제1호에 따른 대상자의 경우 해당 분야 전문의가 특수경비원으로서 적합하다고 인정하는 사람은 제외한다.

⑤ 경비원의 배치신고를 한 경비업자가 경비원의 배치를 폐지한 때에는 배치폐지를 한 날부터 7일 이내에 경비원 배치폐지신고서를 배치지의 관할경찰관서장에게 제출하여야 한다. 다만, 경비원 배치 신고시에 기재한 배치폐지 예정일에 경비원의 배치를 폐지한 경우에는 그러하지 아니하다.

⑥ 시·도 경찰청장 또는 경찰서장은 일반경비원 또는 특수경비원이나 일반경비원 또는 특수경비원으로 근무했던 사람이 요청하는 경우에는 배치폐지 또는 현재 배치 여부 확인증을 발급할 수 있다.

3) 경비원 배치허가 신청 및 기준

① 집단민원현장에 일반경비원 배치허가를 신청하려는 경비업자는 집단민원현장 일반경비원 배치허가 신청서에, 집단민원현장에 배치될 일반경비원의 신임교육 이수증 각 1부를 첨부하여 관할 경찰관서장에게 제출해야 한다.

② 배치허가 신청서를 받은 관할 경찰관서장은 경비원 배치예정 일시 전까지 배치허가 여부를 결정하여 경비업자에게 통보하여야 한다.

③ 일반경비원 배치허가를 받은 경비업자가 경비원 배치기간을 연장하려는 경우에는 배치기간이 만료되기 48시간 전까지 배치허가 신청서를 관할 경찰관서장에게 제출하여 허가를 받아야 한다.

④ 일반경비원 배치허가를 받은 경비업자가 집단민원현장에 새로운 경비원을 배치하려는 경우에는 새로운 경비원을 배치하기 48시간 전까지 배치허가 신청서를 관할 경찰관서장에게 제출하여 허가를 받아야 한다.

⑤ 일반경비원 배치허가를 받은 경비업자가 경비원의 배치를 폐지한 때에는 배치폐지를 한 날부터 48시간 이내에 별지 집단민원현장 일반경비원 배치폐지 신고서를 관할 경찰관서장에게 제출해야 한다.

⑥ 일반경비원 배치허가를 받은 경비업자가 집단민원현장에 배치된 경비지도사를 변경한 경우에는 변경된 내용을 관할 경찰관서장에게 통보하여야 한다.

4) 경비원 배치폐지

관할 경찰관서장은 경비업자가 다음 각 호의 어느 하나에 해당하는 때에는 배치폐지를 명할 수 있다.

① 「경비업법」 제18조 제2항 각 호 이외에 관할 경찰서장이 제시한 부분 단서를 위반하여 배치허가를 받지 아니하고 경비원을 배치하거나 경비원 명단 및 배치일시·배치장소 등 배치허가 신청의 내용을 거짓으로 한 때

② 「형법」 제257조부터 제262조까지, 제264조, 제276조부터 제281조까지의 죄, 제284조의 죄, 제285조의 죄, 제320조의 죄, 제324조제2항의 죄, 제350조의2의 죄, 제351조의 죄(제350조, 제350조의2의 상습범으로 한정한다), 제369조제1항

의 죄, 「폭력행위 등 처벌에 관한 법률」 제2조 또는 제3조의 죄, 법 제6항 의 결격 사유에 해당하는 자를 집단민원현장에 일반경비원으로 배치한 때

③ 경비원 명부에 없는자 또는 신임교육을 이수하지 아니한 자를 시설경비업무 또는 신변보호업무 중 집단민원현장에 배치된 경우, 집단민원현장이 아닌 곳에 신변보호 경비원을 배치한 경우, 특수경비원을 배치한 때

④ 경비업자 또는 경비원이 위력이나 흉기 또는 그 밖의 위험한 물건을 사용하여 집단적 폭력사태를 일으킨 때

⑤ 경비업자가 「경비업법」 제18조 제2항 각 호 이외의 부분 본문을 위반하여 신고하지 아니하고 일반경비원을 배치한 때

13. 벌칙 규정

벌금과 과태료는 모두 법적 제재로 사용되는 금전적 처벌이지만, 그 목적과 적용되는 법적 근거가 다르다. 벌금은 형사 법률 위반에 대한 금전적 처벌인 반면, 과태료는 행정법 또는 특정 행정 규제에 근거하여 법규 위반 행위에 대해 행정기관이 부과하는 금전적 제재이다. 따라서 벌금은 법원 판결에 의해 부과되므로 법원의 재판 절차를 거쳐야 한다. 반면, 과태료는 행정기관이 직접 부과한다. 재판 절차 없이 행정 처분으로 부과될 수 있다.

벌금의 부과 목적은 범죄 행위에 대한 형벌로서, 범죄 예방 및 처벌인 반면, 과태료는 행정 질서 유지 및 규제 위반 방지가 주된 목적이다. 집행 및 이의 제기 방법으로 벌금을 납부하지 않을 경우 대체로 노역장 유치 등의 형벌로 집행될 수 있고 벌금에 대한 이의는 항소를 통해 가능하다. 과태료를 납부하지 않을 경우 재산 압류 등의 행정 집행이 이루어질 수 있으며 과태료에 대한 이의는 행정심판 또는 행정소송을 통해 가능하다.

1) 벌칙

벌칙	위반 내용
5년 이하의 징역 또는 5천만 원 이하의 벌금	•제14조제2항의 규정에 위반하여 국가중요시설의 정상적인 운영을 해치는 장해를 일으킨 특수경비원
3년 이하의 징역 또는 3천만 원 이하의 벌금	•제4조제1항의 규정에 의한 허가를 받지 아니하고 경비업을 영위한 자 •제7조제4항의 규정에 위반하여 직무상 알게 된 비밀을 누설하거나 부당한 목적을 위하여 사용한 자 •제7조제8항의 규정에 위반하여 경비업무의 중단을 통보하지 아니하거나 경비업무를 즉시 인수하지 아니한 특수경비업자 또는 경비대행업자 •집단민원현장에 경비원을 배치하면서 제7조의2제1항을 위반하여 제4조제1항에 따른 허가를 받지 아니한 자에게 경비업무를 도급한 자 •제7조의2제2항을 위반하여 집단민원현장에 20명 이상의 경비인력을 배치하면서 그 경비인력을 직접 고용한 자 •제7조의2제3항을 위반하여 경비업자의 경비원 채용 시 무자격자나 부적격자 등을 채용하도록 관여하거나 영향력을 행사한 도급인 •과실로 인하여 제14조제2항의 규정에 위반하여 국가중요시설의 정상적인 운영을 해치는 장해를 일으킨 특수경비원 •특수경비원으로서 경비구역 안에서 시설물의 절도, 손괴, 위험물의 폭발 등의 사유로 인한 위급사태가 발생한 때에 제15조제1항 또는 제2항의 규정에 위반한 자 •제15조의2제2항의 규정을 위반하여 경비원에게 경비업무의 범위를 벗어난 행위를 하게 한 자
2년 이하의 징역 또는 2천만 원 이하의 벌금	•제14조제4항 후단의 규정에 위반하여 정당한 사유없이 무기를 소지하고 배치된 경비구역을 벗어난 특수경비원
1년 이하의 징역 또는 1천만 원 이하의 벌금	•제14조제7항의 규정에 위반한 관리책임자 •제15조제3항의 규정에 위반하여 쟁의행위를 한 특수경비원 •제15조의2제1항을 위반하여 경비업무의 범위를 벗어난 행위를 한 경비원 •제16조의2제1항에서 정한 장비 외에 흉기 또는 그 밖의 위험한 물건을 휴대하고 경비업무를 수행한 경비원 또는 경비원에게 이를 휴대하고 경비업무를 수행하게 한 자 •제18조제8항을 위반하여 경찰관서장의 배치폐지 명령을 따르지 아니한 자 •제24조제3항에 따른 시·도경찰청장 또는 관할 경찰관서장의 중지명령에 따르지 아니한 자

2) 과태료

위반행위	과태료 금액(단위: 만원)		
	1회 위반	2회 위반	3회 이상
1. 법 제4조제3항 또는 제18조제2항을 위반하여 신고를 하지 않은 경우			
가. 1개월 이내의 기간 경과		50	
나. 1개월 초과 6개월 이내의 기간 경과		100	
다. 6개월 초과 12개월 이내의 기간 경과		200	
라. 12개월 초과의 기간 경과		400	
2. 법 제7조제7항을 위반하여 경비대행업자 지정신고를 하지 않은 경우			
가. 허위로 신고한 경우		400	
나. 그 밖의 사유로 신고하지 않은 경우		300	
3. 법 제9조제1항을 위반하여 설명의무를 이행하지 않은 경우	100	200	400
4. 법 제10조제3항을 위반하여 결격사유에 해당하는 경비원을 배치하거나 결격사유에 해당하는 경비지도사를 선임 · 배치한 경우	100	200	400
4의2. 법 제11조의2를 위반하여 정당한 사유 없이 보수교육을 받지 않은 경우			
가. 1년 이내의 기간 경과		100	
나. 1년 초과 2년 이내의 기간 경과		200	
다. 2년 초과의 기간 경과		300	
5. 법 제12조제1항을 위반하여 경비지도사를 선임하지 않은 경우	100	200	400
5의2. 법 제12조의2를 위반하여 경비지도사의 선임 또는 해임의 신고를 하지 않은 경우			
가. 6개월 이내의 기간 경과		100	
나. 6개월 초과 12개월 이내의 기간 경과		200	
다. 12개월 초과의 기간 경과		400	
6. 법 제14조제6항에 따른 감독상 필요한 명령을 정당한 이유 없이 이행하지 않은 경우		500	
7. 법 제16조제1항을 위반하여 복장 등에 관한 신고규정을 위반하여 신고를 하지 않은 경우	100	200	400
8. 법 제16조제1항을 위반하여 경비원의 복장에 관한 신고를 하지 않고 집단민원현장에 경비원을 배치한 경우	600	1200	2400

위반행위	과태료 금액(단위: 만원)		
	1회 위반	2회 위반	3회 이상
9. 법 제16조제2항을 위반하여 이름표를 부착하게 하지 않거나, 신고된 동일 복장을 착용하게 하지 않고 경비원을 경비업무에 배치한 경우	100	200	400
10. 법 제16조제2항을 위반하여 이름표를 부착하게 하지 않거나, 신고된 동일 복장을 착용하게 하지 않고 집단민원현장에 경비원을 배치한 경우	600	1200	2400
11. 법 제18조제1항 본문을 위반하여 명부를 작성·비치하지 않은 경우			
가. 경비원 명부를 비치하지 않은 경우	100	200	400
나. 경비원 명부를 작성하지 않은 경우	50	100	200
12. 법 제18조제1항 단서를 위반하여 집단민원현장에 배치되는 일반경비원의 명부를 그 배치 장소에 작성·비치하지 않은 경우			
가. 경비원 명부를 비치하지 않은 경우	600	1200	2400
나. 경비원 명부를 작성하지 않은 경우	300	600	1200
13. 법 제18조제2항 각 호 외의 부분 단서를 위반하여 배치허가를 받지 않고 경비원을 배치하거나, 경비원 명단 및 배치일시·배치장소 등 배치허가 신청의 내용을 거짓으로 한 경우	1000	2000	3000
14. 법 제18조제5항을 위반하여 경비원의 근무상황을 기록하여 보관하지 않은 경우	50	100	200
15. 법 제18조제7항을 위반하여 법 제13조에 따른 신임교육을 이수하지 않은 자를 법 제18조제2항 각 호의 경비원으로 배치한 경우	600	1200	2400

※비고 가. 위반행위의 횟수에 따른 과태료의 가중된 부과기준은 최근 2년간 같은 위반행위로 과태료 부과처분을 받은 경우에 적용한다. 이 경우 기간의 계산은 위반행위에 대하여 과태료 부과처분을 받은 날과 그 처분 후 다시 같은 위반행위를 하여 적발된 날을 기준으로 한다.

나. 가목에 따라 가중된 부과처분을 하는 경우 가중처분의 적용 차수는 그 위반행위 전 부과처분 차수(가목에 따른 기간 내에 과태료 부과처분이 둘 이상 있었던 경우에는 높은 차수를 말한다)의 다음 차수로 한다.

제 2 장 범죄예방론

제2장 범죄예방론

제1절 범죄예방의 기초

1. 범죄의 개념

범죄의 개념은 형식적 의미와 실질적 의미로 구분된다. 형식적 의미의 범죄는 형법 등 형사법을 위반하는 행위를 포함한다. 반면에, 실질적 의미의 범죄는 형식적 의미뿐만 아니라 사회윤리에 어긋나는 비행 행위도 포함된다. 이러한 범죄는 시간과 공간에 따라 정의가 달라지는 상대적인 개념으로 이해될 수 있다.

1) 형식적 의미의 개념(법률적 정의)

형식적 의미의 범죄는 형사법을 위반한 행위로, 법률적 의미의 범죄는 범죄의 구성요건을 충족시켜야 하며, 위법하고 책임이 있어야 한다. 범죄의 개념은 합의론적 관점과 갈등론적 관점으로 구분할 수 있다. 합의론적 관점에서 범죄로 간주되는 행위는 시민이 범죄행위를 비난하는 데 합의한다는 것을 가정하며, 갈등론적 관점에서 범죄행위는 지배계층이 피지배계층을 통해 이익을 도모하기 위해 만든 것으로 본다.

2) 실질적 의미의 개념(비법률적 정의)

사회가 복잡하고 다양화됨에 따라 형벌을 부과할 필요가 있는 불법적인 행위를 모두 법률로 규정할 수는 없지만, 사회의 존립과 기능을 현저히 침해하는 행동은 반드시 존재한다. 이러한 행동은 법률적인 의미의 범죄뿐만 아니라 사회규범을 어기는 행동인 비행행동까지 포함하는 것이 실질적 의미의 범죄이다.

2. 범죄의 두려움

범죄로 인한 영향은 실제 발생하는 사망, 폭행, 절도 등의 직접적인 피해뿐만 아니라, 시민이 범죄로부터 갖게 되는 두려움도 반드시 고려되어야 한다. '범죄의 두려움'이란 피해자가 될 가능성에 대한 주관적 인상을 의미하며, 범죄에 따른 무서움 또는 불안감의 정서적 반응으로, 잠재적 위협에 대한 지각된 위험을 말한다.

직접적인 범죄행위와 범죄로 인한 두려움은 시민의 삶에 큰 영향을 미친다. 범죄와 그에 대한 두려움은 경제적, 심리적 손실과 시간 손실 등의 여러 면에서 범죄의 직접적인 피해자뿐만 아니라 사회 전체에도 심각한 부정적 영향을 미친다. 경찰이나 다른 형사사법기관이 파악하는 실제 발생 건수는 많지만, 범죄로 인한 두려움은 직접적인 피해자가 아니더라도 범죄 관련 정보를 접한 모든 시민의 일상생활에 극적인 변화를 가져올 수 있는 만큼 그 해악성은 매우 크다.

3. 범죄예방

1) 범죄예방의 개념

범죄예방은 범죄의 양적 수준 감소와 인지된 범죄 두려움을 완화하기 위한 모든 활동을 포함한다. 이러한 활동들은 경찰과 검찰 등 형사 사법 기관의 노력뿐만 아니라 지방자치 단체나 민간단체의 활동까지도 포함된다. 범죄예방과 범죄통제는 종종 유사한 의미로 사용되지만, 사실상 두 개념은 서로 다르다. 범죄예방은 특정 범죄 또는 새로운 형태의 범죄가 발생하기 전에 그들이 일어나지 않도록 조치를 취하는 것을 의미한다. 반면 범죄통제는 범죄 발생을 일정한 목표 수준이나 현재 수준에서 유지하고 관리하는 것을 목표로 한다.

2) 범죄예방의 모델

범죄예방 모델은 질병 예방 및 의학적 치료를 위한 의료 모델을 범죄예방에 적용한 것으로, 1차 범죄예방, 2차 범죄예방, 3차 범죄예방의 세 단계로 구분된다.

첫째, 1차 범죄예방은 범죄의 발생을 처음부터 방지하는 활동이다. 이 영역은 사회적 결함이나 결핍의 해소를 중점으로 하며, 범죄를 저지르기 전의 단계에서 발생할 수 있는 실업이나 교육문제 등을 개선하는 데 주력한다. 또한, 문제지향적 경찰활동과 지역사회 경찰활동을 강조하며, 범죄예방 교육 및 캠페인, 민간경비, 환경 개선 등의 활동도 포함한다.

둘째, 2차 범죄예방은 잠재적 범죄자를 조기에 발견하고, 범죄행동을 시작하기 전에 개입하여 범행 기회를 줄이는 활동을 말한다. 이는 순찰 강화와 정복 경찰관의 가시성(Visibility)을 높이는 노력을 포함하며, 범죄자 예측, 상황적 범죄예방, 약물 남용자 관리, 문제 학생 관리 등도 여기에 해당한다. 또한, 최근 전 세계적으로 주목받고 있는 셉테드(CPTED : Crime Prevention Through Environmental Design)도 이 범주에 포함될 수 있다.

셋째, 3차 범죄예방은 범죄를 저지른 사람들, 즉 범죄자들을 대상으로 하여, 그들의 재범을 방지하고 제한하는 활동을 포함한다. 이러한 활동은 전자팔찌 도입과 같이 범죄자의 범죄능력을 무력화하는 조치뿐만 아니라, 교도소에서의 직업훈련과 같은 사회복귀 지원 활동도 포함한다.

제2절 범죄의 원인

1. 생물학적 원인

생물학적 범죄원인론은 범죄의 원인을 범죄자의 신체적 특성에 초점을 둔다. 이론은 일반인과 범죄자의 신체적 차이에서 범죄의 원인을 찾으려고 한다. 범죄생물학을 주장하는 학자들은 일부 범죄자가 생물학적 결함이 있으며, 이러한 결함이 신체적 열등성을 야기하고, 그 결과 범죄행위를 유발한다고 주장했다.

롬브로조(Lombroso), 종종 '범죄학의 아버지'로 불리는 이 학자는 범죄자가 특정 신체적 특성이 있다고 주장했다. 그러나 고링(Goring)은 범죄자와 비범죄자 간에 명백한 신체적 차이점이 없다고 반박하며 롬브로조의 생물학적 결정론을 반대했다. 후튼(Hooton)은 범죄자가 생물학적으로 열등하며, 특정 신체적 특징이 범죄를 범하기 쉬운 유형을 야기한다고 주장하여 롬브로조의 이론을 지지했다.

또한, 일부 연구들은 범죄자의 범죄 기질이 유전적으로 전달될 수 있다고 보고 있다. 이러한 연구는 XYY 염색체 변이, 두뇌 구조의 차이, 뇌파 패턴, 호르몬 불균형 등과 같은 다양한 생물학적 요인을 포함하고 있다. 특히 쌍둥이 연구나 가계 연구는 유전적 요인이 범죄 행동에 어느 정도 영향을 미칠 수 있음을 시사하며, 이러한 생물학적 이론을 뒷받침하고 있다.

2. 심리학적 원인

심리학은 인간의 행동과 심리과정에 대한 과학이다. 이 틀 안에서 심리학적 범죄원인론은 범죄자의 행동과 범죄자의 심리 형성 과정에 대한 연구를 중심으로 한다. 이론은 범죄행동이 어떻게 획득되고, 유발되고, 유지되고, 변화되는지에 대해 깊게 조사한다. 범죄행위에 영향을 미치는 다양한 사회적, 성격적 요소들은 심리과정을 통해 그 행위에 매개된다. '성격'이라는 용어는 개인의 행동을 통제하고 매개하는데 중요한 역할을 하는 생물학적 영향력, 심리적 특징, 인지적 특성을 포괄하는 용어로 사용된다.

최근에는 심리학적 범죄원인론이 범행과 관련된 인지적 측면에 더욱 집중하고 있다. 여기서 '인지'란 개인이 환경이나 상호관계에서 자기 자신에 관한 태도, 신념, 가치, 사고 방식을 의미한다. 이 인지적 측면은 범죄행위의 발생과 유지에 큰 영향을 미친다. 또한, 심리학적 범죄원인론은 범죄행동의 억제를 위한 다양한 예방, 개입, 치료 전략의 검토와 평가에도 중점을 둔다. 이러한 방법은 범죄예방과 범죄자의 사회 복귀를 돕는 데에 중요한 역할을 한다.

3. 사회학적 원인

사회학적 범죄원인론은 1920년대 미국의 시카고 학파에서 출발한 사회생태학적 연구로부터 발전해왔다. 이 연구는 시간이 흐르면서 범죄자와 그들의 사회적 환경에 중점을 둔 분석으로 변모하였다. 그렇다면, 왜 범죄원인을 규명하는데 있어 사회학적 접근법이 채택되었을까?

우리가 보게 되는 현상 중 하나는, 지역과 계층에 따라 범죄행위의 유형이 다양해진다는 것이다. 하지만 개인적 요인에 중점을 둔 이론만으로는 이러한 범죄율의 차이를 완전히 설명할 수 없었다. 이러한 상황에서 사회학적 범죄학자들은 이 차이가 왜 발생하는지, 그리고 어떻게 이를 제거할 수 있을지를 탐구하고자 했다.

사회학적 범죄원인론은 전반적으로 범죄행동을 파악하는데 있어, 사회의 구조와 제도, 그리고 그 과정에서의 역할을 중요시하는 접근법을 제시한다. 이러한 관점은 범죄현상을 단순히 개인의 행동이나 선택으로 보지 않고, 더 넓은 사회적 맥락 속에서 이해하려는 시도로 볼 수 있다.

1) 사회구조이론

현대사회는 계층화되고 다원적인 사회이기 때문에 사회구성원 모두가 합의할 수 있는 규범을 찾기가 어렵다. 따라서 사회규범이 범죄억제기능을 발휘하지 못하는 경우가 생길 수밖에 없다. 또한 현대사회의 계층화는 부와 권력 그리고 특권 등의 불평등한 분배때문에 생성되며, 특정 사회계층은 가치관, 태도 그리고 규범 등을 공유하는 사람들로 구성되기 때문에 계층 간에 갈등을 겪을 수밖에 없다. 그런데 하류계층은 현대사회에서 요구되는 교육 등 성공을 위한 기회와 수단이 제한되거나 차단됨에 따라 가장 많은 박탈감을 가지게 될 수밖에 없다. 따라서 이들은 합법적으로 상류계층과 경쟁할 수 없기 때문에 때로는 일탈할 수밖에 없게 되는 것이다. 즉, 이렇게 사회경제적 하류계층을 범죄의 주요한 원인으로 규정하는 관점을 사회구조이론이라고 한다.

여기에는 일반긴장이론이 포함된다. 애그뉴(Agnew)가 주장한 일반긴장이론은 목표달성의 실패, 긍정적 자극의 소멸, 부정적 자극의 발생과 같은 긴장요인들로 인해서 청소년들이 부정적 감정을 경험하기 때문에 비행청소년이 된다고 이해한다. 청소년들이 자신보다 뛰어난 친구와 비교하거나, 부모의 이혼과 같은 경험을 한 청소년들은 긍정적인 자극이 부족한 경우 대리만족을 위해 비행친구를 찾는다는 것이다. 또한 교사의 야단과 같은 부정적 자극을 받은 청소년이 그들의 분노를 자기보다 약한 교우에 대한 폭력행사로 해소하는 것도 긴장에 의한 영향으로 보았다.

2) 사회과정이론

사회과정이론은 범죄를 유발하거나 조장할 수 있는 환경이나 범죄자의 특성이 무엇인가보다는 개인이 범죄자가 되는 과정을 설명하고자 한다. 사회과정이론에 따르면 인간의 행위란 학습되는 것이며 또한 범죄행위도 우리가 일반적 행위를 습득하는 방법으로 습득되는 것으로 가정한다. 즉 사회화 과정이 범죄행위의 중요한 결정요인이 되는 것이다. 대표적인 이론은 다음과 같다.

첫째, 차별적 접촉이론이다. 차별적 접촉이론은 청소년들이 비행행동을 하는 것은 타인과의 의사소통과 상호작용을 통해 학습했기 때문이라고 이해했다. 서덜랜드(Sutherland)에 따르면, 청소년들의 비행행동은 친밀한 타인과의 상호작용과 교제를 통해 비행행동을 지지해 주는 가치관, 동기, 충동, 합리화, 태도 등을 학습의 결과이다. 특히 비행성 있는 사람과 얼마나 자주 만나는지, 얼마나 오래 만나 왔는지, 처음 사귀었던 친구가 누구였는지, 얼마나 친한지 등에 따라서 학습의 정도가 달라진다. 정상적인 행동과 마찬가지로 비행행동도 일반적인 욕구와 가치관의 표현으로 비행행동을 옹호하는 가치관이 강할수록 비행행동을 할 가능성이 커진다. 이처럼 청소년이 접촉하는 가족구성원, 친구, 교사 등과의 관계형성이 청소년의 일탈행동을 예측하는데 주요 요소가 된다.

둘째, 사회유대이론은 사회결속의 붕괴와 약화를 청소년비행의 원인으로 이해한다. 허쉬(Hirschi)는 청소년 누구나 비행동기를 가지고 있는데 만약, 통제되지 않으면 비행행동을 할 수 있지만, 자신의 비행행동으로 가족과 친구와 같은 중요한 사회적 관계자들이 피해를 입기 때문에 스스로 자신들의 비행행동을 통제한다고 가정한다.

허쉬는 애착(attachment), 전념(commitment), 참여(involvement), 신념(belief)이라는 네 가지 요소를 통해 사회유대를 설명했다. 즉, 부모, 친구 등과의 애착이 있고, 학교생활 등 학생으로서의 일상활동에 전념하며, 학교활동에 참여하고 규율과 규범을 존중할수록 비행의 가능성이 낮아진다고 설명했다. 이와 같이 부모와 친구 등 주위사람과의 애착관계 형성 및 학교생활에 유대감을 형성하는 것이 청소년의 비행행동을 통제하는 데에 매우 중요하다는 것을 알 수 있다.

제3절 범죄예방의 필요성과 관련이론

1. 범죄예방의 필요성

현대사회는 사회 환경의 변화와 함께 개인생활이 다양해지고 복잡해지면서 시민의 안전한 삶을 위협하는 다양한 위험요인들이 발생하고 있다. 이러한 위험요인들 중에서 매년 증가하고 지능화 · 흉포화 · 기동화 되어가는 범죄문제가 가장 대표적이다. 범죄는 정신적 · 물질적으로 피해회복이 힘들고, 피해의식이나 두려운 기억에 의해 원만한 대인관계가 불가능하게 되는 등의 결과를 가져오기 때문이다.

범죄가 심각한 사회문제로 간주되는 상황에서 최선의 해결책은 범죄를 사전에 예방하는 것이다. 우리보다 범죄문제의 심각성을 먼저 경험한 서구국가들도 사전에 범죄를 예방하고 감소시키기 위한 정책을 적극적으로 실시하고 있으며, 범죄로부터 안전한 도시 등을 건설하기 위한 노력을 하고 있다.

2. 범죄예방이론

1) 억제이론

범죄예방이론의 기초가 되는 억제이론은 18세기 고전학파 범죄이론을 바탕으로 하며, 범죄행위에 대한 국가의 강력한 처벌을 통하여 범죄를 억제하려는 것이다. 억제이론에서는 인간의 자유의지와 도덕적 책임감을 강조하며, 범죄자를 자신의 행동을 실행에 옮기기 이전에 합리적으로 결정하고 행동하는 존재로 파악하고 있다.

이 이론은 즐거움을 극대화하고, 고통을 극소화하려는 속성을 갖고 있는 인간을 전제한다. 개인은 자유의지에 의하여 범죄를 저지르게 되는데, 범죄를 행할 것인지, 행하지 말 것인지를 스스로 선택하고 행동한다. 따라서 범죄를 저지를 것인가의 여부는 전적으로 개인 스스로의 책임이지 결코 사회의 책임이 아니라고 본다. 그러므로 국가는 범죄를 저지른 사람을 처벌함으로써 그 대가를 받게 하고, 이러한 처벌을 통하여 미래의 범죄를 예방하려는 것이다. 즉, 범죄자와 일반인들로 하여금 국가의 처벌을 두려워하게 만들어 범죄를 저지르지 못하게 하려는 것이다.

억제이론에서는 처벌을 통한 범죄예방의 효과를 높이기 위한 것으로써 처벌의 엄격성, 확실성, 신속성을 요구한다. 처벌의 엄격성은 복역기간이나 벌금액의 정도와 같은 처벌의 가혹성 내지 강도에 관한 것이다. 억제이론은 처벌이 엄하면 엄할수록 법규위반율은 낮아질 것으로 가정한다.

처벌의 확실성은 처벌의 가능성에 관한 것이다. 억제이론은 체포와 기소, 제재를 받을 가능성이 높을수록 법규위반율이 낮아질 것으로 가정한다. 처벌의 신속성은 즉각적인 처벌 즉, 법규를 위반하는 것과 처벌을 받는 시점 사이의 시간적 관계에 관한 것을 말한다. 처벌을 신속하게 실행할수록 법규위반율이 낮아질 것으로 가정한다.

2) 상황적 범죄예방이론

상황적 범죄예방이론은 범죄의 기회를 감소시켜 범죄를 예방하려는 이론이다. 이 이론에서는 억제이론과 같이 인간의 자유의지, 공리주의적 인간관, 합리적 선택 등에 근거한 범죄관을 전제로 한다.

이 이론에 따르면 첫째, 합리적 선택이론은 인간은 주어진 조건에서 손해를 줄이고 이익을 최대한 추구하려는 합리적 선택을 통하여 행동한다는 공리주의적 이론의 바탕위에서 범죄행위를 분석한다. 범죄를 결정하는 과정이 완전한 합리성에 따르지는 않지만 제한된 영역 내에서 자기 나름대로의 합리적 선택을 한다. 또한 범죄자는 자신의 범죄행위에 있어서 비용(cost)과 이익(benefit)을 계산하고 자신에게 유리하다고 판단이 되었을 때 범죄를 저지른다는 것이다. 따라서 상황적 범죄예방전략은 사람들이 자신의 집에 경보장치를 설치하거나 경비원을 고용하였을 때 잠재적 범죄자들에게 이익보다는 비용이 훨씬 높다는 메시지를 강력하게 전하는 것이다.

둘째, 뉴만(Newman)의 생태학적 이론이다. 뉴만은 방어공간(defensible space) 개념을 제시하면서 주택건축에 범죄예방을 고려할 것을 주장하였다. 그는 공공건축물에 대해 공동체의 익명성을 줄이고, 범죄자의 침입 및 도주로를 차단하며, 순찰 및 감시의 용이함을 고려하여 설계함으로써 범죄를 예방할 것을 제시하였다. 또한 제퍼리(Jeffery)도 환경설계를 통한 범죄예방 개념을 제시하였는데, 그는 물리적 환경, 주택설계, 주민참여, 경찰활동 등의 요소를 종합적으로 고려하여 주택 및 도시를 설계함으로써, 지역사회, 우범지역, 주택지역, 교육기관 등을 범죄로부터 안전하고, 범죄에 대한 두려움을 제거시킬 수 있다고 주장했다. 이 관점에 따르면 경보장치, 잠금장치, 밝은 가로등의 설치, 이웃감시순찰 등과 같은 활동은 범죄자의 범행기회를 감소시킬 수 있다는 것이다. 이것은 범죄발생을 용이하게 하는 환경을 파악하고 개선하여 범죄발생을 줄이려는 시도이다.

셋째, 코헨과 펠슨(Cohen and Felson)이 주장한 일상활동이론이다. 일상활동이론에서 범죄는 첫째, 범죄를 저지르고자 하는 범죄자, 둘째, 범죄의 적당한 대상, 셋째, 감시의 부재라는 조건이 충족될 때 발생한다고 본다. 이러한 맥락에서 상황적 범죄예방에서는 범죄발생요인을 범죄자의 욕구, 범죄능력, 범죄기회로 구분하고, 범죄가 발생하는 상황적 요인 특히 범죄기회를 통제함으로써 범죄를 예방하려는 것이다. 범죄피해에 취약한 일상활동을 가진 사람의 일상활동 변화는 범죄피해의 가능성을 감소시킬 수 있다.

제4절 경찰에 의한 범죄예방 활동

1. 예방 순찰활동

경찰의 순찰활동은 개괄적인 경찰임무의 수행과 관내 정황을 파악하기 위해 일정지역을 순회시찰하는 가시적 활동을 통해 범죄를 예방하려는 것을 목적으로 한다. 예방순찰을 통해 수행해야 할 개괄적인 순찰임무는 불심검문, 범죄의 예방과 제지, 현행범 또는 피의자 체포, 위험발생의 방지, 위험방지를 위한 출입, 방범·방화 또는 방첩의 지도계몽, 관내상황의 시찰 및 파악, 보호 및 수배 또는 제경찰사범의 단속, 기타 순찰 중 인지한 제사건의 취급 및 처리 등이 있다.

2. 방범진단과 방범심방

방범진단이란 범죄(특히 침입절도)의 방지를 도모함을 목적으로 하여 주택, 상가, 건물 등에 대하여 문단속, 시정, 그 외 방범상의 시설·기구 등의 상황을 점검하여 불비 또는 결함이 있는 것에 대하여 지도조치를 강구하는 것을 말한다.

방범심방이란 지역경찰관이 관내의 각 가정, 기업체, 기타시설을 방문하여 범죄예방, 청소년 선도, 안전사고 방지 등의 지도계몽과 상담 및 연락 등을 행하고 민원사항을 청취한 후 주민의 협력을 얻어 방범의 기초자료를 수집하는 활동을 말한다.

3. 경찰관직무집행법상의 범죄예방활동

1) 불심검문

불심검문은 범죄예방이나 범인검거를 위하여 거동이 수상하여 범죄와 관련 있다고 인정되는 자를 정지시켜 질문하거나 또는 부근의 경찰서에 동행하여 질문하는 것을 말한다. 그 성격은 경찰상의 즉시강제로써 경찰강제의 하나이며 대인적 강제처분에 속한다.

불심검문은 범죄예방의 중요한 수단이 될 뿐만 아니라 범죄를 발견하는 수사의 단서로써도 큰 역할을 하는 효과적인 활동이다. 실제로 간첩이나 중요범죄의 범인이 경찰관의 불심검문에 의하여 포착·검거되는 경우가 많다.

2) 보호조치

경찰관이 응급구호를 요하는 자를 발견했을 때 보건의료기관·공공구호기관에 긴급구호를 요청하거나 경찰관서에 보호하는 등 적당한 조치를 취하는 것을 말한다. 법적 성격은 경찰강제 중 즉시강제의 일종이며, 대인적 즉시강제에 속한다.

3) 위험발생의 방지

위험발생 방지란 경찰관이 시민의 생명과 신체에 위해를 미치거나 또는 재산에 중대한 손해를 끼칠 위험한 사태가 발생하는 경우에 경찰이 행하는 경찰상의 즉시강제조치를 말한다.

법적 성격은 경찰강제 중 즉시강제이다. 그 중에서 경고, 억류, 피난, 접근, 통행의 제한·금지는 대인적 강제수단이고, 위해방지조치, 광견·분마류에 대한 조치는 대물적 강제수단이다.

4) 범죄의 예방과 제지

경찰관은 범죄행위가 목전에서 행하여지려고 하고 있다고 인정될 때에는 이를 예방하기 위하여 관계인에게 필요한 경고를 발할 수 있고, 그 행위로 인하여 인명·신체에 위해를 미치거나 재산에 중대한 손해를 끼칠 우려가 있어 긴급을 요하는 경우에는 그 행위를 제지할 수 있다.

5) 위험방지를 위한 예방출입

경찰관은 흥행장·여관·음식점·역 기타 다수인이 집합하는 장소의 영업 또는 공개시간 내에 범죄의 예방 또는 인명·신체·재산에 대한 위해예방을 목적으로 출입할 수 있다.

제5절 민간경비에 의한 범죄예방

1. 민간경비의 개념

1) 협의와 광의의 개념

민간경비의 개념은 협의로는 특정 고객의 생명, 신체, 재산을 보호하고, 질서유지를 위한 모든 범죄예방활동을 말한다. 광의로는 협의의 민간경비 이외에 방범, 방재, 방화, 사이버보안 등을 포함한다.

2) 형식적 의미와 실질적 의미 개념

형식적 의미의 민간경비의 의미는 실정법인 경비업법에 규정하는 업무를 수행하고, 동법에 의해 허가받은 법인에 의해 수행되는 활동을 말한다. 형식적 의미에서는 경찰과 민간경비는 명확히 구별된다.

실질적 의미의 민간경비는 특정 고객의 생명, 신체, 재산의 보호와 사회적 손실감소 및 질서유지를 위한 일체의 활동을 의미한다. 실질적 의미의 민간경비활동은 경찰이 수행하는 경비활동과 본질적으로 같지만, 경비활동의 주체가 민간과 국가라는 측면에서 차이가 존재한다.

민간경비란 특정의뢰자와 영리성, 법적강제권의 미보유, 범죄예방을 핵심내용으로 한다. 즉 민간경비란 민간인 신분인 법인이나 경비원이 고객으로부터 받은 보수만큼 안전서비스를 제공하여 범죄를 예방하는 활동을 말한다.

2. 민간경비에 의한 범죄예방의 필요성

1) 범죄경향의 변화

현대의 범죄는 COVID-19(코로나)를 비롯하여 국제 유가의 상승, 미국 등 세계 경제의 장기침체, 신용카드 발급 및 사용남발로 인한 개인채무 증가 등 국내·외 경제상황의 악화로 인한 내부부진, 실업률 상승이 범죄현상에도 반영되어 경제적 이익을 목적으로 하는 경제범죄가 수년 동안 계속적으로 증가하고 있다. 또한 인간사회의 고도화에 따라 전문기술직, 관리직, 사무직 근로자가 증가하고 이들의 사회적 역할이 확대되면서 소위 '화이트 칼라범죄'도 증가하고 있다.

교통과 통신의 발달은 범죄의 광역화 및 초스피드화를 촉진하고 있으며, 첨단기술을 활용하는 지능적인 범죄와 컴퓨터 등을 활용하는 각종 신종범죄가 증가하고 있다. 그리고 조직범죄 및 반인륜적 범죄가 사회분위기에 편승하여 국민의 불안감을 확산시키고 있으며, 마약류의 남용이 점차 보편화되고, 연령층도 갈수록 낮아지고 있어 개인뿐만 아니라 사회와 국가전체에 악영향을 끼치는 등 범죄는 점차 그 심각성이 증대되고 있다.

2) 경찰력의 한계

경찰은 범죄로부터 사회를 최일선에서 지켜주는 기능을 하고 있다. 하지만 범죄의 증가 및 다양화로 인해 경찰력만으로 범죄를 예방하고 통제하는 것은 불가능하다. 그 이유로는 첫째, 증가하는 범죄에 대한 경찰인력의 수급 부족, 둘째, 과중한 업무의 스트레스가 많은 민생치안부서의 근무 기피현상, 셋째, 경찰에 대한 주민의 이해가 부족해서 업무의 협조 미흡, 넷째, 경찰장비의 노후로 인하여 최근의 첨단 범죄에 대한 대응 미비, 다섯째, 유관부처와의 업무협조의 미흡 등이 있다.

3) 시민의 안전의식 증대

민주주의가 발전하고 자유시장 경제원리가 보편화됨에 따라 시민들은 자신의 안전을 위한 개인적·집단적 노력이 점차 증대되고 있다. 안전에 대한 욕구는 특히 범죄와 관련하여 개개인의 자경주의를 강화시키고 있다. 따라서 경찰의 역할에만 전적으로 의존하는 전통적인 사고방식에서 벗어나고 있다.

시민의 안전의식의 증대는 경찰서비스에 대한 인식전환을 가져왔다. 경찰의 치안서비스는 기본적으로 거시적인 측면에서 지역사회 중심의 안전확보와 관련된 역할을 중심으로 전개되고 있다. 따라서 사회구성원 개개인 차원이나 여타 집단과 기업과 같은 조직 등의 안전과 보호는 해당 개인이나 조직이 담당해야 한다는 인식을 초래했다. 결국 대안적 생산자로서 민간경비에 관심이 집중되고 있다.

4) 민간영역의 성장

(1) 치안경계의 모호성

오늘날 할인마트, 백화점 등과 같은 다중이용시설 증가로 인해 민간소유 재산의 치안활동에 대한 경계가 모호하게 되었다. 일반적으로 개인영역은 사생활 보호차원에서 공공의 접근이 가능한 한 제한되고 있지만, 할인마트, 백화점의 경우 민간소유재산임에도 불구하고 경찰의 접근을 특별히 제한되지 않고 있다. 할인마트, 백화점과 같은 쇼핑센터는 항상 수많은 고객이 이용함으로써 영리를 추구하기 때문에 다중이용시설 사업주가 그 공간의 치안을 확보하는 것이 자연스럽게 되었다.

(2) 민간영역에서의 치안활동

다중이용시설의 사업주는 질서유지 및 범죄예방 등 치안서비스를 수행하기 위하여 민간경비를 자체적 또는 계약을 통하여 고용하고 있다. 여기서 민간경비는 소비자의 소비욕구를 최대한 활용하기 위해 공공접근을 극대화하는 동시에 들치기, 걸인, 부랑자, 음주자, 불량청소년 등 상업적 활동을 침해하는 사람들의 불법적 행위를 통제하는 역할을 수행하고 있다.

(3) 민간영역의 상품화

민간경비의 치안유지활동은 고객이 소비활동을 하는데 있어서 안정성을 확보해 주는데서 그치지 않고 시큐리티 자체가 점차적으로 상품화되고 있으며, 그 규모면에서도 경찰을 능가하는 실정이며 최근에는 하나의 산업으로 성장하고 있다.

(4) 민간영역의 대규모화

민간경비가 성장함에 따라 민간경비기업들은 하나의 이익집단을 형성함으로써 자신들의 활동영역을 더욱 확대하고 있다. 이익집단이론에서 보면 한 사회 내에 존재하는 많은 이익집단들이 그들의 이익을 최대화시키기 위해서 한 행위와 유사한 방식으로 민간경비도 자신의 집단적 이익을 실현시키기 위해서 규모를 팽창시키고, 새로운 규율이나 제도를 창출시키는 등의 노력을 기울이게 된다.

3. 지역사회 경찰활동

지역사회경찰활동이란 개인, 가정, 직장, 기관 또는 지역사회 단체가 스스로 범죄의 발생을 방지하기 위해 경찰 및 치안관련기관과 협조하는 다양한 형태의 범죄예방활동을 말한다.

지역사회경찰활동은 방범활동의 단위를 가정 · 마을 · 학교 · 기업 등으로 규정하여 각각 공동체의 협력을 통해 범죄예방활동을 도모하는 것이다. 이를 위해서는 주민들의 협력을 담보할 수 있는 '민'과 '관'의 협력체제 확립과 조직적인 운영이 필요하다.

1) 이웃공동감시

이웃공동감시체제는 주거지역 내에서 아파트 동별 혹은 가까운 이웃끼리 서로 협력하여 공동경계 및 감시체계를 결성한 후 집을 비우게 될 때나 어떤 사건이 발생할 때, 이웃을 중심으로 주민들 스스로 자율적으로 범죄를 예방함으로써 피해를 줄이고자 하는 것이다. 좋은 사례로 서울 강남구 압구정동 현대아파트의 주부방범대와 노인방범대를 들 수 있는데, 이들은 이웃 간의 단절로 강력사건이 빈발하자 자율적으로 방범체계를 구성, 출입자 통제, 빈집 돌봐주기, 취약지역 순찰 등을 통하여 효율적으로 주택가의 강·절도를 방지하고 있다.

2) 시민경보체제

지역주민 각자가 자기 집이나 이웃집에서 범죄가 발생하거나 범죄를 목격했을 때는 112에 신고하거나 비상벨 등으로 신속하게 가까운 이웃이나 방범초소·경찰서·파출소에 연락하여 거동수상자의 출현, 범죄상태와 범인의 도주경로, 기타 수사의 단서가 될 수 있는 각종 정보를 제보할 수 있도록 민간신고망을 조직하는 것이다.

4. 환경설계를 통한 범죄예방기법(CPTED)

1) 셉테드의 개념

(1) 셉테드의 정의

셉테드(Crime Prevention Through Environment Design: CPTED)란 '환경설계를 통한 범죄예방'으로 범죄피해를 당할 잠재적 피해자를 보호하기 위해 범죄자, 피해자, 범행 장소들 간의 상관성을 분석한 후 적절한 건축설계나 도시계획 등 주변환경의 설계를 통해 범죄자의 범행기회를 감소시키는 것이다. 이 범죄예방기법은 범죄를 예방하고, 주민들에게는 범죄피해의 두려움을 감소시킴으로써 심리적인 안전감을 증진시켜 삶의 질을 향상시키는 것을 목적으로 한다. 즉 범죄란 결국 동기화된 범죄자에게 피해자가 기회를 제공하여 줌으로써 발생하기 때문에, 셉테드는 범죄자에게 유리하고 피해자에게 취약한 환경적 특징의 변화를 이끄는 것이다.

(2) 뉴만의 방어공간 개념

물리적 환경설계를 통해 범죄를 예방하려는 시도는 뉴만의 방어공간이라는 개념에서 출발했다. 셉테드 이론은 뉴만의 방어공간 개념을 발전시켜 정립되었고, 상황적 범죄예방이론으로 발전되었다.

범죄예방에 대한 상황적 접근방식은 범죄자 중심의 해석이 아닌 범죄피해가 일어날 수 있는 장소 중심의 해석이다. 이러한 해석방법은 장소의 특성을 이해하는 방어공간 연구를 중시하고 있다. 따라서 특정 장소와 시간대에 범죄발생률이 높다는 근거에 주목한다. 이는 범죄라는 행위에 기회를 제공하는 상황적 요인에 대한 잠재적 범죄자의 판단을 통제하는 것이다.

2) 셉테드의 필요성

최근 빈발하는 범죄에 대해 시민들은 "과연 범죄는 예방될 수 있는가?"라는 의문을 제기하고 있다. 범죄수법은 다양해져 가지만 경찰조직은 인력, 예산, 장비에 있어 한계를 보이고 있다. 우리와 비슷한 고민을 경험했던 서구국가들은 범죄를 예방하는 실천적인 정책으로 환경설계를 통해 범죄를 예방하는 셉테드를 적극 도입하고 있다.

대부분의 국가가 국민의 안전과 사회질서를 유지하기 위해 경찰제도를 운영하고 있다. 문제는 현재의 경찰력만으로는 현대사회의 급진적이고 다양한 변화를 감당하기에 많은 한계가 존재하는 것이다.

경찰력에 기반을 둔 전통적인 범죄예방활동에 대한 의문이 계속 제기되고 있는 시점에서 현대의 범죄양상에 대응할 수 있는 새로운 범죄예방전략이 필요하게 되었다. 즉, 범죄를 야기하는 물리적 환경의 개선을 통해 범죄기회를 원천적으로 감소시키는 근본적 해결책으로 셉테드에 주목할 필요가 있다.

3) 방어공간의 방어기제

셉테드를 중시하는 범죄예방론자들은 범행의 동기보다는 물리적 환경의 변화에 주목한다. 뉴만의 방어공간의 기제로는 대상강화(target hardening), 접근통제(access control), 감시강화(surveillance enhancement), 그리고 영역성 강화(territorial reinforcement)에 의한 지역사회 건설 등이 있다.

(1) 대상강화

대상강화 혹은 하드웨어적 범죄예방대책은 물리적인 장애물을 설치하는 것이다. 물리적 장애물은 자물쇠, 잠금장치, 석쇠, 경보장치, 담장 등이 있다. 이러한 물리적 장애물은 범죄자가 범행대상에 접근하는데 곤란함과 발각의 잠재적 위험성을 증가시키는 효과를 거둘 수 있다. 그러나 대상강화 조치들이 성공하는 것은 아니다. 범죄자는 아파트나 주택단지에서 열쇠나 잠금장치, 보호장치가 파괴하고, 각종 복잡한 대상강화장치를 해제할 수 있는 능력을 가지고 있다. 또한 범죄자들은 대상강화가 완비된 방어공간을 포기하고, 대상강화장치가 미흡한 다른 대상(지역)으로 옮겨가는 전이현상이 발생할 수도 있다.

(2) 접근통제

접근통제는 조직의 통제(경비원), 기계적 통제(시건장치), 그리고 자연적 통제(공간구획)로 분류된다. 접근통제전략은 범죄자가 목표물에 접근하는 기회를 차단하는 것을 목적으로 한다. 예를 들어, 막다른 골목이나 일방도로를 이용해 차량통행을 제한시키면 범죄자의 활동을 감소시킬 수 있다. 뉴만은 출입구나 외부로의 통행로를 사용하는 가구수를 소수로 제한하여 아파트의 접근을 통제하려고 했다.

(3) 감시강화

감시강화는 범죄자를 관찰할 수 있는 환경을 설계하는 것이다. 감시전략은 전형적으로 조직적인 감시(경찰순찰), 기계적인 감시(조명), 그리고 자연적인 감시(창문)로 분류된다. 범죄행동을 감시하기 위해 중요한 장소에 더 많은 조명과 더 많은 사람을 배치하는 것이다. 이런 방법은 공식적 감시라고 불린다. 이에 반해 자연적 감시는 물리적 환경을 변화시켜서 의심스러운 행동이나 실제 범죄행동에 대한 감시를 촉진시키는 것이다.

(4) 영역성 강화에 의한 지역사회 건설

영역성의 개념은 물리적 설계가 지역의 범죄방어영역으로 자리매김 시키는 것이다. 물리적 설계를 통해 범죄로부터 영역성을 강화하는 것은 잠재적인 범죄자가 지역의 영역성을 인식하여 범행을 시도하는 것을 주저하게 만든다. 영역성에 기반을 둔 지역사회 건설이나 활동지원 실천방안은 환경설계와 범죄 그리고 범죄예방활동을 연결시켜주는 복잡한 체계이다. 이 전략은 공개된 장소에 사람이 모이게 하고, 사람들의 움직임과 활동을 안내하며, 특정지역의 이용자를 합법적인 이용자나 거주민들로 제한하도록 설계된다.

제3장 시설경비실무

제3장 시설경비실무

제1절 시설경비의 의의

1. 시설경비의 개념 및 중요성

1) 시설경비의 개념

현행「경비업법」제2조 제1항 가목에서는 경비를 필요로 하는 시설 및 장소에서의 도난·화재 그 밖의 혼잡 등으로 인한 위험발생을 방지하는 업무를 시설경비로 정의한다. 이러한 시설경비의 주된 역할은 다음과 같다. ① 시설물에 대한 물리적 보호 ② 시설물에 대한 접근 통제 및 감시 ③ 차량 등의 교통 통제 ④ 일반적인 회사의 규칙준수 이행 등 이다. 이외에도 경비원은 시설물 내에서 방문객들을 목적지까지 안내하거나 수행하기도 하고 아울러 정보원의 역할도 함께 병행해야 한다. 그러나 경비원의 가장 주된 업무는 시설물 내 인적·물적 요소에 대한 안전과 보호업무를 수행하는 것이다.

2) 시설경비의 중요성

시설경비 업무는 호송경비, 신변보호, 기계경비, 특수경비와의 관계에 있어 기본이 되는 업무이기 때문에 매우 중요하다.

① 특수경비에 있어 일반적인 상주 또는 순회 순찰근무 형태의 시설경비 업무의 기본 원리원칙이 적용된다.

② 기계경비에서 경비 대상시설에 감지장치를 설치하고 비상시 경비원의 현장 출동 조치는 시설경비업무의 원리가 적용된다.
③ 신변보호 업무에서도 행사장, 숙소 등 특정 시설에의 경비가 뒷받침되어야 한다.
④ 호송경비에서는 시설에서 귀중품을 호송 차량으로 운반하는 시점이 가장 취약하므로, 시설경비를 담당하는 경비원과의 협조체계가 중요하다.

2. 시설경비 원칙과 유형

1) 시설경비의 원칙

시설경비는 경비대상 시설의 종류나 성격에 따라 경비방법이 크게 달라진다. 사업의 목적과 내용, 시설의 특징이나 구조, 시설물의 규모와 근무 인원, 계단의 구조, 비상구, 외부 출입자의 규모와 특성 등에 따라 시설물의 위험발생 가능성과 경비를 통한 대비 규모와 방식이 정해진다. 따라서 시설경비는 원칙적으로 사고 발생에 대한 예측 평가, 경비계획 수립, 경비 및 환류, 결과에 대한 평가 및 보완의 단계로 경비가 이루어진다.

(1) 위험도의 원칙

시설경비는 경비원이 경비를 하고 있는 경비대상시설이나 물건의 위험도에 따라 경비의 규모와 방식이 달라진다는 원칙이다. 백화점, 사무실, 공장 등에 대한 화재발생 위험도가 각각 다를 뿐만 아니라 도난 위험도 백화점, 대형서점 등은 높고 사무실이나 공장 등은 상대적으로 낮을 수 있다.

(2) 취약성의 원칙

시설경비는 대상 시설물의 화재 및 도난 등의 위험에 대한 취약성 정도에 따라 경비 규모와 방식이 달라진다. 위험 물질 및 발화 물질을 취급하는 시설물과 그렇지 않은 시설물, 도난의 용이하거나 고가의 물품을 보관하고 있는 시설물과 그렇지 않은 시설물의 취약성이 다르기 때문에 이러한 취약성을 분석하여 경비 계획을 수립해야 한다.

(3) 확률성의 원칙

확률성의 원칙은 물리학에서 불확실성의 원칙이라고도 하며 이는 어떠한 경우에도 시설에 대한 안전을 맹신하지 말고 아주 작은 확률의 위험 가능성과 징후에 대해서도 철저히 파악하고 대비해야 한다.

2) 시설경비의 유형

시설물에 대한 경비업무의 수행은 오늘날 경비 산업에서 가장 많이 행하여지고 있는 경비서비스이다. 국내에서도 2023년 현재 경비업종 전체 중 약 85%가 시설경비업에 해당할 정도로 시설경비에 대한 수요가 높다. 이러한 시설경비는 통상 경비 대상시설 및 장소에 상주 인력이 배치되거나 순회하는 방식으로 경비 활동이 이루어진다.

(1) 경비형태에 따른 구분

① 상주경비

빌딩, 사무실, 공장 등의 경비대상 시설 내에 필요한 경비원을 24시간 상주시켜 출입관리업무, 순찰업무, 감시업무를 통해 도난, 화재 등의 사고발생을 경계하고 방지하는 경비 방법이다.

② 순찰경비

경비대상 시설의 도난, 화재 등에 의한 피해를 미연에 방지하고 피해를 최소화하기 위하여 경비대상 시설을 순회하는 경비 방법이다. 상주경비에서 이루어진 업무 형태로서의 순찰이 아니라 순찰을 중심으로 하는 경비계약 형태이다.

③ 보안경비

백화점, 대형 할인점 등에서 절도와 같은 점포 내 범죄를 방지와 고객 안전 및 질서유지를 위하여 배치되는 경비방법으로 주로 여성경비원이 사복차림으로 근무하는 경우가 많다.

(2) 도급여부에 따른 구분

① 자체경비

자체 경비원의 근거 규정은 「청원경찰법」, 「파견근로자보호 등에 관한 법률」, 「공동주택관리법」에 의한 일부 경비업무가 여기에 해당한다. 「청원경찰법」은 청원주에 의한 직접고용을 통해 자체경비에 대한 규정을 두고 있다. 또한 「파견법」 제5조 제1항은 근로자 파견사업은 제조업의 직접 생산공정 업무를 제외하고 전문지식 · 기술 · 경험 또는 업무의 성질 등을 고려하여 적합하다고 판단되는 업무로서 대통령령이 정하는 업무를 대상으로 한다. '대통령령이 정하는 업무'에 「경비업법」 제2조 제1호에 따른 경비업무를 제외한 '수위 및 경비원 업무' 또는 '주차장 관리원의 업무'" 포함하고 있다. 또한 「공동주택관리법」은 의무관리 대상이 아닌 공동주택의 자체경비 규정과 의무관리 대상인 공동주택의 경우라도 자치관리 방식 중 입주자 대표회의 등 소유자가 관리소장을 선임하여 직접 고용하는 형태의 자체경비에 대한 규정을 두고 있다. 이러한 자체경비는 「경비업법」상 경비업무를 제외하고 있으므로 「경비업법」상 경비원은 아니다.

② 계약경비

「공동주택관리법」상 의무관리 대상 여부와 관계없이 위탁계약 및 도급계약을 통해 고용된 경비원을 의미한다. 시설 및 공동주택이 경비원과 이러한 형태의 계약관계를 유지할 경우 「경비업법」상 시설경비업무에 해당하여 당해 법률의 적용을 받게 된다.

3. 시설경비 기본 수칙

1) 기본 근무자세

(1) 보고체계 확립

경비업무 수행 중 언제, 어디서 돌발사고가 발생할 것인지 알 수 없다. 따라서 보고부서, 보고수단, 전화번호, 보고 요령 등을 정확하게 숙지해야 한다. 제반사항에 대한 지침을 매뉴얼화하여 수시로 암기하고, 벽면이나 근무일지, 또는 표지 이면에 기록하여 둠으로서 생활화해야 한다.

(2) 동료와의 협조체제 유지

유사시 혼자의 힘으로 감당하기 어려운 상황이 발생한다면 동료와의 협조가 결정적 계기가 된다. 피해를 사전 예방할 수도 있고 최소한으로 줄일 수도 있는데, 동료와의 협조체제가 원만하지 못하면, 범인을 놓칠 수도 있고 피해가 커지는 경우도 있다.

(3) 유관 기관과의 원활한 연락체계 수립

경비업무 수행 중 돌발사태가 발생하면 경비원만의 힘으로는 조치가 불가능할 때가 있다. 이때는 군이나 경찰, 소방서 등 국가기관의 힘을 빌려야 한다. 이외에 전기, 가스, 수도, 인명구조, 미아구출, 재해 등도 적절한 기관에 신고 되어야 한다. 평상시 유관기관과의 연락망을 작성하여, 잘 보이는 곳에 게시하고 1개월 1회 이상 확인 및 재작성하는 것이 필요하다.

2) 기본 수칙

경비근무자가 배치된 시설이라면 어디든지 지켜야 할 공통의 규범을 일반수칙이라고 하며 근무장소에 따라 당해 근무자만이 지켜야 할 규범을 특별수칙이라 한다.

(1) 일반수칙

① 경비책임 구역과 기본 임무를 확실히 숙지한다.
② 근무교대에 의하지 아니하고는 근무지를 이탈하지 않는다.
③ 배치된 장소에서 책임을 다한다.
④ 소속상사의 명령에 복종한다.
⑤ 근무 중 금지된 행위(음주, 오락, 졸음)를 하지 않는다.
⑥ 경비구역 접근자에 대해서 철저히 감시한다.
⑦ 모든 사건 · 사고에 대하여 즉각 저지하고 비상조치를 취한다.
⑧ 보고를 신속 · 정확히 한다.
⑨ 인근 근무자와 협조체제를 유지한다.
⑩ 예절을 준수하고 공손한 언행으로 내방객을 대한다.
⑪ 근무교대 시간을 엄수한다.

⑫ 일상 취급사항과 특이사항을 정확히 인계인수한다.
⑬ 용모 및 복장을 단정히 한다.

(2) 특별수칙

특별수칙은 각 근무 장소마다 그 장소에 해당하는 고유한 내용으로 정해진 수칙이며, 항상 숙지하여 실수가 없도록 한다.

제2절 시설경비 근무방법

근무의 유형에 따라 근무자가 취해야 할 행동과 근무 방법이 다르기 때문에 각 근무자는 근무 장소나 종류에 따라 근무방법을 달리할 필요가 있다.

1. 출입자 관리

1) 의의

출입자 관리란 건물이나 경비대상 시설의 안전을 위하여 출입자 및 출입차량을 감시하고 반·출입 물건을 확인, 점검하는 업무로서 시설경비에 가장 중요한 근무 중의 하나이다.

2) 출입관리 수칙

출입관리 업무는 다양하므로 일정한 유형으로 단일화 할 수는 없다. 경비가 행해지지 않은 일반건물 출입 시는 출입자의 제한이 없지만 경비가 행해지고 있는 건물의 경우 반드시 신분 확인 후 표찰을 패용하고서야 출입이 가능한 곳도 있다. 또한 은행과 같이 집무시간 이외는 일체의 출입을 못 하는 곳도 있다. 경비대상시설이 여러 가지이고 출입하는 사람의 유형과 시간이 각기 다르기는 하나 출입관리 근무자가 공통적으로 지켜야 할 수칙이 있다.

출입관리 근무자는 일반적으로 아래와 같은 것을 지켜야 한다.

① 단정한 용모 · 복장

② 공손하고 예의바른 언행

③ 의연한 태도

④ 시설 내의 사정 숙지

⑤ 업무의 인계인수 철저

3) 출입관리 요령

(1) 사람의 출입관리

모든 범죄는 일단 사람의 출입에서 시작된다. 따라서 사람의 출입을 철저히 통제하고 나면 어떠한 범죄도 발생하기 어려운 것이다. 시설경비에 있어서 사람이 들어오고 나가는 것만 철저히 경비하면 나머지 근무는 여기에 수반되는 것이라고 할 수 있다. 출입관리 근무의 요령은 들어와야 할 사람은 경비근무자가 없는 것처럼 출입할 수 있고, 들어와서는 안 될 사람은 철저히 통제되어야 한다는 것이다.

① 고정출입자의 파악

시설근무자나 상시 통행하는 사람 등은 가급적 신속히 익혀두도록 한다. 생각나지 않는 사람은 확실히 알게 될 때까지 정중히 문의하여 확인하도록 한다. 사람에 따라 쉽게 기억되는 사람이 있고, 쉽게 기억되지 않는 사람이 있으나 이러한 경우 근무를 위하여 협조해 달라고 부탁하고 재확인하도록 한다. 명단에 기재되어 있으면 쉽게 파악이 되니 항상 명단을 가까이하도록 한다.

② 의심스러운 사람의 발견

근무자의 근무는 출입하여서는 안 될 사람을 선별하는 것에 의해 우열이 구별된다. 평소 잘 나타나지 않던 사람이 나타나서 어떠한 사항을 문의하면 일단 의심을 가지고 유심히 관찰하여야 한다.

㉠ 거동 수상자

사방을 둘러보거나, 불안한 기색이 있는 자, 자주 뒤를 돌아보거나 도망치듯 걸음이 부자연스러운 자 등 주변과 어울리지 않은 행동을 하는 자이다.

㉡ 외모 · 복장이 수상한 자

옷이 찢어졌거나, 흐트러져 있는 자, 핏자국이 있거나 이상한 냄새를 풍기는 자, 옷에 거미줄, 흙, 먼지가 많이 묻어 있는 자, 상의와 하의의 격식이 맞지 않는 자 등이다.

㉢ 휴대품이 수상한 자

신분과 휴대품이 어울리지 않거나 칼, 열쇠, 장도리, 카메라 등을 이유 없이 휴대한 자, 남의 도장, 물품 등을 가진 자, 중요사건의 신문기사를 오려서 가지고 있는 자, 색안경, 보자기, 노끈, 밧줄 등을 가진 자 등이다.

㉣ 기타

자주 이유 없이 출입하거나, 말을 부자연스럽게 하는 자 등이다.

(2) 차량의 출입관리

최근에는 차량의 경우 주차공간의 유무에 따라 출입여부를 결정한다. 이 외에 경비대상시설에 일정한 목적을 가지고 출입하는 차량에 대해서는 다음 사항을 유의하여야 한다.

① 차량번호, 차종, 행선지, 용무, 시간 등을 출입관리부에 기재
② 화물 적재 시 화물의 종류와 수량 확인
③ 주차장소의 안내

(3) 물품의 반 · 출입

시설 밖으로 나가서는 안 될 물품이 나가서도 안 되고, 시설 안으로 들어와서는 안 될 물품이 반입되어서도 안 된다. 이에 대한 통상적인 요령은 반 · 출증이나 반 · 입증을 사용하는 것이다. 이때는 반 · 출입증과 물품 내용이 일치하는가, 반 · 출입증 발행인은 정확한가, 포장을 푼 흔적은 없는가를 확인하고 반출입증에 확인표시를 하여 두 번 이상 사용하지 못하도록 한다.

2. 순찰

1) 순찰의 개념

순찰서비스는 도보나 순찰차로 한 사람 또는 여러 명의 경비원이 한 팀이 되어 근무 지역 내의 시설물들을 정기적으로 확인하는 활동이다. 순찰서비스는 고객의 여러 지역 시설물 또는 한 지역 내의 여러 시설물을 외곽에서 순찰할 수도 있고 철저한 순찰을 위해서 시설물 내에 들어가야 할 수도 있다. 순찰을 담당하는 경비원은 다양한 지역을 순찰한다는 점에서 한 지역에서 근무하는 경비원과는 다르다. 일반적으로 시설경비원은 더욱 제한된 지역에서 활동하게 된다.

2) 순찰의 기능

(1) 범죄예방 효과

순찰의 기능 중 가장 중요한 것은 범죄를 예방하는 것이다. 허가받지 않은 시설물에 침투하려는 범인은 단순히 근무자가 가까이 지나가기만 하여도 위축되어 기도한 범죄를 포기하는 경우가 많으므로 부단한 순찰로 범죄를 예방함으로써 시설물 내의 인적·물적 요소에 대한 안전과 보호업무를 수행 한다.

(2) 정황관찰

순찰 중 시설 내의 모든 상황을 파악하여 시설경비에 참고 사항으로 활용하는 것도 중요한 기능 중의 하나이다.

3) 순찰의 종류

(1) 노선에 따른 구분

① 정선순찰

사전에 정해놓은 순찰 노선에 따라 규칙적으로 순행하는 순찰을 말하는 것으로, 순찰 근무자의 위치를 추정하기 쉬우므로 감독·연락 등에 매우 편리하나 범죄자 등이 예측하고 순찰근무자를 피할 수 있는 단점도 있다.

② 난선순찰

순찰근무자가 임의로 노선을 택하여 목적 지역을 순찰하는 방식으로 난선순찰의 효과는 순찰근무자의 능력에 따라 크게 달라질 수 있으며, 감독, 연락이 불편하고 절도 있는 근무가 어렵다는 단점이 있다. 근무보다는 감독 시에 유리하다.

③ 요점순찰

순찰구역 내의 중요지점을 지정하여 순찰근무자는 반드시 그곳을 통과하며, 지정된 요점과 요점 사이에는 난선순찰 방식에 따르는 순찰을 하는 것을 말한다. 정선순찰과 난선순찰의 장점을 살리고 단점이 보완되는 방식이다.

④ 구역순찰

순찰구역 내의 몇 군데를 순찰 소구역으로 설정하여 이 소구역을 중점적으로 난선순찰을 하는 것을 말한다. 시설 내의 특별히 범죄의 우려가 있는 지역의 경우에 흔히 사용하는 방법이다.

(2) 기동력에 따른 구분

① 도보순찰

걸어서 순찰하는 전형적인 순찰방법으로 순찰속도가 느리다는 단점이 있으나 은밀히 순찰하면서 면밀히 관찰할 수 있다. 순찰근무자가 상세하게 순찰노선부근의 정황을 관찰할 수 있고 사고발생시 신속히 대처할 수 있다. 외부의 음향 등을 청취하는데 편리하므로 야간 등 청력을 필요로 하는 경우에 유리하다. 특별한 장비를 필요로 하지 않으며, 비좁은 장소나 도로 등 어떠한 장소에도 용이하게 순찰을 실시할 수 있고 상세하게 지리 및 주변 정황에 통달할 수 있으나 속도가 느려 소구역 순찰 시 유리하다.

② 자동차순찰

차량을 이용하는 순찰로서 순찰차량, 무전기를 장치한 자동차, 오토바이 등이 이용된다. 상당히 넓은 지역을 순찰할 수 있다는 장점이 있으나 상세히 지역을 살필 수 없다는 단점도 있다. 대규모 공단 등이나 긴급히 출동하여야 할 경우에 유용하다.

③ 자전거 순찰

자전거를 이용하는 순찰로서 적당한 속도를 유지할 수 있고, 상황을 상세히 관찰할 수 있으며, 특별히 예산이나 장비가 필요 없으므로 지역적으로 중간 정도의 시설에서 유용하다.

(3) 인원에 따른 구분

① 단독순찰

한 사람의 근무자가 행하는 순찰을 말한다. 소수의 인원으로 넓은 구역을 순찰할 수 있으며 장비가 우수하면 단독순찰이라도 충분히 효과를 거둘 수 있다. 은밀히 주의력을 집중하여 순찰할 수 있으나 다수의 범죄 기도자가 있을 경우 대처가 불가하다.

② 복수순찰

2인 이상의 근무자가 순찰하는 것으로서 범죄의 위협이 있을 경우 유용하다. 다수의 범인에 대한 대처가 가능하며 유사시 연락이 가능한 점이 있다.

4) 순찰 근무수칙

순찰근무자는 순찰 시 경비대상시설을 아무런 목적 없이 돌아다니는 것이 아니라 순찰근무자가 지켜야 할 수칙을 준수하면서 순찰에 임해야 한다. 이는 대상시설에 따라 다소 다르겠지만 일반적인 수칙을 들면 아래와 같다.

(1) 목적의식

순찰근무자는 그저 돌아다니는 것이 아니고 시설의 안전을 지킨다는 목적의식을 가지고 순찰해야 한다. 막연히 돌아다니면 순찰 중 확인하여야 할 사항을 확인하지 못할 수 있다.

(2) 용모 · 복장 단정

순찰근무자는 순찰하기에 앞서 용모와 복장이 단정한가를 확인하기 위하여 거울에 비춰보고 순찰근무를 해야 한다. 용모 · 복장이 단정하지 못한 채 순찰하면, 외부 인사가 볼 때 근무자의 정신자세를 의심받을 우려가 있다.

(3) 장구 점검

순찰하기 전 순찰에 필요한 장구를 다 갖추었는지 점검하여야 한다. 경비봉이나 경적은 필수품이고 때로는 가스분사기, 야간이면 손전등 등을 준비해야 할 것이다.

(4) 의연한 태도

순찰근무자는 태도가 의연해야 한다. 의연하다는 것은 굳세다는 말이다. 바위를 뚫을 듯한 매서운 눈초리고 태산이 무너져도 끄떡하지 않는다는 굳센 의지와 태도를 지녀야 한다. 콧노래 부르거나, 담배를 피우거나, 껌을 씹으면서 순찰해서는 안 된다.

(5) 정숙한 근무

순찰근무는 순찰 사실에 대해 노출되지 않는 것이 범죄자의 동태를 감시하는 데 효과적이나 때로는 노출근무를 하는 것도 좋다. 전등을 소지하고 있는 경우 필요한 곳에서는 켜야 하나 그렇지 않은 곳에서는 끄는 것이 좋으며 불필요한 소음을 내는 것 등은 삼가는 것이 좋다.

(6) 중점 점검대상 숙지

순찰지점으로 지정된 곳은 대부분 취약지역이다. 그러므로 때문에 사람의 출입이 잦다든가 중요한 서류나 물건이 있는 곳을 살핀다든가, 소화기 이상 유무의 확인 등 순찰근무자가 확인해야 할 항목이 있는 것이다. 순찰함에 서명하기에 앞서 순찰지점에 대한 점검사항을 반드시 점검하여야 한다.

(7) 이상 시 원인 규명

순찰 중 이상한 냄새, 이상한 소리 등을 느끼면 끝까지 그 원인을 찾아 밝혀야 한다. 작은 이상의 원인을 규명하지 못하면 화재 등 대형 사고로 확대될 가능성이 있다.

(8) 보고

순찰 전 감독자에게 "순찰근무 다녀오겠습니다."라고 보고 후 순찰근무 종료 후 감독자에게 각 순찰지점의 상태, 다음 순찰근무자에게 인계할 사항 등을 보고하여야 한다.

5) 순찰근무 시 착안사항

(1) 건물내부 순찰 시 착안사항

① 처음 순찰 때의 실내 상황을 잘 기억하였다가 다음 순찰 시 변동사항 유무를 주의 깊게 관찰

② 창문, 셔터 등의 파손 및 시건 여부

③ 중요기밀실의 시건 여부

④ 계단, 통로, 화장실 등 범인은닉 가능 장소 점검

⑤ 흡연실의 재떨이 상태 점검

⑥ 전기 스위치 등 점검

⑦ 문을 열고 들어갈 때는 인적 유무 확인

⑧ 자물쇠가 잠긴 곳을 열었을 때는 순찰 후 다시 자물쇠를 채우고 확인

⑨ 소화기 상태 확인

(2) 건물외부 순찰 시 착안사항

① 외부로부터 침입에 이용될 우려가 있는 전주, 수목, 공사장 하치물, 담벼락 등 점검

② 출입문, 셔터, 창문 등의 시건 상태 점검

③ 관상수 주위 점검

④ 인근 불량자의 접근 여부

⑤ 휴지 소각장, 쓰레기 하치장 점검

⑥ 담벼락 파손 시 보수 유무

⑦ 소화설비, 피난설비의 점검

⑧ 건물 모퉁이를 돌 때 인적 유무 확인

⑨ 옥외등 조명 상태 점검

3. 초소근무

시설에 따라서는 시설주위에 초소를 설치하고 24시간 경계근무를 하는 경우가 있다. 초소를 지면보다 높게 설치하여 멀리 바라보기 좋게 한 곳을 망루라고 한다. 초소 근무

이건 망루 근무이건 근무요령은 동일하다.

① 감시 책임지역 내의 모든 것을 감시한다.

② 특히 감시 책임지역내의 중요 지형지물과 의심스러운 곳을 중점 감시한다.

③ 가까운 곳에서부터 감시하여 차츰 먼 곳까지 감시한다.

④ 좌에서 우로, 우에서 좌로 반복하여 감시한다.

⑤ 50cm씩 끊어서 약간 중첩되게 감시한다.

⑥ 야간에는 청각을 최대로 활용한다.

⑦ 아주 작은 음향에도 세심한 주의를 기울인다.

제3절 시설경비시 조치방법

경비근무 중 절도범의 침입이나, 폭력사건 등 돌발사태가 발생할 수 있다. 이때 경비근무자는 즉각 조치요령을 알아 두어야 대치할 수 있다. 즉각 조치하여야 할 경우는 여러 가지가 있겠지만 여기서는 현행범의 체포와 현장보존에 대하여 설명한다.

1. 현행범체포

1) 현행범의 의의

현행범인이란 ① 범죄를 실행 중이거나 ② 실행 직후인 자를 말한다. 형사소송법 상 범죄를 저지른 사람은 법원으로부터 영장을 발부받아야 체포가 가능하나 현행범인에 대해서는 경비근무자를 포함하는 일반인도 현장에서 체포할 수 있게 하고 있으므로 경비원은 근무 중 이를 적절하게 활용할 수 있다.

이 외에도 준현행범도 역시 현행범인으로 간주하여 현장에서 적절한 조치가 가능하게 하고 있다. 준현행범이란 현행범에 준하는 정도로 범죄의 확실성과 긴급성이 요구되는 경우로 준현행범인의 요건은 ① 범인으로 호창되어 추적되고 있는 자, ② 장물이나 범죄에 사용되었다고 인정하기에 충분한 흉기 기타 물건을 소지하고 있는 자, ③ 신체나 의복류에 증거가 될 만한 뚜렷한 흔적이 있는 자, ④ 누구냐는 묻는 물음에 대하여 도망하려고 하는 자 등이다.

2) 현행범인에 대한 조치

(1) 체포

현행범인은 경비원을 포함한 일반인 누구라도 현장에서 영장 없이 체포할 수 있으며, 따라서 경비근무자가 경비근무 구역 내에서 현행범인을 목격하였을 경우에는 당연히 체포하여야 한다. 체포는 힘을 가하여 범인의 신체를 구속하는 것이므로 어느 정도 강제력을 행사하는 것은 법적으로 타당하다고 본다.

(2) 인도

경비근무자가 현행범인을 체포하였을 때는 지체 없이 경찰관에게 인도해야 한다. 현행범인 인도 시 경찰관에게 체포자의 성명, 주소, 체포경위 등을 상세히 설명하여 줌으로써 차후 범죄사실의 확인에 도움이 되도록 하여야 한다.

(3) 체포의 제한

현행범이라 하더라도 경미한 범죄(5만 원 이하의 벌금, 구류, 과료에 해당하는)를 범한 현행범인은 일반적으로 체포할 수 없고 경미 범죄자인 경우라도 주거가 확실하지 않은 경우에는 체포할 수 있다.

(4) 범인이 소지한 흉기 · 장물

범인이 소지한 흉기, 장물 등에 대해서 수사기관 아닌 일반인은 압수 · 수색을 할 수 있는 규정이 없지만, 범인의 자살방지와 증거인멸 방지를 위하여 범인으로부터 분리하여야 한다.

2. 현장보존

1) 현장보존의 의의

현장보존이란 범행 후의 범죄현장을 그대로 보존하여 증거 및 유류물, 유류품의 분실이나 변질 등을 방지하여 경찰관의 증거채취에 협력하는 것이다. 범죄가 발생하지 않으면 물론 좋으나, 범죄가 발생한 경우라면 범인을 검거하여야 하므로 경비근무자는 경찰관의 수사 활동에 협력하여야 한다.

2) 현장보존의 중요성

범죄 현장은 증거의 보고이므로 현장을 감시할 경찰관이 현장에 나타날 때까지 현장을 확실히 보존할 필요가 있다. 현장보존을 확실히 하는 것은 범인을 검거하는 것과 거의 대등할 만큼의 중요성이 있는 일이다.

3) 현장보존의 범죄와 요령

현장보존의 범위는 범죄 장소를 중심으로 될 수 있는 한 넓게 보존하는 것이 좋고 보존 요령은 테이프로 봉쇄하거나, 방어벽을 설치하여 현장접근이 필요한 자 이외의 누구라도 접근하지 못하도록 하여야 한다. 범죄의 현장은 아니라도 범인이 침입하였을 것으로 예상되는 길목이나 도주 예상 경로도 잘 보존하여야 하며, 발자국 등의 보존에도 소홀함이 없어야 한다.

4) 범죄현장에서의 부상자 처리

범죄현장에 부상자가 있는 경우 신속히 구조해야 한다. 부상자 이동 시 부상자가 있었던 위치를 표시하거나, 사진 촬영 등으로 표시하여 수사 등 현장 확인목적으로 다시 조사할 때 혼동되지 않도록 조치할 필요가 있다. 범행의 정확한 위치는 범죄의 확인에 상당히 중요한 것이다.

5) 현장인계

경찰관이 범죄현장에 도착하면 경비근무자의 현장보존 임무는 끝난다. 현장에 도착한 경찰관에게 현장 발견시간, 발견 후의 조치 등을 사실대로 서명해 줄 수 있어야 한다. 경비원이 발견한 시간부터 인계까지의 경과를 메모하여 동시에 전달할 수 있으면 더욱 좋을 것이다. 특히 강력범의 경우 현장에서의 목격담은 범인검거에 상당히 중요한 역할을 한다.

제4절 질문검색 요령

1. 질문검색의 개관

1) 개관

경비업에 있어서의 질문검색이란 경비원(일반경비원과 특수경비원을 모두 포함한다.)이 자신의 경비대상시설·장소 내에서 위험발생의 방지 및 범죄예방을 위하여 거동이 수상한 자 등 질문이 필요한 자에 대하여 질문하여 사실을 확인하는 행위를 뜻한다. 경비원은 공무원인 경찰관과 성격이 다르며 청원경찰과도 다르다고 할 수 있으나 배치된 중요기관, 시설 또는 사업장 등의 경비구역 내에서는 경찰이나 청원경찰과 동일한 경비업무를 수행하게 되므로 구역 내에서 불심자를 검문하는 것은 법적인 위임은 없으나 현재까지의 관례상으로 볼 때 업무상 권한의 범위 내에 있는 것으로 인정된다고 볼 수 있다고 하겠다. 이를 경찰권의 불심 검문권과 구별하여 질문·검색권이라 한다. 이러한 점을 염두에 두고 질문·검색의 직무를 수행함에 있어서도 투철한 사명감과 국가관을 가지고 그 임무에 임하여야 한다. 한편 질문·검색권은 시설물에 출입하는 거동 수상자에게 정지, 질문하는 등의 명령강제권을 발동하게 되는 것이므로 부당하게 인권이 침해되지 않도록 노력하여야 한다.

2) 법적근거

경비원의 질문검색에 대한 법적 근거는 현재 미미한 상태이다.

경비업법 전반에 걸쳐 경비원의 질문검색에 대한 근거를 살펴보면, 우선 경비업법 제2조의 '경비업무의 정의(위험발생을 방지하는 업무)'에서 위험발생 방지를 위한 포괄적인 경비업무의 근거를 찾을 수 있으나 이 역시 질문검색의 직접적인 근거가 될 수는 없다. 다음으로 「경비업법」 제7조 제1항을 살펴보면 경비업자는 경비대상 시설의 소유자 또는 관리자의 관리권의 범위 안에서 경비업무를 수행할 수 있음을 규정하고 있는데, 이는 시설주가 경비대상시설 내에서 자신의 관리권을 경비원에게 위임 또는 위탁한다는 규정으로 이해할 수 있다. 즉, 경비원은 경비대상시설에서 시설주가 행사할 수 있는 시설의 관리권을 대신 행사할 수 있는 것이다. 하지만 이 역시 경비원의 질문검색에 대한 명확한 근거는 될 수 없으므로 결국 경비원의 질문검색에 대한 법적 근거는 상당히 미미하다고 보아야 할 것이다.

3) 한계

경비업자는 「경비업법」 제7조에 의한 경비업자의 의무를 준수하여야 한다. 즉, 경비업자는 경비대상시설의 소유자 또는 관리권의 범위 안에서 경비업무를 수행하여야 하며, 다른 사람의 권리를 침해하거나 정당한 활동에 간섭하여서는 아니 된다.

따라서 경비원의 질문검색 역시 타인의 권리를 침해하거나 정당한 활동을 간섭하는 방법으로 행할 수 없으며, 어떠한 경우에도 프라이버시 · 인격 등 대상자의 인권을 침해하여서는 아니 된다. 또한 대상자가 질문검색을 거부할 경우에는 이를 강제하지 못 한다.

2. 질문검색의 개념과 효과

1) 질문검색의 개념

질문검색은 크게 대상자의 판단, 질문, 조치(필요시), 종료의 순으로 이루어진다. 질문검색은 위험발생의 방지라는 공익적인 목적도 있지만 그와 상반되게 타인의 자유와 권리를 침해할 수 있는 위험성이 있으므로, 타인의 권리 침해를 최소화하기 위하여 일정한 요건 하에서 절차를 엄격하게 준수하여 행하여야 할 필요가 있다. 따라서 경비원은 질문검색의 절차와 요령을 명확하게 이해하고 준수하여야 한다.

특히 검색은 질문 도중 대상자의 의심스러운 부분을 확인하기 위해 대상자의 착의나 소지품을 확인·조사하는 것을 말한다. 그러나 경비원이 대상자의 의사에 반하여 대상자의 착의나 소지품을 검색할 경우 형법상의 '신체수색죄'에 해당될 수 있다. 따라서 검색은 대상자의 승낙이 없이는 이루어질 수 없으며, 대상자가 검색을 허락할 경우에만 실시할 수 있다.

통상적으로 검색의 방법은 대상자가 자신의 옷이나 가방 등을 개방하여 눈으로 내용물을 확인하게 하는 '개방 검사', 경비원이 대상자의 옷이나 가방 등을 외부에서 손으로 만져 내용물을 확인하는 '외표검사', 경비원이 대상자로부터 소지품을 건네받아 직접 내용물을 검사하는 '수색 검사'가 있으나 경비원의 경우 검색의 법적 근거가 미약하므로 '개방 검사'만 허용된다 할 것이다.

2) 질문검색의 효과

(1) 범죄의 예방

질문검색을 통하여 범죄를 결의하고 있는 자에게 심리적인 제약을 가하고, 자신의 행동이 감시당하고 있다는 불안감을 유발시켜 행동을 둔화시키며, 검거의 위험을 증대시켜 범행을 포기하게 만듦으로써 범죄를 예방할 수 있는 효과를 거둘 수 있다. 이는 경비대상 시설물에 대한 위험발생의 방지라는 경비업무의 목적에도 부합한다.

(2) 범인 체포 및 수사 단서 확보

범죄를 행하였거나 행하려 하는 자는 대부분 심리적으로 불안정한 상태에 있으므로 경비원의 질문검색에 자연스럽지 못한 반응을 보이기 쉽다. 일단 질문검색에 수상한 태도를 보일 경우, 적절한 질문검색을 통하여 범죄내용을 확인하고 현행범인 내지 준현행범인의 체포로까지 이어질 수 있으며, 그렇지 않더라도 이후 경찰 수사의 중요한 단서로 활용할 수 있으므로 요령 있는 질문검색의 실시는 대단히 중요하다.

(3) 위험발생의 조기 발견

질문검색을 통하여 경비원은 수상한 행동이나 의심스러운 사실 등을 파악할 수 있으며, 이를 토대로 위험이나 범죄의 조기 발견이 가능해진다.

위험발생의 조기 발견은 결국 위험에 대한 경비원의 신속한 대처를 가능하게 하므로 생명 · 재산의 피해가 더 크게 확산되는 것을 막을 수 있다. 이는 결국 경비원이 능동적으로 위험의 발생을 발견하여 방지하는 적극적인 경비업무로 이해할 수 있을 것이다.

(4) 경비업무의 신뢰 회복

경비대상 시설 내에서 수상한 자에 대한 질문검색이 일상화되면 범죄를 행하려는 자에게는 심리적인 제약을 가하여 범죄를 포기하게 할 수 있으며, 상대적으로 대상 시설물의 입주자에게는 범죄로부터 안전하다는 느낌을 갖게 하여 궁극적으로 경비업무에 대한 신뢰가 증대되는 효과가 있다.

3. 질문검색의 요령

1) 판단기준

(1) 수상한 행동

경비대상 시설 · 장소에 어울리지 않는 비정상적이고 자연스럽지 못한 행동이나, 심리적으로 불안정한 상태, 타인으로 하여금 오해를 살만한 부적절한 행동이나 경비원에 대한 거동 등을 하는 경우이다.

(2) 착의상태

계절 · 장소 · 시간 및 대상자의 체격 · 연령 · 직업 등과 어울리지 않는 의복 상태를 한 경우 질문검색을 할 수 있다.

(3) 휴대 물품

어울리지 않는 물품을 휴대하고 있거나, 의심스러운 물건을 소지하고 있는 경우에도 질문검색을 할 수 있다.

2) 질문검색 대상자

(1) 질문 · 검색 대상자 발견요령

가. 태도 · 거동으로부터 발견하는 방법

태도나 거동으로 질문 · 검색 대상자를 발견하려면 다음과 같은 점에 유의해야 한다.

① 경비원을 보고 다음과 같은 행동을 하는 자

㉠ 급히 숨거나 옆길로 빠지거나 되돌아가는 자

㉡ 자기들끼리 하던 말을 급히 중단하거나 큰소리로 화제를 바꾸는 자

㉢ 걸음을 멈칫하거나 또는 경비원을 지나쳐 가서 경비원을 흘끔흘끔 살피는 자

㉣ 시선을 다른 데로 돌리거나 경비원의 태도를 훔쳐보는 자

㉤ 휴대품을 감추거나 그 자리에서 슬쩍 버리는 자

㉥ 경비실이나 경비원 앞을 통과할 때 타인이나 자동차 등의 숨듯이 지나가려 하는 자

㉦ 불러도 못 들은 척하는 자

㉧ 얼굴을 가리며 빠른 걸음으로 통과하는 자

② 일반적으로 거동이 수상한 자

㉠ 일정한 장소에 계속 멈춰 있다가 통행인 등과 눈이 마주치면 그 위치를 이동하는 자

㉡ 추녀 밑이나 전봇대에 숨어 타인의 가옥, 주위의 상태를 살피는 자

㉢ 주위를 경계하면서 현관 또는 집에서 나오는 자

㉣ 자주 뒤를 돌아보면서 걷거나 도망치듯 걸어가는 자

㉤ 불안 또는 흥분한 태도를 보이거자 조급하게 주위를 살피고 있는 자

㉥ 타인의 주거, 건물, 선박, 차내 등에 숨어 있는 자

㉦ 이른 아침 머리카락이나 얼굴, 손, 발 등이 지나치게 더럽고 눈이 충혈되어 있는 자

나. 외모 · 복장 등으로부터 발견하는 방법

① 옷이 찢어졌거나 현저하게 흐트러져 있는 자

② 옷, 신발에 핏자국이 있거나 이상한 냄새가 나는 자

③ 옷이나 먼지, 거미줄, 흙 등이 묻어 있는 자
④ 옷이 몸에 맞지 않거나 외모와 너무 어울리지 않거나 또는 직업이나 신분에 어울리지 않는 자
⑤ 신발이 젖었거나 흙투성이인 자
⑥ 상의는 깨끗한데 하의가 더럽거나 구겨져 있는 자
⑦ 양복, 오버코트 등을 여러 벌 껴입은 자
⑧ 옷에 남의 명찰이 붙어 있거나 명찰을 뜯어낸 자국이 있는 자
⑨ 머리털, 얼굴, 손발 등이 더러운 자

다. 휴대품을 통해 발견하는 방법
① 자신과 어울리지 않는 물건을 가지고 있는 자
② 남의 도장, 물표, 패스 등을 가지고 있는 자
③ 중요 건의 신문기사를 오려 가지고 다니는 자
④ 수상한 기호, 부호 등이 적힌 수첩을 가지고 있는 자
⑤ 돈지갑, 시계 등을 2개 이상씩 가지고 있는 자
⑥ 노끈, 밧줄, 전깃줄 등을 가지고 있는 자
⑦ 색안경, 장갑, 보자기 등을 가지고 있는 자
⑧ 칼, 열쇠, 드라이버, 장도리 등을 가지고 다니는 자
⑨ 수상한 약품 등을 가지고 있는 자
⑩ 연령·성별에 어울리지 않는 물건을 가지고 있는 자

라. 장소적 상황으로부터 발견하는 방법
① 사당, 묘지, 빈집, 다리 밑, 공중화장실이나 건축 중인 가옥 등에 숨어 있거나 자고 있는 자
② 풀밭, 공지 등 통상 사람이 없는 장소에서 물건을 가지고 나오는 자
③ 이른 아침 물건을 가지고 급히 정거장이나 버스 정류소로 가는 자
④ 주차 중인 자동차 또는 차고 안에 숨어 있거나 자고 있는 자
⑤ 밤에 상점이나 창고 부근에서 상품이나 재료 등을 실어내고 있는 자

마. 말투 · 언어를 통해 발견하는 방법

① 오는 도중 "이미 여러 곳에서 검문 받았습니다."라고 변명하는 자
② 묻기도 전에 "나는 결코 수상한 사람이 아닙니다."하고 변명하는 자
③ 대답을 주저하거나 질문과 다른 답변을 하는 자
④ 다시 물었을 때 직장명, 주소, 연령 등을 먼저와 다르게 대답하는 자
⑤ 가고 있는 방향과 말하는 행선지가 다른 자
⑥ 출발점, 경유지 등의 교통 사정으로 보아 시간상 모순이 있는 답변을 하는 자
⑦ 2인 동반시 서로 행선지나 용건을 틀리게 대답하는 자
⑧ 막다른 골목에서 나왔는데 그 골목에 아는 사람이 없는 자
⑨ 출생지와는 다른 지방의 사투리를 쓰는 자

바. 자동차 검문을 통해 발견하는 방법

① 자동차 문의 자물통이 파괴된 차를 운전하고 있는 자
② 차체에 파손된 흔적이 있거나 핏자국이 있거나 차 안이 현저히 더러운 차를 운전하고 있는 자
③ 방범 등 기타 전조 등을 계속 점멸하거나 혹은 경음기를 계속 울리면서 운전하고 있는 자
④ 지그재그 운전, 불을 끄고 운전하는 등 부자연스런 운전을 하고 있는 자

(2) 검문 방법

가. 정지

경비원은 어떤 자가 의심스러운 행동을 하는 자로 판단되는 경우에는 그를 정지시켜 질문할 수 있다. 보행자인 경우에는 불러 세우며, 자동차나 자전거에 탄자는 정차시키고 경우에 따라서는 하차시킬 수 있다.

나. 질문

질문은 시설물의 내 · 외의 안전과 위험의 방지를 위해 사실을 청취하려고 묻는 것이다. 질문을 할 때에는 상대방의 명예를 존중해야 하며 또한 대상자의 저항, 도주 및 대상자에 의해 상해를 입는 일이 없도록 주의해야 한다.

다. 검색

경비업법상 경비원의 질문·검색권은 보장되어 있는 권한이 아니므로 경찰관의 불심검문권한을 그대로 적용하는 것은 무리가 있다. 특히 검색의 경우 정지나 질문보다 더 큰 법적 근거를 요하므로 제한적으로 발동하여야 한다. 경찰관의 불심검문권에서는 외표검사(흉기조사)에 해당하는 검색권이 허용되고 있으나, 경비원의 질문·검색권에는 불심자의 소지품에 대한 개봉요구와 이에 대한 시각적인 확인 정도만 가능하다고 할 것이다. 절대로 불심자에 대해 신체적 접촉이나 강제개봉은 허용되지 않는다는 점을 주의해야 한다.

(3) 질문·검색의 준비

가. 마음 자세

① 어떤 상황에도 동요되거나 감정에 흐르지 않도록 냉정하고 침착한 마음으로 검문에 임하고, 상황에 대처해야 한다.

② 치밀하게 관찰하여 의심스러운 사항을 놓치지 않도록 해야 한다.

③ 의심의 대상자로 판단한 후에도 주저 없이 과감하게 검문에 착수하고 소신 있게 그리고 상대방을 위압할 수 있는 자신 있는 태도로 필요한 조치를 취한다.

④ 검문은 범죄의 혐의 등을 민첩하게 포착하는 기술이므로 기민한 판단과 행동력이 필요하다.

나. 호신 용구의 준비

질문·검색을 행할 때는 상대방의 불의의 공격으로부터 자신을 보호하고, 상대방의 체포를 위하여 반드시 호신용구를 휴대하여야 한다(참조: 「경찰관직무집행법」 제10조, 외근경찰관근무규정 제2호).

다. 법규의 연구

「경찰관직무집행법」 등과 같은 불심검문의 근거법규 등을 평소에 충분히 익혀두어 피검문자의 항의, 반문 등에도 명확히 대처하고 필요한 조치를 소신껏 취할 수 있도록 평소에 직무수행 능력을 길러 두어야 한다. 경비원도 경비구역 내에서도 검문권을 행사할 수 있음을 명확하게 알고 있어야 한다.

라. 수배자 인적사항 등의 기억

범인, 가출인 등 수배된 자의 경우 경찰관에서 전단을 부착하므로 인상착의, 특징, 범죄의 개요 등을 기억해 두고 있다가 검문시 그 점에 유의하여야 한다. 중범죄자 검거시 포상금은 물론 경찰 고위기관장의 표창도 수상할 수 있으며, 국가발전에도 이바지할 수 있다.

(4) 질문요령

피검문자에게 하는 질문은 그에게 꾸며대거나 회피할 겨를을 주지 않도록 기민한 내용의 것이어야 한다. 불심검문 때 질문해야 할 일반적인 내용은 행선지, 용건, 출발지, 경유지, 본적, 주소, 성명, 연령, 직업, 휴대품 등이 있다.

(5) 대상자 동행시 주의사항 및 요령

가. 주의사항

① 검문 시 대상자로 부터 의외의 공격이나 상해를 입지 않도록 주의해야 한다.

② 대상자가 증거를 인멸하는 일이 없도록 해야 한다.

③ 대상자의 자살, 자해 등을 방지하여야 한다.

④ 대상자의 도주를 방지하여야 한다.

나. 동행요령

① 도보의 경우 상대방보다 앞에 가지 말 것, 상대방의 후방 좌측이나 우측에 위치할 것, 상대방과의 사이에 자전거 등 장애물을 통과시키지 말아야 한다.

② 경비원 둘이서 동행할 때 둘이서 상대방의 양측에 나누어 동행하는 것이 좋다.

③ 상대가 둘 이상인 경우에는 세심한 경계심을 갖추어야 함은 물론 동행 방법에 고도의 기술이 요구된다.

④ 자동차에 타고 온 상대방을 동행하는 경우에는 자동차 검문시 자동차에 타고 온 자를 동행하는 경우에는 먼저 하차하도록 양해를 구하고 도보로 동행하거나 경찰차에 승차시켜 동행해야 하며 경비원이 상대방의 차에 승차하는 것은 절대로 피해야 한다.

(6) 검문요령

가. 차량검문

① 버스

㉠ 특수경비업무 등을 위한 총기소지 시 허리총 자세로 도로 우측에 차를 정차시키고 시동을 끄게 한다.

㉡ 2명의 검문관이 앞뒷문으로 동시에 승차한다.

㉢ 앞문으로 승차한 검문관이 승객에게 검문의 뜻을 알린다.

㉣ 1명은 앞에서 감시 경계하고, 다른 1명이 뒤에서부터 검문을 실시한다.

㉤ 검문이 끝나면 반드시 승객에게 감사의 뜻을 고하고, 먼저 앞쪽의 검문관이 하차하고 다음에 뒤쪽 검문관이 하차한다.

㉥ 밤에는 차단기를 내린 다음 차량을 정차시키고, 차량 외부의 등은 끄게 하고 차량 내부는 완전 전등하게 하고 검문을 한다.

참고 검문의 예
경례를 하고 나서 "000입니다. 잠시 검문을 하겠사오니 양해하여 주시기 바랍니다." 라고 검문 실시를 알린다. 이어 검문을 하고 "감사합니다." 혹은 "바쁘신데 시간을 지체하게 하여 죄송합니다."하고 경례를 한다.

② 화물자동차

㉠ 양쪽에서 1명씩 접근하고 우측에서 정차시킨다.

㉡ 운전자 쪽에서 검문하고 반대편에서는 감시 경계한다.

㉢ 피검문자에게 90도 방향에서 접근하고 증명서는 왼손으로 받아 확인한다.

㉣ 1명은 운전자를 감시하고 1명은 적재함을 검색한다.

㉤ 용의자를 하차시켜 차의 후면을 짚고 45°로 엎드리게 한 후 신체 수색을 한다.

③ 택시

㉠ 양쪽에서 접근하여 우측에서 정지시키고 시동을 끄게 한다.

㉡ 좌측 검문자는 차량 내부를 감시하면서 접근하고 우측 검문자는 경계 감시한다.

㉢ 필요한 때는 승객을 하차시켜 검문한다.

㉣ 운전자 입회하에 적재함 등 물품 은닉장소를 검색한다.

④ 순찰 근무시

㉠ 피검문자의 우측에서 접근한다.

㉡ 1명은 동태를 감시하고 다른 1명은 접근하여 검문한다.

㉢ 피검문자는 90° 각도의 위치에 둔다.

나. 가두검문

① 1명은 동태를 감시하며, 다른 1명은 접근하여 검문한다.

② 피검문자가 2명 이상인 경우에는 일렬로 세우고 검문검색 한다.

다. 산악검문

① 3인조로 검문을 실시한다.

② 1명은 사주경계를 하고 다른 1명은 피검문자를 감시하며, 또 다른 1명은 검문을 실시한다.

③ 지형지물을 이용, 잠복하여 검문한다.

④ 방광, 방음, 노출을 방지하고 지형에 적합한 복장을 착용한다.

⑤ 피검문자가 2명 이상일 경우에는 1명은 후방에서 경계하고 다른 1명은 손을 들게 하여 감시하며 또 다른 1명이 검색한다.

(7) 검문 후의 조치

가. 의심스러운 점이 없을 때

피검문자에게 검문의 취지를 설명한 후 협력에 감사하는 뜻을 표하고 친절히 돌려보낸다.

나. 범죄의 예방 및 보호조치

검문 결과 보호조치를 해야 할 것으로 인정되는 자는 보호조치할 수 있도록 경찰관서에 인계하고, 범죄를 저지르려 하는 자에 대하여는 제지 등 범죄예방 조치를 취해야 한다.

다. 신원 · 거주 관계의 확인

경비원은 간첩의 색출, 범인체포 등을 위한 신원의 확인을 위해 경비구역 내에서 주민등록증의 제시를 요구할 수 있으며, 신원이나 거주가 명확하지 않은 자에 대하여는 경찰관서와 협조하여 그 신원을 밝힐 것을 요구할 수 있다.

경찰관은 「경찰관직무집행법」에는 명시되어 있지 않으나 「주민등록법상」의 규정에 의해 주민등록증 미소지자를 동행, 사실조사를 할 수 있으므로 불심자가 경비원의 신원 확인에 협조하지 않을 경우 일단 수상한 자로 보아 즉시 112에 신고하여 확인토록 한다.

라. 범죄사실이 발견된 경우

질문 · 검색의 결과 현행범인 또는 준현행범인으로 밝혀졌거나 기타의 범죄사실을 발견한 경우 경비원에게는 사법경찰권이 없으므로 범죄사실을 조사하는 등의 「형사소송법」에 의한 직무를 수행할 수 없다. 따라서 즉시 관할 경찰관서에 연락, 인계토록 해야 한다. 경비원은 관할 경찰서장에게 현행범인 또는 준현행범인을 인계하기 위하여 경비구역내의 초소나 사무실까지 동행을 요구할 수 있으며, 이 경우 최단시간 내에 인계하여야 한다.

(8) 현행범 체포 요령

가. 일반 원칙

검색대상자가 현행범인으로 판단될 시에는 현행범인 체포를 하여야 한다. 현행범인은 「형사소송법」 제212조의 규정에 의하여 법관의 영장 없이 체포할 수 있으며 경비원은 경찰관과 같은 국가기관에 해당하지 않으므로 미란다 원칙 등을 고지할 의무도 없다. 검거요령은 '체포 · 호신술'의 방법에 의한다. 경비원은 언제라도 현행범인 등의 범인을 체포하여야 할 수 있으므로 평소 범인검거 요령 숙달을 게을리하지 말아야 한다.

나. 주위에 도움 요청

현행범인 체포는 무척 위험한 일이다. 체포 대상자는 체포에 항거하기 위하여 극단적인 폭력을 행사할 수 있으며, 흉기 등으로 저항하기 쉽다. 이 경우 무리하여 혼자 체포를 하려고 하기보다는 큰 소리로 주위에 도움을 요청하여야 한다. 범인의 도주로를 차단하고 주위에 도움을 받을 시간을 끌어야 한다. 주위 사람이 범인 체포에 도움이 되지 않을 경우(여자, 노약자 등)에는 112에 신고해 줄 것을 요청하거나, 인근 경비원에게 연락해 줄 것을 요청한다.

다. 장구 등의 사용

범인의 흉기 등으로 저항하거나 체포에 완강히 항거할 때에는 경봉 등의 장구를 사용하여 경비원의 신체를 보호하고 안전하게 범인을 체포해야 한다. 경비원의 범인체포는 법령에 의한 행위로써 정당행위에 해당되므로 범인이 체포에 항거할 경우, 항거 행위에 대한 정당방위가 가능하다. 특히 범인의 공격으로 경비원의 신체에 대한 위해가 예상될 경우에는 소지하고 있는 호신용 분사기 등을 사용할 수 있다.

라. 현행범 경찰 인계

현행범을 체포하였을 경우에는 가까운 지구대나 112로 신고하여 현행범의 신병을 경찰에 인계하고 현행범 신병 처리를 위한 경찰관의 업무에 적극 협조한다.

(9) 종료

가. 공손하고 친절한 태도

질문검색에 응하여준 대상자에 대한 감사의 뜻을 표하며, 공손하고 친절한 태도를 유지한다. 특히 감사를 표시하는 경우에는 형식적인 말투가 아닌 진심이 담겨있는 감사의 말을 전달하며 공손하게 목례한다.

나. 기분 좋은 마무리

질문검색 도중 상대가 불쾌함을 표시하였거나, 질문 내용에 대하여 거부감을 표시한 경우에는 질문검색을 마치며 충분한 사과의 뜻을 표하여야 한다. 또한 대상자의 기분에 맞추어 우스갯소리 등을 덧붙여서 기분 좋게 마무리를 짓는다면 대상자가 질문검색 절차 자체를 긍정적으로 받아들일 수 있을 것이다.

다. 기록

질문검색이 허술하게 진행되거나 사실 확인이 완전하지 못할 경우에는 신속하게 일정한 기준에 따라 질문검색의 내용을 철저히 기록하여 사후 문제발생에 대비해야 할 것이다.

4. 기록요령 및 활용방법

1) 기록의 의의

기록이란 경비원이 경비업무 수행 중 관찰하는 다양한 사물이나 현상들을 메모 등의 형태로 문자화하는 작업이다. 사람의 기억력은 무한하지 못한다. 개개인의 능력 차이가 있을 수 있겠지만 대부분의 사람들은 자신이 관찰하거나 보고 들은 내용을 기억하는 데에 한계를 지니고 있어 시간이 지난 뒤에는 기억의 상당한 부분을 잃어버리게 된다.

또한, 기억이란 시간이 지남에 따라 관찰자의 성향에 따라 기억하고 싶은 형태로 변질 · 변화되기도 한다. 사람마다 학식과 상황에 따라 지각한 것을 해석하는 능력이 다르고, 사람들이 그들의 학식과 상황을 근거로 하여 지각한 것을 평가하기 때문이다. 따라서 관찰자가 기억한 사실들은 시간이 지날수록 객관적인 특성을 잃어버리고 결국 관찰자의 주관적인 기억(당시의 분위기, 인상, 느꼈던 감정 등)으로만 남게 된다.

2) 기록의 기능

(1) 기억의 보존

기록을 통하여 관찰자는 자신의 부족한 기억을 보완할 수 있다. 몇 십 년이 지나도 일기를 통하여 그 날의 상황을 생생하게 떠올릴 수 있는 것처럼 기록은 쉽게 잊힐 수 있는 기억을 오래도록 보존하여 준다.

(2) 객관적 사실의 보존

기록을 통하여 관찰자는 자신이 기억하고 있는 사실에서 주관적인 부분을 배제하고 객관적인 사실을 보존할 수 있다. 즉, 기록은 시간이 지날수록 기억이 관찰자의 주관적인 특성과 성향에 따라 변질되는 것을 막고, 당시 상황의 객관적인 특성을 보존한다.

3) 기록요령

(1) 기록의 대상

가. 출입자 · 출입 차량

경비 대상시설 · 장소의 출입자와 출입차량은 기본적인 기록의 대상이 된다. 하지만 모든 출입자와 출입차량에 대하여 기록을 해야 하는 것은 아니며, 경비원이 판단하여 의심스러운 행동이나 현상, 질문검색을 실시한 대상자나 차량 등 기록을 남겨둘 필요성이 있는 경우에 행한다.

나. 경비대상시설 주위의 차량

대상시설 주위에 주차되어 있는 낯선 외지차량, 혹은 시동을 켠 채로 대기하고 있는 차량, 시동을 끈 채 사람이 탑승하여 있는 차량 등 불심점이 있는 차량에 대해 기록한다.

다. 기타 경비 대상시설 내외에서 발생하는 제반현상들

경비 대상시설 내외에서 발생하는 각종 현상들에 대해 기록을 남긴다. 이 경우에는 화재연기, 비명소리, 둔탁한 소리 등 인위적인 것에 의한 현상도 포함되지만 지진, 태풍, 낙뢰 등 자연현상도 포함된다. 경비원이 경비대상시설 · 장소의 위험을 방지하는 것은 인위적인 위험뿐만 아닌 자연재해도 포함되기 때문이다.

라. 질문검색의 내용

경비원이 실시하는 질문검색의 내용은 별도의 기록을 남겨두어야 한다. 왜냐하면, 경비원이 실시한 질문검색의 내용이 불완전하다거나 대상자가 노련하여 경비원의 질문검색을 자연스럽게 넘긴다거나 대상자가 경비원의 질문검색에 끝까지 응하지 않는 등 여러 가지 이유로 질문검색만으로는 실제 범인을 확인하지 못하는 경우가 발생할 수 있기 때문이다.

2) 기록요령

가. 기본적으로 시간, 대상, 이유(수상한 점)를 기록

기록에는 반드시 기본적으로 기록 시간(When), 기록 대상(What), 기록 이유(Why)가 포함되어야 한다. 물론 6하 원칙에 맞춘 기록이라면 더욱 훌륭하겠지만 기본적으로 위의 3가지 사항은 반드시 기록되어야 한다. 왜냐하면 위의 3가지 중 어느 한 요소라도 기록되지 않는다면 그 기록은 사실을 특정할 수 없는 단순한 글자의 나열에 그치기 쉽기 때문이다.

나. 객관적 사실을 중심으로 기록

관찰자의 주관적인 판단은 지양, 사실을 있는 그대로 기록한다. 왜냐하면, 사람마다 주관과 가치관이 모두 다르기 때문에 똑같은 현상과 사물을 관찰하여도 그에 대한 개인적인 평가는 모두 달라질 수 있기 때문이다. 따라서 관찰자의 주관적인 감정이나 판단이 기록되면 그 기록을 읽는 다른 사람에게는 당시의 객관적인 상황이 심하게 왜곡될 수 있을 것이다.

다. 가능한 관찰된 사실 모두를 정확하게 상세히 기록

아무리 사소한 내용이라도 추후에 뜻하지 않게 중요한 단서가 될 수 있으므로 가급적 관찰된 내용 전부를 기록한다. 의미가 없어 보이는 현상은 매우 빠르게 관찰자의 기억에서 사라지므로 기록을 하지 않으면 결국 잊히기 쉽다. 따라서 아무런 의미가 없어 보이는 현상이라도 가능한 빠짐없이 기록으로 남겨두는 것이 좋다.

또한, 기록은 정확해야 한다. 기록된 사실만으로도 사람에 대한 기본적인 묘사가 가능하도록 기록해야 한다. 따라서 사람에 대한 기록시 단순히 '키는 중간 키, 30대 중반, 보통 체격' 등으로 묘사를 한다면 기록의 가치는 현저하게 떨어진다. 따라서 '키는 출입문의 두 번째 유리창 정도의 높이(175cm 가량), 눈썹이 진하고 얼굴이 하얀 편, 머리는 갈색 생머리이고 중간 가르마에 앞머리는 눈썹 정도까지의 길이, 어깨가 좁고 경상도 사투리를 쓰며 목소리는 가는 편, 귀가 둥글고 귓밥이 없음, ...' 정도로 사람에 대한 묘사가 가능하게 정확하고 자세히 기록해야 한다.

라. 기록자가 이해하기 쉽게 기록

체계 없는 단순한 사실들의 나열은 나중에 기록자 본인조차도 많은 혼란을 일으킬 수 있으므로 기록은 기본적으로 기록자가 이해하기 쉽도록 나름의 체계를 잡고 기록해야 한다. 기록은 관찰자의 기억이 가장 생생할 때 신속하게 이루어져야 하므로 기록자 자신이 이해할 수 있는 암호나 약어를 써서 기입하는 것도 좋은 방법이다.

마. 조치 · 결과 사항을 덧붙임

기록된 내용과 관련하여 사후에라도 조치된 사항이 있거나 종결된 내용이 있다면 반드시 그 결과를 함께 기록해 둔다.

(3) 활용방법

가. 범죄 수사의 단서 제공

① 용의자 특정

사건이 발생하게 되면 범죄발생 장소의 경비원은 1차적으로 중요 참고인이 되며 경비원의 기록은 매우 중요한 단서가 된다. 출입자 및 출입 차량에 대한 기록을 통하여 용의자를 특정하거나 최소한 범죄 발생시간 전후 출입한 용의자를 한정 지을 수가 있다.

② 수사의 중요 단서 제공

경비원의 기록을 통하여 사건 수사의 중요한 단서(범죄에 사용된 차량, 범인의 수, 범죄 발생 전후로 일어난 현상 등)가 제공될 수 있다.

나. 기록의 분석을 통한 각종 위험의 발견

경비원의 최대 목표는 경비대상시설물의 안전 확보이다. 시설물 내에서 일어나는 현상 및 사건들에 대한 기록과 그 기록의 분석을 통하여 취약요소에 대한 개선 · 보완이 가능하고, 위험의 발생을 미연에 방지할 수 있다.

다. 기타 각종 서비스제공

경비업무 수행 중 필요한 사항들을 기록해 둠으로써 시설주나 입주자에 대한 정보 제공·민원 안내 등 다양한 형태의 서비스제공이 가능해진다. 경비업이 경비대상시설의 위험 발생의 방지를 수행하는 업무라는 점과 더불어 고객(고용주, 대상시설이용자, 입주자 등)에 대한 경비 서비스의 제공이라는 측면을 고려할 때, 경비업무를 전문화시킬 수 있는 각종 서비스의 연구가 다각적으로 진행되어야 할 것이다.

제4장

호송경비실무

제4장 호송경비실무

제1절 호송경비의 이론적 배경

1. 호송경비의 의의

경비업 성장이 우리 사회에 미치는 영향은 상당히 다양하고 중요하다. 또한 치안자본 증대라는 측면에서 긍정적으로 평가할 수 있다. 그런데 경비업의 양적 증대가 그에 비례한 사회안전성 강화를 확보할 것이라는 기대는 성급하다. 양적 성장에 따른 부작용 가능성도 배제할 수 없기 때문이다. 전문성이 결여된 '경비'는 악행방지 효과가 미약할 뿐만 아니라 오히려 범죄의 표적이 될 수도 있다. 호송경비는 이러한 우려가 실제로 발생하고 있는 분야이다. 따라서 호송경비에 대한 정확한 개념 인식과 함께 전문성이 담보된 교육을 통한 현장실무에 능통한 전문가로서의 자질 향상이 필수적이다.

호송경비란 운반 중에 있는 현금, 유가증권, 귀금속, 상품 기타 물건에 대하여 도난·화재 등 위험발생을 방지하는 업무를 말한다. 최근 금융기관들이 고객서비스 만족을 위한 24시간 현금자동입출금기를 많이 설치함에 따라 호송경비시장이 증가하였다. 국가와 사회적으로 중요한 것(예: 각종 선거 투표함, 입시문제지 등)의 호송경비는 주로 공적인 측면에서 경찰이 하고 있으나 미국의 경우 특수 제작한 방탄장갑차를 구비한 현금수송 전문경비회사가 수요자와의 계약에 의해 무장한 경비원을 통해 호송경비를 수행하기도 한다.

통상적으로 호송경비업무는 다수의 경비원에 의해서 행하는 것을 원칙으로 하고, 열차·비행기·선박 등을 이용하게 되지만 자동차를 이용하는 형태가 많다. 여기에서 호송이란 집단의 인원 및 물자를 출발지에서 목적지까지 신속 정확하고 안전하게 이동할 수 있도록 하는 제반 활동을 총칭하는 것이다.

2. 호송경비의 중요성

호송경비에 대해서는 현금수송, 폭발물 수송, 귀중품 수송, 기타 물건들을 안전하게 운송하는 서비스가 주류를 이루고 있는 바, 특히 금융기관의 현금수송에 대한 사고 위험은 상대적으로 높아지고 있다. 특히 현금수송차량은 범법자들에게 있어서 제1의 목표물이 될 뿐만 아니라 그 수법도 대형화·조직화되어 가는 경향이 있으므로 현금수송에 대한 안전 확보가 절실히 요구되고 있다.

현금수송차량의 탈취사건은 단순한 재산적 피해뿐만 아니라 금융기관에 대한 공신력과 신뢰감의 실추를 낳게 된다. 그러므로 금융기관을 보호하는 전문적인 현송대행 업체의 출현이 필수적이며, 사명감과 책임감을 갖고 있는 요원들로 하여금 현금수송업무를 전담시켜 친절하고 안전·신속, 정확한 현송업무가 요구되고 있다. 현금의 수송은 인체의 혈액순환 구조와 같아서 경제활동 요소마다 영향을 미치지 않는 곳이 없다고 할 것이다.

지금까지 일반적인 방범실무로 청원경찰, 경비장비, 무인기계 경비시스템, 금고외벽, 현금이송차량, 통신장비 등이 핵심요소로 하는 관행이 정착되고 있기는 하나 금융기관은 감시의 강화, 기회의 제거, 접근제지수단의 확보 등을 통한 위험 사고방지 대책이 요구되고 있다.

우리나라의 경우 매년 현금의 발행량이 15%씩 증가하고(매년 약 20조원의 신화폐를 발행) 이를 매개하는 금융기관에서의 현금의 수송은 교통체증 등으로 많은 인력이 소요되고 있으며, 사고발생 가능성 역시 높아지고 있어 호송경비의 중요성이 강조되고 있다.

제2절 호송경비의 유형 및 방식

호송경비의 유형은 대상과 방법 및 내용 등에 의하여 구분하여 볼 수 있다. 즉, 대상에 따라 인원 및 물자호송, 행사(작전)차량호송, 수감자(죄수)호송 등으로 나눌 수 있고, 그 방법에 따라 차량호송, 열차호송, 선박호송, 항공기호송 등으로 나눌 수 있다.

그리고 내용에 따라서는 경비업무만 담당하는 것과 경비업자가 호송업무와 경비업무를 병행시켜 시행하는 것의 2가지로 구분할 수 있다. 특히 수송업무를 병행하는 경우에는 자동차운송사업 등과 같이 자격에 관한 면허를 필요로 하는 경우가 있으므로 주의를 요한다.

1. 호송대상에 의한 분류

호송대상에 의하면 귀중품이나 위험물 등을 호송하는 물건호송과 범죄자나 요인(VIP)들을 호송하는 사람호송으로 구분할 수 있다. 민간경비에 있어서는 물건호송이 대부분이나, 경찰호송에서는 범죄인 등의 호송이 그 중요한 대상이다.

2. 호송수단에 의한 구분

1) 차량호송

호송용 차량을 이용하여 호송하는 경우로, 사람호송의 경우 피호송자는 운전자 바로 옆, 뒷자리나 출입문 앞, 뒤, 옆자리가 아닌 곳에 승차시켜야 한다. 다만 소형차량이거나 특별한 사유가 있을 때에는 달리할 수 있다. 승차할 때에는 피호송자가 먼저 승차하며 호송요원이 그 이후에 승차하는 것이 원칙이며 하차시에는 이와 반대로 한다.

2) 도보호송

도보로 하는 호송으로 피호송 1인을 호송할 때에는 1보 뒤, 좌 또는 우측 1보의 위치에서 조 또는 우수로 포승줄을 잡고 호송한다. 2인 이상 5인까지를 호송할 때에는 1보거리로 세로줄을 지어 연결하여 호송하고, 그 뒤에서 호송요원 1인은 앞의 방법에 의하고, 다른 호송요원은 피호송자 열과 1보 내지 2보의 거리를 항상 유지하면서 호송한다. 6인 이상을 호송할 경우에는 도로의 사정에 따라 2열 내지 3열 종대로 하여 앞의 방법으로 호송한다.

3) 열차호송

피호송자는 열차의 객실 또는 화물차 안에 승차시켜야 하며, 열차의 승강구 연결장소, 출입문, 세면장소 및 화장실 등에 승차시켜서는 안 된다. 피호송자가 좌석에 앉아 있을 때에는 창문을 열지 못하게 하지만 각별한 안전 조치가 강구될 경우에는 예외로 한다. 호송요원은 주위 사정을 고려하여 감시에 적당한 장소에 위치하여 항상 감시하여야 한다. 집단호송 또는 20명 이상의 비상호송일 때에는 2명이상의 호송요원이 출입문을 지켜야 한다. 피호송자를 승·하차시킬 때에는 일반승객들이 승·하차한 뒤에 하여야 한다.

4) 선박호송

피호송자를 선박의 객실 또는 화물실에 승선시켜야 하며 그 이외의 장소에 승선시켜서는 안 된다. 다만, 소형선박이거나 기타 특별한 사유가 있을 때에는 달리 할 수 있다. 투신자살 등의 예방차원에서 피호송자를 갑판이나 난간에 있게 하지 않도록 해야 한다.

5) 항공기호송

항공기호송의 대상은 항공기 자체뿐만 아니라, 항공기 탑승객, 승무원, 화물 등도 포함된다. 따라서 항공기호송 경비요원은 항공기의 운항에 대한 이해와 항공보안 관련 법규에 대한 지식이 필요하다. 또한, 테러나 기타 범죄에 대한 대비를 위한 체력과 기술을 갖추어야 한다. 항공기를 이용하여 호송하는 경우 그 구조, 일반승객, 기타 사정을 고려하여 감시 및 조치를 위하여 관계자에게 협조를 구해야 한다.

3. 호송방법에 의한 분류

1) 단독호송방식

(1) 통합호송(현송)방식

경비업체가 수송업무를 겸하여 독자적으로 개발한 자사소유의 무장차량 또는 일반차량을 이용하여 운송업무와 호송경비업무를 겸하는 호송경비방식이다.

(2) 분리호송(자동차열)방식

운송업자가 대상물건을 자신의 차량으로 적재하여 운송하고 경비업자가 경비차량으로 이 차량을 유도 또는 호위하는 방식으로 분리하여 호송하는 경비업무를 행하는 형태이다.

(3) 동승호송방식

경비대상 물건을 적재하고 있는 운송업자 차량에 경비원과 동승하여 대상물건을 이송하는 방식이다.

(4) 휴대호송방식

경비원이 직접 호송대상물건을 휴대하여 직접가지고 가는 형태의 경비방식이다.

2) 협력(편성)호송방식

운송업무와는 별도로 시큐리티업무만을 담당하는 단독호송 방식을 조를 나누어 실행하는 방식이다. 협력방식은 단독방식을 협력해서 행하는 것으로 현송방식과 자동차열방식의 협력, 동승방식과 자동차열방식의 협력 등이 있다.

제3절 호송경비의 조직 및 편성

1. 호송경비 조직

호송경비의 조직은 일반적으로 대표이사·감사 등 임원, 인사복지관리·계약관리 등 총무부, 호송활동·차량지원·상황통제 등 운영부로 구성되며, 호송의 편성은 조직의 규모와 호송의 대상에 따라 다르겠지만 한 개의 차량단위 또는 여러 개의 차량으로 나누어 질 수 있다.

여기에서 호송편성시 고려해야 할 사항은 도로상태, 이동거리, 지형, 기후, 범죄활동, 호송요원의 훈련 및 경험정도 등이다. 일반적으로 20대 이하의 차량행렬은 단일 지휘체계 통제가 가능하지만, 20대를 초과한 차량의 경우에는 행렬의 길이로 인한 통제가 어려우므로 더욱 세분화되어야 한다.

따라서 호송경비의 통제는 매우 중요하다. 호송팀장은 교통법규, 속도규정, 차간거리, 행로, 시간계획, 이동 및 정지간의 자세, 자체 경계방책 등 도로 상의 운전자가 준수사항이 이행되도록 관심을 가져야 하며, 경비원은 중요한 지점의 교통통제, 복잡한 지역에서의 안내, 중요하거나 위험한 적재품의 안전호송 등을 철저하게 관리하여야 한다.

2. 호송경비의 장비

우리나라에서 호송경비업무를 수행하기 위해서는 법률에 따른 요건 즉, 시설 등 기준을 준수해야 한다. 허가를 받으려는 법인은 다음의 요건을 갖추어야 한다(「경비업법」 제4조). 그 내용은 다음과 같다.

【호송경비업의 시설 등의 기준】

구분	경비인력	자본금	시설	장비 등
시설 등 기준	· 무술유단자인 일반경비원 5명 이상 · 경비지도사 1명 이상	1억 원 이상	기준 경비인력 수 이상을 동시에 교육할 수 있는 교육장	· 호송용 차량 1대 이상 · 현금호송백 1개 이상 · 기준 경비인력 수 이상의 경비원 복장 및 경적, 단봉, 분사기

자료 : 「경비업법 시행령」 제3조2항 관련

1) 호송차량과 호송가방

호송경비에 쓰이는 호송용 차량은 현금 기타 귀중품의 운반에 필요한 견고성 및 안전성을 갖추고 무선통신시설(무전기나 휴대전화) 및 경보시설을 갖춘 자동차이다. 이것은 호송업무를 수행하기 위해서 방범장치를 부착하고 전용무선 등 지휘본부와 통신수단을 탑재할 필요가 있다. 호송차량은 외부의 물리적 공격에 견딜 수 있는 구조와 강도가 요구되며, 운전석과 금고실(일정 한도의 파괴공격에 견딜 수 있는 구조) · 보관실이 분리되며, 타이어 펑크시에도 운행할 수 있는 구조로 엔진작동 불능시라도 가동할 수 있는 예비동력이 확보되어 있어야 한다. 그리고 현금호송가방은 현금이나 그 밖의 귀중품을 운반하기 위한 이동용 호송 장비로써 경보시설을 갖추어야 한다. 「경비업법」 제24조에 의거하여 경찰청 감독명령(제10-1호, 2010.2.26)으로 호송경비업자가 준수해야 할 사항은 다음과 같다.

① 호송차량에서 하차하여 현금 등 중요물품을 도보로 호송할 경우 2인 이상이 하여야 한다.

② 현금 등 중요물품이 호송차량에 적재된 경우에는 반드시 1인 이상이 차량에 잔류하여 경계근무를 하여야 한다.

③ 차량 호송시 차량내 금고는 2중 시정장치를 한 상태로 운행하여야 한다.

④ 현금 등 중요물품을 호송하는 차량은 반드시 경보기 등 안전장치를 설비한 차량이어야 한다.

⑤ 중요물품 호송가방에는 피탈방지용 안전고리를 장착하여야 한다.
⑥ 호송경비업자는 호송근무 투입 전 호송경비원에 대해 안전교육을 실시하고, 호송 장비의 적정 여부를 점검하여야 한다.
⑦ 호송경비업자는 「파견근로자 보호 등에 관한 법률」 제5조 제5항을 위반하여 경비 업무에 파견근로자를 사용하지 않아야 한다.
⑧ 호송업무 수행 중 호송 차량이나 호송 물품을 탈취당한 경우에는 즉시 경찰관서에 신고하는 동시에 탈취된 호송물품 회수에 주력하여야 하고, 경찰관서와 유기적 체제를 유지하여야 한다.

2) 호송 부대장비 및 방범설비

호송차량에는 본부 · 경찰관서 및 관련 기관과 연락할 수 있는 통신장비(긴급신호 송출장치, GPS에 의한 차량위치파악 가능장치 등), 운전석과 금고실 간의 통화장비, 외부 공격의 감지와 경고에 쓰이는 경보장치, 야간 위험시 사용할 수 있는 조명시설과 비상 점멸등, 신호탄 등이 구비되어 있어야 한다.

호송차량의 경보장치가 작동한 경우나 긴급버튼이 눌러진 경우 관제시설에 자동신호 또는 자동음성에 의하여 이상을 알리는 송출장치를 구비하는 것이 필요하다. GPS에 의한 차량위치 통보장치에는 실시간 위치정보를 파악하는 방법, 호송차량으로부터 위치정보를 송신하는 방법, 긴급시만 위치정보를 호송차량이 송신하는 방법 등이 있다. 호송차량에는 GPS · 경보장치 및 2중 금고 등 안전시설 설치하고, 호송 안전수칙(도보이동시 2인 이상 현금 호송, 1인은 차량 잔류)을 준수하여야 한다.

3) 호송장비의 구비요건

호송경비업무를 사용하는 차량의 구조와 기능에 있어서는 경비업자마다 그 지식과 경험을 집약하고, 다음과 같은 안전성과 경비의 균등을 도모하면서 현재 기술을 반영하여 노력하고 있는 실정이다.

(1) 습격 등에 대한 안전성의 확보가 중요

호송경비업무는 그 업무의 성격상 인위적인 작업 실패의 배제에 노력하지 않으면 물론 안 되는 일이지만, 외부로부터 습격을 당해도 견디는 구조와 기능을 가진 안전한 차량을 사용하는 것이 기본적으로 요구된다.

경비호송방식에 있어 사고의 사례를 분석해보면, 출발의 직후 또는 목적지 도착 직후, 경비원이 승차하는 순간, 금고실을 열고 작업하는 도중, 운송담당자와 경비담당자가 떨어져서 다른 작업 중에 사고가 일어나기 쉽다.

이와 같은 사례의 교훈에 기초를 두고, 사고를 어떻게 막아내야 하는가 하는 것은 장비, 경비원의 주의력 향방의 관점으로부터 한층 더 연구과 교육훈련에 노력하고, 안전성을 향상시켜 호송경비업무의 신뢰도를 높여가지 않으면 안 된다.

(2) 필요한 구조장비의 구비

호송방식에 이용되는 차량은 금고실과 운전석의 완전한 분리, 일정한 강도의 파괴력에 견디어 낼 금고실의 구조, 3명 이상의 승차가 가능한 정도의 차량의 대형화, 기지국과 연락하기 위한 무전기, 무선에 의한 기지국에 자동긴급 신호를 할 수 있는 송출장치, 운전석과 금고실의 통화 설비, 엔진작동 불능장치의 착수, 금고실의 파괴공작에 대응하는 신뢰도가 높은 경보장치, 각종장치가 작동한 경우에 확인하는 붉은 불의 점멸장치와 경보용 벨이 울리면 그 외의 장비품으로까지 자동연동되는 장치, 휘발유의 발화방지 장치 등의 구조, 장비를 갖추어야 한다.

제4절 호송경비의 계획 및 실시

1. 호송경비의 계획

호송임무는 통상 상황접수, 계획수립, 명령하달, 임무수행, 상황통제 등의 단계로 수행된다.

1) 호송계획수립

호송경비의 수준 및 강도, 차량의 선택 등은 사회적 환경, 지역적 특성, 시기 등을 고려하여 결정해야 한다. 아울러 사고발생의 가능성과 특성 등에 대한 충분한 분석이 이루어져야 한다. 대체로 사고가 발생할 가능성이 높은 시점은 호송차량이 출발하거나 도착한 직후, 경비원이 차량에 승차하는 순간, 금고를 개폐하는 순간, 작업이 진행되는 동안, 운송업자와 호송경비원과의 간격이 떨어진 경우 등이다.

완전한 경비목적달성을 위해서는 사전에 주도면밀한 호송계획서 작성이 필요하다. 여기에는 호송일자, 목적지 · 경유지, 목적지 · 경유지의 지역적 특색, 호송경로 및 특이점, 호송대상 물건의 종류 · 무게 · 부피, 호송대상 물건의 경제적 가치, 보관용기의 상태, 호송요원 인원 및 방식, 사고발생시의 조치절차, 비상연락체계, 무기사용 여부 등을 기재하여 점검할 필요가 있다. 그 외에도 호송경비 도중에 발생할 수 있는 교통사고나 호송경비요원의 질병, 부상 등에 대한 대비책이 미리 마련되어 있어야 한다.

2) 호송경로선택

호송활동을 위해서는 먼저 호송경로의 선택이 이루어져야 한다. 경로는 그 코스 출발지, 점포, 종착지, 지정시간 등에 의해 정해지는 것이 일반적이지만 계절, 달, 일, 요일, 시간, 날씨, 주최하는 물건, 교통사고, 도로공사 등에 의하여 큰 영향을 받을 수가 있다. 따라서 하나의 호송에 걸리는 경로는 기본경로와 예비경로로 나누고, 늘 몇 개의 것이 준비되어 있어야 한다.

호송경로를 선택할 때 고려해야 할 사항으로는 ①피해야 할 경로(상습정체도로, 사고 다발도로, 사거리 등 교차로가 많은 도로, 공사구간, 학교주변도로, 화물하역이 많은 도로, 보행자가 많은 도로, 우회전을 많이 하여야 하는 도로), ②도로의 신호기 · 횡단보도 · 육교 등의 설치상태, ③공격받기 쉬운 지형(인적이나 인가가 없는 한적한 도로, 주행 중 시야확보가 어려울 정도로 복잡한 지역 등), ④주변지역의 경찰관서 · 소방서 · 병원 등의 소재 등이다.

호송의 운행을 관리하는 책임자는 각종 정보를 종합적으로 검토하여 당일의 기본경로를 지정함과 동시에 도로교통의 상황 등에 대비해서 경로변경의 지시가 행해질 수 있도록 정보 파악에 노력해야 한다. 그리고 각 코스를 주행 중의 경비원으로부터 도로교통 상황 등의 보고를 적극적으로 맞출 수 있도록 평소부터 지도하는 것이 중요하다.

호송경비계획에는 적어도 경비대상의 물건의 종류, 금액, 중량, 용적, 수납용기의 현황(시정, 봉인의 상황), 경비 방법, 인원, 수송일, 시간(주야별, 지정시간), 호송점포 수, 소재지, 소재현황, 호송경로, 사고발생시의 조치 순서 사항에 대하여 신경을 써야 한다.

2. 호송경비의 실시

1) 호송업무 실무요령과 유의사항

(1) 사전준비로써 점호실시와 운행 전 점검

점호의 실시 책임자는 업무개시 때에 반드시 점호를 행하고, 당일의 근무일정, 근무시간표 등의 전달사항을 전하고, 운전면허증, 신분증명서, 등록인감, 호신용구 등의 휴대를 확인함과 동시에 복장, 건강상태 등에 있어서도 점검한다. 그리고 운행 전 점검을 확실하게 실행시키고, 차량의 정비에 항상 배려할 것이며, 방범장치의 점검을 확실하게 해둘 것이 요구된다. 아울러 예비타이어, 체인, 소화기, 삼각표시판 등 차량용 장비품의 상태를 점검하여야 한다.

(2) 물건을 취급하고 인도할 때에는 특별히 유의하여 취급

물건을 주고받는 때에는, 위탁자 측과 경비원 쌍방이 상대의 신분을 확인하고, 수령한 측이 수령인을 수수부에 압인하는 것으로 행한다. 이와 관련하여 특히 유의해야할 사항은 다음과 같다.

주고받는 장소는 사방이 벽으로 둘러싸인 전용금고실 등이 좋지만, 이러한 시설이 없는 경우에는 시야가 넓은 장소, 현송차가 보이는 장소, 건물 등을 선택할 것, 적재시나 주고받는 것은 신속하게 행하되 그 사이의 경계를 태만하지 않도록 할 것, 수납용기는 시정 또는 봉인이 가능한 트렁크나 큰 우편봉투를 사용하고, 잘못 배달됨이 없도록 지점명을 명기하든지, 색으로 구분할 것, 경비원은 수납용기의 키를 맡기지 말 것, 신분확인은 얼굴사진이 들어있는 소정의 신분증명서에 의해 행할 것, 주고받는 담당자는 서로가 사전에 명부를 교환하며 변경이 있을 때에는 즉시 서로에게 배달해 줄 것, 주고받을 때에 사용한 수령인은 사전에 등록해서 교환해 두고, 변경이 있을 때에는 즉시 서로에게 배달해 줄 것, 수송도착 5분 전에는 의뢰자 측이 대기해 주도록 배려를 받을 것 등이다.

(3) 기지국과의 연락체계

호송차량은 정하여진 포인트마다 기지국에 이상유무의 보고를 하고, 보고가 없는 경우에는 기지국으로부터 확인을 해두는 등 호송차량의 운행상황을 등을 항상 파악하고, 돌발적 사건·사고 등의 발생에 있어 적절한 관리가 행하여지도록 대비태세를 갖추는 것이 필요하다.

보고내용이 대원의 긴급한 환자, 차량고장, 교통사고나 범죄의 발생, 천재지변 등이 있을 때에는 긴급상태라고 생각하고, 소정의 조치요령에 따라 호송차량 등에 있어서는 물론, 기지국에서도 필요한 지시를 호송차량에 전하는 등 적절한 조치를 취하지 않으면 안 된다. 또 보고가 늦거나, 호송시간의 늦음, 코스의 변경 등이 있을 때에는 긴급사태가 발생할 염려가 있기 때문에 기지국에 있어 경계를 강화할 필요가 있다.

(4) 경계방법을 강화

호송경비업무가 개시된 때부터 강도 등의 습격에 대비해서 끊임 없이 경계하지 않으면 안 된다. 경계에 있어서는, 운전자와 상근자가 소정의 작업순서에 따라 경계에 공백부분이 생기지 않도록 할 필요가 있다. 2명의 근무를 예로 들면 경계력을 강화하기 위해 운전자를 포함해서 3명 이상의 근무가 바람직하다.

또한 위험요소의 판단 기준으로 호송차의 정차장소 부근에 정차하고, 엔진을 걸고 떠나려고 하는 차량이 있을 때, 호송차량의 정차장 부근에 다가오는 거동수상한 자가 있을 때, 2~3명의 남자가 승차한 차가 뒤를 쫓아오고 있을 때, 도로에 자전거나 기타의 장애물이 방치되어 있을 때, 측·후방 등으로부터 호송차와 차량이 충돌하는 것과 같은 상황이 있을 때에는 습격 등의 염려가 있기 때문에 경계를 강화함과 동시에 기지국에 통보하고, 기지국의 지시에 따라서 행동할 필요가 있다.

(5) 유도방법이 철저하게 수행

자동차열방식에 의한 유도의 방법으로서는 선도의 형태를 유도하는 경우, 뒤에서 밀어붙이는 형태의 경우, 선도형과 뒤를 미는 형을 병용하는 경우가 있지만, 이것들은 도로의 상황, 교통량에 따라 그 정도의 선택을 하는 것이다.

자동차열방식을 취하는 경우 유의 사항으로는 유도차량과 수송차량의 사이에 차를 끼워주지 않을 것, 우측 및 좌측의 구부러진 경우에는 수송차량의 운전자와 방향전환에 관하여 상의해 둘 것, 앞의 방향 또는 후방의 수상한 차량에 주의하고, 상황에 따라서는 경찰관서에 들려 통보할 것, 특히 장거리 수송의 경우에 휴게소 정차 시 사전에 차 위치를 선정하고, 기지국과 간단한 연락체제를 유지하며, 운전시간은 일반도로에서는 4시간 이상, 고속도로에서는 3시간 이상 계속 운전하는 것을 지양하는 등 안전운전에 특히 유의해야 한다.

2) 호송임무의 수행절차

호송임무의 수행절차는 출발 전, 이동 간, 도착 후 단계로 이어진다. 먼저 출발 전에는 임무수행, 관련 담당자 또는 기관과의 사전협조, 통신망유지, 운전자 교육, 호송책임자 교육점검, 차량연료 및 정비상태, 이동구간 임무확인, 예비도로 선정 등에 대하여 철저한 사전준비가 이루어져야 한다. 호송경비를 도급받은 경비업자가 경찰관서의 협조를 얻고자 할 때에는 출발전일까지 출발지 관할경찰서장에게 호송경비신고서를 제출하여야 한다.

이동 간에는 교통법규를 준수하면서 안전속도 운행, 후미차량 등 안전유무 확인, 통신망 및 안전거리 유지, 교통체증 해소 등에 신경을 써야 한다. 또한 도착 후에는 반드시 이상유무를 확인하고 결과보고를 하여야 한다.

(1) 사전준비

① 호송요원 점검(점호)

호송업무의 책임자는 업무개시 전에 임무를 수행할 호송요원을 대상으로 점호를 실시하여 근무일정, 임무할당, 신분증 · 면허증 · 호신장구 등의 휴대, 건강상태 등을 확인한다.

② 운행 전 차량점검

운행될 차량 상태에 대한 점검, 방범장치의 점검, 차량용구 등에 대한 점검을 실시한다.

③ 예비확보 및 기타 점검

만일의 사태에 대비하여 예비차량과 호송요원을 확보해 둔다. 장거리의 경우 교대운전자도 미리 확보해 둔다. 운송업자와 선적지 · 하역지와의 사전 연락체계를 점검하고, 사고시 정해진 암호 등 연락방법을 확인하여 최종 확인 · 점검한다.

(2) 물품의 인수 · 양도

① 인수 · 양도 절차

물건을 인수 · 양도할 때에는 인계자와 인수자 사이에 신분을 확인하고, 인수자가 수령인을 접수부에 서명하게 한다. 물건의 수량이나 봉인 상태 및 특이사항 등을 체크하여 확인한다.

② 인계 · 양도시 고려사항

물건의 인수장소는 귀중품 · 현금 · 고액의 유가증권 등은 안전이 보장되도록 2중 잠금장치가 설치된 금고실이나 보관실, 일반 물건의 경우 시야가 넓은 장소, 현금수송차량과 가까운 장소, 다른 차량 접근이 제한되는 장소 등이 좋다.

물건의 적재와 하역은 경계가 이루어지는 가운데 신속하게 진행한다. 귀중품이나 현금의 운반용기는 규정되어 있는 경비용 용기를 사용한다. 아울러 호송요원은 관련된 열쇠를 절대 다른 사람에게 맡겨서는 안 되며, 인수담당자는 사전에 물건목록과 명부를 교환하여 검토하여야 한다.

(3) 연락방법

사전에 본부 기지국과 호송요원 간에 연락채널이 마련되어 있어야 하며 경찰관서, 소방서, 병원 등과의 연락방법이 정해져 있어야 한다. 기지국과 호송요원사이에는 일정한 포인트마다 상호 정해진 연락이 취해져야 한다. 기지국에서는 정해진 지점과 시간에 호송요원으로부터 연락이 없을 경우 즉시 확인조치를 해야 하고 이에 대한 대응조치를 강구해 두어야 한다.

■ 경비업법 시행규칙 [별지 제1호서식]

호송경비통지서

<table>
<tr><td colspan="2">접수번호</td><td colspan="2">접수일자</td><td colspan="2">처리기간 즉시</td></tr>
<tr><td rowspan="2">통지인</td><td colspan="3">법인명칭</td><td colspan="2">허가번호</td></tr>
<tr><td colspan="5">소재지</td></tr>
<tr><td rowspan="8">통지
내용</td><td>출발지</td><td colspan="4"></td></tr>
<tr><td>종착지</td><td colspan="4"></td></tr>
<tr><td rowspan="2">중간기착지</td><td colspan="2">도내(지명)</td><td colspan="2">관할경찰서</td></tr>
<tr><td colspan="2">도외(지명)</td><td colspan="2">관할경찰서</td></tr>
<tr><td>도급자(회사명)</td><td colspan="4"></td></tr>
<tr><td>주요호송품명</td><td colspan="4"></td></tr>
<tr><td>경비업무의 기간</td><td colspan="4">. . .부터 . . .까지 (일간)</td></tr>
<tr><td>호송횟수</td><td colspan="4">월 회</td></tr>
<tr><td rowspan="5">경비원
명단</td><td>성 명</td><td>직 책</td><td>성 명</td><td colspan="2">직 책</td></tr>
<tr><td></td><td></td><td></td><td colspan="2"></td></tr>
<tr><td></td><td></td><td></td><td colspan="2"></td></tr>
<tr><td></td><td></td><td></td><td colspan="2"></td></tr>
<tr><td></td><td></td><td></td><td colspan="2"></td></tr>
</table>

「경비업법 시행규칙」 제2조에 따라 위와 같이 통지합니다.

년 월 일

통지인(대표자) (서명 또는 인)

○○ 경찰서장 귀하

첨부서류	없음	수수료 없음

210㎜×297㎜[백상지 80g/㎡(재활용품)]

(4) 경계요령

호송물품 적재지 · 경유지 · 하역지에서 경계할 때 통제지역(허가된 개인차량을 제외한 모든 출입과 행동에 제약을 받는 지역) · 제한지역(통제지역 내에서 보다 안전이 요구되는 장소) · 배제지역(귀중품이나 고가의 화물을 보관하기 위해 이용되는 곳) 등의 보호구역을 설정하여 원칙에 따라 경계를 하여야 한다. 일반사무실, 화물도착터미널 등 제한된 일정 지역내에 위치한 모든 시설들을 통제지역으로 지정할 수 있는데, 통제지역 내에서는 모든 행동이 통제되고 항상 감시되며 제한된 몇 개의 문으로만 출입이 허용된다.

호송경비를 실시하는 중에 위험징후를 항상 파악하여 집중 주시가 요구되는 경우는 호송차량 주위에 시동을 건 채 정차해 있는 차량이나 일정한 목적 없이 배회하는 사람, 몇 명의 사람이 타고 일정한 시간동안 계속해서 따라오는 경우, 호송차량이 주행하는 도로에 장애물이 방치되어 있는 경우, 후방이나 좌우양쪽에서 편대형으로 차량이 따라올 때, 호송차량 주위에서 일정시간 동안 계속 연락을 취하면서 따라오거나 주시할 때 등이다.

또한 호송차량이나 운송차량에는 지정된 사람 외에는 누구도 승차시켜서는 안 되며, 임무수행 중 대기는 차량 내에서 하여야 한다. 경찰관에게 정차명령을 받았을 경우 지시에 따라 정차하고 신분증을 제시하는데, 이때 창문은 완전히 내리지 말고 반내림으로 한다.

(5) 주행방법

① 차량대형

호송차량의 주행방법은 도로의 상황에 따라 선택하는데, 차량의 대형은 호송방식에 따라 차이가 있지만 단독대형과 편대대형으로 나누어 볼 수 있다. 호송방식이 통합방식이나 동승방식, 휴대방식 등을 취할 때 단독대형을 이용하는데, 별도의 호위차량 없이 무장운송차량에 호송요원이 승차하여 단독으로 이동한다. 편대대형은 분리호송방식의 경우처럼 일반운송차량을 경비차량으로 호위하는 방식으로 보통 운송차량을 가운데 두고 선도차, 후미차의 형태를 띠고 이동하는 경우와 운송차량을 앞에다 두고 경비차량이 후미에 따라가는 두 가지 대형이 있다.

② 고려사항

편대 대형시 운송차량과 호위차량 사이에 다른 차량이 끼어드는 것을 방지한다. 그리고 좌우회전시 운송차량과 호위차량 사이에 사전연락이 되어야 하고 장시간 같은 운전자가 운전하지 않도록 한다. 휴게소 등에 정차할 경우 사전에 연락을 취해서 주차위치를 정해둔다.

주행 중 기지국과의 연락을 통해 도로상황 등을 항상 체크하고 특이사항을 보고한다. 주행 중 항상 주위의 미심쩍은 차량에 주시하고 정도가 심한 경우 기지국에 보고하고 적절한 조치를 강구한다.

3) 호송경비활동 중 돌발사태 발생시 조치사항

호송경비 수행 중 발생될 수 있는 차량사고와 피습·탈취사고 등 돌발사태 발생 시 조치요령이 중요하다.

(1) 위해발생(차량사고)시 대응조치

호송 중 사고가 발생할 경우 인명과 신체의 안전이 우선이므로 응급조치를 취하고 신속하게 기지국과 경찰에 알려 구급차를 요청한다. 차량사고 시에는 유무선에 의해 호송책임자 및 통제실에 보고를 하고, 차량의 사주경계를 취하면서 가해자에게 검사증 또는 운전면허증, 연락처 등을 요구하고 만약에 계획적인 사고 시에는 신속하게 현장을 이탈하여야 한다.

그리고 안전사고가 발생 시에는 환자를 긴급히 인근병원으로 호송조치하면서 관할경찰서에 신고를 하여야 하며, 호송책임자는 차량운행 및 보안장비 등의 작동여부를 점검하여야 한다.

아울러 차량의 방범장치를 최대한 활용하고 주위 사람이나 차량의 도움을 요청한다. 이때 주변에 상황을 전파하기 위하여 큰소리나 확성기, 경보장치 등을 이용하고 분사기나 경봉 등은 불가피하다고 판단했을 경우 적절히 사용하여 대응한다.

(2) 피습탈취사고 발생시 대응조치

호송 중에 피습·탈취 사고 시에는 보안장비의 작동을 실시한 후 싸이렌 및 엠프 등을 사용하여 주변에 신속하게 전파조치해야 한다. 현송장비를 사용하여 범법자를 제압하거나 차량의 식별이 가능하도록 확인함과 동시에 주변차량 등에 협조하여 추적하여야 한다. 습격이나 탈취행위가 있을 때에는 범인의 인상착의, 차량번호, 도주방향 등을 명확히 파악하여 이를 즉시 경찰 및 기지국에 신고하고 그 내용을 기록해 둔다.

사고상황에 따라서 감금상태이거나 자신이 신고나 연락을 할 수 없는 경우에는 임기응변을 발휘하여 암호나 다른 표시로 기지국이나 경찰, 주위에 알려 문제가 해결되도록 노력한다. 우발사태에 대비하여 특수 제작된 차량, 무선통신망, 전자충격기, 가스총 등의 호송장비가 항상 갖추어져 있어야 한다.

【우발사태 및 차량사고 발생시 조치사항】

① 우발사태시

구분	내용	행동요령	조치
피습사고	승·합차 피습시 및 기동간 피습시	• 보안장비 작동실시 • 피습위치 및 상황유무선보고 • 차량운행 가능한 인근경찰관서 등 • 안전지역으로 대피조치 • 현송장비 사용 즉각적인 대응 • 비상 사이렌 사용 주변 전파 • 사이렌 및 앰프 사용 주변 전파 • 차량 인근 경찰관서 및 안전지역 대피조치 • 피습위치 유무선보고 • 현송장비 사용 범법자 대응 제압	• 신속한 지휘부 보고 • 주변차량 및 대기조 긴급 출동 지시 • 인근 경찰서 상황 신고 • 인근경찰관서 긴급상황 신고 • 인근 현송차량 및 대기조 차량 긴급출동 • 신속한 지휘보고
탈취사고	차량탈취 및 현금강탈시	• 보안 장비 작동 실시 • 차량 식별 확인(인원, 차량번호, 차종, 색깔) • 긴급 유무선 보고 • 주변 차량 협조 추적 • 현송장비 이용 즉각 저지	• 통제실 협조 긴급차량 출동 • 경찰관서 신고 • 신속한 지휘보고

② 차량사고 시

구분	내용	행동요령	조치
접촉사고	가해자일 경우	• 현송원 차량 사주경계 • 운행여부 판단 지휘 보고(현송책임자) • 피해자에게 정중히 사과 • 피해보상 약속	• 운행 불가능할시 즉각 주변차량 및 대기차량 출동 • 사고처리 담당급파
	피해자일 경우	• 현송원 차량사중경계 • 운행가능여부 판단 지휘 보고(현송책임자) • 가해자에게 검사증, 운전면허증, 연락처 제시요구 • 현금탈취 목적으로 계획적인 사고시 현장이탈 (싸이렌 사용)	
인사사고	사망 시 중상 시 경상 시	- 유무선보고후 현장보존 • 하차 후 사주경계(운전요원 사고조사 협조) - 인근병원긴급호송 • 현송원 중 1명, 병원 상황 유지 • 임무수행(종류 후 사고 수습) - 인근병원 후송 • 현송원 중 1명 병원 상황 유지 • 임무수행(종료 후 사고수습)	• 통제실 즉각조치 • 주변차량 및 대기 차량 출동 • 관할서 사고 신고 • 사고처리 담당급파 • 보험회사 통보
대형사고	전복 시 차량 대파 시	- 보안장비 작동 및 긴급상황 보고 • 경상자 최대한 현장보존 • 중상자 주변차량 도움요청 인근병원 후송 - 유무선 보고 후(보안장비 작동여부) • 전원하차 후 사주경계 • 지원차량 도착 후 사고 수습	• 관할서 사전 신고 • 통제실 즉각조치 • 보험회사 통보 • 대기차량 긴급출동 • 정비공장 견인조치

(3) 호송완료시 경비활동

호송경비업무 수행시 범죄발생 가능성이 농후한 경우가 도착시 대상물건을 내릴 때이다. 이때에도 호송운반의 경우와 마찬가지로 분담된 임무(경계 · 통신 담당)를 부여한 2인 이상이 조(組)로 배치하여 경계임무를 철저히 하여야 한다. 운전요원은 수송차량의 운전 및 도착 후의 검색 및 경계를 철저히 하며, 무선연락, 전표에 의거 물품운반, 운송중이나 도착 후 검색을 실시한다.

경계위치는 30m 이내의 사각지대 확인 및 주변검색 후 주위, 현지와도 협력한다. 금고 개방 전, 물품을 가지고 나올 때 등에도 주변을 재확인하면서 연대할 필요가 있다. 호송요원은 특이한 징후를 발견하고 습격 등 우려가 있다고 판단될 때, 경계를 강화하는 동시에 기지국이나 경찰에 즉시 보고한 후 지시에 따라 행동한다.

제5절 우리나라의 현금수송과 항공수송

1. 현금수송

우리나라 금융기관 발생 범죄는 피해액에 대하여는 보험에 가입되어 있으므로 금전적인 피해는 미미하다. 금융기관을 상대로 하는 범죄의 유형은 다음과 같다. 영업시간 중에 점포 내에 침입 현금 등의 강(절)취, 점포주변에 대기하고 있다가 출입고객의 현금 등의 강(절)취, 운송 중에 있는 현금을 강(절)취, 야간·공휴일에 점포에 침입 금고 등의 현금 또는 유가증권의 강(절)취 등이 나타나고 있다.

금융기관의 범죄발생에 대한 문제점으로는 현금취급에 대한 전문성 결여, 현금 수송장비의 취약, 조석(오전과 오후 중심)으로 휴대현금 수송으로 인한 취약, 외부인력 사용에 따른 노출 과다, 금융기관 종사원의 위기의식이 미흡, 청원경찰 업무의 겸무업무와 방범예방능력 부족 등을 들 수 있다.

2. 현금수송사고의 방지대책

1) 상호 유기적 수단 결합에 의한 방범대책

(1) 주기적인 현송의 통지

자금을 현송하거나 자금현송을 의뢰하는 때에는 그 금액 방법, 발착의 시각, 현송직원의 명부 등을 상대점 책임자에게 전화 또는 전신으로 통지하여야 한다. 현송금을 교부 또는 수행할 때에는 전항에 준하여 그 뜻을 통지하여야 한다.

(2) 자금을 현송할 때 주의사항

① 현송은 치밀, 주도면밀한 계획에 안전, 유리한 방법으로 행한다.

② 현송원은 절대로 현금의 곁을 떠나서는 아니 된다. 현송금의 포장이 안전한가를 확인한다.

③ 현송에 필요한 인원은 현송량과 현송거리에 따라 사전검토 책정하되, 반드시 책임자를 포함한 2명 이상의 직원이 청원경찰을 대동하여 행하여야 한다.

④ 가급적 자체 차량을 이용토록 하고 부득이 외부차량을 이용할 때에는 운전자 성명과 차량번호를 확인하여 기록하여 둔다.

⑤ 현송금은 반드시 상대점 책임자와 현송책임자 간에 수도하여야 한다.

⑥ 현송은 반드시 일몰전에 완료하여야 한다.

⑦ 상대점에 사전예약을 취할 것이며 현송 중 사고가 발생하였거나 기타 예정시간 보다 지체되었을 경우에는 신속한 방법으로 직접 자점 또는 인근점포를 통하여 즉시 연락하여야 한다.

⑧ 현금의 송부영수서는 서류로 행하는 즉시 전신 또는 전화로 쌍방책임자 간에 연락이 있어야 한다.

⑨ 현송을 운송업자에게 위탁하여야 할 때는 반드시 보험에 가입하여야 한다.

⑩ 현송은 부정기적인 시간에 행하여야 한다.

2) 방범대책에 대한 효과 분석

일반적으로 범행 방해요소에 대한 절도범들의 인식은 침입경보 장치가 가장 부담스러운 방해요소로 보고 있으며, 그 중에서 경보기가 경찰서와 연결되어 있을 때 특히 방해요소가 크다. 또한 창문에 설치된 전자 감지기, 점포내에 설치된 폐쇄회로, 방범카메라에 대하여는 보통 이상의 부담을 느끼고 있으며, 민간경비 및 경찰관의 순찰에 대하여는 큰 부담을 느끼지 않는 것으로 파악되고 있다.

3) 호송경비 전문기업의 육성 방안

① 최초 출자은행 외에 누락된 금융기관의 영업규모(영업점수)를 감안하고 중앙은행이 비중을 높여 자본금을 증액한다.

② 중앙은행 및 조폐공사 현금수송, 입출고 및 금고작업에 부분 참여, 보안유지와 수수료 수혜의 상호이해를 도모한다.
③ 중앙은행 외곽지역 및 금융기관 시설경비, 장표 결재어음 수집 배포 등의 업무를 수행, 업무영역을 확대한다.

4) 방범 및 호송경비시설의 보완

방범시설은 단순 설치로 양적 증설에 치중하고 있으나 시스템적인 운영에 더욱 보완한다. 또한 CCTV는 움직이는 피사체를 감지, 사람의 얼굴을 명확히 컴퓨터(비디오)에 입력하되, 영업장 출입자, 거래자, 차고의 차량 및 출입자를 입력 검색 관리한다. 또한 창구거래자는 인간의 육안 감식 체제에서 지문감식기에 의한 검색으로 위험 부담을 감소시킨다.

끝으로 현재 사용 중인 방범기자재는 국산 개발이 미흡하므로 금융기관 및 유관기관(아파트 경비회사 등)과 공동개발하고, 적정한 수요를 산출하여 지속적으로 국산개발을 지원한다.

5) 방범 시스템 기자재 도입 및 개발

① 수용자 종합정보(변동자료, 현송업무 현황 신속정확 파악, 문의사항 응답) 영업정보의 체계적 관리
② 차량배치, 위치, 통제 및 운행경로 음성데이터에 의한 관리
③ 비상시 사고 발생지역, 차량급파 경로, 위급 시 도주로 및 각종 재해(피해) 예상지역 분석
④ 도로망 수치지도의 데이터베이스 처리, 도로 변경지역 수정 및 차량위치 정보 관계(변경) 처리

3. 항공수송

1) 항공안전의 실태

(1) 항공보안 관련 법률 및 조직

항공보안업무에 사용되었던 법률은 「항공보안법」 제21조(무기 등 위해물품 휴대 금지), 국가정보원 대통령훈령 제47호(국가대테러활동지침)에 의거하여 업무를 수행하였으며, 9.11테러이후 경호경비의 열악한 환경과 상기와 같은 문제점을 개선하기 위하여 건설교통부에 항공안전 · 기술 등에 관한 업무를 전담하는 항공안전본부를 신설하였으며, 그 중 항공보안과를 신설(2002.8.12)하여 항공보안업무를 전담하였다.

또한 항공기에 대한 범죄 특히 운항 중 납치사건이 빈번하게 발생됨을 감안한 국제적 노력의 결과 각국은 국제협약을 받아들여 「항공기운항안전법」을 제정하여 항공기의 안전운항기준과 대형화하는 항공기의 발달에 따른 범죄양태 구성요건과 형량을 규정하였다. 현행제도의 운영과정에서 나타난 일부 미비점을 개선 · 보완하여 「항공보안법」으로 변경하였다.

아울러 범죄인 호송업무 등 특정한 직무를 수행하는 경우 항공기 내 무기를 휴대할 수 있도록 하고, 화물터미널운영자에게 화물터미널 출입자에 대한 보안검색 권한을 부여하여 보호구역에서의 보안검색 책임을 명확히 하며, 국제민간항공기구 항공보안평가(ICAO USAP)에 대비하기 위하여 국가항공보안계획 수립의 법적 근거를 마련하고, 그 밖에 현행 제도의 운영상 나타난 일부 미비점을 개선 · 보완하기 위한 개정이 단행되었다.

① 국가항공보안계획의 수립

국토교통부장관이 '국가항공보안계획'의 계획을 수립하고 그 계획에 따라 공항운영자 등이 자체 보안계획을 수립하도록 하였다(「항공보안법」 제10조). 이는 국제민간항공협약의 국제기준에 부합된 법체계를 마련하여 항공운송사업의 국제경쟁력 확보에 기여할 것으로 기대된다.

② 항공기 내 액체, 겔(gel)류 등 반입 통제

항공기 내 액체류 등에 대한 반입을 규제하는 국제민간항공기구의 권고에 따라 국토교통부장관이 정하여 고시하는 항공기내 반입금지 물질의 항공기 내에 반입을 통제하도록 하였다.

③ 화물터미널 보안검색 책임주체 명확화

화물터미널 내 지정된 보호구역의 보안검색 권한을 화물터미널운영자에게 부여하여 보안관리 책임주체를 명확히 하였다. 화물터미널에서의 보안검색 책임주체를 명확히 함으로써 책임 있는 업무 수행이 이루어질 것이다.

④ 화물보안검색 절차 간소화를 위한 상용화주 제도

국토교통부장관이 항공화물 등에 대해 보안검색을 실시할 수 있도록 지정한 상용화주(常用貨主)가 보안검색을 실시한 항공화물 및 우편물에 대하여는 항공사의 보안검색을 면제할 수 있도록 하였다. 이로 인해 화물보안검색 절차가 간소해져 효율적인 검색 업무는 물론 원활한 항공화물 운송이 이루어질 것이다.

⑤ 특정직무 수행 시 항공기 내 무기반입 허용

경호업무, 범죄인 호송업무 등 특정한 직무를 수행하는 경우 더욱 효율적인 직무 수행을 위해 항공기 내에 무기를 반입할 수 있도록 하였다.

⑥ 항공보안검색 방해시 5년 이하의 징역 또는 5천만 원 이하 벌금

항공보안검색요원의 업무를 방해하는 사람에 대하여 5년 이하의 징역 또는 5천만 원 이하의 벌금에 처하도록 하였다. 이는 검색업무 방해행위를 금지하고, 위반자를 처벌하기 위한 것이다.

⑦ 휴대 또는 탑재가 금지된 물건을 항공기에 휴대 또는 탑재하거나 다른 사람으로 하여금 휴대 또는 탑재하게 한 사람은 2년 이상 5년 이하의 징역 또는 2천만 원 이상 5천만 원 이하의 벌금에 처한다.

(2) 보안검색

항공보안검색은 승객과 항공기의 안전 및 보안을 위하여 항공기에 탑승하는 모든 승객과 물품에 대하여 불법방해 행위에 사용될 수 있는 무기, 폭발물 등 위해물품, 반입금지물품 등의 기내 반입을 방지하기 위하여 물건들을 탐지하기 위한 제도이다. 이는 크게 두 가지로 나뉘는데 승객 및 휴대물품의 보안 검색과 위탁수하물의 보안검색이 그것이다.

① 승객 및 휴대물품의 보안검색

항공기 탑승 전 모든 승객 및 휴대물품에 대하여 금속탐지기, 휴대용 탐지기 또는 엑스선 검색장비를 사용하여 보안검색을 실시한다. 최근 들어 미국, 영국, 프랑스 등 여러 나라에서는 전신스캐너를 설치하여 운영하고 있다.

② 위탁수하물의 보안검색

공항운영자는 위탁수하물에 대하여 항공기 탑재 전에 엑스선 검색장비를 사용하여 보안검색을 하여야 한다.

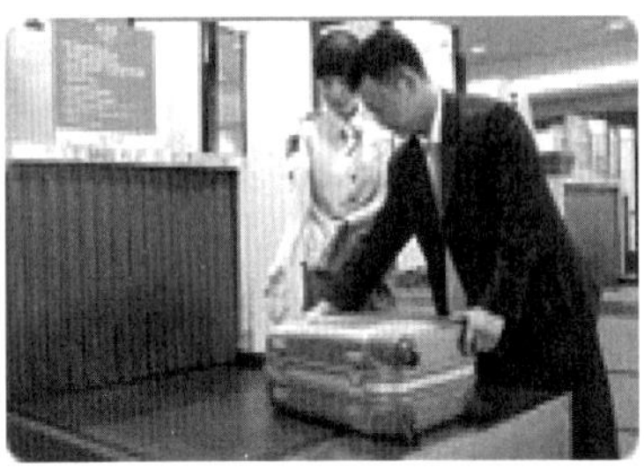

- 탑승수속 및 세관신고를 완료한 후 가까운 출국장으로 이동하여 보안검색을 받아야 한다.
- 인천국제공항에는 4개소의(1번, 2번, 3번, 4번) 출국장이 있으며, 해당 출국장이 혼잡할 경우 인근의 출국장을 이용할 수 있다.
- 공항 이용객 및 항공기의 안전을 위해 보안검색을 실시하오니 보안검색 업무에 적극 협조하여 주어야 한다.
- 환송객은 항공기의 안전 운항을 위해 보안검색대 지역으로 입장할 수 없으니 출국장 지역에서 환송을 마쳐야 한다.

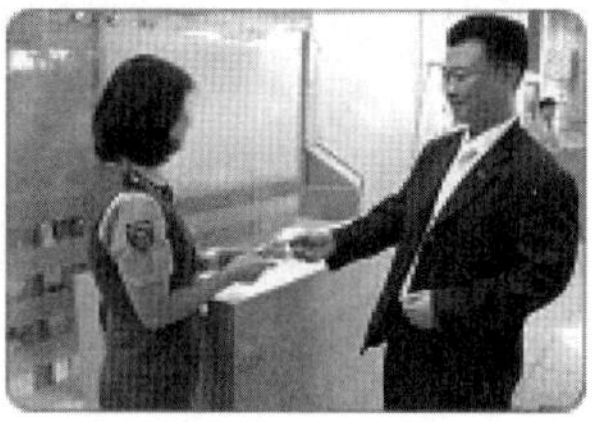

여권, 탑승권, 출국신고서를
검색요원에게 보여준다.

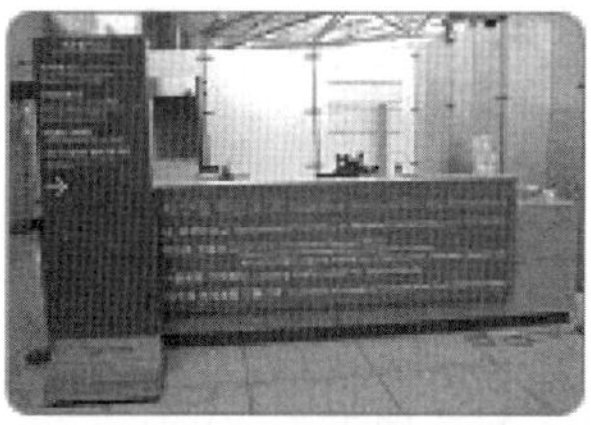

신고대상 물품이 있으면
세관에 미리 신고한다.

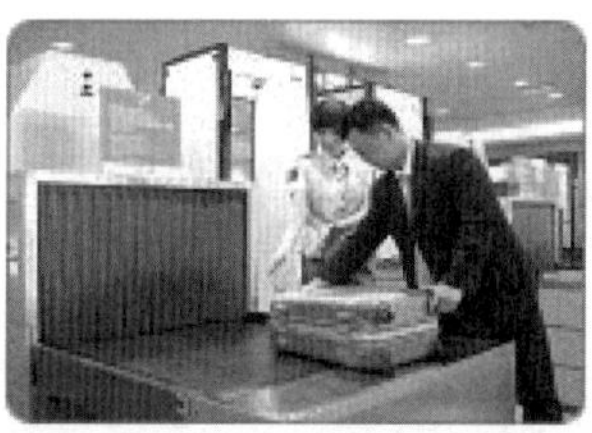

휴대물품(가방, 핸드백, 코트)을
검색대의 컨베이어에 올려놓는다.

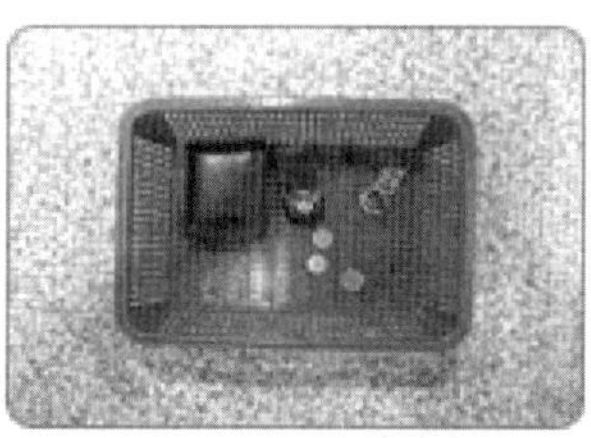

소지품(휴대폰, 동전, 열쇠)은
바구니에 넣는다.

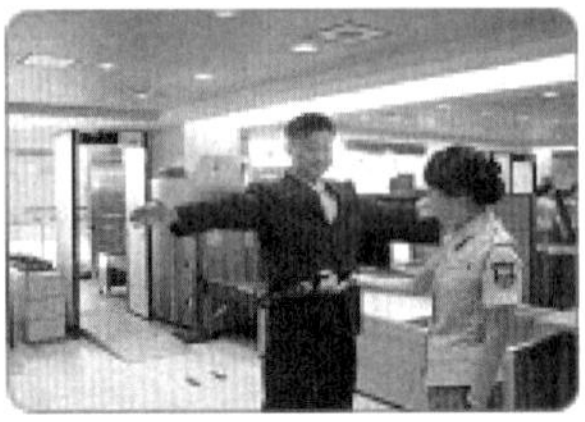

문형탐지기를 통과하고
검색요원이 검색한다.

(3) 항공기 보안

항공사에서는 항공기내 보안강화를 위하여 대한항공은 전기충격기, 아시아나항공은 가스총을 탑재하여 운항하고 있고, 조종실 출입통제를 강화하기 위하여 조종실 출입문 시건장치 장착을 완료하였으며, 국제민간항공기구의 권고에 따라 2003년 10월까지는 조종실 출입문을 방탄문으로 교체 완료하였다. 그러나 무기탑재를 인정하지 않는 국가를 운항할 경우 탑재하지 않고 있다.

(4) 항공보안 안전장비

9.11사태이후 항공기 안전운항 및 이용객의 안전을 위하여 국내 모든 공항이 노후되고, 성능이 떨어지는 보안검색장비를 현대화하기 위해 보안검색장비, 폭발물 처리장비, 화생방장비, 기타 감시장비 등에 예산을 투입하여 교체를 완료한 것으로 확인된다. 보안검색도 탑승객은 금속탐지기로 검색하여 경보음이 울리지 않을 때까지 검색을 실시하고, 수하물에 대해서도 100% X-ray 검색을 실시토록 명문화하였다.

2) 항공안전의 대책

(1) 보안검색장비 도입과 정부의 적극적인 지원 필요

우리나라의 보안검색 수준은 오랜 기간의 남북한 간의 적대적인 긴장 상태유지와 그간 몇 차례 직접적인 항공테러의 피해로 인해 그 강도와 수준이 높은 것으로 평가받고 있다. 그러나 고도로 지능화되어 가는 항공테러 양상에 대처하기에는 일부 미흡한 점이 있다.

특히 X-ray를 포함한 기본적인 검색장비는 최신형이 도입 운영되고 있으나, 장난전화를 포함한 폭발물 탑재신고 등 긴급한 상황 발생 시 승객의 불편을 최소화하고 신속 정확하게 재검색을 실시하는데 필요한 차량형 이동용 X-ray가 절대적으로 부족하다. 이와 관련된 폭발물탐지기(ETD)도 미국 등 선진국의 보유수준에 비해 부족한 실정이다.

최근 여객기에 대한 테러가 어려워짐에 따라 보안검색이 여객기보다 다소 허술한 화물기에 대한 테러의 위협이 증대되고 있으며, 인천공항은 동북아 물류 중심공항으로서의 성장을 목표로 하고 있고, 점점 증가하고 있는 화물 물동량을 위해서도 초대형 화물검색이나 컨테이너검색에 사용되는 초대형 X-ray장비의 도입이 절실한 실정이다.

또한 일부 선진 국가들만이 장비생산을 독점하고 있는 시장상황에서 장비당 수억 원의 막대한 비용이 소용되는 보안검색장비 구입에 있어서도 정부의 지원과 관심이 요구되는 상황이다.

지능화되어 가는 항공테러 양상에 맞게 이제는 예방차원의 항공보안 활동으로 사고의 전환이 필요한 시기이다. 보안검색장비 분야에 있어서도 지속적인 개발 노력과 더불어 첨단화된 특수 검색장비를 지속적으로 도입, 운영하는 시스템을 구축하는 것이 필요하다. 전문화된 항공보안 인력과 결합된 이런 첨단 특수시스템은 어떠한 상황속에서도 신속한 대처를 가능하게 할 것이며 항공보안 선진국으로 진입하는 중요한 잣대가 될 수 있을 것이다.

이를 위해서 차량형 이동용 X-ray와 폭발물 탐지기 등 신속한 상황대처를 가능하게 하는 장비를 조속히 추가 도입하여야 하며, 동북아 물류중심국가 육성을 위해서도 대형 컨테이너를 통째로 신속하게 검색할 수 있는 초대형 X-ray장비도 시급히 도입, 운영하여야 할 것이다.

또한 정부에서도 수익자부담이라는 단순한 경제논리에서 벗어나 국민의 재산과 생명을 보호한다는 국가의 기본임무수행과 아울러 국제표준을 충족하는 성숙한 국제사회의 일원으로서 제 역할을 다하기 위하여 노력해야 하며 이와 관련하여 장비구입 등 항공보안과 관련된 비용 등에 적극적인 지원책 마련이 필요하다.

(2) 보안검색 방법개선

비금속 위해물품을 식별하기 위해서 가장 먼저 할 수 있는 것은 촉수 검색의 비율을 높이는 것이다. 문형금속탐지기를 통과한 승객 중 일부에 대하여 촉수검색을 실시하는 것으로 휴대용 금속탐지기를 검색대 위에 두고, 검색을 실시하여야 한다.

이 경우 승객들의 불만이 커질 수 있으므로 보안검색 전에 촉수검색을 실시하고 있다는 안내문을 보안검색 전에 승객이 볼 수 있도록 안내문을 설치하는 것도 승객의 불만 표출을 줄일 수 있는 방법이 될 것이며, 촉수검사의 비율이 높을수록 위해물품을 휴대하고 검색대를 통과하는 사례는 줄어들 것으로 예상된다.

(3) 항공기내의 안전대책

항공테러를 방지하기 위해서는 무엇보다 항공기 탑승 이전의 단계에서 철저한 검색 등으로 완벽한 조치가 이루어져야 한다. 또한 비상시를 대비하여 객실 남자 승무원의 탑승비율을 연차적으로 확대하는 방안도 고려할 수 있을 것이다. 객실승무원에 대한 보안교육 및 훈련강화를 위해서 기내 테러에 대한 가상 시나리오에 따른 모의훈련을 추가로 실시하고 기내 보안장비(방폭담요 등)와 무기 사용법에 관한 훈련을 강화해야 한다.

비상시 적용하기 위한 가상 시나리오는 매우 상세하고 구체적이어야 한다. 책임체계와 보고체계가 명확해야 하며 관련자들이 평소에 완전 숙지할 수 있을 정도의 모의훈련이 되어야 한다. 만일 범인이 조종실 안으로 들어간다면 그 때부터는 아무런 대책이 없다고 할 수 있으므로 조종실 출입절차에 대해서는 보다 명확한 지침을 항공사에서 정하고 있어야 한다.

제5장 신변보호실무

제1절 신변보호의 개념
제2절 신변보호업무의 원리와 기본요소
제3절 신변보호조직의 편성
제4절 상황별 신변보호업무 요령

제5장 신변보호실무

제1절 신변보호의 개념

1. 경호의 개념

1) 신변보호의 정의

(1)「대통령 등의 경호에 관한 법률」(제2조)

경호 대상자의 생명과 재산을 보호하기 위하여 신체에 가하여지는 위해(危害)를 방지하거나 제거하고, 특정 지역을 경계 · 순찰 및 방비하는 등의 모든 안전 활동을 말한다.

(2)「경비업법」(제2조)

사람의 생명이나 신체에 대한 위해의 발생을 방지하고 그 신변을 보호하는 업무를 말한다. 신변을 보호한다는 점도 중요하겠으나, 의뢰인인 고객을 중심으로 생명과 신체에 대한 위해를 사전에 예방하는 측면의 활동이 강조된다.

2) 경호업무의 목표

경호업무의 주된 목표는 암살, 납치, 혼란, 신체적 상해로부터 경호대상자를 보호하는 것에 있다. 동시에 주도면밀하고 실제적인 범행의 성공기회를 최소화하고 자연적·물리적인 위협요소에 대비하여 경호대상자의 신변을 완벽하게 보호하는 것이다.

3) 경호작용의 주요 기능

(1) 침투, 강습에 대비한 호위 및 경비

경호대상자 즉 피경호인의 기동 간 혹은 도보이동 간 등 동선 상에서 발생될 수 있는 각종 인적, 물적, 지리적 취약요소로부터 발생될 수 있는 위해를 제거하거나 진압하는 호위의 기능과 각종 행사장 및 유숙지[1]에서 위해분자의 위장 침투와 은밀 침투 등의 침투행위의 방지와 각종 강습을 방지하는 경비작전을 포함한다.

(2) 각종 물리적 위해 및 사건, 사고로부터 보호

고의 방화나 과실로 인한 화재발생 시 혹은 자연발생적이거나 인위적인 각종 재난이나 교통사고 및 건물이나 구조물의 붕괴시 그리고 피경호인의 병리적인 현상에 의한 쇼크발생시 구조(Rescue) 및 구급(First Aid)업무를 경호업무의 영역으로 볼 수 있다.

4) 신변보호의 중요성

(1) 경호서비스 제공 전 미국대통령 암살 통계분석

미국대통령에 대한 국가에 의한 경호서비스 제공이 여러 가지 이유로 미 의회의 반대에 부딪혀 1901년까지 제공되지 못하였음을 고려하였을 때, 1776년 독립이후 미국대통령의 암살기도는 4건이 있었던 바 그 중 잭슨(Jackson) 대통령 1명만이 스스로 몸을 숨겨 목숨을 구했으며 링컨(Abraham Lincoln) 대통령을 위시한 3명은 사망하여 75%의 암살 성공률을 보였다.

(2) 경호서비스 제공 후 미국대통령 암살 통계분석

미국의 현대(1901~1990) 대통령 암살사례 분석시 총 5건의 암살기도가 있었으나 4건은 경호원들의 활약으로 대통령을 구해냈으며 케네디(John F. Kennedy) 만이 암살범 오스왈드(Oswald)의 총탄에 서거했다. 결론적으로 경호서비스 제공 전·후의 통계를 분석하면 국가중요인사의 경호를 하는 것과 하지 않는 것에 극명한 차이가 있음을 알 수 있다.

---

1) 유숙지(留宿地)는 행사에 참석하는 사람들이 머무는 곳을 말한다. 일반적으로 행사장과 가까운 곳에 위치하며, 행사 참가자들을 위한 숙박, 식사, 편의시설 등을 제공한다.

5) 경호의 구분

(1) 경호 주체에 의한 분류

① 공경호(公警護)

경호의 객체인 피경호인의 신분과 무관하며 경호를 시행하는 주체 즉, 경호원의 신분이 국가공무원인 경우를 공경호라 한다. 예를 들어, 대통령의 아들은 민간인 신분이지만 「대통령 등의 경호에 관한 법률」에 의거 대통령 경호공무원에 의해 경호되므로 당연히 공경호를 제공받게 되는 것이다.

② 민간경호 · 사경호(私警護)

경호의 객체인 피경호인의 신분과 무관하며 경호원의 신분이 민간인인 경우 이를 민간경호 · 사경호라 한다.

(2) 경호작전체계에 의한 분류

① 예방경호(Protective Resarch)

예방경호(Protective Resarch)라 함은 피경호인의 신상자료의 확보와 피경호인을 중심으로 한 경호환경의 분석 등과 관련하여 경호정보(Intelligence)를 수집하고 피경호인 주변의 인적, 물적, 지리적 취약요소에 대한 보안업무를 수행하며 위해평가를 통하여 위해수준을 계량화 하는 등의 수집, 분석 및 안전대책업무를 예방경호라 말한다.

② 근접경호(Protection)

근접경호(Protection)라 함은 경호의 정의에서 보듯이 신체근접에서 발생되는 위해를 제거하거나 방지하는 호위의 개념과 주거지 혹은 행사장 지역을 순찰, 방비, 경계하는 경비의 제 작전 개념을 총칭한다.

이와 같은 근접경호 활동은 피경호인이 체류할 숙소 혹은 행사장의 인적, 물적, 지리적 취약요소를 경호원이 사전에 답사 또는 경호원의 배치를 통하여 효율적인 위해방지를 위한 제반 활동을 선발경호(Advanced Security)라 한다. 피경호인의 이동간 혹은 행사장 등에서 신체근접에서 발생될 수 있는 각종 위해를 방지, 진압하려는 경호작전요소를 수행경호(Detail Protection)라 한다.

(3) 경호작전지역(장소)에 의한 분류

① 행사장 경호

옥내행사란 회의장, 각종집회, 공연장, 세미나, 오ㆍ만찬 등 실내에서 이루어지는 모든 행사를 말한다. 옥외행사와 대비되는 의미로는 대규모 각종집회, 스포츠행위 및 관람 등의 행사유형이 있다. 이와 같이 옥내ㆍ외 행사를 구분하는 것은 지리적 인 취약요소가 달라짐에 따라 제반 작전요소의 변화가 있기 때문이다.

② 숙소경호

숙소의 유형에는 여행 혹은 출장 등으로 일시적으로 이용하게 되는 일시적 숙소(Temporary Residence)와 일정 기간동안 고정적·정기적으로 비교적 장시간에 걸쳐 유숙하는 영구적 숙소(Permanent Residence)가 있다. 해당 숙소에 따라 경호작전 요소에 차이가 발생한다.

③ 연도경호

연도경호라 함은 보도이동 혹은 차량 이동시 도로의 각종 취약요소에 대비하는 경호형태를 말한다. 이는 경호대상자가 이동하는 기동로에 대한 안전조치나 도로상에서 일시적인 행사가 진행될 때의 경호활동을 말한다(최선우, 2021).

대상자의 신변 안전을 위협하는 다양한 위험 요소로부터 대상자를 보호하기 위해 수행된다. 따라서 연도경호를 수행하는 경호원은 대상자의 신변에 대한 지식과 이해가 풍부하고, 다양한 위험 요소를 식별하고 대응할 수 있는 능력을 갖추어야 한다.

6) 경호 실무에서 인적 구성요소

(1) 경호원(Security Agents)

상업 혹은 비상업적인 목적에 따라 피경호인(Protectee or Client)의 생명과 재산을 노리는 테러리즘 및 각종의 범죄로부터 물리적인 보호를 목표로 하는 전문 인력으로서 경호작전의 주체이다.

(2) 피경호인(Protectee) · 의뢰인(Client)

경호행위에서 목적 대상인 피경호인은 국가, 단체, 기업 혹은 개인이 필요에 의하여 국가기관 혹은 민간 경호업체 등에 신변보호를 요청하거나 요청된 자를 의미한다. 경호의 전술적 의미로는 경호원에 대비하여 피경호인으로, 또는 상업적 의미로서는 의뢰인(Client)이라 지칭한다.

(3) 피경호인(Protectee)의 구분

① 영구적 피경호인(Permanent Protectee)

최소한 1년 단위 이상의 경호작전이 요구되어 행정적으로 조직의 편제가 요구되는 피경호인을 말한다.

② 단기간 피경호인(Temporary Protectee)

수 개월 혹은 수일 이하의 단기의 경호작전이 요구되어 일시적인 특수임무 팀으로 임무가 가능한 피경호인을 말한다.

2. 경호위해(Threat)

1) 위해의 종류(Type of Threat)

(1) 처형

인신을 납치하여 구금한 후 대상자를 죽이는 행위를 살해라고 하며 사망자에게 죽임의 순간을 공표하여 극심한 공포를 느끼도록 하는 가장 잔인한 살인 행위이다. 조직폭력단체나 테러조직에서 보복이나 살인청부 등에 의해서 자행된다.

(2) 암살

음모 또는 치밀한 계획 하에 대상자를 살인하는 행위로서 사망자가 살인의 순간을 인지 못하는 경우 암살이라고 한다.

(3) 유괴

사람을 꾀어서 인질화 하는 것을 의미한다. 일반적으로 사리분별력이 부족한 미성년자를 대상으로 하나 고도화된 음모에 의하여 기업인 혹은 부녀자 등에 대해서도 자행된다.

(4) 납치

한 개인의 자유를 빼앗아 강제로 다른 장소로 데리고 가는 것을 의미한다. 강제로 끌고 가 인질화 하는 것으로 무장 세력이나 다수에 의해서 이루어지는 것이 일반적이다.

(5) 폭행 및 특수 폭력

언어폭력, 협박, 독극물 투척 등이 포함되며 시설점거, 방화 및 파괴 등이 이에 해당된다.

2) 위해분자(Intruder)의 유형

위해분자의 유형으로는 정신질환자를 포함하는 괴짜(Crank), 테러리스트(Terrorists), 반대단체(Hate groups), 극단주의자(Extremists), 극렬노동자(Violent-employees), 해고근로자(Displaced), 각종의 상습 범죄자(Criminals), 사교집단, 광신도(Cults), 조직폭력배(Members of gang), 연속살인범(Serial killer), 불평불만자(Disaffected person) 등이 있다.

3) 위해(암살)의 동기

(1) 혁명적 동기

정권의 교체 혹은 정부의 재구성을 위한 강제적 수단으로서 개인 또는 집단이 정부의 수반을 제거하기 위한 목적으로 실행된다. 선택되는 위해대상은 정부 수반급 이상의 정치인, 통수권자 등이다. 위해형태는 암살과 납치 등이 있으며 사례로는 10.26 박정희 대통령 암살사건이 있다.

(2) 적성국의 적대적 동기

전쟁 중이거나 적대관계의 지도자를 위해하여 전승으로 이끌거나, 사회 혼란을 조성하는 등의 전략적 판단 하에 요인 테러를 감행하는 것이다. 위해대상은 정부 수반급 이상의 정치인 및 전력 군 지휘관, 위해형태는 암살 및 납치가 있다. 사례로는 박정희 대통령 암살미수 및 아웅산 묘소 폭파사건 등이 있다.

(3) 경제적 동기

테러조직, 범죄단체, 개인 등의 경제적 어려움의 타개 혹은 경제적 피해에 대한 보복 등의 보상심리 및 공포의 조성을 위한 위해 동기가 해당된다. 위해대상은 정치인, 경제인, 연예인 등을 포함하는 불특정 다수이며, 위해형태는 암살, 납치, 유괴, 폭행 등으로 나타난다.

(4) 정치적, 이념적 동기

위해의 대상자가 어떠한 조직이나 개인의 중요한 사상이나 정치적 이념에 방해를 하고 있다고 확신하거나 정치적 결과나 행위에 대한 보복적 측면에서의 위해이다. 위해대상은 정치인, 교수, 언론인 등의 지식인 등이 해당되며, 위해형태는 암살, 납치, 폭행이 있다. 사례로는 링컨, 매킨리 대통령, 김구 선생, 김영삼 전 대통령 계란 투척사건 등이 있다.

(5) 심리적 동기

정신착란, 광신, 정서불안 등의 정신 병력과 사랑, 증오, 존경 등의 급격하고 복잡한 심리적 요인에 의한 위해로서 사회적·정치적 관계에 의하여 대상자를 선정한다. 위해대상은 정치인, 연예인 등이 해당되고, 위해형태는 암살, 납치, 기타 폭행 등이다. 해당 사례로는 James A. Garfield 대통령 암살 레이건 대통령 암살미수, 연예인 스토킹 등이 있다.

(6) 개인적 동기

지극히 개인적인 원한관계, 복수, 질투, 증오, 분노 등의 동기에 의한 위해이다. 위해형태는 불특정 다수, 위해형태는 암살, 살인, 납치, 폭행 등이 나타난다. 사례로는 가필드 대통령 암살 및 일반 살인 사건 등이 있다.

4) 위협(위해)평가(Threat Assessment)

(1) 위협평가의 중요성

피경호인에 대한 위해 가능성이 있는 위해분자와 위해분자의 능력이 평가된 위해유형을 도출하여 합리적인 대책의 수립을 용이하게 한다는 측면에서 위해평가의 중요성이 강조된다.

과학적이며 객관적인 위해평가는 피경호인 및 행사성격에 맞는 합리적인 경호의 수준을 결정토록 한다. 이는 시간과 예산을 절약하게 하고, 경호수준에 맞는 합리적인 경호작전요소를 결정하도록 하는 중요한 예방경호 요소이다.

(2) 위해평가의 절차

피경호인을 중심으로 한 프로파일링(Profiling)기법에 의하여 피경호인의 신상정보 및 주변인물과 인과관계 등 협의 정보를 획득한다. 거주지 혹은 행사지에 대한 지역정보를 포함하는 치안정보 등 광역(일반)정보를 수집하고 위해등급을 계량화하는 단계를 거쳐 이에 대응할 수 있는 안전대책을 강구한다.

참고 □ 위해수단

Short Rang Arms 단거리 위해수단

▷ 일반적으로 권총 유효사거리 50미터를 기준

▷ 권총, 엽총, 도검, 망치 도끼 등의 공구류, 폭발물(투척 매설, 배송) 독침, 독극물, 석궁 등

Long Rang Arms 장거리 위해수단

▷ 100미터 이상에서 위해 가능한 수단

▷ 저격용 소총, 유대용 미사일 및 로켓포, 원격 조종의 폭파, 원격조종의 비행물체 등

□ 위해수준의 평가의 계량화 표본

▷ Level1 : Critical (대단히 심각한)

▷ Level2 : High Threaten (심각한)

▷ Level3 : Medium Threaten (비교적 중대한)

▷ Level4 : Low Threaten (비교적 낮은)

▷ Level5 : No Threaten (위해가 없는)

제2절 신변보호업무의 원리와 기본요소

1. 경호의 중요이론

1) 삼중(三重)경호원리

삼중(三重)경호원리는 영국의 경호교리에서 시작되었다. 피경호인을 중심으로 거리개념에 따라 작전구역이 "근접경호구역", "중간경호구역", "외곽경호구역"으로 설정된다. 설정된 각 작전구역은 해당부서의 책임 하에 필요한 작전요소들이 투입되며 상호 지휘통제 없이 협조 하에 경호 임무를 수행한다. 이와 같은 의미에서 영국의 삼중경호원리는 철저한 경호를 위한 개념보다는 관할권을 존중하는 개념으로 볼 수 있다.

현대 경호의 측면에서 삼중경호원리를 살펴보면, Inner Ring은 인체방벽에 의한 최근접 경호구역으로, Middle Ring은 일반적으로 경호작전 통제구역으로 Police Line 등이 설치될 수 있는 행사장 내곽(內廓)을 의미하며 Outer Ring은 행사관련 직접 통제하지 않는 지역으로 치안강화 및 정보활동 구역을 설정하는 것을 말한다. 행사지역을 대략 삼중으로 작전구역을 설정하고 각 구역에 소재한 취약요소를 체계적으로 관리하는

완벽하고 과학적인 경호기법을 의미한다. 이와 같은 삼중경비의 경호기법은 작전의 효율성이 높아 일반 중요행사에도 삼중경호원리가 적용될 수 있다.

2) 경호 낭(囊) 이론

절대 안전구역을 의미하는 말로서 미국 경호실(The Secret Service)의 철학적 개념으로 발전된 "경호 낭(Theory of Protective Envelope)" 이론은 경호원들이 피경호인을 안전하게 둘러싸서 일정한 안전지대를 형성하여 경호하는 이론이다. 피경호인, 장소 및 경호환경에 따라 Envelope의 크기와 형태가 달라진다.

2. 근접경호작용의 원칙

1) 과학적인 두뇌작용의 원칙

테러리즘은 9.11사건에서 보듯이 상상력의 싸움이라고 말할 수 있다. 경호원은 예측한 만큼 가능한 대응을 할 수 있다. 즉, 경호원은 행사 중 닥쳐올 음모와 사건에 대해서 부담 없이 연상하고 연상된 내용이 현실화 될 때 즉응조치가 가능한 것이다. 그러므로 경호원은 연상훈련을 통한 두뇌 개발과 현장에서의 상황분석력을 갖추는 것이 가장 중요하다.

2) 고도의 경계력(집중력)유지의 원칙

피경호인의 주변에서 발생되는 위해나 사고는 일반적으로 매우 짧은 시간에 순간적으로 발생된다. 그러므로 경호원 개인은 본인의 경계임무에 대하여 적당한 구역을 고도의 집중력을 발휘하여 실행해야 한다.

3) 적절한 위치 선정의 원칙

피경호인이 위해를 자행 할 가능성이 있는 경호대상자와 악수를 하는 등의 스킨십을 할 때 경호원이 그보다 먼 위치에 있다면 위해의 순간을 목격했다 하더라도 물리적으로 적절한 대응이 불가능하다. 그러므로 이러한 경우 팔을 뻗으면 닿을 수 있는 거리에 위치해야 하는데 이를 '촉수거리 유지의 원칙'이라고 말한다. 또는 즉각 대응체계에 있어서 위해를 자행하는 범인과 가장 가까운 거리에 위치하는 경호원이 대적을 담당하는 것도 이 원칙에 해당한다.

4) 효과적인 지역 방어의 원칙

근접경호에서 기본적으로 피경호인과 사회활동의 관계와 위해가능성의 수준을 고려하고 상업적 경호관계인 경우 재정적 문제 등의 변수에 의하여 모든 위해에 대응할 수 있는 만큼의 필요 충분한 수의 경호원을 투입하기는 곤란한 것이 일반적이다. 그러므로 경호원은 주변의 지형지물과 시설을 최대한 활용하여 안전을 도모할 수 있도록 고려해야 되며 특히 위해 상황이 발생될 경우에는 대피소, 비상통로 등과 출입문 등을 제한하여 활용하여야 한다. 도로상에서 도보이동시에는 차량이 대피소의 역할을 할 수도 있다.

5) 경호작용기관 지휘 통일의 원칙

일반적으로 피경호인은 정치, 사회, 문화적으로 많은 활동을 하는 사람으로서 피경호인을 보좌하는 비서진을 포함하여 주변에 다양한 사람들이 존재한다. 경호를 잘 모르는 보좌진이 경호작전에 관여한다든가 혹은 위해상황이 발생되어 모든 사람이 흥분상태에 있을 때, 직위가 높다는 이유로 경호작전을 지휘할 경우 더 큰 문제를 야기할 수 있다. 따라서 경호작용기관 지휘 통일의 원칙은 반드시 경호지휘권은 경호전문가에게 귀속하도록 하고, 2개 기관 혹은 기업이 경호작전에 관여하는 경우에는 지휘권 귀속과 책임 여부를 분명히 하여 지휘권을 단일화하고 혼란발생을 억제해야 한다는 원칙이다.

3. 행사 경호업무의 기본요소

1) 정보수집 및 분석

경호작전은 정보의 수집과 수집된 경호관련 정보를 분석하는 것으로부터 시작된다. 경호정보는 피경호인을 중심으로 한 프로파일링 기법에 의한 피경호인의 신상정보 및 지지자, 팬, 업무파트너 등 주변인물, 인과관계 등의 협의정보가 위해 평가시 가장 중요한 요소로 작용된다.

이와 함께 거주지 혹은 행사지에 대한 지역정보를 포함하는 치안정보 등 행사에 영향을 미칠 수 있는 광역(일반) 정보를 수집한다. 수집된 정보의 분석 결과에 따라 가상의 위해분자 및 조직의 유형을 도출하고, 도출된 위해분자 · 단체의 위해역량, 위해수단 조직 혹은 조직의 규모 및 자금 능력, 살인 청부업 조직폭력집단 및 테러단체와의 연계가능성 등을 분석한다. 위해등급을 계량화하는 단계를 거쳐 이에 대응할 수 있는 안전대책을 강구하게 된다.

2) 계획수립

경호계획은 경호작전의 성공을 보장하기 위한 문서작성의 형태로 진행된다. 행사일정, 기상, 위협분석 등을 고려하여 상황을 부여하며, 답사를 통한 지형평가와 행사일정상 발생되는 인적취약요소의 규모 및 통제대책에 따라 가용한 인력을 고려한다. 필수적인 경호 인력을 산출하고, 행사에 참여하는 경호요원에게 정확한 임무부여와 경호장비의 산출 등 효율적 예산을 집행하기 위한 명령서를 작성한다. 경호계획은 본 계획과 우발사태에 따른 우발계획이 수립되어야 한다.

3) 책임

경호업무 수행시 위해발생이나 경호원의 과실로 피경호인에게 사회적 명예나 경제적으로 심대한 피해가 발생되어 민 · 형사상의 피해가 발생될 경우 책임의 소재는 심대한 문제로 부각될 수밖에 없다. 이것은 단순히 피해보상의 문제로 국한되는 것이 아니라 경호원의 책임소재에 따른 근무태도와 정신력에도 많은 영향을 미칠 수 있다. 따라서 경호 임무 수행시 명확한 지침 하달에 의한 각각의 분명한 책임 부과는 매우 중요한 요소이다.

4) 자원

경호업무 수행시 행사규모, 성격, 피경호인의 위협분석 등에 따른 경호 인력, 장비 및 예산이 소요 될 수밖에 없다. 이와 같은 자원이 확보되지 않는 한 원활한 경호작전의 시행은 불가능한 것이다.

5) 보안

행사세부일정 및 경호경비 작전에 관한 비인가자에 대한 엄격한 통제는 경호작전의 성공적 완수를 위한 핵심적 요소이다. 외부인원의 정보활동에 대하여 감시체제를 강구하는 등의 적극적인 보안대책이 요구된다.

제3절 신변보호조직의 편성

1. 경호대의 구성요소

1) 경호대의 구성

경호대는 피경호인과 기동 간 혹은 행사장에서 근접에서 동행하며 호위를 담당하는 수행경호팀과, 행사장에 사전 답사 및 배치되어 경호계획을 수립하고 각종 취약요소를 관리하는 선발 경호팀으로 구분된다.

2) 경호대장

경호팀의 최고 책임자를 Detail Leader라 한다. 경호대장은 선발 및 수행 경호 팀 등을 지휘한다. 경호작전 전반에 걸쳐 최고 책임자로서 경호팀을 편성 및 관리하고 작전지휘에 모든 책임을 진다.

3) 수행경호 팀장

수행팀의 선임자를 수행팀장이라고 한다. 수행팀장은 경호대장을 보좌하여 피경호인에 대한 동행경호시 호위팀을 지휘한다.

4) 선발경호 팀장

행사장을 답사하여 경호계획을 수립하고 행사장에 사전 배치되는 선발팀을 구성하게 된다. 이와 관련하여 경호대장의 지침 하에 편성하고 운영하는 경호원을 선발팀장(Lead Advance)이라고 한다.

일반적으로 선발팀은 행사장별 책임자와 모터케이드(행사장 출입을 통제하기 위해 사용하는 장비) 담당, 경호지휘소(Command Post) 운영자 및 안전관계자 등으로 구성한다.

2. 근접경호요원의 선발 및 교육

1) 경호요원이 되기 위한 우선조건

(1) 정보의 수집 및 분석을 위한 지적능력

경호원은 생각하는 만큼 대응할 수 있기 때문에 "두뇌작용의 원칙"은 경호원에게 가장 우선시 되는 요소이다. 그러므로 경호원은 외형적 기량보다 우선하여 경호정보를 수집하고 분석하는 능력을 갖추어야 한다.

(2) 합리적이고 성숙한, 순간적인 판단력

경호원은 직업윤리 상 하나밖에 없는 목숨을 담보하여 피경호인을 각종 음모와 위해로부터 보호하는 역할을 수행한다. 이점을 고려하였을 때 인간의 성품이 중요한 요소로 작용된다. 따라서 합리적이고 인간적으로 성숙한 판단력을 갖추도록 해야 한다.

(3) 어떠한 환경도 극복할 수 있다는 자신감

경호업무는 임무종료 시까지 24시간 끊임없이 이루어져야 하며 위해상황 발생 시 심대한 공포감에 사로잡힐 수가 있다. 절체절명의 어려운 상황에서도 경호윤리에 입각하여 상황의 곤란을 극복하고 임무를 완수할 수 있다는 정신력을 갖추어야 한다.

(4) 궂은일에 솔선수범 하는 희생정신

경호임무는 자기희생을 전제해야하고 팀 단위의 근무가 일반적임을 고려하였을 때 경호원 상호간의 신뢰는 작전의 성패에 결정적 요소로 작용될 수 있다. 따라서 솔선수범하는 희생정신을 갖추도록 해야 한다.

(5) 체계적이며 유기적인 업무 수행능력

경호원은 성숙한 인성을 바탕으로 경호작전을 수행할 작전능력이 있어야 하며, 동시에 임무와 관련된 도움이 필요한 관계 부서의 사람들과 유기적인 협조가 중요하다. 이를 이끌어 낼 수 있는 대인관계의 능력을 갖추어야 한다.

(6) 오랜 경호업무 수행에 지장이 없는 체력 및 체형

경호원은 피경호인이 기상 후 취침 시까지 볼 수 있는 관계임을 고려하였을 때 오랜 시간 동안 근무를 할 수 있는 체력을 유지해야 한다. 위해상황 시 즉각적인 조치를 할 수 있는 순발력과 위해 실행자와 대적할 수 있는 체력을 갖추는 것은 가장 기본적인 외형적 바탕인 것이다. 또한 경호원이 비만이거나 지나치게 나약한 체형을 갖는 것은 피경호인이 쉽게 공격을 당할 수 있는 원인될 수 있다.

(7) 개인 혹은 경호 팀 내에서의 전술능력

경호원으로서 적당한 인성과 체력과 체형이 준비되었다면 개인 및 팀워크를 수행할 수 있는 기본적인 전술 능력을 갖추어야 한다.

(8) 신뢰감을 줄 수 있는 품행과 용모

일반적으로 피경호인은 사회적으로 비교적 높은 지위와 폭 넓은 활동을 하며 경제적 측면에서도 성취도가 높은 사람들이다. 경호원은 피경호인에 대한 무지와 부적절한 용모로 피경호인의 사회활동에 방해하는 일이 있어서는 안 된다. 그러므로 경호원은 국가의전과 예절 등에 익숙하고 피경호인의 사회활동과 잘 어울리도록 세련된 외모를 갖추어야 한다.

(9) 원만한 대인관계 및 대화 기술

경호원은 임무를 수행하는 동안 피경호인과 그 주변사람은 물론 많은 필수 협조자 등과 대화를 해야 한다. 따라서 정상적인 생활을 통하여 많은 사람들과 원만한 교감을 할 뿐만 아니라, 피경호인의 활동 및 경호에 관한 격에 맞는, 요약된 대화를 할 수 있는 대화기술의 습득도 중요한 과제인 것이다.

2) 경호원의 필수 전술 능력

① 위협평가 및 위해 가능자에 대한 파일 작성능력
② 사격술, 도보대형, 즉각 조치, 선발경호 수행능력 등 다양한 전술능력 및 숙달
③ 업무수행에 필수적인 형법 및 경호관계법 숙지
④ 심폐소생술 등의 응급의학 시술능력 및 화재 시 등의 구조능력
⑤ 감지시스템, 폐쇄회로 등 기계경비를 포함하는 각종 물리학적인 경호능력(시건장치, 각종 방탄물 운용, 장애물 등의 운용)
⑥ 통신감청 능력 및 반도감청 능력
⑦ 경호운전능력
⑧ 총기류의 사용 및 방어적인 사격술 능력
⑨ 호신 및 범인의 제압을 위한 특공무술, 유도 등의 무술능력
⑩ 원만한 대인관계 및 훌륭한 매너

3) 경호팀의 장비

① 무전기
② 무선 전화기
③ 플래시에는 주머니 휴대 가능한 소형, 차량용 랜턴 등이 있다.
④ 무기류에는 개인 휴대의 권총, 화력 지원용 기관총, 가스 총, 삼단 봉 및 경봉 등이 있다.
⑤ 보호장구에는 방탄복, 방탄가방, 벙커 등이 있다.
⑥ 비표 및 신분증에는 경호원용, 참석자용, 피경호인용 및 차량용 등이 있다.

⑦ 응급용 의료함에는 창상, 총상, 골절 등에 사용될 용품 및 의약품, 피경호인의 내과적 질환을 고려한 의약품 등이 있다.
⑧ 화재관련 장비에는 소화기, 방독면, 휴대용 산소통 및 방열복 등이 있다.
⑨ 경보 및 관제 시스템에는 화재 및 연기감지기, 침투 방지 감지기, 휴대용 경보기, 폐쇄회로 카메라 및 모니터 등이 있다.
⑩ X-ray 및 금속 탐지기
⑪ 도감청 탐지장비

제4절 상황별 신변보호업무 요령

1. 수행경호

1) 수행경호의 개념

수행경호란 피경호인이 도보 및 각종 기동수단을 이용하여 이동할 때 하는 근접호위 활동과 행사장에서 이루어지는 근접호위 활동을 말한다. 주요 전술 활동으로는 사주경계, 근접도보대행, 차량 기동간 경호 등이 있다. 한편 기동수단에 따라 기동 간 경호는 육로경호(차량 이동간), 공중경호(헬기 및 비행기), 철도경호(기차 및 전동차), 해상경호(선박)로 불리기도 한다.

2) 사주경계

(1) 정의

사주경계의 사전적 의미는 “군에서 적의 기습이나 간첩활동 등의 피해를 막기 위하여 주변을 살피면서 지키는 것”을 의미한다. 신변보호에서 특히 호위활동에서는 피경호인을 중심으로 동·서·남·북 및 공중·지상 등의 인적·물적·지리적 취약요소에 대한 경계를 통하여 위해를 방비하는 전술적 행위로 정의될 수 있다.

(2) 사주경계의 유형

① 도보이동 간 사주경계

피경호인의 실내·외에서 도보이동 시 경호원들에 의해서 시행하는 경계행위로서 경호원의 위치에 따라 경계구역을 할당한다.

② 정지 간 사주경계

피경호인이 승·하차 시, 도보이동 중 정지 혹은 강연, 공연, 회의 및 오·만찬, 종교행사 등 행사 중의 경계행위로서 경호원의 위치에 따라 경계구역을 할당한다.

③ 기동 간 사주경계

차량, 철도, 항공기 및 선박 등의 기동수단에 의한 이동시 경계행위를 말하며 특히 차량 기동 간 경계는 탑승위치에 따라 경계구역을 할당한다.

(3) 사주경계 방법

팀 단위 경호시 각 개인의 책임구역을 중첩되게 설정하며 적응시와 이원시를 고려한다. "가까운 곳에서 먼 곳으로", "좌에서 우로", "아래에서 위로 위에서 아래로" 중첩해서 감시를 하며 경호원의 시선이 한 곳에 고정되지 않도록 하고 마찬가지로 지나치게 시선의 위치가 중구난방으로 변화하는 것도 바람직하지 못하다. 장소가 야외인 경우 선글라스를 착용하는 것도 무방하다.

3) 경호 도보 대형

(1) 정의

피경호인이 실내·외를 도보로 이동할 때 강습 및 근·원거리로부터의 저격을 막기 위한 최후의 경호 낭(Protective Envelope)을 구성하여, 인체의 벽으로 절대 안전구역을 형성한다. 주위의 인적·물적·지리적 취약요소에 대한 사주경계를 통하여 기타 우발사태에 대비하며 사고 발생 시 가장 효율적으로 즉각 대응조치를 위한 일련의 전술행위이다.

(2) 경호대형의 목적

제한된 경호인력으로 피경호인의 대중적 목적(정치적, 사회적, 문화적)을 충족시키면서 강습 및 근·원거리의 직사화기로부터 저격을 막기 위한 인체의 벽을 효과적으로 형성하여 절대 안전 구역을 확보토록 한다. 각 방향의 취약요소 및 위해에 대한 사주경계와 즉각 경호조치를 경호원의 숫자에 따라 체계적으로 분담하여 효율적으로 대응하도록 하는데 있다.

(3) 경호대형의 유형

① 기본경호대형

1인 대형, 2인 대형(Pair Work), 3인 대형(Wedge Formation), 4인 대형(Diamond Formation), 5인 대형(Pentagon Formation), 6인 대형

② 방호대형

함몰형 대형(Cave-In Formation), 방호적 원형 대형(Defensive Circle Formation) 등이 있다.

(4) 경호대형 선정 시 고려사항

경호대형 선정 시에는 피경호인이 외부로 노출하게 되는 대중적 목적과 사회적 신분, 경호환경 등을 고려해야 한다. 경호환경에는 일반적인 치안정세, 피경호인의 대중적 인지도, 피경호인의 관련성을 고려하여 인과관계가 있는 단체·개인의 위해 능력 수준(청부 살인 등의 가능성 포함), 행사의 성격 및 규모, 보도진의 유무와 규모, 경호원 고용의 제한(경제적 이유 등), 지리적 취약요소 등이 있다.

① 경호대장(DL)은 특별한 경우를 제외하고 피경호인과 촉수(Arms Reach)거리를 유지한다.

② 2인 대형 이상 시 선발팀장을 선발 운용한다.

③ 경호원과 피경호인의 간격은 전후는 약 2~3m 좌우날개(wing)는 1.5m정도가 일반적이나 인적취약요소 혹은 감제 건물 등의 취약 정도에 따라 유연하게 대처한다.

(5) 경호대형의 유형별 특징

① 1인 대형(1:1동행경호)

위해상황 발생시 경호원 1인이 피경호인을 안전하게 지킬 수는 없다. 즉, 경호 임무의 성공확률이 2인 이상의 팀 단위의 작전 시행보다 현저히 낮아질 수밖에 없다. 경호의 원리상 수세적인 방호와 대피가 구분되어야 성공적으로 경호임무의 완수가 가능하다고 보았을 때 부합하지 못하기 때문이다. 그러나 아래와 같은 제한사항이나 이유로 어쩔 수 없이 1인 경호를 할 수밖에 없을 경우도 간과할 수 없다.

참고 □ **1인 경호를 적용할 때의 고려사항**

▷ 경호원의 위치는 유연하게
▷ 비노출 및 노출 경호를 병행
▷ 적의 공격 시 대적(對敵)을 중심으로 방호하며, 피경호인에게 스스로 대피하도록 평상 시 경호교육이 이루어져야 한다.

② 2인 대형(Pair Work)

위해상황 발생시 그 위해 행위가 단발성의 위해일 수도 있으나 경호원은 위해분자의 양동작전으로 인식해서 제2의 공격에 대비해야 한다. 뿐만 아니라, 단발성의 위해인 경우에도 최초 위해를 인지한 경호원이 공격의 차단에 실패했다면, 2차로 범행을 차단할 수 있는 경호원의 존재가 필수적다. 이는 경호임무의 성공을 보장하기 위한 최소 기본단위라고 말할 수 있다. 아래와 같은 조건인 경우에 2인 경호대형을 적용할 수 있다.

참고 □ **2인 경호를 적용할 때의 고려사항**

▷ 경호대장과 부하직원으로 상명하복의 관계로 편성
▷ 일반적으로 1번 경호원은 선발운용 및 경호대장(DL)은 동행경호
▷ 도보대형 형성 시 1번 경호원은 유연한 위치선정과 비노출 및 노출경호를 병행, DL은 촉수거리 원칙을 유지한다.
▷ 각각 전후방을 분담하여 경계한다.

③ 3인 대형(Wedge Formation)

3인 경호대형은 쐐기대형(Wedge Formation)으로도 불린다. 비교적 경호원 간에 적절한 경계구역을 할당함에 따라 위해발생시 대적과 방호 등 경호적 대응을 분업화하여 신속하게 할 수 있도록 한다. 일반적으로 지명도가 높은 경제인, 정치인, 예술인 등에 적용되며, 원거리 저격의 가능성이 있으나 우려할 수준은 아니며 상대적으로 납치·기

습 등의 테러리즘 혹은 테러리즘의 가능성이 높은 경우에 적합하다. 특히 민간 경비에서 지나치게 경호원이 많지 않으면서도 위해에 합리적이고 성공적으로 대응할 수 있는 경호대형이다.

참고 □ **3인 경호를 적용할 때의 고려사항**

▷ 경호대장과 부하직원으로 상명하복의 관계로 편성
▷ 일반적으로 1번 경호원은 선발운용 및 경호대장(DL)과 2번 경호원은 동행 경호
▷ 도보대형 형성 시 1번 경호원은 선도를 유지하여 전방을 경계하고, 2번 경호원은 좌측 후방에 위치하여 좌측 및 후방을 경계한다. DL은 촉수거리 원칙을 유지하며 피경호인을 중심으로 우측을 경계한다.

④ 4인 대형(Diamond Formation)

다이아몬드 대형(Diamond Formation)은 경호 낭(囊) 즉, 절대 안전구역을 확보하기 위한 완벽한 경호대형이다. 일반적으로 지명도가 대단히 높은 경제인, 정치인, 예술인 등에 적용이 가능하다. 원거리 저격의 가능성이 우려할 만한 수준이며, 납치 · 기습 등의 가능성이 높은 경우에 해당된다. 경호원의 숫자가 많은 편으로 사회적으로 부담스러운 측면이 있으나 대규모 리셉션 행사 등 대규모 군중 속에서 치명적인 안전구역(Vital Zone) 확보에 필수적이다.

참고 □ **4인 경호를 적용할 때의 고려사항**

▷ 경호대장과 부하직원으로 상명하복의 관계로 편성
▷ 일반적으로 1번 경호원은 선발운용 및 경호대장(DL)과 2번, 3번 경호원은 동행 경호
▷ 도보대형 형성시 1번 경호원은 선도를 유지하여 전방을 경계하고, 2번 경호원은 피경호인 좌측에 위치하여 좌측을 경계한다.
▷ 3번 경호원은 피경호인 후방에 위치하여 대형 후방을 경계한다. DL은 촉수거리 원칙을 유지하며 피경호인을 중심으로 우측을 경계한다.

⑤ 5인 대형(Pentagon Formation)

5인 경호대형은 일반적으로 지명도가 높은 국가 원수 급의 경우에 적용된다. 정치인의 유세 및 대중 인기인의 대규모 공연 등에서 Fan Service를 위해 군중 속에서 경호를 할 경우에도 적용이 가능하다. 경호환경에 따라서는 원거리 저격의 가능성 뿐 아니라 고속 강습, 납치 및 위장침투 등의 다양한 위해 가능성이 높은 경우에 해당된다. 기본적으로 4인대형의 다이아몬드 대형을 갖추고 경대장과 피경호인이 그 대형 안에 있는 것처럼 되는 것이다.

참고 □ 5인 경호를 적용할 때의 고려사항

▷ 경호대장과 부하직원으로 상명하복의 관계로 편성

▷ 일반적으로 1번 경호원은 선발운용 및 경호대장(DL)과 2번, 3번 경호원은 동행 경호

▷ 도보대형 형성시 1번 경호원은 선도를 유지하여 전방을 경계하고, 2번 경호원은 피경호인 우측에 위치하여 우측을 경계한다. 우발사태시 경호대장을 보좌하며 경호팀 내 서열 세 번째 경호원이 담당한다.

▷ 3번 경호원은 좌측방을 경계하며, 4번경호원은 피경호인 후방에 위치하여 대형 후방을 경계한다.

▷ DL은 피경호인과 촉수거리 원칙을 유지하며 고도의 집중력 유지가 가능하도록 피경호인을 전담 경계한다.

(6) 승·하차시 경호대형

① 승·하차 지점의 취약요소

승·하차 지점에서 피경호인 승·하차 행위는 비교적 용이하게 안전구역으로 설정될 수 있는 실내로 진입하거나 진출하기 위한 필수과정이다.

일반적으로 승·하자 지점은 지리적으로 노출이 용이한 고정된 곳을 사용할 수밖에 없는 제한성이 강하다. 그러므로 원거리 감제건물(원거리에서 감시하기 위한 목적으로 지어진 건물) 및 고지로부터 저격, 근거리 저격 및 기타 칼, 도끼 피습, 폭발물 및 화학물질 투척, 차로로부터 고속강습 등이 용이한 특성을 보인다. 대표적 암살 사례로 미수에 그쳤지만 미국 레이건 대통령 암살 기도 사건이 있다.

② 경호대책

중요한 경호대책으로는 지리적으로 가능하다면 장소를 예기치 못한 곳으로 변경한다든가 하는 승·하차 지점의 기만을 권한다. 다음은 물리적으로 차량 막, 차량 등의 가림막 등을 설치하는 것도 좋은 방법이나 호텔 등 대중 시설에는 쉽지 않다. 감제건물 및 고지 등의 지리적 취약요소에 대한 거부나 역감시도 취약요소를 해소할 수 있는 좋은 방법이나 민간경비에서는 거의 불가능한 작전요소이다. 가장 기본적이며 적용이 쉬운 작전요소로는 경호원들에 의한 철저한 사주경계 및 인간 방벽 형성과 유동요소를 순간통제하는 기법이 있다.

4) 즉각조치

(1) 즉각 조치의 정의

즉각조치라 함은 행사 중 혹은 기동 간 다양한 형태의 공격 및 사고가 발생되었을 경우 피경호인을 안전하게 보호하기 위한 경고-방호-대피 등 일련의 직접적인 경호적 전술 행동을 의미한다. 즉각 조치는 즉각 방호를 통하여 피경호인을 안전하게 보호하는 것을 1차적 목표로 하나 공격의 배후를 밝히고 2차 범행을 방지하기 위한 범인의 보호와 현장보존 및 기타 참석자들에 대한 질서 유지 등의 긴급한 필요 조치를 포함한다.

(2) 즉각 조치의 구분

① 도보이동 간 및 행사장(숙소 포함)에서의 즉각 조치

행사장 내 화재발생, 전기정전 및 폭파 등에 의한 구조물의 붕괴 등의 사건, 사고 발생시(물적 취약 요소로부터의 위협발생) 구조 및 구급, 도보이동 간 및 행사장 내 인적 취약 요소로부터 단독 혹은 다중으로부터의 각종의 공격 발생시 방호 범인 제압, 피경호인의 급성질환 발병시 구급활동이 해당된다.

② 기동 간 즉각 조치

차량, 항공기, 헬기 및 선박 등의 기동수단을 이용할 때 발생될 수 있는 강습 및 사고 발생시의 대응체계가 구축되어야 한다.

③ 조사 및 수사

공격발생시 범행의 목적과 배후를 밝혀 2차 범행을 차단하고 형사적 처벌을 목적으로 증거를 보전하기 위하여 범인의 보호와 현장의 보존을 위한 대응 체계도 중요한 즉각 조치의 전술행동에 포함된다.

(3) 인적 취약요소에 대한 도보 이동 간 즉각조치

① 경고 및 차단

근접 경호대형에 소속된 경호원 중 최초의 범행발견자가 피경호인 및 기타 경호원들이 인지하여 대응할 수 있도록 큰소리로 구체적인 공격내용을 외치는 전술행동이다. 1

인 경호 시에도 명확한 경고를 시행하여 피경호인이 인지하여 스스로 대피할 수 있도록 해야 한다. 최초 경고자가 범인과 가까운 경호원이 촉수거리원칙에 따라 차단한다. 그렇지 못한 경우에는 1차 대응 근무자를 경호대장이 지명한다.

② 방호

방호는 가장 중요한 행동절차로서 1인 경호 시 공격 유형에 따라 대적 혹은 VIP방호를 결정한다. 예를 들어, 총기로 무장한 범인의 위해가 목격되었다면 대적보다는 피경호인을 감싸 보호하는 것이 더욱 효과적일 것이다.

2인 이상 경호 시에는 경호원 1인의 대적과 동시에 경호원 1인은 범인을 의도적으로 보지 않고 등지면서 VIP를 감싸 안는다. 이것은 방호시 범행을 바라 볼 경우 총이나 칼과 같은 흉기를 목격하게 되면 인간의 생존 본능이 작용되어 회피할 가능성이 높아지므로 효율적인 방호가 불가능 할 수 있다. 나머지 잔여 경호원은 2번째 공격에 대비하여 현장을 이탈하면서 전방 진로개척과 후방 경계를 담당한다.

③ 대피

위해가 있었다면 2차로 더욱 강력한 공격이 있을 가능성에 대비하고, 1차로 공격하는 범인이 경호원을 제압하고 계속 추적하여 위해를 가할 가능성에 대비하여 피경호인을 즉각 안전한 곳으로 피난 조치해야 한다. 1인 경호 시에는 공격유형에 따라 VIP 스스로 대피할 수 있도록 한다. 이를 위하여 피경호인에게 기본적인 경호이론의 설명과 교육이 필요하다.

대피는 사전에 계획된 우발사태시 비상대책에 따라 선정된 대피소 혹은 차량으로 향도의 안내에 따라 신속 이동한다. 현장을 이탈하는 과정에서 비교적 적의 공격으로부터 안전한 장소나 차량에 도착하였다면 VIP가 의식이 있는지, 호흡을 하는지, 출혈 등의 부상정도를 확인하면서 행선지를 결정한다.

(4) 행사장 내 물적 취약요소에 대한 즉각 조치

① 전기정전상황 발생시

근무자는 의도적인 정전 가능성에 대비한다. 우선 지역이탈을 고려해야 하나 적응시야 확보 가능시에는 최근접하여 고도의 경계태세를 유지한다. 그러나 낮은 조도로 신속한 적응시야의 확보 곤란 시 에는 계획된 비상대피로를 이용하여 안전한 곳으로 이동조치한다. 적어도 정전 전의 위치에서 변경된 위치에 있어야 한다. 또한 정전시 행사장이 출입문이 있는 밀폐된 지역이라면 출입문이 있는 곳으로의 대피도 금물이다. 그곳에서 범인이 기다리고 있을 가능성이 있기 때문이다. 안전한 곳으로 대피 후 정전원인을 조사한다.

② 화재상황 발생 시

경호원은 의도적인 방화 가능성에 대비한 각종 전술행동을 적용한다. 우선 지역이탈을 시도하되 화점 반대방향으로 이동을 원칙으로 한다. 고층 건물인 경우 화점에서 원거리의 비상계단을 이용한다. 이때 승강기의 사용은 금지한다. 일반인이 아직 모른다면 혼란방지를 위하여 VIP를 우선 대피시킨 후 일반인 대피를 유도한다.

③ 행사장 내 폭파상황 발생시 즉각 조치

행사장에 은닉된 폭발물이 터졌다면 심대한 피해가 발생되었을 것이다. 피경호인이 경호원이 생존해 있다면 근무자는 다중공격에 대비한 각종 전술행동을 적용한다. 무차별적인 2차 공격이나 방화나 소이탄을 동원하여 화재발생을 유도 증거인멸과 피해의 확대를 강요할 가능성이 높아진다. 따라서 우선적으로 지역이탈을 고려한다. 비상계단을 이용하고 하강기 등을 이용하는 것도 좋다. 이때 지하실이나 승강기의 사용은 절대 금물이다. 건물붕괴나 화재발생이 우려되기 때문이다.

2. 선발경호

1) 선발경호의 의의

(1) 선발경호의 개념

선발경호는 피경호인의 지속적인 사회활동과 관련된 여행, 유숙 및 각종 행사시 완벽한 안전을 보장하기 위해서 행사장을 답사하여 인적 · 물적 · 지리적 취약요소를 분석하여 경호대책과 경호계획을 수립하는 것을 말한다.

효율적인 경호인력과 장비를 동원하여 행사당일 피경호인 도착 전에 현장에 도착하여 경호 인력을 사전배치한 후 취약요소를 감시하거나 통제하는 근접경호 준비활동 및 근접경호를 시행하는 경호작전체계를 의미한다.

선발경호의 작전체계에는 행사와 관련된 경호정보 및 안전대책 등의 일부 예방적 작전 요소를 포함하며 선발경호의 시행은 준비단계, 실시단계, 평가 및 자료보존 단계로 구분된다.

(2) 선발경호의 목표

선발경호 활동을 통하여 과학적이고 객관적인 인적 · 물적 취약요소의 관리대책을 강구하고 행사장 지형평가를 통하여 위해분자의 무단접근을 거부하며 경호작전 지역을 설정하며 효율성을 도모한다. 또한 행사진행에 도움이 되도록 관련 시설의 사용계획을 수립하여 신변위협 및 각종 사고의 가능성을 최소화 할 뿐만 아니라 원활한 행사 진행을 통하여 성공적인 행사가 되도록 하는데 있다.

(3) 선발경호활동의 단계별(시차별)구분

① 준비단계

준비단계는 경호원이 행사지역으로 행사 준비를 위하여 행사일정과 각종의 경호정보 및 지도와 같은 자료 등을 수집하는 단계와 경호계획의 수립을 위한 행사지역 답사 포함하며 경호계획의 작성완료시까지를 준비 단계로 볼 수 있다.

② 실시단계

실시단계는 1차 경호계획이 작성 완료된 후 선 선발을 포함, 선발경호원이 행사지역으로 출발하는 것으로부터 도착하여 경호인력을 배치한 후 행사 종료시까지를 말한다.

③ 평가 및 자료보존

행사종료 후 문제점, 개선사항, 장려사항 및 행정사항 등에 대한 평가 회의를 거쳐 보고서를 작성하고 각종 새로운 자료를 보존하는 단계이다.

(4) 숙소경호

① 숙소경호의 개념

숙소경호란 피경호인이 유숙하는 곳에 대해 안전을 도모함으로써 완벽한 신변 안전보장은 물론 개인의 프라이버시가 침해되지 않고 재산상의 손실이 없도록 하는 일체의 경호경비 활동을 말한다.

② 숙소의 유형

숙소의 유형은 그 기능에 따라 일시적 숙소와 영구적 숙소로 분류된다. 일시적 숙소란 여행, 출장 및 별장 등의 비정규적인 유숙지를 의미하며 호텔, 콘도미니엄, 방갈로, 텐트 등의 유형이 있다.

영구적 숙소란 적어도 수개월 이상 장기간의 유숙이 이루어지거나 피경호인 소유의 주택으로써 규칙적인 유숙장소라면 이에 해당된다. 주택의 형태로는 관저, 개인저택, 아파트 등이 있다.

③ 유숙지 형태의 분류목적

유숙지는 피경호인의 사회활동과 대단히 밀접할 뿐만 아니라 보통 하루 동안 가장 체류하는 시간이 길다. 상업적 목적의 호텔과 저택, 아파트 등 숙소의 형태에 따라 위해의 가능성, 위해의 수법, 위해의 표적 등 많은 부분에서 차이가 날 뿐만 아니라 그 대응책에서도 당연히 많은 차이가 발생되므로 숙소의 분류는 중요한 의미가 있다.

(5) 행사장 경호

① 행사장 경호의 개념

피경호인이 본인의 인간관계 및 직업과 관련되어 만들어진 일정 모두를 행사라고 한다. 행사 중 장소가 유숙지에서 진행되는 것은 숙소경호에 해당되며 숙소 외부에서 이루어지는 모든 행사를 행사장 경호라고 한다.

② 행사장의 유형

일반적으로 행사장의 유형은 실내행사장과 옥외행사장으로 구분된다. 그리고 실내외 행사를 혼합하는 경우도 있다. 보통 실내행사에는 회의, 강의, 강연, 공연, 공연관람, 각종집회, 오·만찬, 교회 및 사찰 등의 종교해상, 병원진료 및 병문안, 각종 스포츠행사(관람 및 시행), 실내 산업현장 순시, 친지 댁 방문 등의 유형이 있을 수 있다. 실외 행사장으로는 대규모 강연, 대규모 공연, 대규모 집회, 순시, 실외스포츠 시행, 각종의 의전행사 등의 유형이 있다.

(6) 선발경호 업무 단계별 수행 절차

① 준비단계

선발경호임무에서 준비단계란 경호계획 수립을 위한 각종 자료 수집 및 행사장 답사 등으로부터 경호선발대가 행사장 배치를 위한 사무소를 출발하기 전까지 말한다.

참고 □ 출발 전 필수 정보1
- ▷ 행사지역, 장소, 참석인원 등이 명기된 전체일정 및 중요행사 세부일정
- ▷ 피경호인과 수행원들의 인적사항 및 서열 등 의전상 특이사항
- ▷ 현지 교통수단의 운영계획 및 VIP차량을 포함하는 본대차량의 제원 등
- ▷ 현지 유숙 시 숙소계획 및 호텔현황
- ▷ 대략적인 동반 수화물량의 추산 및 처리계획

□ 출발 전 필수 정보2
- ▷ 피경호인의 혈액형, 당뇨, 고혈압 등 기타 건강문제
  행사기간 중 병원이용 여부 / 투약 횟수 및 시각, 예비 처방전 휴대여부
- ▷ 출장급여 및 특수복장(운동복, 블랙타이 등)휴대 등의 행정사항
- ▷ 해외여행 시 통역 혹은 현지 경호원 필요 여부
- ▷ 관계부서 연락망 확보
  지·상사 관계부서 / 여행사 및 렌터카 회사 등 / 지역 경찰, 소방 등

② 실시단계

선발경호임무에서 선발배치될 경호대가 사무소를 출발하여 행사현장에 도착하면서부터 실시단계이다. 도착 후 행사부서와 계획 변경 여부를 확인하고 사무소에 행사장 도착을 보고하고 지휘소를 개소하여 모든 협조부서와의 협조창구와 정보의 교류가 가능토록 한다. 이후 행사장을 정밀 답사하여 각종 현지정보와 취약요소를 분석하고, 행사참석 인원, 차량 등의 각종 유동요소의 통제계획 적절성 여부를 검토한다. 1차 경호계획

의 적정성여부를 검토하고 수정된 경호계획을 적성 전파한다. 피경호인의 행사장 도착 H-1, 2시간 전 경호 인력을 고정초소에 배치하고 종료시까지 해당 임무를 수행한다.

③ 평가 및 자료보존 단계

선발경호대는 행사종료 후 주도적으로 경호계획을 수립하고 답사를 하는 과정과 관계 부서와 협의를 하는 과정에 많은 자료와 경호정보를 수집하게 될 뿐만 아니라 행사진행 과정을 통하여 노하우를 습득하게 된다. 이와 같은 중요한 내용들을 강평과 행사참가자 회의를 통하여 문제점과 교훈사례 및 장려·발전사항 등에 대하여 기탄없이 도출하고 문서화하여 다음 행사에 중요 자료로 활용될 수 있도록 행사결과 보고서를 사무소에 제출한다.

3. 비무장 경호술

1) 비무장 경호술 개념

비무장 경호술이란 경호근무자가 근무 중 경호교리 및 비무장 혹은 무기사용 제한 상황 하에서 위해 분자의 공격에 의한 위해상황 발생시 육탄방호에 의한 피경호인에 대한 신변보호의 기술이다. 근무자의 신체를 보호 전투력을 유지, 1차 공격 이상의 공격차단을 위하여 범인의 제압 및 체포에 있다.

2) 비무장 경호술의 중요성

우리나라에서도 특수경비원 제도가 도입되어 권총 혹은 소총류의 무기를 경비근무와 관련하여 휴대하도록 하고 있으나 경비의 대상이 국가 중요기관에 국한되어 있다. 민간 경비업에서 요인경호와 관련해서는 총기류의 소지가 법적으로 불가하여 원천적으로 총기휴대가 불가능하다.

또한 경호원의 총기휴대가 가능한 미국과 같은 경우에도 민간 경호원의 총기사용은 범행 후의 범인의 체포 등을 위해서는 사용을 금지하여 공익적인 경찰관의 고유 업무와 분명히 차별화하고 있다. 다만 형법상의 정당방위 즉, 총기를 사용하지 않고는 피경호인의 신변보호는 물론 경호원 및 주위의 사람들에게 생명의 위협을 준다고 판단될 때로 엄격히 제한하고 있는 실정이다.

위해분자가 총칼을 빼들고 위해를 기도하려는 순간을 경호원이 목격하고 총기를 사용 대응한다는 것은 시간적으로 성공확률의 가능성이 낮으므로 현대 경호환경에서 부적합 할 뿐만 아니라 주변의 사람들에게 희생을 강요할 가능성이 높다. 때문에 경호원의 자기희생의 원칙에 따라 육탄방호로 우선 피경호인을 보호하는 것을 최우선 원칙으로 하고 동시에 범인을 제압하거나 무력화하는 수순으로 대응해야만 하는 것이다. 그러므로 경호원은 개인별 비무장 경호기술을 습득해야 됨은 물론 팀 대응을 할 수 있는 집단적 비무장 경호술을 연마하여 숙달해야 할 필요가 있다.

3) 비무장 경호술의 유형

(1) 방호술

즉각조치에서 총 · 칼 등의 흉기를 꺼내드는 위해분자에게 전술적으로 공격선을 차단하면서 무력화를 시도하려는 상단태클 등의 차단술과 경우에 따라 피경호인을 감싸는 것이 유리한 상황의 전개 혹은 2인 이상의 팀 경호에서 임무의 분담이 가능하다면 당연히 경호원 1명은 범인의 차단과 동시에 피경호인을 감싸는 보호기술을 적용해야 되는데 이것을 방호술이라고 한다. 구체적 기술로는 범인에 대한 상단태클, 하단태클, 백태클과 공격선상을 차단하기 위한 신체의 공중부상 등이 있다.

(2) 제압술

경호원은 지고지선의 목표로 피경호인을 안전하게 보호하는데 있음은 아무리 강조해도 지나치지 않다. 그 목표의 과정에서 1차적으로 방호술을 적용하여 피경호인을 보호하는데 성공을 했으나 범인이 무력화 되지 않았다면 지속적으로 위협은 남아있게 되는 것이다. 그러므로 경호원은 반드시 범인을 제압하고 무력화하여 추적범행이 이루어지지 않도록 해야만 한다.

이때 범인과 대력하는 상황이 발생될 가능성이 상존하므로 무도적으로나 체력적으로 그리고 정신력으로 범인보다 우월한 입장에 있어야 하는 것이다. 이와 같은 입장에서 경호원은 고강도 무도수련의 당위성을 갖게 되는 것이다. 구체적 기술로는 범인에 대한 공세적인 상단태클, 하단태클, 백태클과 기본무도의 형태인 정권지르기, 평수치기, 각종

꺾기 기술과 발기술 등이 이에 해당되겠다.

(3) 체포 및 호송기술

무력화된 위해분자는 사법적 징벌을 받게 된다. 물론 사법적 징벌을 위한 수사나 징벌 권은 국가기관에 있다. 그러나 「형사소송법」에는 현행범인 경우에는 누구든지 영장 없이 범인을 체포할 수 있도록 규정하고 있다.

그러므로 범행의 현장에서 경호원은 현행범을 체포할 수 있다. 전술적으로 범인의 현장체포는 사법적 징벌 이상의 의미가 있다. 우선 사법적 징벌을 가함으로써 차후 유사 범죄를 예방하는 효과가 있을 것이다. 이와 함께 범인을 체포하여 범행의 동기와 목적을 확인하고 그 배후를 추적할 수 있다는 관점에서 중요한 전술적 의미가 있는 것이다. 구체적인 체포기술에는 각종 관절 꺾기, 수갑술, 포박술 등이 이에 해당된다.

(4) 보호술

보호술이란 일종의 경호원의 호신술이다. 경호원이 위해상황에 대처하는 과정에서 적의 직접적인 공격에 본인의 신체를 보호하거나 적을 차단하려는 동작 중 구르고 지상으로 낙하하는 과정이 있다면 연속해서 대응능력을 갖도록 하는 기술들이 필요하게 된다. 구체적인 기술로서는 얼굴막기, 몸통막기 등의 각종 막기 기술과 좌·우 공중으로의 회피동작 그리고 방어와 공격전환을 위한 멀리낙법, 공중낙법 등의 낙법기술이 이에 해당된다.

4) 비무장 경호술의 적용원칙

경호상황에서 경호원의 무력사용은 비록 비무장이라 해도 법적인 제한사항은 물론 중요한 적용원칙을 간과해서는 되지 않는다. 비무장 경호술의 적용원칙은 효율성, 단순성, 속도성이다.

5) 무력 대응에 대한 관계법령

현행 법령은 일반시민에게 정당방위, 긴급피난, 자구행위, 그리고 현행범의 체포 등의 권한을 예외적으로 인정하고 있다. 따라서 대부분의 민간경비원은 이러한 권한을 행사할 수 있다.

(1) 「형법」 제21조(정당방위)

현행 「형법」 제21조에는 "① 현재의 부당한 침해로부터 자기 또는 타인의 법익(법익)을 방위하기 위하여 한 행위는 상당한 이유가 있는 경우에는 벌하지 아니한다. ② 방위행위가 그 정도를 초과한 경우에는 정황(정황)에 따라 그 형을 감경하거나 면제할 수 있다. ③ 야간이나 그 밖의 불안한 상태에서 공포를 느끼거나 경악(경악)하거나 흥분하거나 당황하였기 때문에 그 행위를 하였을 때에는 벌하지 아니한다."라고 규정하고 있다.

(2) 「형법」 제22조(긴급피난)

「형법」 제22조에서는 "자기 또는 타인의 법익에 대한 현재의 위난을 피하기 위한 행위는 상당한 이유가 있는 때에는 벌하지 아니한다."라고 규정하고 있다. 하지만 긴급피난행위는 위험을 제거하기에 적합한 행위이어야 하며, 이러한 긴급피난 행위를 제외하고는 달리 회피할 방법이 없어야 한다.

(3) 「형법」 제23조(자구행위)

「형법」 제23조에는 "법률에서 정한 절차에 따라서는 청구권을 보전(保全)할 수 없는 경우에 그 청구권의 실행이 불가능해지거나 현저히 곤란해지는 상황을 피하기 위하여 한 행위는 상당한 이유가 있는 때에는 벌하지 아니한다."라고 규정하고 있다. 따라서 자구행위는 불법으로 권리를 침해당한 사람이 공권력의 힘을 빌리지 않고 자력으로 그 권리를 구제 · 회복하는 제도이다. 정당방위와 긴급피난이 피해발생을 예방하기 위한 사전적 긴급행위임에 반하여 자구행위는 이미 침해된 청구권을 구제하기 위한 사후적 긴급행위라는 점에서 차이점이 있다.

(4) 「형사소송법」 제212조(현행범인의 체포)

「형사소송법」 제212조에는 "현행범인은 누구든지 영장없이 체포할 수 있다."라고 규정하고 있다. 특히 "누구냐고 묻자 도망하려고 할 때"에는 현행범인으로 간주하고 있다. 따라서 원칙적으로 경비업무를 수행중인 경비원이 경비구역 내에서 수상한 사람을 발견하고 누구임을 묻는데 도망할 경우, 현행범으로 체포가 가능하다. 하지만 현행범 체포를 위해서 타인의 주거에 침입하거나 무기의 사용 또는 상해를 입히는 것은 불법이므로 주의를 해야 한다.

또한 「형사소송법」 제213조(체포된 현행범인의 인도)에는 검사 또는 사법경찰관리가 아닌 자가 현행범인을 체포한 때에는 즉시 검사 또는 사법경찰관리에게 인도하여야 한다.

참고 현행범인과 준형행범인 「형사소송법」 제 211조

① 범죄를 실행하고 있거나 실행하고 난 직후의 사람을 현행범인이라 한다.

② 다음 각 호의 어느 하나에 해당하는 사람은 현행범인으로 본다.

1. 범인으로 불리며 추적되고 있을 때
2. 장물이나 범죄에 사용되었다고 인정하기에 충분한 흉기나 그 밖의 물건을 소지하고 있을 때
3. 신체나 의복류에 증거가 될 만한 뚜렷한 흔적이 있을 때
4. 누구냐고 묻자 도망하려고 할 때

6) 비무장 경호술의 훈련 방법

이미 언급 한 바와 같이 비무장 경호술에 특별한 형식과 기술만이 적용될 수 있다고 말 할 수는 없다. 그것은 위해상황이 지극히 가변적일 뿐만 아니라 위해사건 발생시 주변 환경이 똑같을 수 없기 때문이다.

그러나 경호원의 위치와 공격자의 상호 위치에 따라서 혹은 공격수단에 따라서 상황을 부여하고 대응하는 훈련을 지속 수행함으로써 경호기술과 체득되어야 하는 것이다. 본서에서는 비무장 경호술을 연마함에 있어서 경호원으로서 숙달해야 될 기본동작과 상황처리 동작을 구분하여 사진과 함께 해설하였다. 물론 기본과 응용동작에 대해서 그 원리와 훈련 배경을 설명함으로써 쉽게 이해하도록 하였다.

(1) 기본동작

① 앞뒤 구르기

앞뒤 구르기 동작은 경호원의 유연성과 평형감각을 발달시킴으로써 위해상황 발생시 경호원이 강력한 태클 시 경호기술의 시행 직후 느껴지는 방향감각의 상실현상을 극복하여 피경호인과 범인의 위치 착각현상을 극복할 수 있도록 하며, 경호원의 부상을 예방할 수 있다.

② 멀리 공중회전낙법과 높이 공중회전낙법

멀리회전낙법은 실제 상황에서 비교적 원거리 즉, 촉수거리를 벗어난 곳에서 위해를 목격하였을 경우 경호원은 태클이나 공중 부상을 시도하여 범행의 차단을 시도하게 되는데 이 때 경호원의 부상방지와 제2차 임무수행을 용이하게 하도록 자세를 복원하는데 필수적 기술이다.

높이 공중회전낙법은 피경호인이 오·만찬, 리셉션 등에서 위해상황을 목격한 경호원이 앞의 테이블과 같은 장애물이 있을 때 긴급한 상황에서 장애물을 위해할 수는 없을 것이다. 경호원은 장애물을 넘어 범인에게 직접 태클하거나 공격선을 차단해야 되는데 이런 상황에 대처하기 위한 필수적인 기술이다.

③ 상단태클

위해를 시도하려거나 행하고 있는 범인에 대해서 범행을 가장 성공적으로 차단할 수 있는 기술이다. 물론 경호원의 희생이 전제되어야 한다는 것이 당연한 원칙으로서 적용된다. 신체근접에서 발생되는 어떤 유형의 위해이든지 범인의 공격자세는 대단히 공세적이고 힘이 실려 있다. 또한 빠른 동작으로 위해를 시도하는 것이 일반적인 점을 고려하였을 때 경호원은 손과 발이 아닌 몸으로 일단 범인을 차단하고 손과 다리고 완전한 제압을 해야 되는 것이 원칙이다.

④ 하단태클

전면 혹은 좌우 측면에서 흉기를 들고 서있는 위해분자를 발견했거나 이동 중인 적을 차단하려 할 경우 중 상체부위까지 거리상 손이 미치지 못 할 때, 혹은 장애물로 다리부분 만을 공격할 수 있을 때 하단태클을 활용할 수 있다.

⑤ 백태클

흉기나 무기를 들고 있거나 공격을 시도하려는 순간을 가까운 거리의 범인의 등 뒤에서 경호원이 목격하였다면 범인의 무력화를 일거에 시행할 수 있는 기술이다. 범인의 양팔을 범인의 등 뒤에서 감아쥐고 지면으로 몸통을 끌어당기며 구르면서 등 뒤에서 팔을 꺾어 제압하는 기술이다.

(2) 응용 동작

① 칼 공격 시

칼 공격은 크게 3가지 형태로 나타난다. 도검류에 의한 위해사건을 분석해보면 등이나 복부를 찌를 경우가 가장 흔하다. 그 다음은 위에서 내리 찍는 경우와 휘두르는 경우가 있는데 내리찍는 경우는 인파 속에서 숨에서 숨어 있다가 기습 공격하는 경우가 되겠고 휘두르는 경우는 위협을 하는 행위로 볼 수 있을 것이다.

② 권총 공격 시

권총공격의 유형은 유효사거리를 고려하였을 때 50m를 벗어나 위해를 가하기는 쉽지 않다. 유추해 보건대 원거리에서 은폐하면서 저격을 하거나 보다 성공률을 높이기 위해서 가깝게 접근해서 저격을 시도하거나, 혹은 군중 속에 숨어서 매우 근접에서 발사하는 유형이 있을 것이다.

권총 공격에 대한 비무장 경호 술은 3m 원거리에서 공격할 때는 공격선 즉, 사격선을 차단하기 위한 공중부상과 강력한 태클이 유효할 것이다. 만일 경호원의 촉수거리 내에 범인이 있었다면 가장 우선하여 총구를 잡고 밑으로 꺾어 총열이 지면을 향하도록 하거나 총기를 팔로 내리친 후에 평수로 범인의 가슴을 치거나 정권지르기를 함으로써 총기와 범인을 분리시킨 후 범인을 제압한다.

③ 폭발물 투척 혹은 인간 자살폭탄 감행 시

폭발물의 위력은 그 종류나 작약 성분에 따라 많은 차이가 있다. 그러나 투척을 하는 경우에는 군사용의 세열수류탄이나 사제폭탄이 이용된다. 투척용 폭발물은 기폭으로부터 작약이 점화되면서 파편효과가 발생되기 때문에 투척 후 1~5초간의 인터벌이 발생된다.

이 같은 현상을 이용하여 폭발물이 투척되었을 경우 낙하된 장소로부터 가장 가까운 위치의 경호원은 “폭발물이다”라고 큰 소리로 주변에 경고 하면서 폭발물을 끌어안고 피경호인과 반대방향이면서 일반사람이 없는 곳으로 끌어안고 자폭함으로서 인명 피해를 최소화하도록 해야 한다. 잔여 경호원은 피경호인을 전면으로 넘어뜨려 엎드리게 한 후 피경호인의 머리로부터 몸통 및 하체 순으로 덮쳐 신체를 감싼다.

최근 중동에서 빈발하는 인간자살폭탄은 조끼 형태에 여러 개의 주머니를 달아 그곳에 군사용 TNT나 민수용 다이너마이트를 작약으로 하며 전기식의 기폭 장치를 설치해 폭발 시키는 것이다. 경호원이 이러한 범인을 목격하였다면 "폭발물이다"라고 큰 소리로 주변에 경고하여 주변사람들이 엎드리도록 하면서 강력하게 태클하여 넘어뜨려 덮치거나, 유도의 안아 메치기 형태로 바닥에 넘어뜨려 무력화 한 후 자폭하여 피해를 최소화 해야 한다. 이 때 마찬가지로 잔여 경호원은 피경호인을 전면으로 넘어뜨려 엎드리게 한 후 피경호인의 머리로부터 몸통 및 하체 순으로 덮쳐 신체를 감싼다.

제6장

기계경비실무

제6장 기계경비실무

제1절 기계경비의 의의

1. 기계경비의 개념

1) 경비업법상 기계경비 개념

기계경비란 「경비업법」 제2조 제1항의 라목에 의해 "경비대상 시설에 설치한 기기에 의하여 감지·송신된 정보를 그 경비대상 시설외의 장소에 설치한 관제시설의 기기로 수신하여 도난·화재 등 위험발생을 방지하는 업무"로 규정하고 있다. 1999년 「경비업법」 개정으로 경비업의 한 종류로 규정되어 현재까지 민간경비 활동의 한 종류로 이루어지고 있다. 다시 말해서, 비용을 지불한 고객에게 그 비용 지불의 대가로 위험으로부터 가치 있는 생명, 신체, 자산 등을 보호하는 서비스를 의미하나 이러한 서비스 제공의 수단으로 다양한 기능과 종류의 기기를 활용한다는 점에서 여타의 민간경비 활동과 구별된다.

2) 기계경비시스템(Electronic Security System)의 개념

기계경비시스템(Electronic Security System)이란 각종 기계장치를 이용하여 방범·화재·방재 등과 같은 예방 서비스를 제공해 주는 시스템을 의미한다. 이는 경비업무를 효과적으로 수행할 수 있게 하는 중요한 경비수단이다. 즉 기계경비시스템은 물리적

보안시스템을 근거로 하여 전자·통신·컴퓨터 영상 처리 등을 유기적으로 결합한 시스템으로 각종 경비기기를 단독으로 또는 통합적으로 구성하여 경비의 주체인 사람을 보조하며 경비 대상시설에서 발생 가능한 범죄와 위해를 효과적으로 예방하거나 차단하기 위해 사용되고 있다.

〈그림 6-1〉 기계경비시스템 구성체계

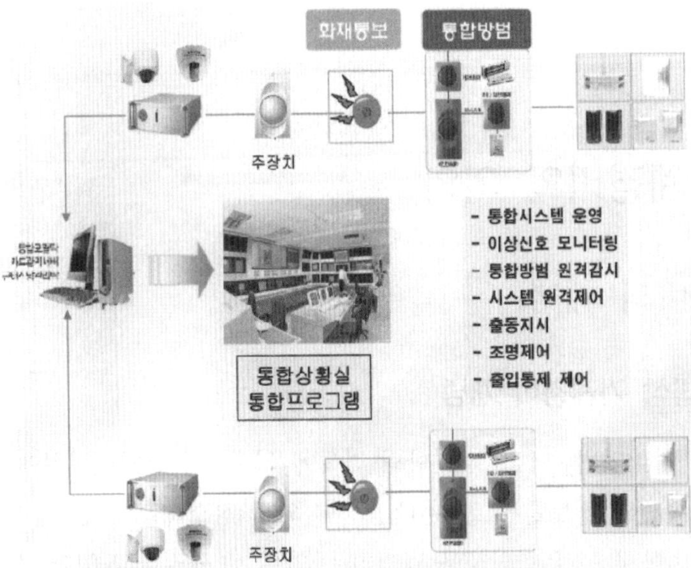

※ 출처 : 삼성 에스원 제공

2. 기계경비 발전과정

1) 도입기(1980년대)

1981년 3월 당시 한국안전시스템(現 에스원)이 일본 SECOM사와 기술제휴로 기계경비시스템을 도입하여 국내 최초로 무인기계경비업을 시작하였다. 이어 한국 보안공사(現 CAPS)가 미국에서 무인기계경비기기를 도입하여 무인기계경비업을 시작하면서 2개 회사가 한국의 무인경비시장을 주도하게 되었다.

기계경비시스템이 처음 도입되었던 1980년대 초반에는 각종 방범용 감지기에만 의존하는 단순한 방범서비스 업무만을 제공하였다. 경비대상시설물에 설치된 컨트롤러에서 수신되는 신호의 종류에 따라 관제센터에서는 LED의 색상으로 표시하는 초보적인 수준이었다. 즉 경비대상 시설물별로 구체적인 이상 발생지역 및 상황을 판단할 수 없었으며 초기에는 기기의 신뢰성 수준이 낮아 감지기, 컨트롤러 등의 보안기기 오작동으로 인한 잦은 출동으로 가입자들의 불만을 초래하였다. 그리고 도입단계에서의 대부분 가입자는 은행, 귀금속점, 전당포 등으로 제한적이었으며, 기계경비시스템에 대한 인식과 홍보의 부족 및 기기의 기술수준, 시스템과 운영의 미숙 등으로 급성장을 기대하기 어려웠다.

한편 1980년대 중반 이후에는 경비업체의 적극적인 홍보와 활발한 영업정책을 바탕으로 1986년 아시안게임과 1988년 서울올림픽 등을 성공적으로 거행함으로써 기계경비시스템 산업이 성장할 수 있는 발판을 만들었다. 가입자가 증가하면서 무인기계경비시스템 운영을 위한 전산화 작업이 시작되었고, 1986년 9월 한국안전시스템은 국내 최초로 기계경비업무의 전산화를 시작으로 전국을 온라인화하는 시스템을 구축하였다. 이를 계기로 지역적인 사업을 탈피하여 전국적인 사업의 기반을 마련하게 되었다.

2) 성장기(1990년대)

1990년대에도 시장성장은 지속되면서 기기를 국산화하려는 개발노력이 선발업체에 의해 시도된다. 기존에 단순히 신호를 보내던 수준에서 감지된 신호가 이상구역별로 구분되어 관제센터에서 부분적이나마 상황을 분석할 수 있게 되었다. 또한 보안기기의 성능도 개선되어 오작동에 대한 불필요한 출동을 줄이는데 기여하였다. 제공되는 서비스도 방범서비스를 포함하여 방재, 비상통보, 구급통보, 설비이상통보, 가스누출통보 등의 서비스로 다양화되기 시작했다.

특히 이 시기에 은행자동화코너가 확산된 시점으로 기존의 방범 컨트롤러와는 달리 출입관리, 조명, 공조, 셔터제어 등의 설비제어가 필수적이었다. 국내 무인기계경비업계의 선두기업인 한국안전시스템은 1990년 5월 일본 SRCOM의 기기를 도입하여 국내 최초로 무인은행 자동화코너를 위한 무인기계경비시스템을 개발하여 은행자동화코너의 무인화시대가 가능하게 되었다. 더불어 한국안전시스템은 1998년 11월 국내 최초로 시큐리티 전문 연수원을 개원하여 체계적인 교육 시행을 위한 기틀을 마련하였다.

한국안전시스템과 한국보안공사에 의해 주도되던 기계경비시스템 시장이 점차 특정

지역을 중심으로 저가업체들이 진출하면서 양적 성장을 보이지만 시장의 큰 변화를 주도하지는 못했다. 다만 그간의 공급자 위주의 시장체제에서 소비자가 경비업체를 선택할 수 있는 폭이 넓어져 치열한 가격경쟁구도가 시작되었다. 또한 이 시기 한국안전시스템은 에스원으로 한국보안공사는 캡스로 사명을 변경하면서 글로벌 기업에 편입하게 되었다.

3) 정착기(2000년대)

1990년대 후반에 진행된 기계경비시장의 개방과 'IMF'라는 경제위기는 무인기계경비시스템 시장에 여러 가지 변화를 가져왔다. 이 시기 다양한 형태의 M&A 와 가격경쟁력을 높이기 위한 노력이 지속되었다.

전국단위 업체와 지역의 중소업체 중 에스원, 캡스, KT텔레캅의 3개사가 전체 시장 매출액 기준 85% 이상을 점유하고 있으며, 이중 전국 네트워크를 보유한 에스원이 절반 이상을 차지하고 있다.

선두업체인 에스원과 캡스에서는 지속적인 시스템의 선진화 노력을 경주하였으며, 특히 2001년 미국 9·11테러 이후 안정적인 관제센터의 운영을 위하여 관제센터의 재난발생 시를 대비하여 이중관제시스템인 재난복구시스템을 구축하였으며, 원활한 출동을 위하여 관제센터와 출동요원 간 PDA를 이용한 무선데이터 통신시스템을 구축하였다. 그뿐만 아니라 출동요원의 신변보호와 빠른 출동을 위하여 출동차량에 GPS를 장착하여 관제시스템의 선진화에 앞장섰다.

이러한 과정에서 지방 중소업체들의 인수·합병, 영업전문가, 딜러(특약점)제도 등의 영업 전략으로 인한 무인기계경비시장의 무질서 현상들도 보이게 되었다. 앞으로 무인기계경비시장의 성장은 이러한 양적 성장에서 불필요한 신호를 사전에 제거하기 위한 노력과 오경보를 감소하기 위한 노력이 필요할 것이다.

3. 기계경비 운용의 장·단점

1) 장점

① 장기적으로 경비절감 효과 기대
② 경제적 부가비용 불필요
③ 감시구역 전체 동시 통제 가능
④ 24시간 계속적 감시 가능
⑤ 첨단 컴퓨터 등의 운용으로 정확성, 신속성, 계속성 기대
⑥ 강력범죄로 부터 인명사상의 예방 및 최소화 가능
⑦ 화재, 가스 등 다른 위해요소들로부터 인명의 사상 예방
⑧ 사고발생시 표시, 기록 장치로 증거보존 효과
⑨ 오경보가 없을 경우 사용자로부터의 신뢰성이 높음

2) 단점

① 오경보의 위험성이 큼
② 긴급출동요원이 도착하기 전까지 다소 시간 소요
③ 신속한 현장의 자체적인 대처 불가능
④ 초기 투자비용이 많이 들 수 있음
⑤ 유지보수에 많은 비용과 전문 인력 요구
⑥ 사용자가 작동을 하지 않거나, 작동법을 모르는 경우 발생
⑦ 고장시 신속한 대응 불가
⑧ 방범업무가 주요 기능이고, 부가적인 업무는 한정적

제2절 기계경비시스템의 유형

1. 로컬기계경비와 무인기계경비

1) 로컬기계경비시스템(local alarm monitoring system)

로컬(Local)기계경비 시스템은 주로 시설경비 시스템에 활용되는 형태로 대규모 공장과 같은 수평적 지역 경비시스템과 빌딩이나 복합 상가와 같은 수직 입체적 집중 경비시스템으로 나누어지며 사람과 기계의 혼합시스템 방식이다.

로컬(Local)기계 경비 시스템의 구조는 경비 목적물에 장소별로 적합한 각종 감지기와 CCTV 감시 장치를 이용하여 자체의 중앙감시센터에 상주 경비원이 감시 관리하고 침입자에 의한 침입신호가 중앙감시센터에 수신되면 상주 경비원이 출동·대처하는 시스템으로 이루어진다. 로컬(Local)기계경비시스템의 구성도는 〈그림 6-2〉처럼 침입자 감시를 위한 감시 장치와 감시 시 정보를 발생하기 위한 경보 장치 그리고 감지된 곳의 확인을 위한 확인 장치와 통제 장치, 경비원으로 구성된다.

〈그림 6-2〉 로컬기계경비 구성도

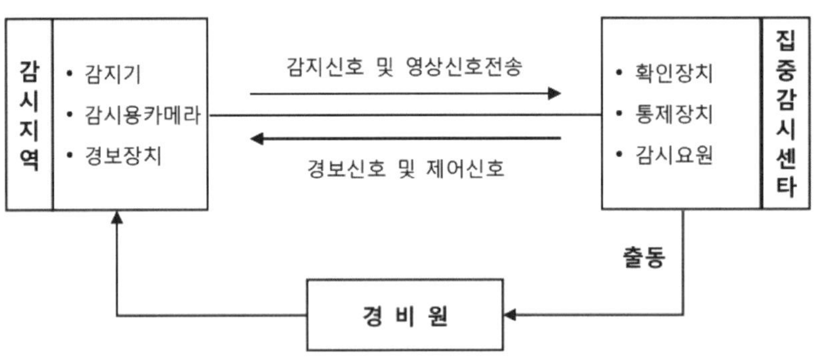

CCTV 시스템은 카메라에 촬영된 영상을 모니터로 감시하는 시스템으로 카메라와 모니터 사이를 통신매체가 연결하는데 통신기술의 발달로 동축케이블과 광케이블과 같은 유선통신매체 외에 무선이나 인터넷 등 다양한 통신매체가 활용된다.CCTV는 소수의

인원으로 비교적 사각지역 없이 감시할 수 있고 상황을 녹화하여 나중에 다시 볼 수 있으며 근무자가 범행에 직접 노출되는 기회를 줄일 수 있다는 이유로 널리 이용되는데 무선인터넷의 상용화와 함께 모바일 형태의 CCTV 시스템의 적용이 확산하고 있다.

2) 무인기계경비시스템(remote alarm monitoring system)

경비대상 시설물에 각종 감지기 및 주장치를 설치하여 현장에는 경비원을 배치하지 않고 원격지의 관제시설(관제센터)에서 관리하는 시스템으로 침입이나 이상 신호 수신 시 관할 출동차량에 지령하면 출동하여 대처하거나 경찰 · 소방 · 의료기관 · 설비회사에 통보하는 시스템을 무인경비시스템이라고 한다. 이 시스템은 경비 대상시설물에 사람이 없는 무인으로 운영되고 모든 발생 상황은 통신회선(유선, 무선)을 통하여 원격지의 관제시설(관제센터)에 송신되며 화재, 가스, 비상 등의 상태도 24시간 감시할 수 있다는 장점이 있다. 무인 경비시스템의 구성도는 〈그림6-3〉과 같다.

〈그림 6-3〉 무인 경비시스템 구성도

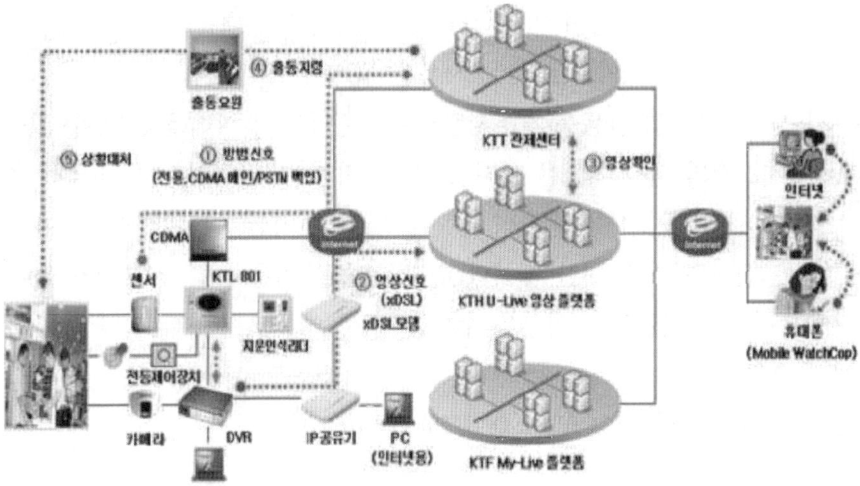

※ 출처 : KT 텔레캅 제공

이는 침입자의 침입을 감지하기 위한 감지장치와 옥내 · 외에 설치된 감지기에서 송신되는 감지신호를 분석하여 통신장치로 신호를 보내고 또한 각종 신호에 대한 출력으로 경보 등 사이렌, 버저를 동작시키는 주장치(컨트롤러), 주장치에 신호를 보내는 전용회선, 공중회선, 무선 등을 이용하여 원격지의 관제센터에 신호를 송신하는 통신장치, 주장치(컨트롤러)의 통신 장치에 수신된 신호를 수신하여 원격지의 상황을 분석하고 처리 출동차량으로 음성이나 무선데이터로 상황의 내용을 지령하는 관제장치로 구성된다.

이러한 무인 기계경비시스템은 침입감지시스템이라고도 정의하고 있는데 침입감지시스템이란 침입 상황과 같은 이상 상황을 현장에 설치된 각종 센서에서 감지하여 그 정보를 경보형태로 제공하여 이상 상황에 적절하게 대응할 수 있도록 해 주는 시스템이며 도난경보시스템 또는 전자경비시스템 등 여러 가지 이름으로 불리고 있으며 「경비업법」에서는 기계경비로 설명되고 있다.

2. 기계경비 시스템의 구분

1) 침입경보시스템(Intrusion Alarm System)

무단 침입과 같은 범죄 등 이상 상황을 현장에 설치된 각종 센서에서 감지하여 그 데이터를 경보의 형태로 제공하여 이상 징후나 비상 상황에 대응할 수 있게 하는 시스템이다. 또한, 무인경비의 개념으로 처음 사용된 시스템으로 화재, 가스 누출, 시설 이상 감지 등 위험 지역에서의 활동을 감소시킴으로써 근무자의 피해를 줄일 수 있다는 장점이 있다. 이 시스템의 핵심 기술은 센서기기인데 자석센서, 열선센서, 적외선 센서 그리고 유리 파손 센서 등 설치 장소와 기능에 따라 다양한 센서가 적용되며 주장치인 Controller는 센서 기기에 대한 제어와 전송 기술을 이용하여 각 센서가 감지한 이상 신호를 경보 신호로 전환하는 역할을 수행한다.

2) 출입통제시스템(Access Control System)

출입 통제 시스템은 인력을 대신하여 출입 통제 기능을 수행하는 것으로 출입자를 식별하고 출입 상황에 대한 허용과 제지를 결정하고 결과에 따라 문 잠금 장치를 제어하여 비인가자의 출입을 통제하는 것으로 사람뿐만 아니라 자동차나 물품의 반·출입에 대한 감시와 통제하는 기능을 포함한다. 출입 통제 시스템에서 가장 핵심적인 기술은 출입 상황을 식별하는 인식기술로 출입의 인가 여부를 자동으로 인식해 식별하는 기능이다. 최근에는 첨단 3D인식 기술과 분실이나 도용 등의 위험이 없는 지문이나 얼굴 인식 기술이 상용화되고 있고 그 밖에 손금, 홍채, 망막, 정맥, 목소리, 족적, DNA 등 인체 특징을 이용한 생체인식기술의 적용이 검토되고 있다. 주요 시설물에서 사람이나 물류, 자동차 등의 입·출입을 통제하는 시스템으로 침입감지 시스템과 영상감지 시스템과 함께 쓰이는 경우가 많다.

3) 영상감지시스템(Closed Circuit Television System)

영상감지 시스템은 모든 물리보안의 기계경비시스템에서 가장 많이 사용하는 방법으로 감시카메라 시스템, CCTV 시스템 또는 화상감시 시스템 등으로 불린다. 영상 감지 시스템은 현장 상황에 대한 시각 정보를 실시간으로 제공하여 이상 상황에 대응할 수 있도록 특정 수신자에게 전달하는 텔레비전 방식으로 영상 정보의 송신이나 수신은 유·무선으로 연결하고 침입자를 감시하거나 이상 상황을 녹화하는 시스템을 말한다. 다시 말해, CCTV와 같은 카메라를 사용하는 영상감지 시스템으로 입자 감시, 건물이나 중요 자료의 외부 유출 감시를 위한 촬영과 녹화가 가능한 시스템을 말한다. 최근에는 인터넷이나 휴대전화를 활용해 실시간으로 영상을 볼 수 있도록 발전하여 그 적용 범위가 점차 확대되고 있다.

또한 2012년 개발되어 보급되기 시작한 스마트 기술인 지능형 영상 인식 시스템은 기존의 감시 기능만을 수행하던 차원에서 고성이나 충돌음과 같은 소리를 인식 자동 반응하거나 침입, 군집, 배회 등 행동의 패턴을 인식하는 기술 단계에 있으며 실제 적용되고 있다.

4) 홈 시큐리티 시스템(Home Security System)

개인이나 사무실에 외부 침입이나 가스 누출, 화재와 같은 사고가 발생하였을 때 비상경보가 CATV회선을 통해 경비회사에 전송되면 경비회사는 이상 여부를 확인하고 경찰서, 소방서, 가스회사에 통보하는 시스템을 홈 시큐리티 시스템이라고 말한다. 홈 시큐리티 시스템은 주로 가정의 도난, 화재 위험을 예방하거나 사람에게 가해지는 위험을 예방하는 것을 주목적으로 하는 것으로 관리 시스템의 구성은 세대별 설치하는 기기와 공동 현관에 설치하는 기기 그리고 종합관리실에 설치하는 기기로 이루어진다.

5) 외곽감지시스템(Perimeter Intrusion Detection System)

경비대상 시설과 경비대상 외부를 결정짓는 옥외구역 외곽 방책을 통해 침입하는 것을 감지하는 시스템을 외곽침입감지 시스템이라고 한다. 다시 말해 외곽 감지 시스템은 시설물 외곽에서 침입자의 충격, 절단, 월담 시 발생하는 신호를 분석, 처리하여 신호를 보내줌으로써 외부의 침입을 감지 및 탐지하는 시스템이다. 이는 침입자가 외곽에서 침입할 때 시설 상주 경비원이 침입자를 제재하고 대응할 수 있는 최대한 시간을 벌기 위한 것으로 침입 경보는 외곽 감지 시스템에서 매우 중요하다.

6) 전자보안 장비(Electronic Security Equipment)

국가의 주요 시설과 공항, 항만을 이용하는 사람들의 안전을 확보하기 위하여 위험한 화물을 검색하고 범법자를 색출, 검거하는 데 활용하는 시스템이다. 전자보안장비는 상품도난방지 시스템(EAS: Electronic Article Surveillance)과 폭발물 탐지기(Bomb Detector), 금속탐지기(Metal Detector), X-레이 검색기를 포함하는 검색장비로 구성된다.

제3절 침입경보시스템

1. 침입경보시스템의 개념

침입경보시스템(Intrusion Alarm System)에서 '침입경보'란 특정 장소에 무단으로 침입하는 행위를 탐지하여 경보를 발생시키는 것을 말한다. '침입감지', '침입탐지'라는 용어로 사용된다. 이러한 침입경보시스템은 외곽과 건물 외부에서의 침입행위뿐만 아니라 건물 내부의 보호구역과 주요 자산에 대한 무단 접근을 탐지하여 현장과 보안 관제센터에 경보를 발생시키고 침입지점 등 현장 상황을 평가할 수 있는 정보를 제공한다. 침입감지기, 컨트롤러, 경보장치 등으로 구성된다.

2. 침입감지기

감지기는 물리량이나 화학량의 변화를 전기신호로 변환하는 장치이다. 따라서 빛의 성질, 자기장, 물체에 작용하는 힘과 운동, 열에 의하나 물질의 상태 변화, 물질의 화학적 변화, 주파수의 변화 등에 반응하도록 설계되어 있다.

1) 실외형 감지기

(1) 매립형 감지기

매립형 감지기에는 압력 감지기, 자기장 감지기, 등축케이블 감지기와 광케이블 감지기 등이 있다. 압력감지기는 기압 가스로 채워진 호스로 구성되어 있으며 걷거나, 뛰거나, 기어가거나, 달리는 침입자를 탐지할 수 있다. 자기장 감지기는 지면 아래에 매설된 와이어 루프를 통해 자기장의 변화를 탐지하며 주로 차량 탐지를 목적으로 사용된다. 동축케이블 감지기는 지하에 묻혀있는 능동형의 감지기로 사람이나 차량의 전도성에 의해 탐지된다. 광케이블 감지기는 사람이 케이블 위를 걷게 되면 케이블에 압력이 가해지면서 케이블 내 광파의 흐름이 변화되어 경보를 발생시키는 마이크로벤딩(Micro-bending) 효과를 이용한다.

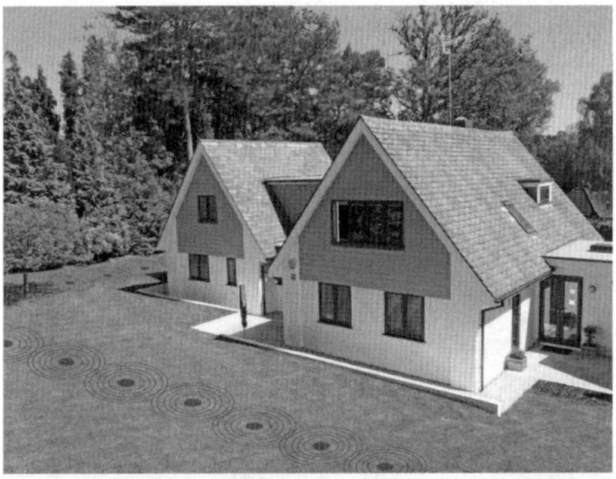

※ 출처 : 매립형 감지기 구성도(SensoGuard 제공)

(2) 펜스형 감지기

펜스형감지기는 보통 외곽의 펜스에 설치되며 관성스위치를 적용한 방식과 압전효과를 적용한 방식, 광케이블에 의한 방식 등으로 다양하다. 주로 펜스를 타고 오르는 침입자의 움직임이나 충격을 탐지한다. 그러나 외부에 위치하고 있기 때문에 비바람, 바람에 의한 비산물, 주변차량, 야생동물 등으로 인한 진동으로 오작동 가능성이 있다.

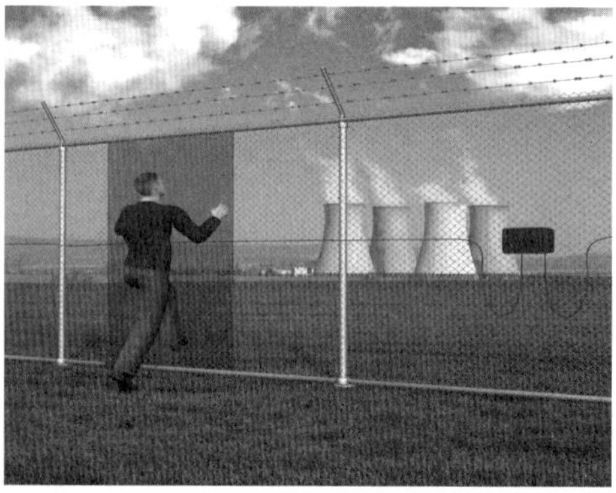

※ 출처 : 펜스형 감지기 구성도(Southwest Microwave, Inc 제공)

(3) 장력 감지기

장력 감지기는 감지기 자체가 펜스를 형성하는 형태로 간격 10cm 이하의 평행한 다수의 와이어로 구성되어 있으며, 펜스 기둥에는 장력 감지 소자가 고정되어 있다. 와이어를 절단하거나 침입을 위해 기어오르거나 와이어를 벌리는 행위 등으로 인해 일정 강도 이상의 장력을 와이어에 가하면 경보가 발생한다. 그러나 장력 감지기는 펜스 감지기와 동일한 방법으로 무력화가 가능하다.

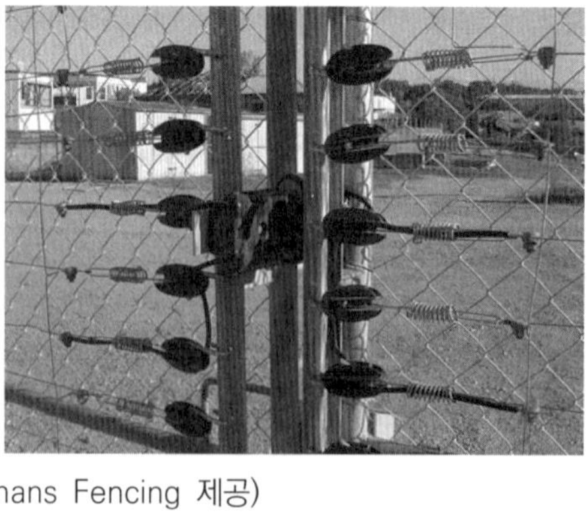

※ 출처 : 장력 감지기(Colemans Fencing 제공)

2) 실내형 감지기

(1) 자석 감지기

자석감지기는 보통 스위치 센터라고도 불리며 국내 기계경비업에서 가장 대중적으로 설치 운영되는 감지기 이다. 작동원리는 문 및 창문에 설치되는데, 자기 리드스위치 부분은 문이나 창문의 고정된 틀에 설치되고, 자석 부분은 문이나 창문의 움직이는 부분에 설치된다. 문이나 창문이 닫히면 스위치 장치와 자석 장치 사이의 간격이 가까워져 자석의 자기장에 의해 리드스위치가 닫힌 위치가 되며, 문이 열리게 되어 자석이 제거되면 리드스위치가 떨어지게 되어 경보가 발생하게 된다.

자석감지기는 스위치 부근에 강한 자석을 놓아 스위치를 고정 위치로 유지하면 비교적 손쉽게 무력화되기 때문에 이를 보완하여 자력의 세기 변화에 반응하는 홀효과 스위치(Hall Effect Switch)를 설치하기도 한다.

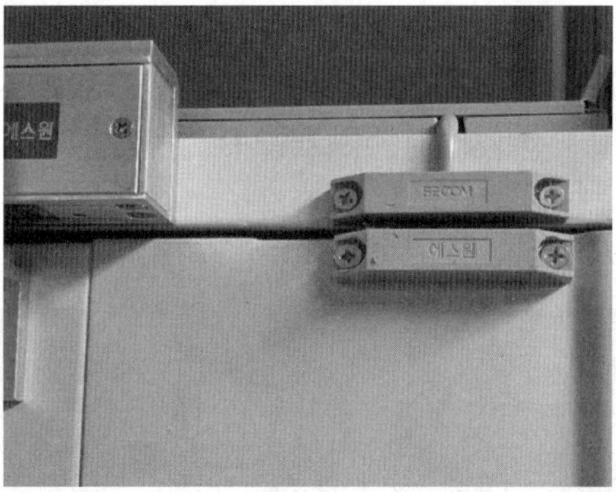

※ 출처 : 자석감지기(에스원 제공)

(2) 진동감지기

진동감지기는 고정된 표면에 대한 타격이나 충돌로 인한 진동을 탐지하고 반응한다. 관성스위치 방식의 진동감지기는 진동이 발생하면 내부의 금속볼의 관성으로 접점과 떨어지게 될 때 경보가 발생한다. 압전센서 방식은 진동이 발생하면 압전센서

가 전기적인 신호를 발생시키는 원리로 유리 파손을 탐지하는 유리감지기가 이에 해당한다. 유리감지기는 유리가 깨지면서 발생하는 독특한 음파와 충격팡에 반응하여 경보를 울린다.

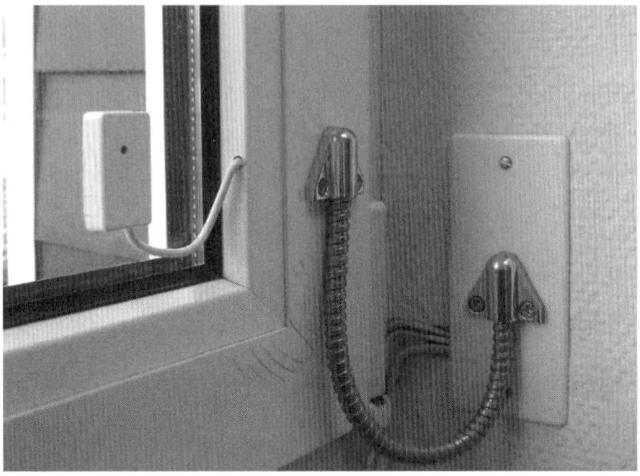

※ 출처 : 유리감지기(GBM-passiv 제공)

(3) 적외선 감지기

적외석 감지기는 빛을 발사하는 송신기와 수신기로 구성되는데 그 사이를 전달하는 광전빔이 침입자에 의해 차단될 때 경보가 발생하는 형태이다. 창문이나 벽, 울타리에 설치하여 사용하는데 적외선센서와 마이크로웨이브센서가 많이 사용된다. 적외선 감지기의 오보원인은 센터 장애 요인(나무 등)과 상호 간섭, 태양의 직사광선 등이다. 감지기가 복수로 설치된 장소는 상호 빔의 간섭에 의한 것은 없는지 확인 하여야 한다.

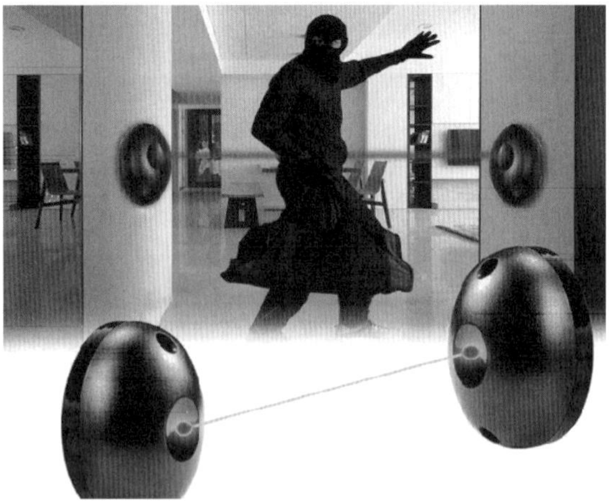

※ 출처 : 적외선감지기(Walmart 제공)

(4) 열선감지기

침입자에 의해 발생하는 주변의 온도변화를 감지하여 경보신호를 발생하는 것으로는 공간을 감지하기 위해 사용되는 열선감지기가 있다. 열선감지기 오보 사례는 작은동물(쥐 등)에 의한 것이 많다. 감지기 근처에 있는 락커(Locker), 선반 적층물 상단, 톨로 등을 이동하는 쥐로 인해 주로 창고에서 발생한다. 또한, 식당에서의 바닥면을 이동하는 쥐, 틈새로 들오는 개, 고양이, 천장 틈새로 날아 들어오는 새 등이 있다. 그 외 감지영역 내에 전기로, 히터 등이 초퍼현상에 의해 온도차이가 날 경우와 열원체(전기로, 히터 등) 자체의 온도변화가 생길 경우 나타난다.

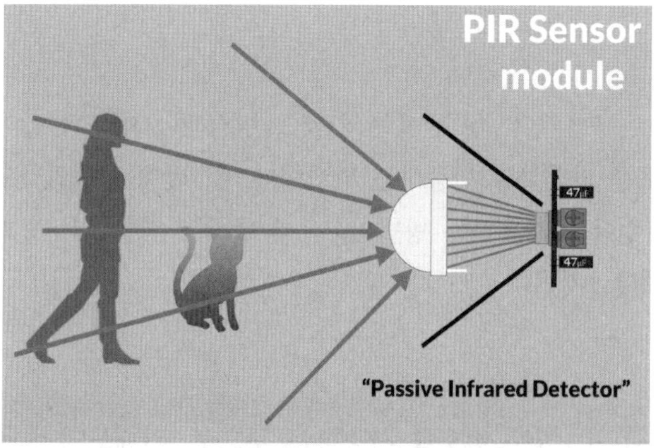

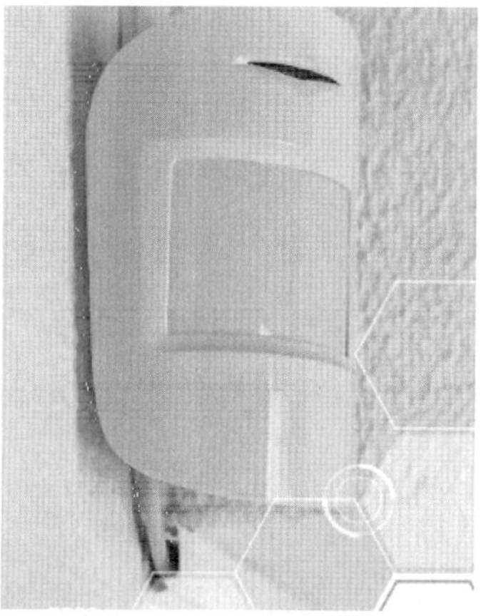

※ 출처 : 열감지기(수동형 열선 감지기)

제4절 출입통제시스템

1. 출입통제시스템의 개념

출입통제란 인가된 사람과 인가되지 않은 사람을 구분하여 출입을 통제하는 것으로, 오래 전부터 출입통제를 위해 여러가지 방법이 사용되고 있으며, 출입통제장치는 단지 그 이름과 작동형태를 달리하는 경비기기의 한 형태이다.

출입통제장치를 통과하기 위해 출입하려는 사람을 확인하는 수단으로는 키나 카드와 같은 인식표로부터 지문이나 동공과 같은 신체의 특징까지 다양하다. 특히 사람 신체의 특징을 이용하는 출입통제장치의 이용이 증가하면서 '생체인식시스템'이라는 새로운 이름이 등장하고 있다. 효과적인 출입통제를 위하여 사람뿐만 아니라 물품이나 차량의 출입통제도 적절히 이루어져야 하며, 위험물품이 경비대상시설로 반입되는 것을 방지함과 동시에 귀중품이 밖으로 반출되는 것도 방지할 수 있어야 한다.

2. 출입통제시스템의 구성

1) 인식장치

출입 인증방법은 크게 세 가지로 구분된다. 첫 번째는 키패드 방식의 도어록과 같이 출입에 필요한 비밀번호 등의 정보를 기억하고 인증하는 방법이다. 두 번째는 출입카드나 열쇠 등의 소유하고 있는 인증수단을 사용하는 방법이고, 세 번째는 지문인식 등과 같이 개인의 신체적 특성을 활용하는 것이다.

(1) 식별번호 방식

출입 인증을 위해 개인을 식별할 수 있는 번호를 사용하는 것으로, 키패드에 보통 4~8자리의 비밀번호를 입력하여 인증한다. 이 방식의 취약성은 비밀번호의 노출이 쉬어 보안성이 낮다는 것이다. 예를 들어, 인가된 개인이 식별번호를 비인가자에게 전달하거나, 침입을 의도하는 자가 은밀하게 관찰하여 식별번호를 알아낼 수 있다.

(2) 출입카드 방식

출입카드 방식은 카드에 코딩된 전자적인 정보에 의해 출입을 인증하는 방식이다. 이러한 출입카드 방식은 부착된 자기띠에 출입자 정보를 기록하여 출입리더기에 삽입하는 마그네틱 카드와 카드에 내장된 직접회로를 통해 인증하는 IC카드로 구분된다. 이러한 IC카드는 접촉식과 비접촉식으로 구분된다. 접촉식은 카드 표면의 접점을 사용하여 인식장치와 통신하지만, 비접촉식 스마트카드는 무선전파(RF)를 사용하여 인식장치와 통신한다.

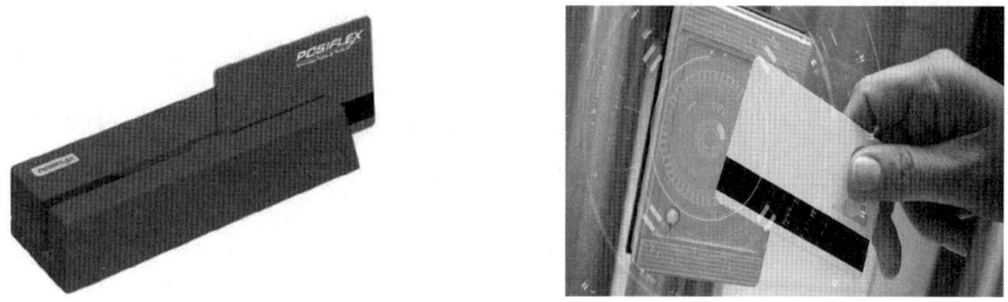

※ 출처 : 마그네틱 카드와 비접촉식 IC 카드

(3) 생체인식 방식

생체인식은 지문, 얼굴, 홍채, 망막, 정맥, 혈관, 음성, 귀의 모양과 같은 개인의 고유한 신체적 특성을 기반으로 인증하거나 필적, 목소리, 눈 깜빡임, 보행방식 등의 행동적 특성으로 인증하기 때문에 출입카드와 달리 분실, 도난, 복제 등의 취약성이 거의 없다고 할 수 있다. 기존에는 주로 지문과 홍채인식 방식이 많이 쓰이다가, 최근에는 영상분석기술의 진보에 따라 안면인식 방식이 확대되고 있다.

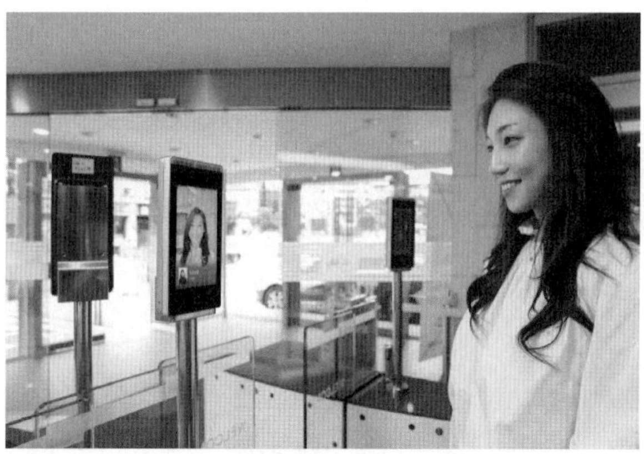

※ 출처 : 워크스루형 안면인식 패드(SK쉴더스 제공)

① 지문인식

지문은 사람을 식별하는 중요한 수단으로 출입 인증에도 적용되고 있다. 지문인식이란 인간의 손바닥에 존재하는 땀구멍이 융기한 선인 융선과 그 흐름과 회전으로 인한 중심점, 삼각주, 분기점 같은 특징을 인식하는 방법이다. 지문을 획득하는 방법에는 광학식, 반도체식, 열감지식, 전기장식이 있다.

② 홍채인식

홍채는 눈의 동공과 공막 사이에 있는 도넛 형태의 부분으로, 개인마다 고유의 무늬와 색깔을 가지고 있다. 홍채인식 방법에는 25~30cm 거리에서 영상 카메라를 사용하여 홍채 구조를 촬영하므로 얼굴과 인식장치 사이에 물리적 접촉이 필요하지 않아 인식 과정에서 출입자의 거부감이 비교적 적다.

③ 안면인식

안면인식은 영상카메라에 의해 얼굴의 이미지를 인식하는 방식이다. 촬영된 이미지의 특성은 사전에 데이터베이스에 저장된 이미지의 특성과 비교되며, 지정된 허용오차 이내이면 출입을 허가한다. 안면인식은 출입자가 별다른 수고나 신체적 접촉 없이 출입을 인증할 수 있으며, 범죄자를 식별하는 기능을 수행할 수도 있다.

(4) 차량번호인식

차량번호인식이란 카메라로부터 추출된 영상으로부터 차량번호를 추출하는 광학문자 인식 기술로서 차량이 출입하는 지점에서 차량번호를 자동으로 판독하는 장치이다. 인식절차는 카메라의 이미지센서로부터 입력된 영상정보에서 차량번호판 모양을 일차로 추출하고, 해당 이미지에 텍스트를 이차로 추출한다. 이러한 기술은 번호판의 상태, 우천이나 야간, 조명반사 등의 상황에 따라 오류가 발생할 수 있다.

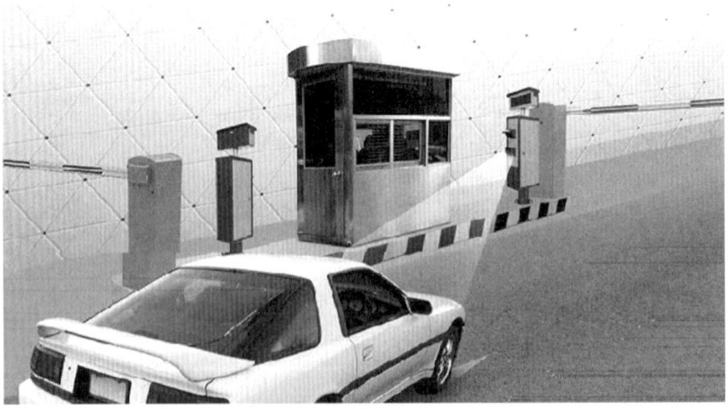

※ 출처 : 차량번호인식기 운영도

2) 전기정

전기정은 출입통제 컨트롤러로부터 전송되는 전기적 신호에 따라 작동하는 잠금장치로서 자력을 이용하는 전자기식 방식과 전기에 의해 기계적인 부분을 작동시키는 전자기계식 방식으로 구분된다. 전기정을 사용하게 되면 원격에서 출입문을 잠그거나 잠금을 해제할 수 있으며, 전기정 내부에 도어개폐 센서가 내재된 경우에는 개폐 상태를 확인할 수 있다.

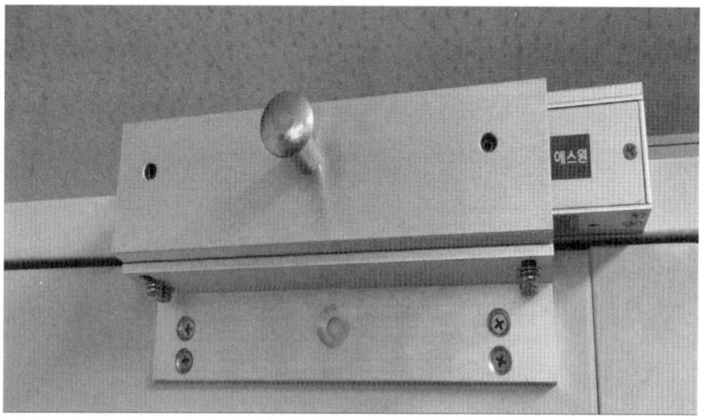

※ 출처 : 전기정(에스원 제공)

3) 컨트롤러

출입통제 컨트롤러는 설정, 개폐, 통신, 기억, 경보 기능을 수행하는 핵심적인 장치로 출입 인증 요청 시에는 출입 인식장치로부터 정보를 수신하여 사전에 출입통제 서버로부터 수신받아 컨트롤러에 저장된 출입자 정보와 비교 확인 후 출입문에 부착된 전기정에 개폐 신호를 보낸다. 또한 출입문에 부착된 도어 감지기로부터 출입문의 개폐 상태나 비정상적 개방 신호를 수신하여 출입통제 서버에 송신하여 출입관제 소프트웨어에 경보가 표출되도록 하고, 모든 출입 기록을 컨트롤러에 저장함과 동시에 서버에 전송한다.

4) 출입통제 관제장치

출입통제 관제장치는 출입통제서버와 디스플레이용 모니터로 구성된다. 출입통제 서버에 설치되어 사용자 인터페이스를 제공하는 출입통제 소프트웨어는 보안관제 센터에서 모니터링 될 수 있도록 구성되어 출입통제 컨트롤러와 출입 관련 정보를 송수신한다. 이러한 관제장치는 출입권한을 부여하거나 조정, 삭제하는 등 관리를 할 수 있고 저장된 출입기록을 조회할 수 있다.

제5절 영상감시시스템

1. 영상감시시스템의 개념

영상감시시스템(Video Surveillance system)이란 촬영장치를 사용하여 특정 장소를 촬영하거나 영상과 신호를 전송하여 감시하는 것으로 일반적으로 CCTV(Closed Circuit Television)로 불리는 경우가 많다. 그러나 현재의 영상감지시스템은 영상이 네트워크를 통해 전송되고 클라우드에 저장되는 등 폐쇄회로 방식이라는 의미를 가진 CCTV시스템으로 표현하는 것은 한계가 있다.

영상감지시스템의 목적은 통제 지점이나 핵심구역, 취약구역에 대해 이상 유무를 감시하는 것을 기본으로 하고, 위협이 탐지된 경우에는 현장 상황을 평가할 수 있는 영상 정보를 제공하여 대응하는 것이다.

CCTV는 공중파를 이용한 방송용 TV와 구분된 이름으로 카메라와 모니터가 유선으로 연결된다는 것을 의미한다. 그러나 공중방송을 위해 유선TV가 등장하고 무선을 이용한 CCTV가 사용되고 있지만 CCTV는 감시장치의 한 형태로 널리 사용되고 있으며, 경비목적 외에 교통상황 감시나 공장에서 공정감시, 병원에서 환자감시 등으로 사용되고 있다. CCTV는 현장에 설치된 카메라와 연결된 모니터를 통해 현장상황을 감시할 수 있게 도와준다. 그러나 범행이 근무자가 모니터를 주의 깊게 주시할 때까지 기다렸다가 발생하지 않으므로 모니터를 주시하는 공백을 없애지 않으면 근무자의 잘못된 자신감을 갖게 하고 자원과 돈을 낭비하는 결과를 초래할 수 있다.

2. 영상감시시스템의 구성장치

1) 촬영장치

촬영장치인 카메라는 촬영대상에 상을 맺는 역할을 하는 렌즈와 촬영된 상을 전기신호로 변환하는 이미지센서가 기본적인 부품이며, 이외에도 카메라를 보호하는 하우징, 방향 전환을 위한 팬틸트 장치, 야간이나 저조도 상황에서 적외선 감시를 위한 적외선 램프 등으로 구성된다.

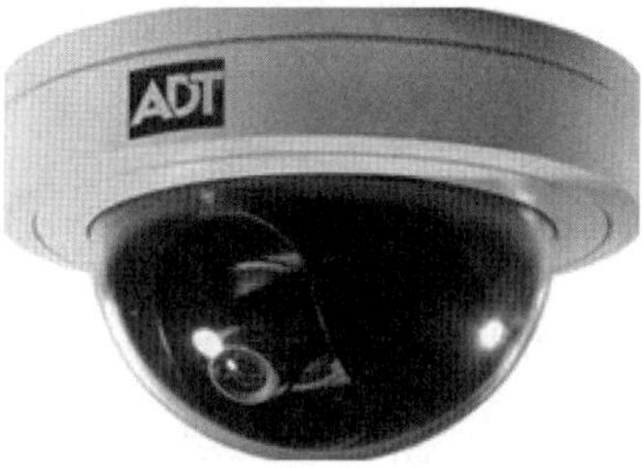

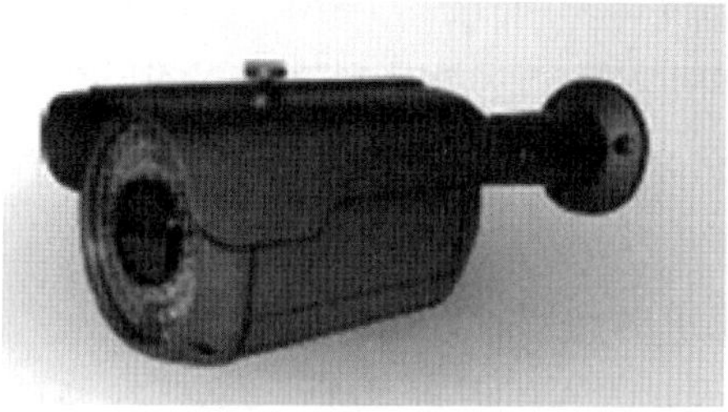

※ 출처 : 돔형 카메라와 블랙박스 카메라(SK쉘더스 제공)

2) 전송장치

전송장치는 촬영장치에서 받은 신호를 수신부로 전달하는 부분으로, 신호전달을 위해 동축케이블이나 광케이블과 같은 유선매체가 널리 사용되지만 무선매체가 사용되기도 한다. 특히 최근에는 이동통신이나 인터넷이 CCTV의 전달매체로 사용되면서 CCTV의 적용범위가 확대되고 있다.

3) 수신장치

수신부는 카메라에서 보낸 전기신호를 영상신호로 재생하는 부분으로 모니터라 불리는 부품이 이에 해당한다.

4) 주변장치

CCTV는 경비기기에 지나지 않으며, 기기가 주는 단점을 보완하기 위해 여러 가지 종류의 주변기기를 활용할 수 있다. 디지털 기술이 CCTV에 적용되면서 영상저장이나 전송을 보다 효율적으로 하고 있으며, 인터넷과 접목된 정보기술이 CCTV의 기능과 적용범위를 보다 넓혀주고 있다.

(1) 녹화장치

경비의 우선목표는 현장에서 발생하는 이상상황을 감시하고 이에 대응하기 위한 것이지만, 감시대상자의 자유로운 활동을 보장해 주는 상태에서 단지 진행되는 상황을 녹화하여 문제가 발생했을 때 그 장면을 다시 보거나 법적인 증거자료로 활용할 수 있다. 현장상황을 녹화하기 위하여 여러 가지 방법을 사용할 수 있는데, 필요 시 근무자가 직접 녹화장치를 작동하게 하거나 움직임경보장치와 함께 사용하여 영상변화가 있을 때 자동으로 녹화할 수 있다.

(2) 움직임 경보장치

CCTV 운용시 발생하는 문제 중 하나는 지루함으로 인하여 근무자가 모니터에 나타나는 영상변화에 집중하기 어렵다는 것으로, 때때로 침입상황을 보지 못할 수 있다. 이러한 문제를 극복하기 위하여 모니터의 영상변화를 감지하여 근무자에게 경고하여 주는 움직임 감지장치를 적용할 수 있다.

(3) 영상분할장치 및 영상절화장치

일반적으로 여러 대의 카메라를 운용할 때 카메라의 수에 맞는 모니터가 필요하지만 여러 개의 영상을 분할하여 한 대의 모니터에 나타나게 하는 영상분할장치나 일정한 시간 간격으로 영상을 하나씩 차례로 보이게 할 수 있는 영상절환장치를 사용할 수 있다.

(4) 팬틸트 장치

시선이 고정되어 있는 카메라를 사용할 경우, 근무자는 한정된 범위만을 볼 수 있으므로 움직이는 물체를 주시할 수 있는 시간이 짧아진다. 이러한 단점을 보완하기 위하여 카메라를 상·하, 좌·우로 조정하여 그 상황을 추적할 수 있다.

그러나 침입자가 팬틸트 장치를 조작할 때까지 기다려주지 않을 경우, 이 장치를 유용하게 사용할 수 없으므로 범인의 행동을 추적할 수 있을 정도의 속도로 조정할 수 있는 장비를 선택하여야 하며, 그렇지 않으면 여러 대의 카메라를 이용하는 것이 좋다.

(5) DVR

DVR은 디지털기술과 발달과 함께 CCTV시스템에 적용되어 널리 사용되고 있는 장비로, 영상신호를 디지털로 변환하여 영상신호 저장과 영상신호의 원거리 전송을 쉽게 해준다. 특히 영상신호를 테이프가 아닌 하드디스크에 저장함으로써 녹화된 영상을 쉽게 검색할 수 있으며, 영상저장과 검색을 오랫동안 하여도 선명한 영상을 얻을 수 있다. 또, 다른 장치와 연계하여 복합적인 기능을 수행할 수 있으며, 자체적으로 영상분할 기능이나 움직임감지기능 등이 포함되어 있어 이를 위한 별도의 장치를 설치할 필요가 없다.

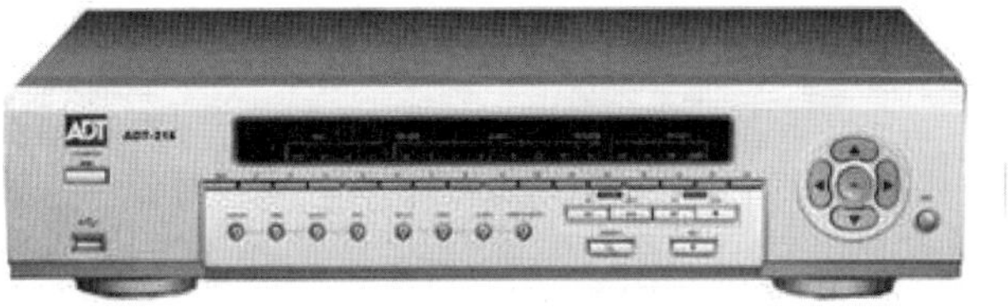

※ 출처 : DVR(SK쉘더스 제공)

제 7 장

혼잡 · 교통 유도경비 실무

제7장 혼잡 · 교통유도경비 실무

제1절 혼잡경비의 이해

1. 혼잡경비의 개념

1) 혼잡경비의 의의

일반적으로 혼잡경비는 '행사안전경비'로 지칭된다. 대규모의 공연·기념행사·경기대회 등 기타 각종 행사를 위해 모인 조직화되지 않는 군중에 의해서 발생하는 자연적인 혼란상태를 전제로 한다. 이러한 상태를 사전에 예방·경계하며, 만일 위험한 사태가 발생한 경우 신속하게 조치하여 상황이 확대되는 것을 방지하는 경비활동을 말한다(경찰실무교재 편찬위원, 2024). 특별히 개인이나 단체의 불법행위를 전제로 하지 않는다.

경찰은 「경찰관 직무집행법」, 「공연법」, 「경비업법 시행령」등을 근거로 혼잡경비에 대한 활동을 담당하고 있다. 특히 경비가 필요한 시설 등에 대한 경비의 요청이 개정되면서 혼잡경비에 대한 기준이 제시되고 있다. '행사장 등'은 행사장, 그 밖에 많은 사람이 모이는 시설 또는 장소를 말하며, 혼잡 등으로 인한 위험발생을 방지하기 위하여 경비가 필요하다고 인정하는 경우에 경비원을 배치하도록 요청할 수 있다(「경비업법 시행령」, 제30조).

2) 기본원칙

혼잡경비의 기본원칙 중 첫째는 안전관리의 1차적 책임은 행사 주최자의 책임이라는 점이다. 이는 수익자 부담의 원칙을 전제로 한다. 민간 경비업체는 안전관리를 담당하며, 경찰은 행사장 주변의 치안과 질서유지를 맡는다. 또한 소방과 지자체 역시 안전사고 예방과 대응의 활동을 담당한다.

둘째는, 책임 있는 업무 수행과 최악의 상황을 가정한 대책 수립이다. 행사 주최자는 공연장 내·외부, 매표소, 출입문, 무대 주변, 관람석 주변에 안전요원을 배치하여 전체 행사 안전을 총괄해야 한다. 주최 측은 반드시 안전요원, 경찰, 소방 등의 배치와 협력을 조정한다. 또한, 지자체는 각종 공연 행사와 관련된 안전 사항을 종합적으로 검토하고 조정해야 한다(김종만, 2025)[2].

2. 혼잡경비의 중요성

혼잡경비의 중요성은 군중의 안전과 직결된다. 평온하던 상황도 어떤 계기로 인해 군중들이 흥분하게 되면, 통제가 어려워질 수 있다. 기상이변, 화재, 시설물의 붕괴 등으로 급박한 혼란상태가 발생할 경우, 사전 예방 및 현장 조치가 이루어지지 않으면 대규모 압사 사고가 발생할 위험이 크다. 따라서 모든 예측 가능한 상황을 고려하여 예방하고, 경계 방지 계획을 철저히 수립하는 것이 필수적이다.

혼잡경비는 다중인파관리와 관련하여 행사가 열리는 지방정부, 경찰 및 소방의 관리와 통제, 협력으로 업무가 수행되는 것이 일반적이다. 체계적이고 다차원적인 협력을 통해서 수행되는 업무로의 성격을 갖는다고 할 것이다.

민간경비의 영역이 확장되면서 인파가 집중되는 경비업무를 행사를 주관하는 기관에서 소위 고용하는 경비업체가 안전에 대한 책임을 갖고 실질적인 활동을 하게 된다. 사고를 예방하고 안전하게 행사를 진행하기 위해서는 법·제도적인 측면뿐만 아니라 현장을 고려한 실무적 관점의 계획 설정 및 대비가 중요하다.

혼잡경비는 다중 이용 시설, 축제, 행사 등 사람이 많이 모이는 장소에서 발생할 수 있는 혼잡 상황을 예방하고 관리하는 활동이다. 이는 사람들을 통제한다는 의미를 넘어, 안전사고를 예방하고 질서를 유지하는 중요성을 갖는다. 또한 행사의 원활한 진행

---

2) 김종만: 신라대학교 경찰행정학과 초빙교수, 경찰경비활동에 대한 실무담당자로서 관련 업무지식을 토대로 혼잡경비에 대한 내용 자문을 수행하였음

을 도모하며, 참석한 인원들에게 안정감을 제공하는 중요한 역할을 수행한다. 특히, 대규모 행사가 많아지고 안전에 대한 사회적 관심이 높아지고 있는 실정을 고려할 때, 혼잡경비의 중요성은 더욱 커지고 있다고 할 것이다.

3. 혼잡 경비원의 역할

혼잡 경비원은 대규모 인파가 모이는 장소에서 질서를 유지하고 안전을 보장하는 중요한 역할을 수행하게 된다. 업무의 장소적·상황적 특성을 고려할 때 예상되는 주요 업무는 다음과 같다.

① 인파 관리: 혼잡한 상황에서 인원의 흐름을 원활하게 하기 위한 관리활동을 수행한다. 출입구, 통로, 비상구 등을 고려하며, 특정 구역으로의 진입을 제한·유도하여 혼잡을 방지한다. 필요시 적절한 통행로를 안내하는 활동을 수행한다.
② 사고 예방: 행사나 시설에서 발생할 수 있는 잠재적인 위험 요소를 미리 식별하고, 예방하기 위한 조치를 취한다. 바닥의 장애물 제거, 위험 구역의 사전 차단, 적절한 경고 표지 설치 등이 포함된다.
③ 응급 상황 대응: 응급 상황 발생 시 신속하고 적절하게 대응한다. 응급대응기관에 연락을 우선적으로 한다. 가능한 경우, 응급 처치를 실시한다. 이러한 대응은 정기적인 훈련을 통해 익힌 대응 매뉴얼에 따라 수행한다.
④ 문제 해결: 현장에서 발생하는 다양한 문제를 신속히 파악하고 해결한다. 예를 들어, 길을 잃은 사람을 돕거나, 분실물 신고를 처리하는 등의 업무가 해당한다.
⑤ 정보 제공 및 안내: 방문객이나 참여자에게 필요한 정보를 제공하고, 안내 역할을 수행한다. 이를 통해 방문객의 편의를 도모하고, 불필요한 혼잡을 줄일 수 있다.
⑥ 통신 및 협업: 무전기 등 통신 장비를 사용하여 동료 경비원, 행사 주최자, 경찰 및 소방과 같은 긴급대응기관 등과 효과적으로 협업한다. 신속한 정보 공유와 협력적인 대응이 필수적이다.

4. 혼잡 상황에서의 대처 방법

혼잡 경비를 수행할 때는 안전 장비 착용, 명확한 역할 분담, 소통의 중요성, 상황 판단 능력, 신체적 · 정신적 건강 관리 등을 유념해야 한다. 특히, 혼잡 상황은 예측하기 어렵고 빠르게 변화하는 특성을 갖는다는 점을 명심해야 한다. 경비를 담당하는 인력이 당황하면 주변 인원들이 더욱 불안하게 된다. 따라서 침착하게 상황을 판단하고 적절한 조치를 취하는 능력이 요구되며, 평상시 대처 능력을 습득할 필요가 있다.

혼잡이 발생했을 때는 신속·효과적인 대응이 중요하다. 혼잡 발생 초기 신호를 빠르게 인지하고 추가로 다중의 인원 유입을 차단해야 한다. 또한, 넓은 공간으로 인파를 분산시키고 안전한 대피로를 확보해야 한다. 응급 상황 발생 시에는 신속하게 구조 및 응급처치를 실시하고 관련 기관에 신고하여 도움을 요청해야 한다.

【군중정리의 원칙】

(1) 밀도의 희박화 많은 사람이 모이면 충돌과 혼잡이 야기되므로 제한된 장소에 가급적 많은 사람이 모이는 것을 회피하게 함. 대규모 군중이 모이는 장소는 사전에 블록화함 (2) 이동의 일정화 군중은 현재의 위치와 갈 곳을 잘 알지 못함으로써 불안감과 초조감을 느끼게 되므로 일정 방향과 속도로 이동시켜 주위의 상황을 파악할 수 있는 여건을 조성함 (3) 경쟁적 사태의 해소 경쟁적 사태는 남보다 먼저 가려고 하는 군중의 심리상태로 순서에 의하여 움직일 때 순조롭게 모든 일이 잘될 수 있다는 것을 이해시켜야 함. 차분한 목소리로 안내방송을 하는 것도 한 방법임 (4) 지시의 철저 사태가 혼잡할 경우 계속적이고도 자세한 안내방송으로 지시를 철저히 해서 혼잡한 사태를 정리하고 사고를 미리 방지할 수 있음

자료: 경찰공제회, 2024

5. 혼잡경비를 위한 필수 요소

혼잡은 말 그대로 예상하지 못한 불안 요소들이 섞여 있는 위험성을 내포하고 있다. 혼잡 상황은 다양한 원인에 의해 발생할 수 있다. 예상치 못한 다중 인원의 출현과 급증, 시설의 협소함 등이 대표적 원인이다. 혼잡의 유형으로는 움직임이 제한된 혼잡과 움직임이 자유로운 혼잡, 갑작스러운 혼잡 등으로 나눌 수 있다. 경비원은 현장에 투입되기 전에 각 유형별 특징을 파악하고 이에 맞는 대응 방안을 숙지하는 것이 필요하다.

1) 상황 인식 능력

혼잡한 장소에서 주변 환경을 신속하게 파악하고, 잠재적인 위험 요소를 식별하는 능력이 필요하다. 이를 통해 즉각적인 대응이 가능해지며, 사고를 예방할 수 있다. 인파의 움직임을 모니터링하고, 이상 징후가 발생했을 때 빠르게 감지하는 것이 중요하다.

2) 의사소통 능력

혼잡 경비원은 방문객, 참여자, 동료들과 명확하고 효과적으로 소통할 수 있어야 한다. 이를 위해 친절하고 이해하기 쉬운 언어로 안내할 수 있어야 하며, 필요시에는 단호한 태도로 지시가 필요하다. 또한, 무전기 등 통신 장비를 활용하여 신속하게 정보를 전달하고 협업하는 능력이 요구된다.

3) 문제 해결 능력

현장에서 발생하는 다양한 문제를 신속히 파악하고, 적절한 해결책을 제시할 수 있는 능력이 필요하다. 길을 잃은 방문객을 안내하거나, 작은 충돌 사고를 원만하게 해결하는 등의 일이 이에 해당한다. 이를 위해 창의적이고 논리적인 사고가 필요하다.

4) 신체적 능력

혼잡 경비원은 장시간 서 있거나 이동할 수 있는 체력이 중요하다. 긴급 상황에서 신속하게 이동하거나, 필요한 경우 무력을 제압할 수 있는 기민한 동작이 요구된다. 이를 위해 정기적인 운동과 체력 관리가 필요하며 신체 능력을 유지하는 것이 중요하다.

5) 스트레스 관리 능력

혼잡한 환경에서 경비원은 다양한 스트레스 상황에 직면하게 된다. 이러한 상황에서도 침착·냉정하게 대응할 수 있는 능력이 필요하다. 스트레스 관리 기술을 익히고, 정기적인 스트레스 해소 활동을 통해 자신의 정신적 안정성을 유지하는 것이 중요하다.

【군중관리와 군중통제의 비교】

[군중통제] 군중에게 강압적인 방법 사용 [군중관리] 개개인이 아닌 대중에게 초점을 맞춤, 효율적 군중관리는 그 들이 행사를 즐기도록 하는 것으로 지원, 설득, 제재를 적절히 활용 - 지원 : 규율이나 지시사항에 대한 정보제공, 자발적협조 토대 마련 - 설득 : 상호간의 의사 소통스타일을 존중, 군중에게 바라는 바를 전달 - 제재 : 지원과 설득에도 효율적인 군중관리가 되지 않을 경우, 최종적인 수단으로 사용

제2절 교통유도경비의 이해

1. 교통유도경비의 개념

1) 교통의 개념

교통은 일반적으로 출퇴근, 업무 등과 같은 목적이나 기회를 충족시키기 위한 수단으로 말할 수 있다. 교통은 반복현상을 갖는 것으로, 공간적 장소의 변화 또는 이동이다. 교통은 체계적인 교통기관에 의한 이동이다. 이를 토대로 교통을 정의하면, 반복현상을 갖고 체계적인 기관에 의하여 행해지는 인간·화물·정보의 장소적 이동을 말한다(김대웅, 2006). 교통은 시·공간의 제약을 극복하고 사람, 물자, 정보를 연결하여 사회·경제 활동을 활성화할 수 있어야 한다. 이를 위해서 교통의 혼잡을 해소하기 위한 방안이 마련되어야 하는 것이다. 교통을 효과적으로 규제하고 관리하는 것이 필요하다.

교통유도경비는 공사의 진행을 원활하게 하고 교통체증을 완화하기 위한 단기적 목적으로 이용되는 것이 아니다. 이는 국가 안전망의 한 부분이며 국가 운송시스템의 일부로서 교통사고를 미연에 방지하기 위한 원활한 소통을 확보하는 기능을 담당하는 것이다. 궁극적으로 국민의 안전확보를 위한 적극적인 수단으로의 기능을 맡고 있다(박진용 외 3인, 2024).

2) 교통유도경비의 의의

'교통유도경비업무'란 혼잡한 장소 또는 차량의 통행으로 위험 발생 가능 장소에 대하여 부상 등의 사고 발생을 경계·방지하는 업무를 말한다. 주로 차량, 보행자를 유도하여 안전을 확보하는 것이다. 일본의 경우 공사규모와 무관하게 대부분의 공사가 이루어지는 장소에 교통유도경비원을 배치하여 안전을 확보하고 있다(김일곤, 2010). 이는 지역의 건설 공사 및 이벤트 행사에 의해 발생되는 교통지체와 불편함을 줄여주며 시민의 안전을 확보할 수 있는 제도로 활용이 가능하다(박동균·박기범, 2012). 현행 경비업법에서는 혼잡경비와 교통유도경비가 함께 규정되어 있어 교통유도경비의 독자적인 정의로는 한계가 있다.

2. 교통유도경비의 기능

교통이 원활하지 못한 상황으로 인해 발생될 수 있는 문제는 다양하다. 건설 관련 공사현장 및 통행이 혼잡하게 되는 해당 지점뿐만 아니라 연결되어 있는 도로에 전체적인 악영향을 주게 된다. 교통유도는 교통의 흐름뿐만 아니라 시민의 안전에 필수적인 기능을 담당하게 된다.

1) 교통사고 예방 기능

교통유도경비는 교통사고를 예방하고, 교통 소통을 원활하게 하여 사회적 비용을 절감하는 효과를 기대할 수 있다. 이는 대규모 행사장에서 발생하는 혼잡 상황에서 인파관리에 따른 사고 방지에 도움을 주며, 무엇보다도 시민의 안전을 확보하기 위해 운영의 필요성이 있다(최경철, 2023).

2) 교통체증 완화 기능

대도시의 교통체증은 차량 증가에 따라 더욱 심화되고 있으며, 이는 도심지뿐만 아니라 주요 간선도로까지 확산되어 문제가 심각해지고 있다. 교통체증은 교통시간의 손실뿐만 아니라 많은 사회적 비용을 초래하며, 교통사고 유발 가능성을 증가시킨다. 또한 에너지 소비량 및 매연 배출량 증가 등의 부정적인 결과를 초래한다(정철우 외 2인, 2024).

3) 사고 위험 감소 기능

교통유도경비는 도로 공사 구간에서의 사고 위험을 줄이고, 도로를 점유하는 대형 행사로 인한 사고 및 이로인한 시민의 불편을 예방하는 데 필수적이다(박성수, 2023). 교통이 원활하지 않은 상황에서 발생할 수 있는 다양한 문제를 예방할 수 있다. 따라서 교통유도는 교통의 흐름과 안전을 유지하기 위해 반드시 필요하다.

【개정 법령 시행 전(前) 공사 현장의 교통유도】

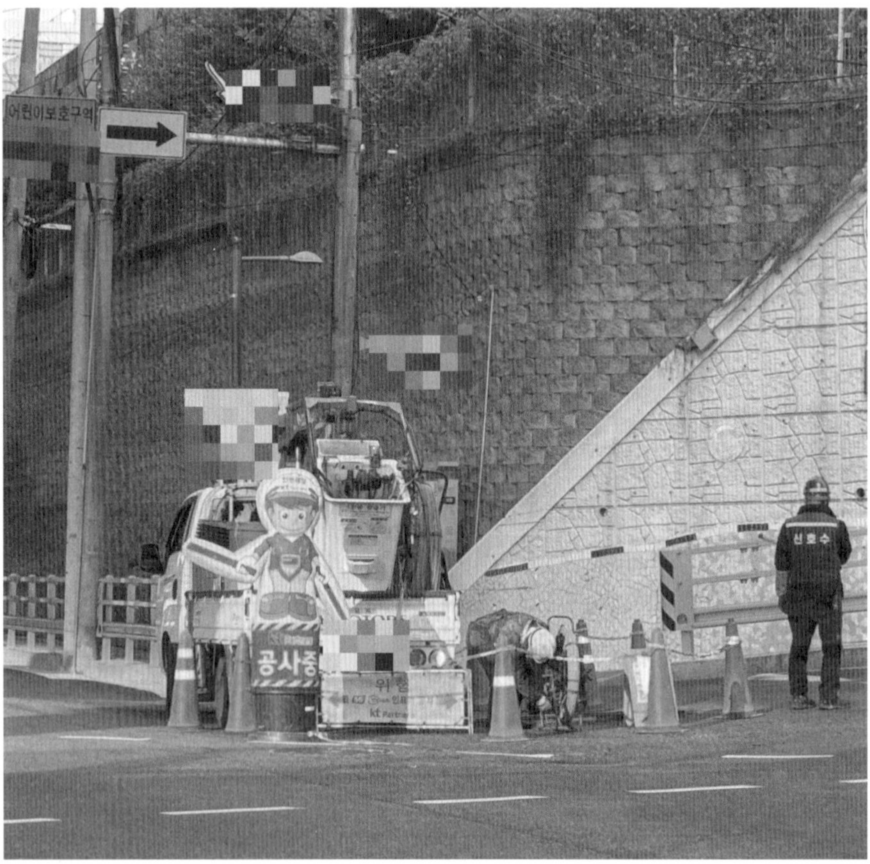

자료: 저자 촬영(2024.01.05.)

3. 교통유도경비원의 역할 및 분류

1) 교통유도경비원의 역할

개정 법령에 의하면 혼잡 · 교통유도경비업무를 담당하는 경비원은 일반경비원으로 구분된다(「경비업법」 제2조). 교통유도경비원은 교통사고 예방과 교통 소통을 원활하게 하기 위한 중요한 역할을 담당한다. 도로공사 구간, 대규모 행사장, 혼잡한 도로 등에서 차량과 보행자의 안전을 위한 활동을 전개하며, 원활한 교통 흐름을 유지하기 위해 노력한다. 교통유도경비원의 주요 임무는 다음과 같다고 말할 수 있다.

【교통유도경비원의 역할】

① 교통사고 예방: 도로 공사 구간이나 대형 행사장에서 사고를 예방하기 위해 차량과 보행자의 이동 유도하고 통제
② 교통 소통 관리: 혼잡한 도로에서 교통 흐름을 원활하게 하기 위해 신호하고, 차량의 원활한 이동을 지원
③ 안전 확보: 행사장에서 발생할 수 있는 사고를 예방하고, 긴급 상황 발생 시 신속하게 대처하여 시민의 안전을 확보
④ 정보 제공: 운전자와 보행자에게 교통 정보를 제공하여 안전하고 효율적인 이동을 지원

추가적으로, 모범운전자는 경찰공무원을 보조하는 사람(경찰보조자)의 범위에 포함된다(「도로교통법 시행령」 제6조). 즉, 도로를 통행하는 보행자, 차마 또는 노면전차의 운전자는 모범운전자가 도로교통법에 준하여 실시하는 신호 또는 지시를 따라야 한다(「도로교통법」 제5조). **그러나 현행 교통유도경비원에게는 이와 같은 권한이 부여되지 않고 있다.** 따라서 교통유도경비원은 그 역할을 수행하는데 있어서 활동의 한계를 갖게 된다. 불법주정차 등 차량 이동의 필요가 있을 경우에는 신속하게 지역 경찰 및 지자체 단속부서에 연락하여 협조를 받아야 한다.

2) 교통유도경비원의 분류

교통유도경비업무의 활동 범위(영역)은 다양하다고 볼 수 있다. 이를 고려한 교통유도경비원은 다음과 같이 분류할 수 있다.

【교통유도경비원의 분류】

① 일반 교통유도경비원: 일반적인 도로공사 구간이나 중·소규모 행사장에서 교통 유도와 통제를 담당. 도로공사로 인한 사고 위험을 줄이고, 차량과 보행자의 안전 확보에 중점 ② 행사 교통유도경비원: 대규모 행사나 축제 등에서 교통 유도를 담당. 행사장 주변의 교통 혼잡을 관리하고, 인파 관리와 안전 확보를 위해 노력 ③ 건설 현장 교통유도경비원: 건설 현장에서 교통 유도를 담당하는 경비원. 공사 구간에서 차량과 보행자의 안전을 확보하고, 원활한 교통 흐름을 유지하기 위해 노력 ④ 특수 교통유도경비원: 고위험 지역 및 특정 상황에서 교통 유도를 담당. 긴급 구조 상황이나 대규모 재난 상황에서 교통 통제를 담당하며, 신속하고 정확한 대응이 요구됨. 관련 기관과의 협력체계 구축이 필요함

또한 교통의 '통제 목적'에 중점을 두고 교통유도경비원을 분류할 수 있다. 이는 국토교통부의 교통관리지침을 준용하여 교통유도경비업무에 적용한 것이다. ①통제 경비원(교통흐름 정지 및 통행), ②서행 경비원(도로·행사공사 구간에 진입하는 차량 서행·운행 유도), ③유도 경비원(작업차량 등을 안전하게 작업장, 행사장으로 유도, ④보행유도 경비원(동선 안내가 필요할 경우 보행자에게 동선 안내 및 보행자 안전확보)으로 그 역할별로 구분이 가능하다.

4. 교통유도경비 활동의 내용

개정 법령은 교통유도경비를 혼잡경비와 구분하여 규정하고 있지 않고 있다. 장소는 도로에 접속한 공사현장, 사람과 차량의 통행에 위험이 있는 장소, 도로를 점유하는 행사장 등으로 유형을 나눠서 제시하고 있지만 혼잡경비와 교통유도경비를 함께 나타내고 있다. 본 절에서는 이를 구분하여 교통유도경비의 활동에 대해서 살펴보고자 한다.

1) 교통유도경비 활동 범위

첫째, 도로에 접속한 공사 현장이다. 여기에 해당하는 예로는 고속도로, 일반도로 등의 보수, 설치물공사, 건축공사장 등이 된다. 둘째, 사람과 차량의 통행에 위험이 있는 장소이다. 여기에는 ①시장, 상가 밀집 지역, ②학교 주변(스쿨존), ③지역 공원 등(공원에서의 행사), ④대형마트 주차장 등, ⑤아파트 등 자체 축제장소 등이 해당된다. 셋째, 도로를 점유하는 행사장 등이다. 도로점유집회 및 시위와 다양한 도로점유 행사장 등이 여기에 포함된다.

【'도로'란 무엇인가?】

「도로법」	제2조(정의) 1. "도로"란 차도, 보도(步道), 자전거도로, 측도(側道), 터널, 교량, 육교 등 대통령령으로 정하는 시설로 구성된 것으로서 제10조에 열거된 것을 말하며, 도로의 부속물을 포함한다.
	제10조(도로의 종류와 등급) 도로의 종류는 다음 각 호와 같고, 그 등급은 다음 각 호에 열거한 순서와 같다. 1. 고속국도(고속국도의 지선 포함) 2. 일반국도(일반국도의 지선 포함) 3. 특별시도(特別市道) · 광역시도(廣域市道) 4. 지방도 5. 시도 6. 군도 7. 구도
「도로법 시행령」	제2조(도로) 「도로법」(이하 "법"이라 한다) 제2조제1호에서 "차도, 보도(步道), 자전거도로, 측도(側道), 터널, 교량, 육교 등 대통령령으로 정하는 시설"이란 다음 각 호의 시설이나 공작물을 말한다. 1. 차도 · 보도 · 자전거도로 및 측도 2. 터널 · 교량 · 지하도 및 육교(해당 시설에 설치된 엘리베이터를 포함한다) 3. 궤도 4. 옹벽 · 배수로 · 길도랑 · 지하통로 및 무넘기시설 5. 도선장 및 도선의 교통을 위하여 수면에 설치하는 시설
「도로교통법」	제2조(정의) 1. "도로"란 다음 각 목에 해당하는 곳을 말한다. 가. 「도로법」에 따른 도로 나. 「유료도로법」에 따른 유료도로 다. 「농어촌도로 정비법」에 따른 농어촌도로 라. 그 밖에 현실적으로 불특정 다수의 사람 또는 차마(車馬)가 통행할 수 있도록 공개된 장소로서 안전하고 원활한 교통을 확보할 필요가 있는 장소 2. "자동차전용도로"란 자동차만 다닐 수 있도록 설치된 도로를 말한다. 3. "고속도로"란 자동차의 고속 운행에만 사용하기 위하여 지정된

	도로를 말한다. 4. "차도"(車道)란 연석선(차도와 보도를 구분하는 돌 등으로 이어진 선을 말한다. 이하 같다), 안전표지 또는 그와 비슷한 인공구조물을 이용하여 경계(境界)를 표시하여 모든 차가 통행할 수 있도록 설치된 도로의 부분을 말한다.

자료: 국가법령정보센터

2) 교통 관리구간의 개념

'교통 관리구간'이란 공사로 인해 방해받는 교통의 흐름을 안전하고 원활하게 유도하기 위해 설정한 구간을 말한다. 사전 주의표지가 설치된 지점에서 공사구간을 지나 교통류가 더 이상 영향을 받지 않는 지점까지를 의미하며, ①주의구간, ②완화구간, ③작업구간(완충구간 포함), ④종결구간으로 구분할 수 있다.

【교통관리 구간의 구분도】

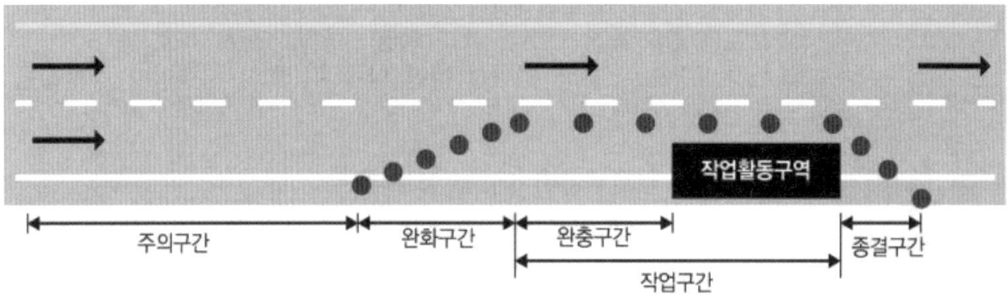

도로 공사구간은 공사장 상류부로부터 하류부까지 교통류 특성이 다르기 때문에주의구간, 완화구간, 작업구간(완충구간 포함), 종결구간으로 구분하여 세부적으로 설정하고 안전을 고려하여 관리해야 한다.

첫째, 주의구간은 운전자들이 전방의 교통상황 변화를 사전에 인지할 수 있도록 확보하는 구간이다. 차량 진행방향에 대하여 예상되는 정보를 운전자에게 알려주고통행 경로를 바꿀 수 있는 충분한 시간을 제공하기 위해 주의구간을 둔다.

둘째, 완화구간은 진행 중인 차로를 변화시키는 구간으로 공사 중인 해당 차로 전방에 일정 거리를 두어 주행차로를 차단하고 차로를 변경하게 하는 구간이다. 완화구간은 운전자들에게 잘 보여야 하며, 변경한 경로는 도류화시설[3]이나 노면표시로 시인성을 높여 운전자가 잘못된 판단을 하거나 기존 경로를 따르지 않도록해야 한다. 차로나 길어깨를 차단하지 않을 경우에는 완화구간을 생략할 수도 있다.

셋째, 작업구간은 완충구간과 실제 공사를 수행하는 작업활동구역으로 구성된다. 여기서 완충구간은 운전자들이 차로 변경을 하지 못할 경우를 대비하여 운전자 및 작업자를 보호하기 위한 구간이다. 즉, 운전자가 사전에 주의표지를 인지하지못하여 차로 변경을 못했을 경우, 완충구간은 자동차가 작업장 진입 전에 정지할수 있는 공간을 제공한다.

넷째, 종결구간은 작업구간을 통과하여 공사 이전의 정상적인 교통흐름으로 복귀하는 구간이다. 도로 공사구간 종점에 "공사장 종점"이라는 도로 공사구간 전용주의표지를 설치하여 운전자가 도로 공사구간을 통과했음을 확실히 알 수 있게 구성해야 한다.

3) 교통유도경비원의 배치

공사시행자는 공사로 인하여 차마의 통행을 유도하거나 지시 등을 할 필요가 있을 때에는 교통안전시설을 설치해야 한다. 또한 공사시행자는 기존 도로에 설치된 교통안전시설 중 공사로 인해 위험을 방지하고 교통의 안전과 원활한 소통을 확보하는데 부합하지 않는 시설은 제거하고, 차마와 보행자가 공사장을 피할 수 있도록 교통안전시설을 재설치한다(「도로교통법 시행규칙」 제42조의 2). 이와 관련하여 「도로교통법」 상의 안전요원 배치기준은 교통유도경비원에게도 준용되는 것으로 볼 수 있다. 여기에는 배치와 임무, 복장에 대한 사항이 규정되어 있다.

3) 도류화시설로는 임시 울타리, 교통콘, 드럼, 시선유도봉 및 수직 시선유도판 등이 있다.

【도로공사장의 안전요원 배치 기준】

1) 배치 : 최소 1명 이상을 감속운행이 시작되는 지점(공사구간 전방 60미터에서 90미터까지의 지점을 말한다)에 배치하고, 고속도로의 경우에는 공사구간 전방 500미터 부근에 추가로 안전요원을 배치한다. 다만, 도심의 도로에서는 주변 교통상황 등에 따라 거리를 축소하여 배치할 수 있다. 2) 임무 : 수신호와 깃발(야간에는 신호봉)을 사용하여 차마와 보행자를 통제하고, 안전을 유도한다. 3) 복장 : 반사체가 부착되어 있는 안전모 등 인명보호 장구를 착용하고, 야광밴드 등 고휘도(高輝度) 반사장비를 휴대한다.

자료: 「도로교통법 시행규칙」 제42조의 2

교통유도경비원의 배치 기준은 다양한 요소에 따라 달라질 수 있다. 일반적으로 교통량, 사고율, 특정 행사(이벤트) 및 사고예방을 위한 안전요구사항을 고려해야 한다. 국토교통부의 지침에 의거하여 교통유도경비원의 배치에 관한 사항을 살펴보고자 한다.

무엇보다도 교통유도경비원은 교통상황에 따라 차량 유도 및 통제 능력을 갖추어야 한다. 그 밖에 교통 통제수는 고휘도 야간 안전복 및안전모를 반드시 착용해야 한다.

일반차량의 서행운행을 유도하기 위해서 교통안전표지와 임시 교통통제시설이외에 완화구간 시점(완화구간 내)에서 서행운행을 유도하는 서행 신호를 담당하는 경비원을 배치한다. 고속도로에서는 고속 주행이라는 특성을 고려하여 완화구간 시점 이외에 전방 500m 전후 지점에 추가로 서행 신호 경비원을 배치할 수 있다. 이때에는 서행 신호 경비원의 안전을 위해서 로봇 신호수를 배치한다.

서행 신호 경비원 이외에 차량으로부터 작업자 및 신호 경비원의 안전에 관하여 급커브, 급경사 및 시거 확보가 어려운 구간 등 항상 감시가 필요로 하는 도로 공사 구간에서는 교통 감시원(교통감시 목적 경비원)을 배치하는 것도 고려해야 한다. 교통 감시 경비원은 항상 주행차량의 상황을 주시하며 본인의 안전에도 유의하여야 한다. 또한 공사구간내 작업차와 장비 이동상황(후진 등)을 주시하며, 위험상황 대비 작업원 대피경로를 파악한다. 도로 공사장 진입·출구간에는 작업자동차를 안전하게 유도하기 위해 유도 신호 목적의 경비원을 배치한다.

2차로도로에서 일방향 차단 교대통행을 할 경우 통제 경비원으로 교통을 처리한다. 도로 공사구간 양 끝에 각 1명씩 2명의 경비원을 배치하여 무선 통신기와 깃발 또는 표지를 이용하여 방향별 차량을 교대로 정지 및 통행시킨다. 교통흐름을 통제하기 때문에 로봇 신호수로 대체할 수 없으나 임시 신호등을 설치·운영할 수 있다.

공사장 설치로 보행자 도로가 차단되어 우회 보행자 도로로 보행자를 안내할 경우, 도로 공사장 전용 주의표지를 설치한다. 해당 관리기관에서 보행자의 안전에 관하여 감시 및 직접 동선 안내가 필요하다고 판단될 경우 보행 안내 경비원을 배치할 수 있다.

4) 교통유도경비원의 수신호

교통 통제수의 수신호 방법은 호각과 깃발 또는 신호봉을 이용한 신호 전달방법과 ‘정지’와 ‘서행’ 규제표지가 양면으로 붙어 있는 표지 패들을 이용한 신호전달 방법이 있다. 표지 패들의 표지판 규격 및 패들 길이는 교통안전표지 기준을 준용해야 한다. 관련 수신호는 다음과 같다(국토교통부, 2024).

【정지 수신호】

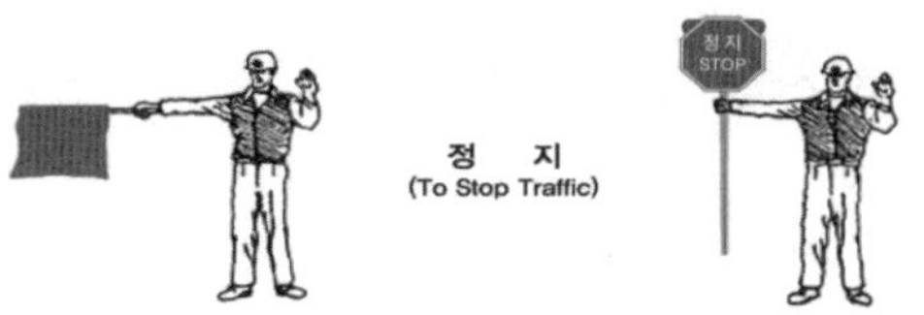

깃발 이용 　　　　 표지 이용

【진행 수신호】

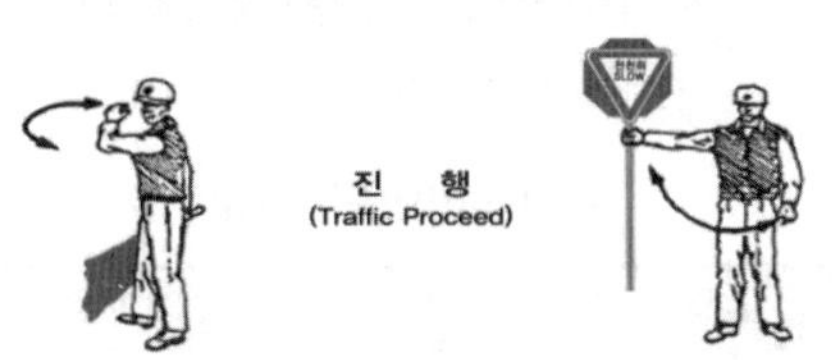

깃발 이용 　　　　 표지 이용

【주의 서행 수신호】

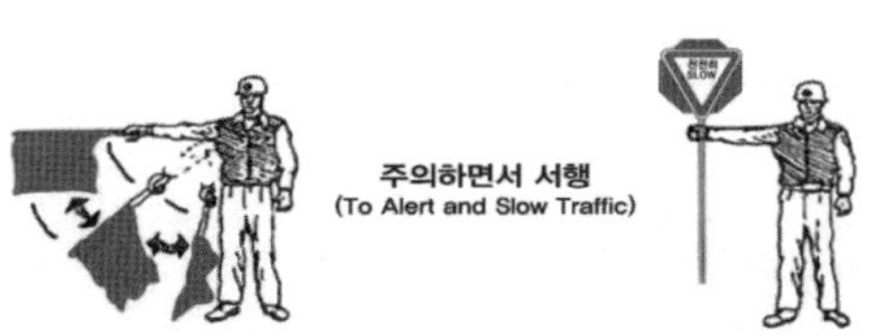

깃발 이용 　　　　 표지 이용

제3절 혼잡 · 교통유도 경비업무 시행

2025년 1월 31일부터 '혼잡 · 교통유도경비업무'가 시행됨에 따라 경찰청은 시행에 사항을 설명하고 있다. 혼잡경비와 교통유도경비업무가 하나의 경비업무로 추가되어 있다. '혼잡 · 교통유도경비업무'를 도급받으려는 경비업자는 신규 허가를 받아야 하며, 경비원 배치 및 교육 등 관련 절차를 준수하여야 한다. 관련 내용을 중심으로 살펴보면 다음과 같다.

1. 혼잡·교통유도경비업무의 범위

1) 장소

일반적으로 공사현장 · 행사장 등 사람과 차량의 통행에 위험이 있는 장소이며, 건설 · 도로 공사현장, 지역축제장 등이 여기에 해당된다.

2) 임무

교통사고 및 그 밖의 혼잡 등으로 인해 발생할 수 있는 위험을 예방하고 방지하는 역할을 수행하게 된다. 마라톤 · 지역축제 등 각종 행사장의 교통유도원 · 주차관리원, 도로 공사장 및 건설현장의 신호수, 백화점 · 대형마트 내 주차안내요원 등이 포함된다.

【시설경비와의 비교】

구분	혼잡 · 교통유도 경비	시설경비
장소	▸ 도로에 접속한 공사현장 ▸ 도로를 점유하는 행사장 ▸ **사람과 차량의 통행에 위험**이 있는 장소	▸ 특정 시설 및 장소
역할	▸ **교통사고**나 **그 밖의 혼잡** 등으로 인한 위험 발생 방지	▸ 도난 · 화재 그 밖의 혼잡 등으로 인한 위험 발생 방지

2. 혼잡 · 교통유도경비업의 허가 사항

혼잡 · 교통유도경비업무를 영위하려는 법인은, 「경비업법 시행령」의 요건을 갖추고 허가를 받아야 한다. 다른 경비업 허가가 있는 법인도, 혼잡 · 교통유도경비업무에 대한 별도의 신규 허가가 필요하다.

【혼잡 · 교통유도경비업의 시설 등 기준】

시설 등 기준 / 업무별	경비인력	자본금	시설	장비 등
혼잡 · 교통유도 경비	· 일반경비원 10명 이상 · 경비지도사 1명 이상	1억 원 이상	기준 경비인력 수 이상을 동시에 교육할 수 있는 교육장[4]	· 기준 경비인력 수 이상의 경비원 복장 및 경적, 단봉, 분사기, 무전기, 경광봉
시설경비	· 일반경비원 10명 이상 · 경비지도사 1명 이상	1억 원 이상	기준 경비인력 수 이상을 동시에 교육할 수 있는 교육장	· 기준 경비인력 수 이상의 경비원 복장 및 경적, 단봉, 분사기

자료: 「경비업법 시행령」 제3조제2항

혼잡 · 교통유도경비원은 일반경비원에 해당한다. 따라서 배치 전 일반경비원 신임교육(24시간)일 이수해야 한다(「경비업법」 제13조). 또한 배치된 경비원에게는 경비지도사·직무교육기관을 통해 직무교육(월 2시간)을 실시하여야 한다(경찰청, 2025).

4) 교육장 요건은 2026년 1월 중 폐지될 예정임. 단, 그 이전에 허가를 받으려면 교육장 확보가 필요함

제 8 장 사고예방대책

제8장 사고예방대책

제1절 테러대응 요령

1. 테러의 개념과 뉴테러리즘

1) 테러의 개념

테러리즘(Terrorism)과 동의어로 테러(Terror)라는 용어가 사용되고 있다. 그러나 이 용어의 개념은 실질적인 차이가 있다. 테러리즘에 대한 정의는 매우 다의적이고 복합적이다.

테러란 발생 원인이 무엇이든지 간에 극도로 불안한 심리적 상태를 말한다. 테러는 테러리즘의 중요한 요소이기는 하지만 테러는 테러리즘 없이도 발생이 가능하다. 따라서 테러는 '특정한 위협이나 공포로 인해 모든 인간들이 심적으로 느끼게 되는 극단적인 두려움의 근원이 되는 것'으로 두려움에 기반한 자연스러운 심리적 현상을 말한다.

2) 테러리즘의 개념

테러리즘이란 정치적 목적달성의 수단으로 폭발물을 사용한 공격, 살해, 납치와 같은 행위를 조직적으로 사용하는 것이며, 이러한 테러리즘은 사용하는 대상에 따라서 해석을 달리할 수 있다. 즉, 정부가 이를 사용할 때에는 폭도를 진압하는 탁월한 효과를 얻을 수 있으나, 폭도나 게릴라가 사용할 때에는 정치적 변화에 영향을 주는 노력의 일부가 될 수 있다는 것이다.

따라서 테러리즘은 공통적으로 정치적 목적이나 동기가 있으며, 폭력(Violence)의 사용이나 위협(Intimidate)이 따르고, 심리적 충격과 공포심을 일으키며, 특정의 목표나 요구를 관철시키려는 것으로 집약될 수 있다.

현대적 의미에서 테러리즘이란 협박 · 강압 · 공포의 유발을 통해 정치 · 경제 · 이념적 목표를 달성하기 위한 계산된 사용 또는 폭력행사의 위협을 말한다. 따라서 테러리즘이란 '개인이나 집단이 정치적 또는 이념적 목적달성을 위하여 기존체제에 대한 찬성 또는 반대행위로서 자행하는 직 · 간접적 방법에 의한 모든 폭력 또는 폭력적 위협행위'라고 정의할 수 있다.

3) 뉴테러리즘

현대 테러리즘의 특성은 '뉴테러리즘'이라는 용어로 표현되는데, '뉴테러리즘'은 1999년 미국의 민간연구소인 랜드(RAND)연구소에서 처음 쓰기 시작한 용어로서 종래의 테러리즘과는 다른 새로운 유형의 테러리즘을 말하며, 9.11 테러사건이 대표적인 예다. 뉴테러리즘은 과거의 테러와 비교해서 다음과 같은 특성을 가지고 있다.

첫째, 자신을 공격무기로 삼는 '가미가제식 공격' 또는 화생방무기를 사용한 공격으로 무차별적인 대상을 향하여 최대한 타격을 가하며, 인적 · 물적 피해가 대형화되는 특성이 있다.

둘째, 극단주의자들이 서방에 대한 반감 및 신식민주의 반대 등 추상적 명분을 내세워 테러를 감행하며, 범행 후 정체도 밝히지 않고 구체적 요구조건도 제시하지 않은 소위 '얼굴 없는 테러'를 자행한다.

셋째, 미국의 9.11 테러처럼 서류 절단용 칼만으로 여객기를 납치, 빌딩에 충돌시키는 등 기존의 예상을 초월한 수법과 장비를 사용하고 있다. 여객기 납치에서부터 빌딩에 충돌하기까지 40~50분 만에 상황이 종료되는 것과 같이 긴박하게 진행되어 대처시간이 절대적으로 부족하다.

넷째, 테러조직이 여러 국가 · 지역에 걸쳐 그물망처럼 연결된 이념적 결사체로서 인터넷 비밀 사이트, 전자메일 및 첨단 이동통신 등을 연락수단으로 활용한다. 조직원도 부유한 중산층 출신으로 고학력 소유자이고, 심지어는 미국이나 유럽의 유학생도 조직원에 포함되어 있는 등 지도부를 제거해도 조직의 무력화는 어려운 특징이 있다.

이처럼 테러에 대한 정의는 동기·대상·주체·이념 등의 포함여부에 따라 달라지고, 학자들과 테러 관련기관에 따라 차이를 보이며 명확한 개념 정의가 어렵다.

【한국의 테러 행위 정의 및 유형 요약】

정의	"테러"란 국가 · 지방자치단체 또는 외국 정부(외국 지방자치단체와 조약 또는 그 밖의 국제적인 협약에 따라 설립된 국제기구를 포함한다)의 권한행사를 방해하거나 의무 없는 일을 하게 할 목적 또는 공중을 협박할 목적으로 하는 다음 각 목의 행위를 말한다.
유형	① 사람을 살해하거나 사람의 신체를 상해하여 생명에 대한 위협을 발생하게 하는 행위 또는 사람을 체포 · 감금 · 약취 · 유인하거나 인질로 삼는 행위 ② 운항 중인 항공기를 추락시키거나 전복 · 파괴 · 손괴 · 강탈하는 행위 등 ③ 운항 중인 선박 또는 해상구조물을 파괴 · 손상 · 강탈하는 행위 등 ④ 생화학 · 폭발물 · 소이성(燒夷性)무기 화재를 일으키거나 사람에게 화상을 입히는 것을 주목적으로 한 무기나 장치를 차량 또는 시설에 배치하거나 폭발시키거나 그 밖의 방법으로 이를 사용하는 행위 ⑤ 핵물질, 방사성물질 또는 원자력 시설의 파괴 · 부당한 조작 등을 통해 사람의 생명 · 신체에 위험을 가하는 행위

출처 : 「국민보호와 공공안전을 위한 테러방지법」 제2조

2. 한국의 테러위협 실태

1) 국제적 테러환경에 따른 위협요인

(1) 테러위협의 글로벌화

9 · 11테러 이후에도 꾸준히 증가해 오던 테러사건은 최근까지 전세계에 위협을 가져오고 있으며, 우리나라도 이러한 위험에서 예외가 될 수 없다. 이와 같이 전 세계로 테러위협이 확산된 것은 알 카에다의 영향력이 확대된 것과도 밀접한 관련성이 있다. 알카에다는 파키스탄과 아프간 국경지역에 거점을 두고 새로운 조직원 및 지도자를 충원하여 조직을 재건해 가고 있는 것으로 알려지고 있다. 이들은 공식 선전기구인 「알 샤합」을 통해 1인자인 「빈 라덴」과 2인자인 「알 자와히리」의 명의로 전세계 무슬림들에게 '미국 및 서방권을 대상으로 테러할 것'을 촉구하는 성명서를 지속적으로 발표하고 있으며, 우리나라에 대한 테러위협 발표도 있었다는 점에서 적지 않은 충격을 주고 있다.

또한 알 카에다는 각 지역별로 활동하고 있는 이슬람 극단주의 단체들을 산하 단체로 공식 인정해 줌으로써 그들이 조직원 확보 및 자금조달을 쉽게 할 수 있도록 도움을 주는 방법으로 테러 실행능력을 강화하고 있다.

아래의 표에서 보는 바와 같이 아시아 지역에는 제마 이슬라미아를 중심으로 한 과격단체가 활동하고 있는데 이러한 테러단체에 대한 위협은 현재 동남아시아 지역 외국인 노동자의 국내 유입이 자유롭다는 점과 우리나라 국민들이 상대적으로 저렴한 경비의 동남아시아 여행을 선호한다는 점에서 현실적인 문제로 인식되고 있다.

【지역별 알 카에다 산하 · 연계 단체】

중동지역	아프리카	유럽	아시아
이라크 알 카에다 사우디 알 카에다 예멘 알 카에다	알 카에다 마그렙지부 이집트 이슬람 지하드 소말리아 알 샤하브	영국 알카에다 (실체는 미확인)	제마 이슬라미아 아부사야프 그룹

표에서 보는 바와 같이 전체 테러 중 72.9%에 해당하는 이슬람 원리주의자들의 테러의 중심에 있는 알 카에다는 산하 · 연계 단체뿐만 아니라 이슬람권 국가의 반정부 세력들에게 직 · 간접적인 지원을 하거나 이슬람 과격 세력 간의 연대를 강화하는 방법으로 전 세계 무슬림들에 대한 영향력을 확대해 나가고 있다. 그리고 테러조직들 간에는 비밀 통신이 가능한 인터넷 시스템을 구축하고 일반 무슬림을 대상으로 과격사상을 선전하는 수천 개의 사이트를 운영하면서 반미 · 반서방 테러에 동조하는 세력을 확보해 나가고 있다.

【테러성향 및 조직】

구분	이슬람 원리주의	민족주의	극좌	극우	기타	총계
비율(%)	72.9	19	3.8	0.4	4.2	100
건수(건)	2,495	653	130	13	144	3,435
조직(개)	22	28	10	1	미상	61

결론적으로 테러위협에 대해 전 세계에 안전지대가 없다는 점, 그리고 알카에다가 우리나라에 대해서는 테러공격을 하도록 선동하고 있다는 점과 과격 테러단체가 활동하고 있는 지역의 외국인 노동자들이 한국에 유입되고 있다는 점 등을 감안할 때, 우리나라에서도 언제든지 테러가 발생할 수 있으며 테러에 대한 예방대책은 물론 테러발생시 신속히 대응할 수 있는 체계를 갖추어야 할 것이다.

(2) 테러주체의 분화

최근의 테러단체의 동향을 보면 생성되었다 소멸하는 주기가 점차 빨라지고 있으며 테러단체 내부 조직간 이해관계에 따라 여러 개의 단체로 분열하는 경향이 있다. 또한 조직 간의 구속력이나 활동형태를 보면 과거에는 테러단체의 중앙지휘부의 지령에 따라 테러를 자행하였으나 최근에는 소규모 단체들이 자율성을 가지며 자체 판단으로 테러를 자행하기도 한다.

결론적으로 최근의 테러조직은 과거와 같은 중앙집권적인 조직형태에서 벗어나 소규모 단위로 분화되고 있으며 조직별로 횡적 연대가 긴밀하게 유지되는 형태로 발전하고 있다. 즉, 중앙의 지시 없이 테러가 이루어지는 등 조직 간의 독자성과 자율성을 유지하는 형태로 발전하고 있다.

(3) 테러대상의 다양화

테러위협이 세계 곳곳으로 확산되면서 테러대상 또한 다양화되는 경향이 있다. 기존의 테러대상은 주로 정부 주요 인사나 국가 중요시설, 군사시설, 항공기 등이 주종을 이루었으나 9.11 테러사건 이후에는 민간시설이 주요 테러 대상이 되고 있는 것이 특징이다. 알 카에다 등 테러단체들은 보안체계가 상대적으로 허술한 호텔·음식점 등을 테러대상으로 선호하고 있으며, 대중에 대한 공포효과를 높이기 위해 철도·지하철·버스 등 대중 교통수단, 유전이나 송유관 등 경제에 타격을 줄 수 있는 산업시설, 종교시설이나 예배장소도 예외가 아니다. 나아가 국가 간의 이해관계에 대한 중재역할을 하는 국제기구나 순수 민간구호단체 등도 테러 대상이 되고 있다.

즉, 테러조직의 테러위협 대상이 과거 외교관과 같은 특정 주요인물 중심에서 불특정 다수인으로 변화되었으며 국가중요시설을 목표로 한 테러에서 민간시설이나 다중이용

시설에 대한 테러로 변모하고 있다. 우리나라 역시 미군시설지역은 물론 외국인들이 거주하고 있는 시설 혹은 빈번히 개최되고 있는 대규모 국제행사 현장 및 그로 인한 민간인 밀집지역이 언제든지 테러의 대상이 될 수 있다.

(4) 테러수단의 잔인화 · 지능화

최근 국제테러의 수단적인 특징은 매우 잔인한 방법이 사용되고 있다는 점이다. 이라크전 직후, 당시 이라크에서 활동하던 「유일신과 성전」은 미군 및 서방국가 인물을 납치하여 참수하는 장면을 인터넷에 유포하여 전세계를 경악케 한 사실이 있다. 그들의 목적은 더 잔인한 방법을 사용하여 공포심을 유발시키려는데 있었다. 가장 많은 테러수단의 유형은 폭발물에 의한 폭파로 나타나고 있으나 최근 들어 무장공격에 의한 테러가 증가하고 있는 실정이다.

테러수단은 과학기술과 정보통신의 발달에 맞춰 지속적으로 변화할 것으로 예상된다. 또한 테러단체들은 폭발물 전문가를 양성하고 여권 위변조 전문조직과도 연계하여 테러능력을 강화하는 방법을 모색하고 있으며 그 방법도 더욱 잔인하고 고도로 지능화되어 가고 있다.

테러수단이 잔인하고 지능화된다는 점은 예상 가능한 모든 수단이 테러에 이용될 수 있으며, 인명에 대한 살상도 고려의 여지가 없는 대규모화가 나타날 수 있다는 점에서 더욱 두려움을 준다. 이는 테러위협에 대한 예방차원에서의 활동을 더욱 어렵게 하는 요인이 되고 있다.

따라서 테러에 이용되는 물질에 대한 통제와 검색시스템을 개발하고 정보통신의 발달에 맞춰 테러 대응 태세도 적절하게 발전시켜야 한다.

(5) 테러 피해의 대형화

9.11 테러로 인해 미국은 6,300여명의 인명피해는 물론 주가 급락 및 산업 마비로 4,700억 달러 규모의 경제적 손실, 피해복구비 800억 달러 등 천문학적인 손실을 입었다. 경제성장도 연초 1.5% 내외의 성장을 예상했으나 테러 사태로 성장률이 0.3%대로 떨어지면서 경기 침체는 물론 수출, 성장, 물가 등 실물지표가 좋지 않게 나타났다. 또한 중동지역의 긴장고조에 따른 유가급등, 주식시장 폭락과 같은 금융시장 마비, 소비

자와 기업의 공황심리 확산에 따른 경기회복 시기 지연 등 간접적인 피해도 막대하였다.

결론적으로 오늘날의 테러위협은 우선 테러로 인한 대량살상뿐만 아니라 국가의 신뢰도 하락으로 인한 투자 유치의 어려움 및 관광객의 감소 등 국가적 차원에서 커다란 경제적 타격을 줄 수 있다는 점이다. 우리나라도 테러 방지를 위한 적극적이고 세부적인 준비가 요구된다.

2) 국내 환경을 고려한 위협요인

(1) 북한의 대남 테러위협

북한의 대남 무력도발을 테러와 구분하여 군사적인 측면에서 접근하기도 하지만, 비전투요원에 가해지는 폭력행위라는 점을 고려하면 테러의 범주에 포함된다고 할 수 있다. 따라서 북한은 분명 수많은 대남 테러를 저질렀다고 할 수 있다.

통계상으로 북한은 휴전 이후 요인위해 11건, 항공기 테러 5건, 시설물 폭파 5건, 침투정찰 및 납치 19건 등 총 40건의 대남 테러행위를 자행하였다. 북한은 한반도 적화를 북한정치의 생존 목적으로 인식하고 있으므로 2000년대 이후에도 남한에 대한 도발 가능성은 여전히 상존한다. 만약 대남 도발을 실행한다면 재래식 혹은 핵무기 사용보다 비용이 저렴하고 책임회피가 쉬우며 내부 선전 · 선동용으로 활용이 가능한 신종유형의 테러를 기도할 가능성이 높다.

(2) 국제사회 역할 증가에 따른 표적테러 가능성

한국이 알 카에다 등 이슬람 과격세력으로부터 테러위협 대상으로 직접 거론된 것은 2004년 8월 자이툰 부대를 이라크에 파병한 이후부터였다. 또한 아프간에 동의 · 다산부대, 레바논에 동명부대를 파병함으로써 위협 가능성이 더욱 높아졌다. 실제로 2004년 10월 알 카에다가 우리나라를 공격대상으로 지정한 사실이 외신언론에 보도되었고, 2005년 7월에는 알 카에다 2인자 알 자와히리가 우리나라를 테러대상 2순위국으로 지목하기도 하였다.

자이툰 부대의 파병이 가시화되던 2004년 6월에 이라크에서 미군에 물품을 제공하던 한국 군납업체 가나무역의 직원 김00이 자이툰 부대의 파병과 기존의 서희 · 제마부대의 철수를 요구하는 무장단체 「유일신과 성전」에 의해 피살된 사건이나 2007년 2월 아프가니스탄 다산부대에서 통역병으로 근무하던 윤00 병장이 바그람 공군기지에서 폭탄테러로 사망한 사건 등은 우리나라가 국제사회 일원으로서의 역할이 증가하면서 발생된 비극적인 사건이라고 할 수 있다.

또한 경제성장과 함께 국제사회에서 우리나라의 위상이 제고되면서 주요 국제행사의 국내 유치가 잦아짐은 물론 해외 행사에 대규모 인원이 참가하고, 해외에서 우리 국민들이 부자나라 국민으로 인식되면서 테러 표적이 될 가능성이 그만큼 높아졌다고 할 수 있다. 그리고 2007년 3월 반기문 UN 사무총장이 이라크 바그다드 그린존을 방문할 당시 박격포 공격을 받은 사례에서 보듯이 국제무대에서 활동하는 주요 인물이 늘어나는 것도 테러위협이 증가하는 요인이 되고 있다.

(3) 국민들의 해외 위험지역 여행 · 진출 증가

1988년 여행자유화 조치가 시행된 이후 해외 출국자의 수는 꾸준히 증가하고 있다. 이는 1998년의 외환위기나 2003년 중국의 사스(SARS) 확산 등을 제외하고는 매년 증가 추세를 보여 왔다. 우리 국민들이 진출해 있는 국가로는 이라크 · 아프간 · 나이지리아 · 인도네시아 등 테러가 빈발하고 있는 국가를 포함하여 전 세계 240여개 국가에 달하고 있어 세계 도처에 우리 국민의 발길이 닿지 않는 곳이 없을 정도이다.

이처럼 우리 국민 출국자 수 및 방문국가 수가 늘어나면서 해외에서 우리 국민의 테러 피해도 늘어날 수밖에 없다. 비공식 집계에 의하면 2000년 이후 직 · 간접적으로 우리 국민이 해외에서 테러 피해를 입은 사건은 70여건이 넘는다.

단체가 해외에 파송한 선교사들은 168개국 18,600명에 이른다. 더구나 2007년 7월 아프간에서 탈레반에 의해 샘물교회 봉사단원 23명이 피랍된 사건 이후 우리나라는 이슬람권 국가에 공세적인 선교활동을 벌이고 있는 기독교 국가라는 이미지가 각인되어 과격 이슬람 테러 조직의 표적이 되고 있다. 더구나 에너지 수입국으로서 중동 · 중앙아시아 · 아프리카 등 자원 부국으로의 진출을 확대해 나갈 수밖에 없어 테러의 위협이 늘어날 것으로 전망된다.

(4) 반한(反韓) 외국인 세력 형성 가능성

2005년 7월 런던 지하철 폭탄테러가 파키스탄계 이민 2세들이 알카에다 사상에 동조하여 스스로 저지른 사건으로 밝혀지면서 독일 · 프랑스 · 호주 등 서방 각국에서 알카에다에 동조하는 이슬람 이민자들의 자생테러 세력화 문제가 주요 안보 이슈로 대두되었다.

그동안 인력 수출국 범주에 속해 왔던 우리나라에서 외국인 근로자는 이제 없어서는 안 될 산업의 한 부분을 차지하고 있고 외국인 밀집지역내 커뮤니티도 증가하고 있다. 이러한 상황에서 체류기한이 만료되어 잠적한 불법체류자들이 정부의 단속에 반감을 품거나 고용주들의 차별대우에 불만을 갖는가 하면 국내 교육 · 종교제도 등에 적응하지 못한 이민 2세 등이 반한 세력으로 성장할 위험도 일정 부분 존재하게 된다.

반한 외국인 세력의 형성 가능성은 테러리즘의 위험성을 높이는 요인 중 하나이다. 이러한 세력은 한국에 대한 적대감을 바탕으로, 테러를 통해 한국을 위협하거나 피해를 입히려는 목적을 갖고 있기에 정부는 반한 외국인 세력에 대한 인식 개선 노력을 강화하여 테러리즘 발생 가능성을 줄여야 할 것이다.

3. 테러리즘 관련 이론

1) 상대적 박탈감이론

사회 · 심리 이론적 측면에서 비합법적 폭력의 원인 즉, 테러리즘의 발생원인은 로버트 거(Ted Robert Gurr)가 체계화한 '상대적 박탈감이론(Relative Deprivation Theory)'이 가장 설득력을 가지고 있다.

상대적 박탈감이론은 사회적 욕구형성도가 사회적 욕구만족도를 훨씬 초과할 경우 여기에는 결과적으로 사회 · 심리적 좌절감이 형성되고, 이것은 곧 폭력적 사태로 발전될 가능성이 높다는 주장이다. 즉, 세계사의 흐름에서 소외되어 왔고, 국내적으로 지배계급의 피동적 객체였던 제3세계 민중이 정치적 독립이 달성되고 근대화되는 과정에서 야기된 박탈감의 돌파구를 폭력에서 찾고 있는 것이다.

2) 동일시이론

동일시(同一視 · Identification)란 특정인이 다른 사람의 행위에 영향을 미치는 영향력을 설명하는 사회심리학적 용어로, 이는 두 가지 다른 현상을 의미한다고 볼 수 있다.

첫째, 다른 개인이나 단체와 같이 존재하거나 똑같이 되려는 희망이며, 둘째, 좋든 싫든지 간에 자신과 동일시 대상 간에 존재하는 유사성을 인정하려는 것이다.

이러한 두 가지의 동일시의 의미의 차이는 '사람이 어떻게 적대하는 현상을 인식하느냐' 그리고 '현상이 어떻게 되기를 바라느냐' 하는 것과의 차이라 볼 수 있다. 즉, 전자는 현재 존재하는 일에 대한 평가이며, 후자는 미래의 목표와 소망에 관련된 것이다.

동일시의 적용은 일반적으로 인질이 자신을 인질로 잡은 자에게 연민을 느끼는 것과 같은 '공격자와의 동일시'에 한정되어 왔다. 그러나 테러리즘은 통상 다른 동일시 현상을 바탕으로 발생된다고 볼 수 있다. 대중 매체 등을 통해 인질극을 접하는 많은 수의 일반대중은 희생자와 자신의 운명을 동일시하며, 감정이입에 의해서 희생자의 고통을 공감하게 된다. 그 과정이 테러리즘 발생의 원인이 되며 이는 테러리스트들이 궁극적으로 바라는 것이라고 볼 수 있다.

3) 다원주의 갈등이론

셀린(Sellin)의 갈등이론은 상이한 문화적 집단 간의 갈등에 기초하고 있다. 즉, 행동규범은 상이한 집단에 의해서 상이하게 규정되기 때문에, 사회가 복잡해짐에 따라 상이한 집단의 행동규범 간에 갈등과 충돌이 생기게 되는데 이를 '문화갈등'이라고 불렀다. 이를 기초로 셀린은 일차적 문화갈등과 이차적 문화갈등이란 개념으로 자신의 갈등론적 범죄관을 제시하였다.

셀린에 의하면, '1차적 문화갈등'은 상이한 두 문화 사이의 경계지역에서 일어나는 것으로 본다. 이 외에도 식민지화의 경우처럼 특정 문화의 법이 다른 영역으로 확대될 때, 또는 이민의 경우처럼 특정 문화집단의 구성원들이 다른 영역으로 이동할 때에도 일어날 수 있다고 한다.

한편, '2차적 문화갈등'은 한 문화 내에서의 갈등으로 하나의 문화가 각자 자신의 고유한 행동규범을 갖는 여러가지 상이한 부문화로 진화될 때 일어나는 것이다. 즉, 머튼이나 뒤르켐의 아노미이론과 같은 구조기능론자들처럼 사회구조란 문화적으로 인정되는 목표와 수단을 내포하게 된다고 보고 있으며, 집단에 따라서 이들 목표의 성취에 차이가 있다는 것이다. 그리고 그들의 목표달성을 위해서 서로 상이한 수단을 활용하는데, 이런 방법 중 일부가 범죄적이거나 일탈적인 것으로 간주된다는 것이며 이러한 논리는 인접국가간 혹은 종교적 · 역사적 차이를 가지고 있는 국가 간에도 적용될 수 있으며 이러한 점이 테러를 유발시키는 원인으로 해석될 수도 있다.

4) 국제정치체제이론

주권국가는 타국과의 사이에서 발생하는 이해관계의 해결에 있어 가능한 수단과 방법을 가리지 않고 현실주의적으로 국가이익을 추구하는 것이 국제사회의 공통된 속성이라 볼 수 있다. 일부 주권국가들에게는 테러가 정당한 수단으로 수용될 수 있으며, 특히 경제적 · 군사적 측면에서 상대적으로 열등한 제3세계의 탈식민지화 과정에서의 테러리즘은 목적 달성을 위한 최선의 방책으로 선택되기도 한다.

그 결과 독립쟁취에 성공한 저항세력의 지도자가 적대국가의 승인을 받은 주권 국가의 지도자로서 인정받기도 한다.

5) 현대사회구조이론

수단으로서 선택되어 사용되고 있는 테러리즘에 도구적 합리성과 타당성을 부여하고, 이를 촉진시키는 환경적 배경은 인류가 생활을 영위하고 있는 현대의 생태학적 상황조건에 있다. 즉, 현대적 상황들이 테러리즘 수단 사용을 쉽고 용이하게 만들어주고 있다는 것이다.

테러리즘의 발생을 촉매하는 현대사회의 환경은 고도의 도시집중화, 기술의 발달에 따른 고도화된 교통체계의 존재와 대중전달매체의 발달, 과학기술의 발달에 따른 무기체계의 고도화, 발생한 테러리즘에 대한 주권국가 차원의 묵인현상의 존재 등을 들 수 있다.

6) 감염이론

감염이론(Contagion Theory)이란 TV 등 메스미디어가 테러리즘 행위를 확산시킨다는 연구이론을 말하는데 현대사회의 테러리즘 증가에 언론이 어느 정도의 책임이 있다고 하는 테러리즘의 발생원인에 대한 연구이론 중 하나이다.

감염이론에 따르면 테러리즘 행위에 대한 언론의 무절제한 보도 내지는 특종 위주의 발표행위가 잠재적 테러리즘 행위를 현실에 끌어들임으로써 모방테러리즘을 증가시키며, 기존의 테러리스트들이 테러목적을 달성하기 위한 수단으로서 메스미디어를 악용하고 있다고 보고 있다.

이와 같은 감염이론에서 발전하여 테러리즘과 메스미디어는 상호간에 공생적 관계에 있다고 주장하는 공생관계론까지도 제기되고 있다. 이는 테러범들이 자신들의 활동이념과 주의 · 주장을 전파하는데 메스미디어를 이용하고 있으며, 반면에 메스미디어는 판매부수의 증가와 인기도 향상을 위해 테러리즘 사건을 확대 · 왜곡하여 무분별하게 보도함으로써 테러리스트와 언론기관이 결과적으로 공생관계에 있다는 이론이다.

4. 테러예방 및 사후처리 활동

1) 테러예방 활동의 개념

테러예방 활동은 통상 '대테러활동'이라 규정되고 있으며 테러 관련 정보의 수집, 테러혐의자의 관리, 테러에 이용될 수 있는 위험물질 등 테러수단의 안전관리, 시설 · 장비의 보호, 국제행사의 안전 확보, 테러위협에의 대응 및 무력진압 등 테러예방 · 대비와 대응에 관한 제반활동을 말한다.

정부는 테러를 위험도에 따라 테러 경보를 관심, 주의, 경계, 심각을 구분하고 이에 따라 단계별로 대응하고 있으며, 대테러활동의 근거로 국가대테러활동지침(대통령 훈령)이 있다. 9 · 11테러 이후 미국 등 선진국에서는 수많은 정책 및 제도를 정비하여 적극적인 대테러활동을 전개하고 있다.

【한국의 대테러체계】

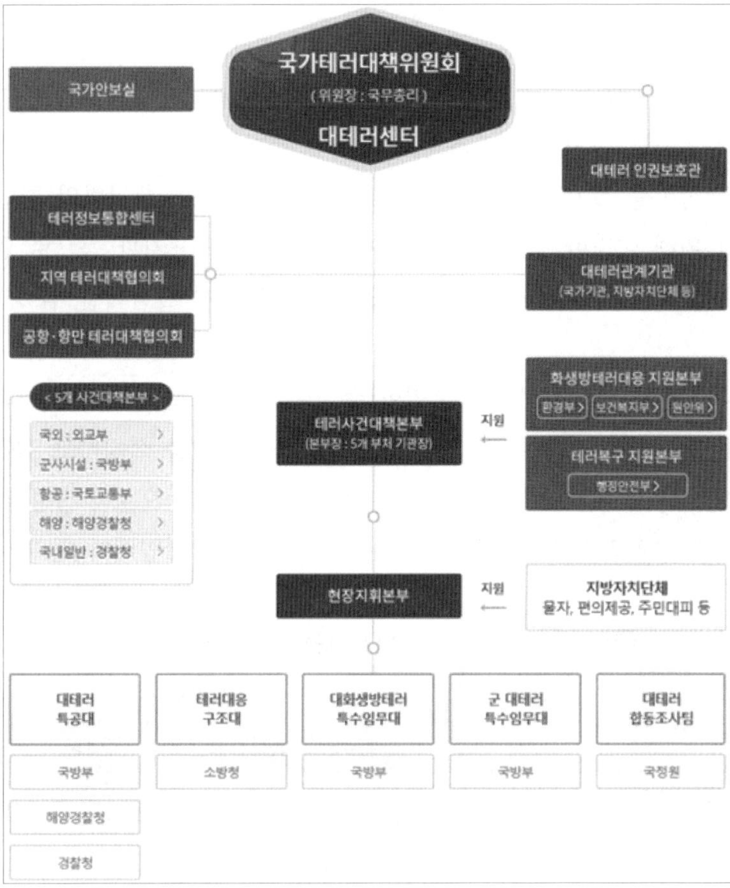

출처 : http://www.nctc.go.kr/nctc/activity/system.do

2) 테러예방의 중요성

테러가 발생할 가능성이 있는 취약한 대상을 사전 점검하여 안전시설을 보강하는 등 테러 취약요소를 사전에 제거할 수 있으며 생명과 재산에 대한 피해를 미연에 방지하고 테러발생시 피해를 최소화할 수 있다. 또한 모든 준비가 되어 있으면 테러 발생시 야기될 수 있는 심리적 공황 상태에서 쉽게 벗어나 신속한 대응이 가능하다.

3) 사전 테러 예방법

경비원을 눈에 잘 띄는 지역에 배치하고, 순찰을 통해 경계가 이루어지고 있음을 보여주어야 하며 중요 위험물 반입을 차단하기 위해 모든 출입구에 금속탐지기 등을 가급적 설치하고 출입자는 탐지기를 통과하도록 해야 한다.

침입자 방지 장비를 설치한 후 주기적으로 유지·보수하고 테러범의 침입 의도를 사전에 차단하기 위해 이러한 장비가 설치되어 있다는 것을 표지판 등으로 알려야 한다. 또한 국가중요시설 등을 설치하고 모든 차량을 일단 정지시켜 검색한 후 통과되도록 조치하여야 한다.

주요시설은 카드키 등을 설치하여 출입할 수 있는 사람을 최소화하고 쓰레기장 등 폭발물이 설치될 가능성이 있는 주요 지점과 출입구에 CCTV를 설치하고 점검해야 한다. 또한 장소별 일일점검표를 작성하여 주요지점에 비치 주기적으로(2~3시간 단위) 이상 유무를 확인하고 보안관리자는 전체적인 관리사항을 매일 확인해야 한다.

【장소별 체크리스트 주요 내용, 근무자용 예시】

구분	점검내용							
	09시	12시	15시	18시	21시	24시	03시	06시
출입문 시정 여부								
창문 시정 여부								
천장 이상 유무								
CCTV시정 여부								
조명 시설 상태								
대피 가능 여부								
방화 시설 상태								
출입 흔적 여부								
폭발물 은닉 여부								

(이상 없음 : 0, 추가조사 필요 : △, 문제있음 : X)

4) 사후 처리대책 수립

(1) 대책기구 구성

대책기구는 상설로 안전 관련 전담팀을 구성하여 비상계획 수립 및 교육·훈련을 전담하게하고 사건 발생시 조직 전체를 활용한 비상설 긴급대책본부를 조직해야 한다. 테러 발생에 대비한 조직은 하나의 건물에 여러 기관이 있는 경우에도 반드시 통합 기구를 구성해야 하며 주기적으로 훈련을 실시해야 한다.

상설조직은 대응팀, 예방팀 등으로 구성되며 테러 발생시 긴급사태 유형별로 현장조치를 전담한다. 비상설 조직은 전체 조직 모두를 포함하도록 편성하고 각 부서의 현재 임무를 고려하여 적절한 전담임무를 부여하여 업무의 효율성을 도모해야 한다.

(2) 비상대기조 편성·운영

테러 발생시 초기대응 및 인명구조 등 응급조치를 위하여 비상대기조를 편성·운영한다. 비상대기조는 테러 발생시 즉시 현장에 출동할 수 있는 경비원, 남자직원들을 대상으로 각 층별로 균형 있게 편성하고 유사시 비상 출동을 위해 미리 지정된 건물내 암호방송을 통해 현장으로 출동하도록 사전에 교육이 필요하다. 비상대기조는 평상시 주기적으로 훈련하고 방독면, 랜턴, 무전기 등 출동장비를 사전에 준비하여 대비한다.

(3) 대피 계획

테러 발생 시에는 상황발생층과 직상층 인원을 가장 먼저 대피시키는 것이 중요하다. 이는 테러범의 공격 대상이 될 가능성이 가장 높기 때문이다. 또한, 상황발생층과 직상층 인원은 대피로를 이용하기가 가장 용이하기 때문에, 대피를 신속하게 진행할 수 있다. 대피유도의 우선순위는 다음과 같다.

▷ 1순위 : 상황발생층 및 직상층 인원 대피유도

▷ 2순위 : 상황발생층의 상층부 인원 대피유도

▷ 3순위 : 상황발생층의 하층부 인원 대피유도

※ 1순위 대피자 우선 대피 후 시간차에 의해 방송 및 유도원의 안내로 대피

(4) 테러 발생에 대비한 필수 준비사항

발신번호 표시 및 대화 녹음이 가능한 전화기 준비하고 건물 주요지점에 녹화 가능한 CCTV를 설치해야 한다. 유관기관 전화번호를 상설 대응팀 내에 항시 비치, 숙지하도록 하여 비상사태 발생시 원활한 신고로 신속한 대응체제를 유지하고 현장보호의 중요성에 대한 수시교육을 통해 유사시 수사가 용이하도록 해야 한다.

5. 테러대응 요령

1) 테러예방 수칙

(1) 일반적인 유의사항

① 방문 · 체류지역에 대한 테러 발생 가능성 확인

① 현지에 테러조직이 존재하는가? ② 테러조직이 존재한다면 지금도 활동하고 있는가? ③ 테러조직들의 과거 활동 수법은? ④ 테러조직들은 어떤 전술, 무기를 사용하며 어떤 형태의 테러를 저지르는가? ⑤ 우리 국민들을 대상으로 테러를 자행했거나 할 가능성은 있는가? ⑥ 현지인들은 우리 국민들에게 호의적인가?

② 행동과 복장 등이 유별나지 않도록 유의

① 거액의 현금을 가지고 다니거나 분위기에 어울리지 않는 사치스러운 복장은 테러조직의 눈에 띄기 쉬움 ② 버려진 편지봉투 · 지갑 내용물 · 직원 명부 등은 특정인의 신분을 노출 ③ 호화스런 VIP 차량 · 과다한 영접 · 직책 호칭 등은 주요 인사임이 노출 ④ 테러는 적대국가의 시설물과 사람들을 대상으로 한다는 점에 염두에 두고 항상 현지인들 틈에 섞여 행동

③ 테러 영향권 내에 들어가지 않도록 주의

① 테러가 자주 발생하는 국가나 분쟁지역 방문은 가급적 삼가고 테러관련정보가 입수되거나 징후가 보이면 현장을 즉시 떠나는 것이 최선의 방법 ② 군사시설 · 치안불안 지역 · 낯선 곳은 방문하지 말고 외국계 호텔 · 백화점 · 은행 · 대형식당 이용은 자제 ③ 대중집회 · 데모 · 시위 발생 지역은 테러뿐만 아니라 현지 당국의 대응 과정에서 본의아니게 희생될 수 있기 때문에 접근하지 않도록 함 ④ 대중교통 · 호텔 · 식당 등 대중 밀집 장소나 특정 외국인들이 집단으로 거주하는 아파트 등은 테러 조직들이 노리는 목표

④ 대테러 안전수칙을 생활화

① 평소 주변에 의심스러운 사람이나 물품 등이 있는지 관심을 가지고 계속 확인하고 점검하는 태도가 필요 ② 테러가 일어났을 때를 가정하여 주위 환경과 여건에 맞게 신변안전 대책을 수립하고 교육 및 반복훈련을 실시 ③ 테러분자들이 예측할 수 없도록 평소의 행동반경 · 다니는 길 · 활동 시간 등을 자주 변경하는 것이 바람직 ④ 중동 등 테러 발생이 우려되는 지역을 여행할 때는 외출시 휴대폰을 항시 휴대하여 유사시 위치추적이 가능

(2) 체류별 · 상황별 행동 요령

① 가정에서(해외 거주자)

① 집 울타리 주변 관목 제거, CCTV 등 보안장비 확보, 창문 잠금장치 보강 ② 대문이나 창문은 항상 잠그는 것을 생활화 ③ 사전 예약된 경우가 아니면 낯선 사람의 방문 허용하지 말 것 ④ 가족들에게 항상 이웃의 움직임을 주시 ⑤ 비상시 가족간 연락할 수 있는 전화번호와 가족들이 만날 수 있는 공공장소 사전 지정 ⑥ 집 근처에 의심스러운 차량이나 낯선 자가 배회할 경우 경찰 등 당국에 신고하고 차량번호나 외모 등을 기억

② 폭파위협 전화를 받았을 경우

① 즉시 상급자나 안전관계자에게 보고하되 타인에게 일체 발설하지 않도록 하며 섣불리 무사하거나 묵살하지 않도록 해야 함 ② 가능한 한 통화를 지연시켜 여러 가지 정보를 얻도록 노력하고 협박범이 말한 내용은 하나도 빼지 말고 기록 ③ 협박범 성별, 목소리 특성 · 억양 · 소음 등에도 주의를 기울여야 함 ④ 경찰이 도착했을 경우 접수 일시 · 협박 내용 · 협박범 특징 등 관련 정보를 최대한 지원

자료 : 국가정보원(2004), 테러, 이럴땐 이렇게 하세요. pp.9-23

【폭파위협 전화 접수양식】

■ 접수 일시 : ■ 협박 내용 :		
■ 질문 사항		
◦ 폭발 예정시간	◦ 폭발물 설치 장소	◦ 폭발물 종류
◦ 신고자가 폭발물 설치 당사자인지 여부		
◦ 신고자 성명(　　　　), 성별(남 · 여), 인종(　　　　)		
◦ 신고자 주소	◦ 공중전화를 이용하고 있는지	
◦ 위치 또는 전화번호		
■ 신고자 음성		
◦ 침착	◦ 억양이 있음	◦ 가성
◦ 느림	◦ 화난 목소리	◦ 친근한 목소리
◦ 목소리가 큼	◦ 빠른 속도로 말함	◦ 흥분한 목소리
◦ 일반적인 목소리	◦ 웃음섞인 목소리	◦ 부드러운 목소리
◦ 콧소리로 말함	◦ 또렷한 목소리	◦ 울음섞인 목소리
◦ 신경질적인 목소리	◦ 더듬거림	◦ 불분명함
◦ 헛기침을 함	◦ 저음	◦ 혀 짧은 소리
◦ 심호흡을 함	◦ 거친 목소리	
■ 배경 소음		
◦ 길거리 소음	◦ 장거리 전화	◦ 공중전화
◦ 주변 안내방송	◦ 찻잔 소리	◦ 통화자의 음성
◦ 자동차 소리	◦ 사무실 비품 소음	◦ 공장 기계소리
◦ 동물 소리	◦ 수신기 잡음	◦ 지방 사투리
◦ 조용함	◦ 가정집 소리	◦ 음악 소리
◦ 뱃고동 소리		
■ 위협 용어		
◦ 조리있게 말함	◦ 저질스러움	◦ 비이성적
◦ 녹음된 소리	◦ 미리 작성된 메시지 읽기	◦ 일관성 결여

■ 수신 전화번호 :	■ 수신자 :

자료 : 국가정보원(2004), 테러, 이럴땐 이렇게 하세요. pp.24-25

2) 테러 발생시 신변보호 요령

(1) 생물 테러

① 주요 증상

고열, 구역질, 복통, 설사, 얼굴색이 창백해지거나 붉게 변할 때, 두통, 기침, 귀 통증, 콧물, 인후염, 피부 발진 및 피부염, 안구 충혈, 식욕 감소, 무기력증 등

② 기본 유의사항

① 생물 테러는 증상이 즉시 나타나지 않고 시일을 두고 나타나므로 조기에 대처하는 것이 가장 중요 ② 테러에 사용되는 물질들은 이미 치료제가 개발되어 있기 때문에 조기에 치료하면 치유가 가능 ③ 생물 테러 징후가 보이면 방송이나 보건 당국의 인터넷 홈페이지를 통해 관련 정보를 수시로 파악

③ 인근지역 생물 테러 경보시

① 자신과 가족이 보건 당국의 경보내용에 언급된 것과 유사한 증상을 보이는지 여부를 확인 ② 생물 테러 감염시 증상은 일반 질병과 유사하므로 미리 겁먹지 말고 보건관계자 등 전문가의 조언. ③ 질병의 확산을 방지하기 위해 보건 및 청결 상태 등을 유지하고 보건당국의 지시 ④ 자신이 감염 위험 그룹이나 지역에 속해 있을 가능성을 항시 염두 ⑤ 알려진 것과 유사한 증세를 보이고 감염 위험 그룹에 속해있을 경우에는 반드시 응급치료 ⑥ 정확한 처방 없는 항생제 오남용은 부작용을 야기하고 면역성을 저하시킬 수 있기 때문에 자제

④ 생물 테러 의심물질을 발견했을 경우

① 즉시 그 자리를 피해야 함 ② 손수건 등을 여러 겹으로 겹쳐 코와 입을 가리고 호흡해야 하며 이러한 것이 없을 경우 휴지를 여러 겹으로 접어 사용 ③ 비누와 물로 손을 깨끗하게 씻고 당국에 신고 ④ 전염성 질병에 감염되었을 경우 의료진의 진찰과 치료를 받아야 하며 이 경우 격리 수용될 수도 있음

(2) 화학 테러

① 주요 증상

① 신체 - 눈물이 남, 근육 경련, 피부가 화끈거림, 호흡곤란, 균형감각 상실 등 ② 주변 - 동물·조류·어류 등의 죽음, 정상적인 곤충 활동의 현저한 감소, 나뭇잎 변화 및 나무 고사, 성분 미상의 물방울 산재 등

② 화학 테러 징후가 발견되었을 경우

① 가능하다면 오염지역과 오염원을 신속히 확인 ② 단시간 내 오염지역에서 벗어나는 것이 중요 ③ 오염물질이 건물 내에 있을 경우 오염된 곳을 통과하지 않도록 주의하면서 건물에서 빠져 나오도록 함 ④ 오염지역을 통과하지 않고 건물에서 나올 수 없거나 맑은 공기를 마실 수 없는 경우 가능하다면 오염물질에서 멀리 떨어지거나 대피소로 이동 ⑤ 건물 밖에 있을 경우 오염되지 않은 맑은 공기를 신속히 확보 ⑥ 오염지역을 벗어날 수 있는지, 건물내 대피소로 이동해야 할지를 빠른 시간 내에 판단

③ 화학물질에 노출되었다고 판단될 경우

① 소지하고 있는 물건으로 코·입·눈·상처부위 등을 보호 ② 촘촘한 면제품 등으로 코와 입을 가려 화학물질이 걸러진 공기를 호흡하는 것이 중요 ③ 신속하게 옷을 벗고 비누로 깨끗이 씻되 피부를 문지르면 오염물질이 피부를 통해 침투될 수 있으므로 주의 ④ 응급치료를 받도록 함

④ 화학테러 시 행동요령

① 신속히 코와 입을 가리고 방사능에 오염되지 않은 건물 안으로 피신 ② 실내에 있을 경우에는 건물이 방사능에 오염되었는지를 확인하고 오염되지 않았다면 바깥으로 나오지 말고 그대로 있는 것이 좋음 ③ 건물내 방사능 유출 경고가 있을 경우 코와 입을 가리고 신속히 바깥으로 나와 오염되지 않은 건물이나 대피소로 피신 ④ 건물이나 대피소에 들어가서는 창문을 잠그고 에어컨 · 히터 · 환풍 장치를 끄도록 할 것 ⑤ 방사능에 노출되었다고 판단되면 신속하게 오염된 옷을 벗고 온몸을 깨끗하게 씻어야 함 ⑥ 현지 관계당국이 어떤 사태가 발생하였는지, 어떻게 행동해야 하는지 등에 대한 지침을 주지 않을 수도 있으므로 TV · 라디오 · 인터넷 등을 통해 관련 정보를 입수

제2절 재난관리

1. 재난의 개념과 유형

재난은 꾸준히 발생하고 있으며, 오늘날 우리는 각종 재난의 위험 속에 살고 있다. 매년 발생하는 태풍과 호우 등을 비롯한 자연재난과 거의 1년 내내 우리를 괴롭히는 미세먼지, 화재, 교통사고 등 다양한 사회재난이 발생하고 있다(국가위기관리학회, 2020). 이러한 재난은 원인과 종류도 다양하며, 그 대상과 지역은 구분되지 않고 있어 관리에 대한 부분이 더욱 중요한 이유라고 볼 수 있다.

"재난"이란 국민의 생명 · 신체 · 재산과 국가에 피해를 주거나 줄 수 있는 것으로서 여기에는 자연재난, 사회재난, 해외재난이 해당한다(「재난 및 안전관리 기본법」 제3조).

【재난의 유형】

종류	내용
자연재난	태풍, 홍수, 호우(豪雨), 강풍, 풍랑, 해일(海溢), 대설, 한파, 낙뢰, 가뭄, 폭염, 지진, 황사(黃砂), 조류(藻類) 대발생, 조수(潮水), 화산활동, 소행성·유성체 등 자연우주물체의 추락·충돌, 그 밖에 이에 준하는 자연현상으로 인하여 발생하는 재해
사회재난	화재·붕괴·폭발·교통사고(항공사고 및 해상사고를 포함한다)·화생방사고·환경오염사고 등으로 인하여 발생하는 대통령령으로 정하는 규모 이상의 피해와 국가핵심기반의 마비, 「감염병의 예방 및 관리에 관한 법률」에 따른 감염병 또는 「가축전염병예방법」에 따른 가축전염병의 확산, 「미세먼지 저감 및 관리에 관한 특별법」에 따른 미세먼지 등으로 인한 피해
해외재난	대한민국의 영역 밖에서 대한민국 국민의 생명·신체 및 재산에 피해를 주거나 줄 수 있는 재난으로서 정부차원에서 대처할 필요가 있는 재난

자료 : 「재난 및 안전관리 기본법」 제3조 정리

2. 재난의 특성

재난은 국민의 생명과 재산에 심각한 피해를 입히며, 사회 경제적 혼란을 초래할 수 있는 자연적 또는 인위적 현상을 말한다. 재난은 누적성, 불확실성, 복잡성, 인지성 등과 같은 특성을 가진다(국가위기관리학회, 2020).

1) 누적성

누적성은 재난이 단일 사건으로 발생하는 것이 아니라, 시간이 지남에 따라 누적되어 발생하는 것을 말한다. 예를 들어, 지구 온난화로 인해 발생하는 해수면 상승은 홍수, 침수 등의 재난을 유발할 수 있으며, 이러한 재난은 시간이 지남에 따라 더욱 심각한 피해를 초래할 수 있다는 것이다.

2) 불확실성

불확실성은 재난의 발생 시점, 규모, 피해 유형 등을 예측하기 어렵다는 것을 말한다. 자연재해의 경우, 지진, 태풍, 홍수 등과 같이 예측하기 어려운 자연현상으로 인해 발생하기 때문에 발생 시점과 규모를 정확하게 예측하기 어렵다. 인재(人災)의 경우, 인간의 활동으로 인해 발생하기 때문에 인적 요인·기술적 요인에 의해 예측이 더욱 어렵다고 볼 수 있다.

3) 복잡성

복잡성은 재난이 단일 요인으로 발생하는 것이 아니라, 다양한 요인들이 복합적으로 작용하여 발생하는 것을 말한다. 예를 들어, 지진은 지질학적 요인, 대기학적 요인, 지구물리학적 요인 등이 복합적으로 작용하여 발생한다. 이러한 복잡성은 '재난 예방 - 대비- 대응 - 복구'를 어렵게 하는 요소가 된다.

4) 인지성

인지성은 인식의 문제와 관련된다. 이는 재난에 대한 인식과 이해가 부족하여 재난이 발생하기 쉽다는 것을 말한다. 재난에 대한 인식과 이해가 부족하면 재난의 위험성을 제대로 인식하지 못하고, 재난 예방 및 대비에 소홀해질 수 있다.

3. 재난관리의 단계

재난관리는 재난 발생 이전부터 발생 이후까지의 전 과정을 포괄하는 개념으로, 재난으로 인한 국민의 생명과 재산 피해를 최소화하기 위한 활동이 해당된다. 법률에서는 "재난관리"란 재난의 예방 · 대비 · 대응 및 복구를 위하여 하는 모든 활동으로 규정하고 있다(「재난 및 안전관리 기본법」 제3조).

한국의 재난관리는 「재난 및 안전관리 기본법」에 따라 다음과 같은 4단계로 구분된다.

1) 예방 단계

예방 단계는 재난의 발생 가능성을 낮추거나, 발생하더라도 피해를 최소화하기 위한 조치를 취하는 단계이다. 예방 단계의 목표는 재난으로 인한 피해를 최소화하기 위해 재난 위험 요인을 사전에 파악하고, 그 위험 요인을 저감하는 것이라고 볼 수 있다.

[예방단계 주요 활동]

- 재난의 위험 요인 및 그 발생 가능성의 분석 및 관리
- 재난에 대한 인식 제고 및 행동 변화 유도
- 재난 경감 시설의 설치 및 유지보수
- 재난 예방에 관한 교육 및 홍보

2) 대비 단계

대비 단계는 재난이 발생하더라도 피해를 최소화하기 위한 단계이다. 대비 단계의 목표는 재난 발생 시 신속하고 효율적인 대응을 위해 필요한 인력, 장비, 물자 등을 확보하고, 대응 계획을 수립하는 것이다.

[대비 단계 주요 활동]

- 재난 발생 시 신속한 대응을 위한 조직 및 인력의 구축
- 재난 대응에 필요한 장비 및 물자의 확보
- 재난 발생 시 신속한 대응을 위한 계획의 수립 및 시행

3) 대응 단계

대응 단계는 재난이 발생한 후 피해를 최소화하기 위한 단계이다. 대응 단계의 목표는 재난으로 인한 피해를 신속하게 수습하고, 피해 지역 주민의 안전을 확보하는 것이다.

[대응 단계 주요 활동]

- 재난 발생 시 신속한 상황 파악 및 평가
- 재난 피해자의 구조 및 구호
- 재난 피해 지역의 응급 복구

4) 복구 단계

복구 단계는 재난으로 인한 피해를 원래 상태로 되돌리기 위한 단계이다. 복구 단계의 목표는 재난으로 인한 피해를 신속하고 효율적으로 복구하여 피해 지역 주민의 삶의 질을 회복하는 것이다.

[복구 단계 주요 활동]

- 재난 피해 규모 및 영향 평가
- 재난 복구 우선 순위 결정
- 재난 피해 지역 재건

4. 위기경보와 단계

1) 위기경보의 개념

위기경보제도는 2004년 이라크 파견 근로자 피습(2명 사망)을 계기로 국가위기상황의 체계적 관리를 위해 국가안전보장회의(NSC)에서 도입됐다(행정안전부, 2017). 위기경보는 재난 발생에 대한 사전 대비와 피해 최소화를 위해 중요한 역할을 한다. 위기경보가 발령되면, 국민과 각 기관은 재난 발생에 대한 경각심을 높이고, 사전 대비를 위한 준비를 하게 된다. 또한, 위기경보에 따라 각 기관은 재난 발생 시 필요한 조치를 취할 수 있게 된다.

한국의 위기경보는 재난의 발생 가능성과 피해 규모 등을 고려하여 관심(Blue), 주의(Yellow), 경계(Orange), 심각(Red)의 4단계로 구분된다. 위기경보는 재난 발생 이전에 사전 예방과 대비를 위해 발령되며, 재난 발생 이후에는 피해 최소화를 위해 발령된다.

위기경보는 재난의 발생 가능성과 피해 규모 등을 고려하여 발령된다. 구체적인 발령기준은 재난 유형별로 다르게 나타난다. 일반적으로 ①재난 발생 가능성, ②재난 발생으로 인한 피해 규모, ③재난 발생 시 피해 확산 가능성, ④재난 발생 시 피해 최소화를 위한 조치의 필요성을 고려한다.

2) 위기경보의 단계

① 관심 단계(위기 가능성 적음)

관심 단계는 재난 발생 가능성이 있는 상황이나, 재난 발생으로 인한 피해가 경미할 것으로 예상되는 상황을 말한다. 이 단계에서는 재난 발생에 대한 경각심을 높이고, 사전 대비를 위한 준비를 한다.

② 주의 단계(위기 발전 가능)

주의 단계는 재난 발생 가능성이 높고, 재난 발생으로 인한 피해가 중대한 것으로 예상되는 상황을 말한다. 이 단계에서는 재난 발생에 대한 대비를 강화하고, 피해 최소화를 위한 조치를 취한다.

③ 경계 단계(위기 발전 농후)

경계 단계는 재난 발생이 임박한 상황이나, 재난 발생으로 인한 피해가 심각할 것으로 예상되는 상황을 말한다. 이 단계에서는 재난 발생에 대한 대비를 최우선으로 하고, 피해 확산 방지를 위한 조치를 취한다.

④ 심각 단계(위기 발생 확실)

심각 단계는 재난이 발생한 상황을 말한다. 이 단계에서는 피해 확산 방지와 인명 구조를 최우선으로 하고, 피해 복구를 위한 조치를 취한다.

제3절 화재대처법

1. 화재의 개념

화재란 인간의 통제를 벗어난 광적인 연소 확대 현상으로 사람의 의도에 반하거나 고의에 의해서 발생하여 인명 및 재산의 피해를 주는 것이다.

【화재의 구분】

화재의 분류		소화기 표시색	특징
A급	일반화재	백색	• 백색 연기 발생 • 연소 후 재를 남김
B급	유류화재	황색	• 검은색 연기 발생 • 연소 후 재가 없음
C급	전기화재	청색	• 전기시설물이 점화원의 기능을 함
D급	금속화재		• 금속이 열을 생성
E급	가스화재		• 재를 남기지 않음

2. 화재의 종류 및 특징

1) 일반가연물 화재(A급 화재)

① 가연물의 종류 : 목재, 종이, 섬유류, 합성수지류, 특수가연물 등

② 대상장소 : 주택, 공장, 음식점, 숙박시설, 시장 등

③ 특징

㉠ 연기의 색은 백색이며, 연소 후 재를 남긴다.
㉡ 고체상태이므로 기체, 액체에 비해 상대적으로 큰 착화에너지가 필요하다.
㉢ 소화시 물을 이용할 수 있으므로 주수에 의한 냉각효과를 이용한다.

2) 유류화재(B급 화재)

① 가연물의 종류 : 4류 위험물과 같은 액체 가연물

② 대상장소 : 4류 위험물 및 기타 액체 가연물을 취급하는 장소

③ 특징

㉠ 탄소수가 많을수록 흑색의 연기를 띄며, 연소후 재를 남기지 않는다.
㉡ 액체이므로 용기에서 누설될 경우 연소면이 급격히 확대된다.
㉢ 대부분 물에 녹지 않고 물보다 가벼우므로 주수소화시 연소면이 확대된다.
㉣ 화재 진행속도가 A급 화재에 비해 빠르고 활성화에너지가 작다.
㉤전기의 부도체이므로 정전기로 인한 착화의 우려가 있다.

3) 전기화재(C급 화재)

① 가연물의 종류 : 통전중인 전기시설물

② 대상장소 : 가정의 전기시설, 발전실, 변전실, 변압기 등

③ 특징 : 통전중인 전기시설물의 연소에 의한 화재로 주변의 일반가연물화재 및 유류화재로 전파되며 감전의 우려가 있어 물의 주수에 의한 소화방법이 곤란

④ 발생원인

㉠ 단락에 의한 발화 : 전기도체를 통하여 흐르는 전류의 순간적 스파크를 말하며 전선의 피복이 벗겨지거나 전선에 못 또는 핀을 박거나 전선이 중량물에 의해 눌리게 되면 단락이 될 수 있다.
㉡ 과부하(과전류)에 의한 발화 : 전선에 전류가 흐르면 열이 발생되는데 이로 인하여 전선의 온도가 상승하게 된다.
㉢ 정전기에 의한 발화 : 전기부도체간의 마찰 및 충돌시 정전기가 발생되는데 정전기가 방전될 때 주위에 가연성기체 또는 분진이 있으면 폭발을 일으킬 우려가 있다.
㉣ 낙뢰에 의한 발화 : 천둥, 번개는 전기에너지의 일종으로 건축물에 낙뢰가 접하면 순간적인 고열에 의한 불꽃이 발생하므로 점화원의 기능을 할 수 있다.
㉤ 접속기 과열에 의한 발화 : 전기가 통하고 있는 전로(電路)에는 수많은 접속점이 있고 이 접속점에 전류가 흐르게 되면 접속저항에 의해 다른 부분보다 집중적으로 열이 발생되어 발화의 원인이 된다.
㉥ 전기불꽃에 의한 발화 : 전기콘센트에 플러그를 꽂거나 뺄 때 또는 각종 스위치를 개폐할 때 크고 작은 전기스파크가 발생한다. 이 때 가연성가스나 가연성분진이 폭발범위 내에 있을 때 착화의 우려가 있다.
㉦ 누전에 의한 발화 : 배선공사의 불량, 절연의 파손, 전기기기재료의 불량 등으로 누설전류가 있을 때 감전 또는 화재의 원인이 될 수 있다.

4) 금속화재(D급 화재)

① 가연물의 종류 : Na, K, Al, Mg, 알킬알미늄, 그 밖의 금속성물질

② 대상장소 : 금속을 분말 상태로 취급하는 장소

③ 특징 : 분진상태로 공기 중에서 부유시 분진폭발의 우려가 있다. 물 또는 CO_2와 반응하여 심한 발열과 함께 많은 가연성가스를 발생하므로 주의를 요한다.

5) 가스화재(E급 화재)

① 가연물의 종류 : LNG, LPG, 도시가스 등

② 대상장소 : 가연성 가스를 제조, 저장, 취급하는 모든 장소

③ 특징

㉠ 작은 에너지로 착화되어 폭연, 폭굉에 이를 수 있어 특별한 주의를 요한다. ㉡ 주성분이 유류와 동일하여 화학적 성질은 유사하지만 기체상태이므로 매우 민감한 성질을 갖는다. ㉢ 폭굉[5]으로 전이되기 전에 소화가 필요하다.

3. 연소일반

1) 연소의 정의

일반적으로 연소(Combustion)란 물질이 빛이나 열 또는 불꽃을 내면서 빠르게 산소와 결합하는 반응을 말한다. 가연물이 공기 중의 산소 또는 산화제와 반응하여 열과 빛을 내면서 산화하는 현상으로 정의된다(류상일 외, 2020).

2) 연소의 3 요소

연소는 연료로서 가연물, 산소를 공급하는 지연물, 발화에 필요한 열에너지(점화원)를 필요로 하고, 이를 연소의 3요소라고 말한다(류상일 외, 2020).

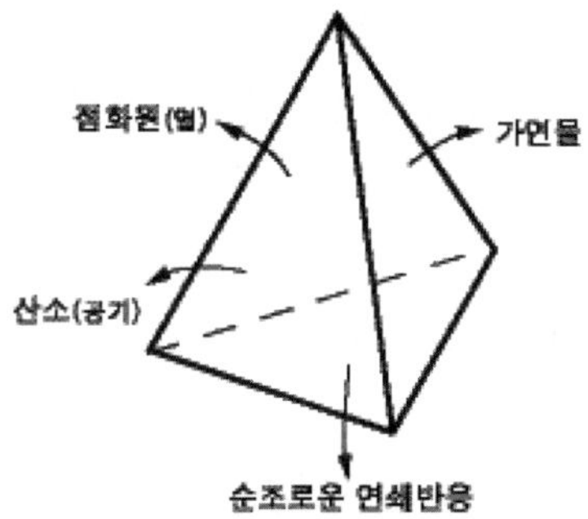

【연소의 3요소】

5) 화염의 전파속도가 음속 이상인 폭발을 말함

(1) 가연물

① 고체가연물 : 목재, 종이, 섬유, 고무, 플라스틱 등으로 건조한 것일수록, 공기와 접촉하는 표면적이 넓을수록 잘 연소

② 액체가연물 : 가솔린, 등유, 경유, 중유, 알코올, 글리세린 등

③ 기체가연물 : 액화석유가스(LPG), 액화천연가스(LNG), 부탄, 수소 등

참고 가연성 기체는 공기 중에 일정한 비율의 범위에서만 연소가 일어나는데 이 범위를 연소범위라 한다.

(2) 산소공급원

① 가연물이 연소하기 위해서는 가연물이 산화반응을 하기 위한 산소가 필요

② 공기 중의 산소 : 21%

③ 가연물이 연소하기 위하여 필요로 하는 최소 산소농도 : 15% 정도

(3) 점화원

① 가연물이 연소하기 위해 가연물과 산소를 반응시킬 수 있는 에너지가 필요

② 화학적 에너지 : 연소열, 자연발열, 분해열

③ 기계적 에너지 : 마찰열, 마찰스파크, 압축열

④ 전기적 에너지 : 저항가열, 정전기가열, 낙뢰에 의한 발열

(4) 연쇄반응

불꽃연소의 경우 연소의 3요소 외에 계속적인 가연성기체의 공급이 필요하며, 발생된 가연성기체는 지속적이고 순조롭게 산화반응을 할 수 있어야 하는데 이러한 반응을 연쇄반응이라 한다.

3) 연소 생성물과 유해성

(1) 연기

연기는 가연물의 열분해 및 연소의 과정에서 발생하는 다양한 생성물과 그 주변에서 잔존하는 기체, 고체 미립자들의 혼합물이다. 화재초기에는 가연물에 수분이 많이 함유

되어 있어 백색 또는 회색의 연기가 발생되며, 플라스틱이나 유지류에 있어서는 흑색을 띈다. 연기는 다음과 같은 유해성을 갖는다.

① 산소 결핍

연기에 의해 산소의 농도가 희석됨과 동시에 이산화탄소의 농도가 상승한다. 산소농도가 낮은 공기를 흡입하면 산소결핍에 의한 질식 상태에 이르게 되는데 산소의 농도 15% 정도에서 인체에 영향을 나타나기 시작하여 6% 이하에서는 급격히 의식을 잃게 된다.

② 일산화탄소 중독

일반가연물이 불완전연소 시 일산화탄소가 발생되며 일산화탄소는 혈액 중에 헤모글로빈과 결합하여 COHb가 되므로 산소운반을 저해하여 두통을 일으키고 고농도의 경우 의식불명을 초래한다.

③ 호흡기의 화상

④ 입자에 의한 자극

미세한 탄소입자가 눈 및 폐를 자극하고, 호흡기를 통해 흡입되면, 질식 및 호흡곤란 초래

⑤ 시계적 유해성

연기농도의 증가에 따라 시계가 좁아져 피난 및 소화활동에 지장을 초래

⑥ 심리적 유해성

연기농도의 증가에 따른 호흡곤란, 시계의 제한 등으로 인하여 공포감에 휩싸이게 되어 행동능력 및 판단능력의 저하

2) 일산화탄소(CO)

① 탄소를 함유한 가연물의 불완전연소 시 발생
② 무색, 무취의 유독성가스
③ 일반가연물 화재 시 가장 많이 발생되는 독성가스

3) 이산화탄소(CO_2)

탄소함유 물질의 완전연소 시 발생한다. 일산화탄소처럼 인체에 대한 독성은 없지만 화재 시 다량 발생하므로 공기 중의 산소부족에 따른 질식의 우려 및 호흡속도가 빨라져 기타 유독가스의 흡입을 촉진시킬 수 있다.

4. 소화의 방법

1) 소화의 원리

연소 과정은 점화원(열), 산소, 가연물, 연쇄반응의 상호작용이라고 볼 수 있다. 이 중에서 하나라도 제거된다면 불은 꺼진다. 즉, 연소의 반대 개념으로 연소 4요소인 가연물, 산소, 점화원(점화에너지), 연쇄반응이 성립되지 못하게 제어하는 것을 의미한다.

① 냉각소화 ⇨ 점화에너지 차단
② 질식소화 ⇨ 산소 차단
③ 제거소화 ⇨ 가연물 제거
④ 억제소화 ⇨ 연쇄반응 차단

2) 냉각소화

가연물 또는 그 주변의 온도를 냉각시켜 발화점 및 인화점 이하로 떨어뜨려 소화하는 방법이다. 물은 다른 소화약제에 비해 쉽게 구할 수 있으며, 가격이 저렴하고, 사용시 안전함은 물론, 일반가연물 화재에 뛰어난 소화효과를 가지므로 냉각소화용으로 가장 많이 쓰이는 소화약제이다.

참고 물의 냉각 특성 : 물은 비열(1kcal/kg · ℃) 및 잠열(539kcal/kg)이 크므로 화재면에 방사시 많은 양의 에너지를 흡수하게 되어 가연물의 온도를 인화점, 발화점 이하로 낮출 수 있다.

3) 질식소화

정상적인 연소가 진행되기 위해서는 일정농도 이상의 산소가 필요하며, 대부분의 산소공급은 공기를 통해 이루어진다. 그러므로 가연물 주변의 공기를 차단하여 산소농도를 15% 이하로 하면 산소부족에 의해 계속적인 연소가 어려워진다. 질식소화를 위한 산소농도의 유효한계치는 10~15%이다.

① 이산화탄소, 할론 : 화재실에 방사시 상대적으로 산소의 농도를 떨어뜨려 연소반응을 저해 ② 포(거품) : 포가 가연물을 피복하여 가연성가스의 발생을 억제함과 동시에 공기와의 접촉을 차단 ③ 소화분말 : 열분해 시 생성된 수증기 및 탄산가스에 의해 산소의 농도를 희석하여 질식효과에 의한 소화 ④ 불연성 고체로 연소물을 덮는 방법

4) 제거소화

연소를 지속시키는 물질의 공급을 차단하는 것으로써 가연물질 등을 제거해서 소화하는 방법을 말한다. 가연물질을 완전 제거하거나 가연성액체 또는 가연성증기의 농도를 희석시켜 연소하한계 이하로 하여 연소를 저지시키는 소화방법이다.

참고 소화방법
- 가스나 유류화재시 밸브를 폐쇄하는 방법
- 촛불을 입으로 불어 소화하는 방법
- 산불화재시 진행방향의 나무를 벌목하는 방법
- 전기화재시 전원을 차단하는 방법

5) 억제소화(부촉매소화)

불꽃연소에 한하여 사용할 수 있는 방법으로 화학반응력의 차이를 이용한 연쇄반응의 억제를 통하여 소화하는 방법이다. 화재면에 화학반응성이 큰 원소를 발생시킬 수 있는 물질을 투입하여 가연물이 산소와 반응하는 것을 억제하는 원리를 이용하는 소화방법이다.

참고 소화방법
- 할론약제 및 할로겐화합물 청정약제를 방사하는 방법
- 소화분말을 방사하는 방법

5. 긴급상황시 대처요령

1) 긴급상황시 신고 요령

소방관서 신고사항은 화재, 구조, 구급 등 긴박한 상황이나 침착성이 요구된다.

참고 119 누름 ⇨ 소방관서 지령실 응답 ⇨ 능동적으로 필요한 내용을 침착, 간결

(1) 화재가 발생한 경우(소방대를 요청하는 경우)

① 화재장소의 위치

② 정확한 화재발생 장소 및 용도

③ 화재장소 내 사람의 유무

④ 간단한 상황설명

⑤ 신고자 및 전화번호

(2) 응급환자가 발생한 경우(119구급대를 요청하는 경우)

① 환자발생 위치

② 환자의 수

③ 간단한 상황설명

④ 신고자 및 전화번호

(3) 구조 요청 시(119구조대를 요청하는 경우)

① 사고발생 위치

② 사고와 관련되어 구조가 필요한 사람의 수

③ 간단한 상황설명

④ 신고자 및 전화번호

2) 화재시 행동요령

(1) 화재신고 및 경고

육성, 경보기 등을 통해 신속히 주변에 알려 주위 사람이 대피하도록 한다.

(2) 초기 소화 및 소방관서에 신고

① 화재를 신고(119)

② 소화활동을 돕도록 함

㉠ 화재규모가 작으면 담요나 이불을 덮어씌움(시간적 여유 있으면 물에 적시는 것이 효과적)

㉡ 소화기, 소화전 활용

㉢ 전기스위치를 내림(전원이 연결된 기구에 물을 뿌리면 감전 위험)

㉣ 가스밸브 차단, 가스용기를 열기가 미치지 않는 곳으로 이동

㉤ 유류화재는 물 사용 금지(화재 확대)

(3) 대피

① 화재건물 내의 문은 갑자기 열지 않도록

㉠ 문 열기 전에 손잡이나 다른 부위를 만져보고, 열이 느껴지면 열지 말아야 함(백드래프트 현상 우려)

㉡ 부득이 문을 열어야 할 상황에선 분이나 벽 뒤에 숨어 분출되는 화염이나 열기를 직접 받지 않도록 주의

② 피난시 자세 낮추고 젖은 수건으로 코와 입을 보호하면서 호흡

㉠ 연소생성물은 일산화탄소 등 유독가스 다량 포함

㉡ 가스들은 열기로 인해 부피가 팽창하여 뜨는 부력이 있음

㉢ 뜨거운 공기를 호흡하는 것도 위험하며 젖은 수건은 필터 역할을 하여 어느 정도 안전한 호흡을 도움

㉣ 화재로 인한 사망자 대부분은 질식사가 직접적인 원인

③ 불 난 곳의 반대방향의 피난구와 비상구 이용
④ 화장실 등 막다른 장소로 대피하지 않음
⑤ 전원이 차단되어 갇히거나 연기에 질식 가능성 높기 때문에 엘리베이터를 이용하지 않음
⑥ 귀중품을 가지고 나오려고 시간을 지체하는 것은 위험
⑦ 피난자가 많을 경우 질서를 지켜 노약자, 어린이, 부녀자를 먼저 대피시킴
⑧ 고립된 경우 각종 수단과 방법을 동원하여 자기존재를 알려야 함

6. 소화기의 사용과 관리

소화기는 물이나 소화약제를 압력원에 의하여 방사하는 기구로서 소화약제의 양, 방출시간, 방출거리, 화재의 종류 등에 따라 소화 능력에 한계가 있으므로 초기 소화에는 절대적인 효과가 있지만 플래시 오버(Flash Over) 시에는 효과가 없다. 일반적으로 소화기를 분류하는 방법에는 소화 능력단위, 소화약제 분출방법, 소화약제의 종류에 따라 분류하고 있다(안전보건공단, 2016).

1) 소화기 사용시 유의사항

① 소화시 바람을 등지고 방사
② 방사거리는 4~5미터가 적당
③ 방사시간이 10~12초 정도에 불과(약제중량 3.3kg 분말소화기 기준)하므로 신중하게 사용

2) 소화기의 사용 순서

① 안전핀을 뽑는다.
② 바람을 등지고 화점을 겨냥한다.
③ 레버(손잡이)를 강하게 움켜쥔다.
④ 빗자루로 쓸듯이 앞으로 뿌려 나간다.

3) 소화기의 관리

① 통행이나 피난 등에 지장이 없고, 사용시 쉽게 반출할 수 있는 곳에 위치

② 습기나 직사광선을 피함

③ 주위의 잘 보이는 곳에 '소화기'라는 표시할 것

④ 분말소화기는 정기적으로 용기를 뒤집어 약제가 응고되지 않도록 함

⑤ 축압식 소화기는 게이지 압력을 정기적으로 확인하고 압력이 부족하면 즉시 재충전하여 보관할 것

제9장 체포 · 호신술

제9장 체포 · 호신술

제1절 체포 · 호신술의 의의

1. 서설

체포 · 호신술이란 직무수행 중 상대로부터의 공격 등에 대비 하여 자신의 몸을 효과적으로 보호하면서도 나아가서는 상대방을 제압 · 체포할 수 있도록 과학적 원리에 입각하여 고안한 물리적 맨손기술과 체포장구의 사용법이다. 여기서 물리적 기술이란 유도, 검도, 태권도, 합기도의 경찰무도뿐만 아니라 레슬링, 씨름, 권투 등에서 체포에 필요한 모든 기술을 말하며, 체포장구란 경찰봉을 말하며 장구 피탈시 예외적인 경우에 필요한 주변 물건 등도 포함한다. 경비란 타인의 생명 · 신체 · 재산 및 시설물 보호를 주된 업무로 하는 일련의 공 · 사적인 행위를 의미한다. 특히 경비업이란 이 가운데서 사적 영역의 경비업무로 특정한 고객으로부터 일정한 비용을 지급받고 그 대가로 타인의 생명 · 신체 · 재산 및 시설물 보호를 행하는 법인을 의미한다.

2. 체포술의 정의

범인이나 피의자 등을 제압 · 체포 또는 경찰상 목적을 달성하기 위해 신체 또는 장구 등을 안전하고 효과적으로 이용하는 것을 말한다. 또한 기세, 언어 등 직접 신체나 장구를 사용하지 않고 제압, 체포하기도 하는데 이것도 넓은 의미의 체포술이라 할 수 있다.

3. 호신술의 정의

호신술의 뜻을 사전에서 찾아보면 “자기의 몸을 보호하기 위한 무술”로 정의하고 있다. 다른 무술과 다르게 자신의 몸을 선제공격으로부터 지켜낸다는 점에서 폭력성이 적으며 인간적인 무술이다. 호신술은 기본적으로 수동형 무술이기 때문에 폭력을 배제한다. 따라서 상대방을 먼저 공격하는 행위는 호신술이 아니다. 진정한 호신술은 상대의 공격을 미리 막아내거나 봉쇄하는 것이다. 이러한 호신술은 일반적으로 무도에서 펼치는 빼기 · 풀기 · 쳐내기 · 밀기 · 꺾기 · 누르기 등의 맨손 기술을 살려 방어한다. 또한 몸 가까이 있는 기물을 호신도구로 활용하기도 한다.

4. 호신술의 필요성

폭력의 위험에 직면했을 경우 우리는 누구나 자신을 위험으로부터 보호하고 싶어 한다. 방법은 두 가지이다. 하나는 위험으로부터 도피하는 것이고 다른 하나는 폭력에 대항하는 것이다. 도피는 폭력을 암묵적으로 용인하는 반사회적인 행위이다. 그렇기 때문에 폭력에 대항하기 위해서는 상대를 제압할 수 있는 능력이 필요하다.

이러한 능력을 획득할 수 있는 기술이 호신술이다. 다른 무술들은 대부분 상대보다 더욱 강력한 힘을 필요로 한다. 이에 비해 호신술은 상대의 힘을 역이용하는 특징을 가지고 있다. 그래서 호신술은 사회적인 약자의 자기보호기술이다. 폭력으로부터 자신을 보호할 필요가 있는 사람은 국민 모두가 해당된다.

제2절 호신술과 정당방위

1. 정당방위

정당방위는 자기보호의 원칙 및 법질서수호의 원칙으로 정당화가 된다. 법질서에서 방어할 이익이 없는 경우에는 정당방위가 제한될 수 있다. 그러나 정당방위의 제한의 근거가 사회 윤리적 가치에 있다는 것은 형법의 도덕화를 통한 처벌범위의 확대를 의미하게 되므로 타당하다고 할 수 없는 것이다. 따라서 법익보호를 위한 정당방위에 대하여 법질서수호의 원칙에 따른 제한이 가능하지만, 이는 결코 사회윤리적 제한으로 파악해서는 안 될 것이다.

2. 정당방위 8개항

1) 침해 행위에 대해 방어하기 위한 행위일 것

여기서 침해 행위란 남이 시비를 걸거나 선제공격을 해오는 경우라고 보면 된다. 또 침해의 대상이 꼭 자기 자신일 필요는 없다. 누군가 '나에게' 또는 '제3자에게' 시비를 걸거나 선제공격을 할 때 나 스스로 방어하거나, 괴롭힘을 당하는 제3자를 지키기 위한 행위이면 된다.

2) 침해 행위를 도발하지 않았을 것

남에게 먼저 시비를 걸어서 그 사람의 공격을 유발한 뒤에 자기가 그 사람에게 물리력을 사용하는 것은 정당방위로 인정되지 않는다.

3) 먼저 폭력 행위를 하지 않았을 것

먼저 폭력을 행사해서는 안된다. 먼저 공격을 하게 되면 정당방위가 되지 않는다.

4) 폭력 행위의 정도가 침해 행위의 수준보다 중하지 않을 것

상대방이 내 멱살을 잡고 욕을 하여도, 내가 주먹으로 얼굴을 때린다면 정당방위 행위가 인정되지 않는다.

5) 흉기나 위험한 물건을 사용하지 않았을 것

상대방이 주먹으로 때렸는데 내가 흉기나 둔기를 들면 안 된다. 다만 상대방이 흉기를 들었을 경우, 자신도 도구를 사용하는 정도는 정당방위로 인정받을 수 있다.

6) 침해행위가 저지되거나 종료된 후에는 폭력행위를 하지 않았을 것

누군가 자신을 괴롭히다가 그만둔 상태라면 이쪽도 폭력을 써서는 안 된다.

7) 상대방의 피해 정도가 본인보다 중하지 않을 것

앞의 6가지를 다 만족한다고 해도, 상대는 전치 3주, 나는 전치 2주 나왔다면 정당방위로 인정받지 못 한다.

제3절 체포 · 호신술의 기본원칙과 활용원리

1. 3대 기본원칙

1) 예리한 판단

범인의 수 · 흉기소지 · 음주 · 약물복용 · 주변의 물건 등을 흉기로 사용할 수 있는지 여부 등 인적 · 물적 상황과, 지원경력의 필요성 · 총기사용의 요건 · 장구활용의 불가피성 등을 즉응적으로 판단해야 한다.

2) 과감한 동작

기술 사용시 주춤거리거나 자신감 없는 동작은 절대 금물이며 자신감 있고 과감하게 기술을 구사하여야 한다.

3) 완벽한 제압

완벽한 제압이 되지 않는 상대에서는 필사적으로 저항하는 범인에 대하여 수갑을 채울 수 없기에 신체를 완벽하게 제압한 후 수갑을 채워야 한다.

2. 활용원리

1) 상대의 힘에 순응

상대방의 심리상태는 일반적으로 고조된 상태이므로 완력은 그 만큼 클 수밖에 없다. 따라서 무리하게 상대방의 완력에 대응하면 목적을 달성하기 어렵다.

2) 몸 전체를 이용

힘은 질량×속도이므로 체중을 이용한다 하더라도 속도가 느리면 아무 소용이 없다. 따라서 순간적으로 힘이 집중될 수 있도록 해야 한다. 특히, 여성의 경우 가해자 남성에게 힘으로 저항할 때는 몸 전체의 무게와 힘을 이용하는 것이 필요하다.

3) 턴(turn)의 원리

팽이의 원리를 생각하면 이해하기 쉽다. 신체운동은 같은 방향으로 이동하는 병진운동과 동일한 점을 중심으로 회전하는 회전운동을 특징으로 한다.

4) 틈을 이용

상대방의 틈을 이용하는 원리이다. 예를 들어, 상대에게 손목을 잡혔다고 가정했을 때 손목의 틈을 이용해 상대편 쪽으로 밀어 위기를 벗어나는 원리이다. 이때 잡힌 손과 팔을 상대를 향해 길게 펴야하는데 그러면 상대의 팔은 굽어진다. 구부린 팔은 편 팔의 힘의 절반에 불과하게 되므로 위기탈출이 가능해진다.

3. 체포 · 호신술의 기본

다음에서는 체포 · 호신술의 기본 동작을 실습을 통해 익혀보도록 한다.

1) 낙법

(1) 전방낙법

1-1. 전방낙법 준비

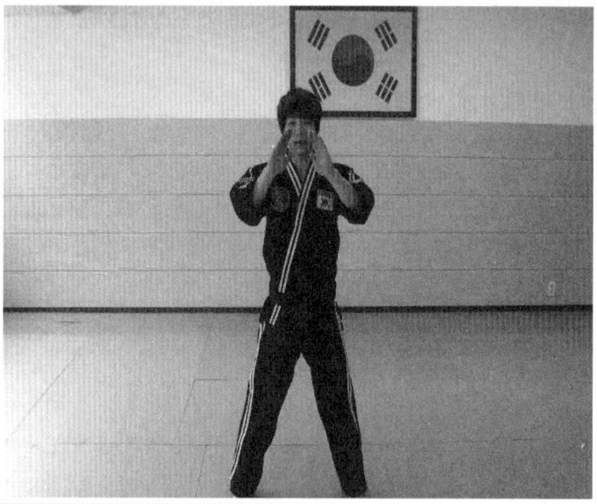

1-2. 전방낙법 준비 옆모습

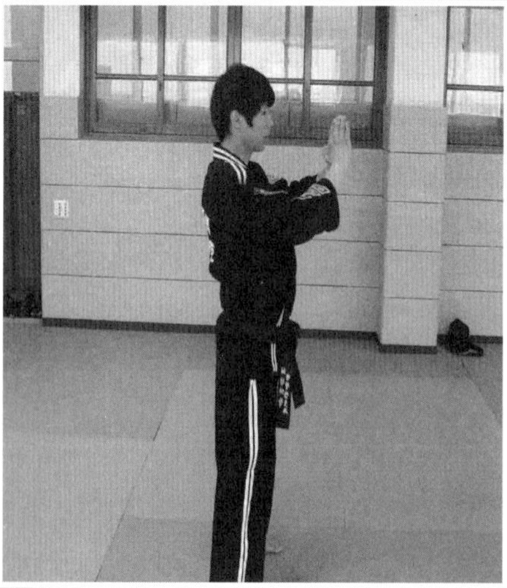

2. 손과 팔꿈치, 다리를 삼각형을 유지하며 앞으로 넘어간다.

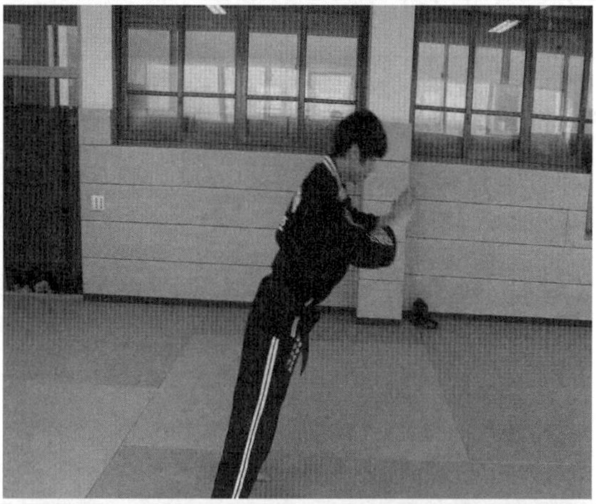

3-1. 시선은 좌측 또는 우측을 바라보고 자세를 유지한다.

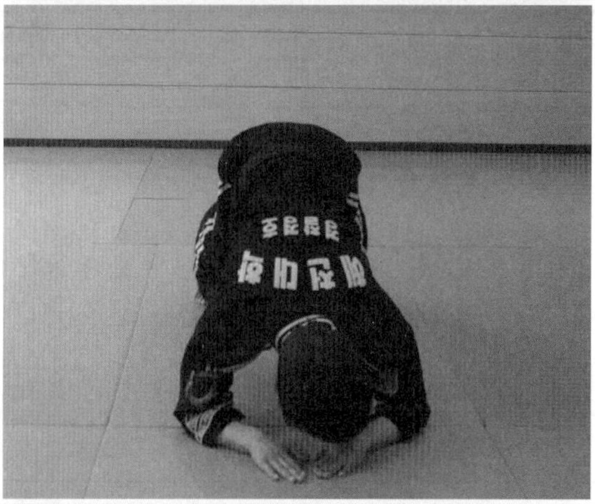

3-2. 전방낙법 옆모습

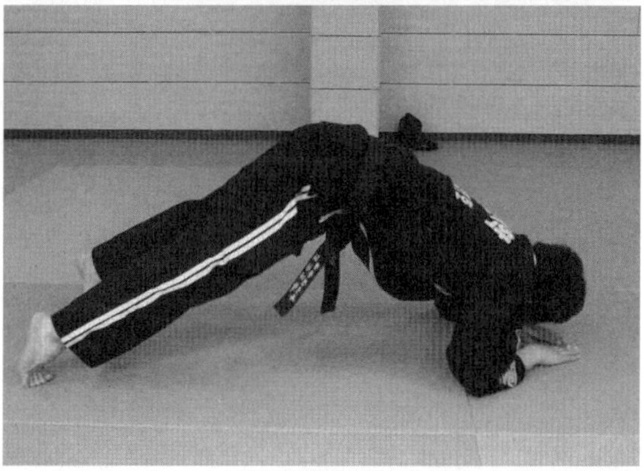

(2) 후방낙법

1. 후방낙법 준비

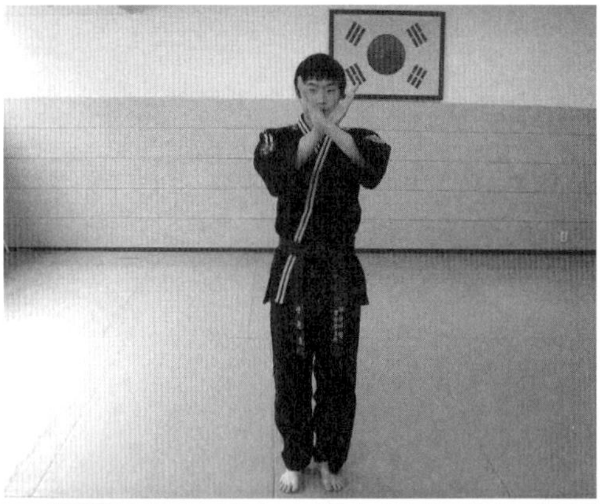

2. 무릎을 살짝 구부린다.

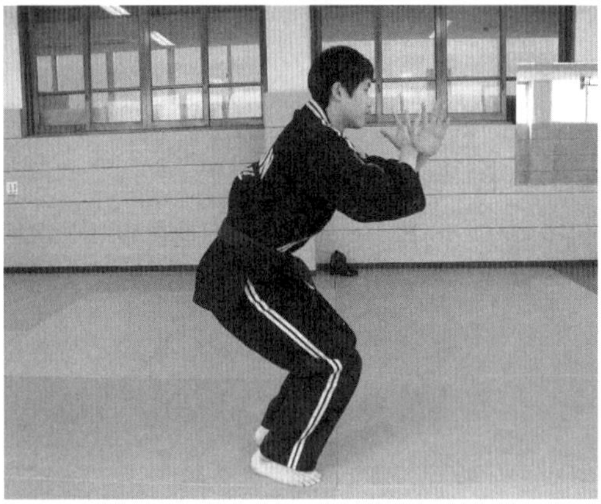

3. 엉덩이를 바닥에 댄다.

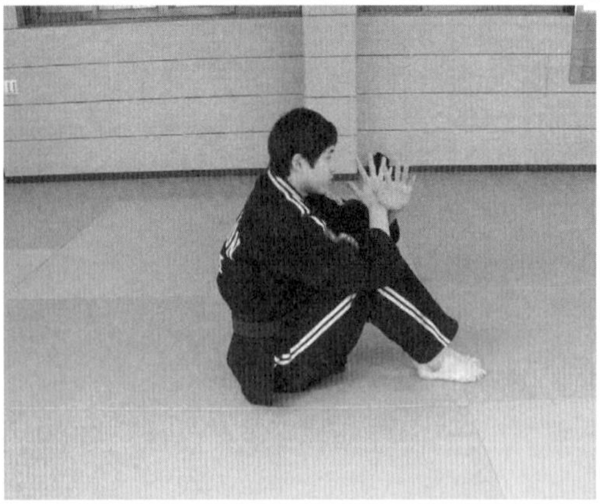

4. 팔을 45℃각도로 유지하고 시선은 띠를 바라본다.

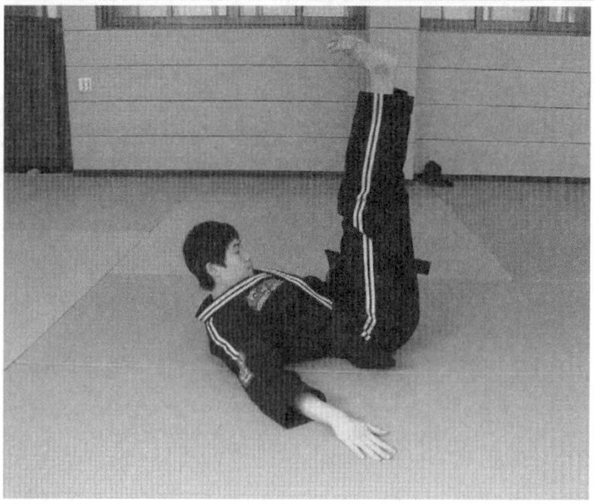

(3) 측방 낙법

1. 우측방 준비

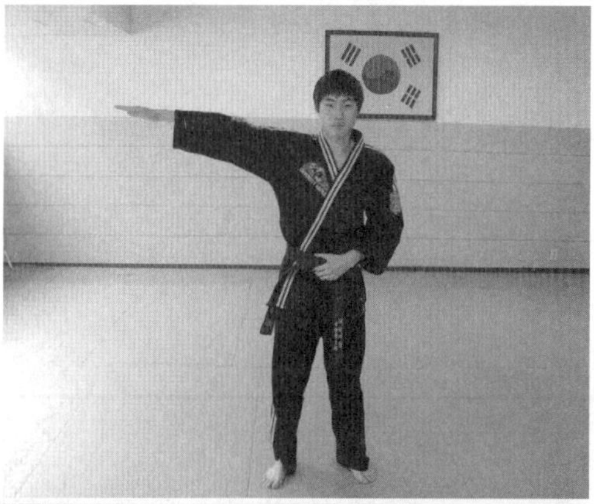

2. 오른발을 왼발 반보 앞으로 오른손은 왼쪽 어깨 위로 올린다.

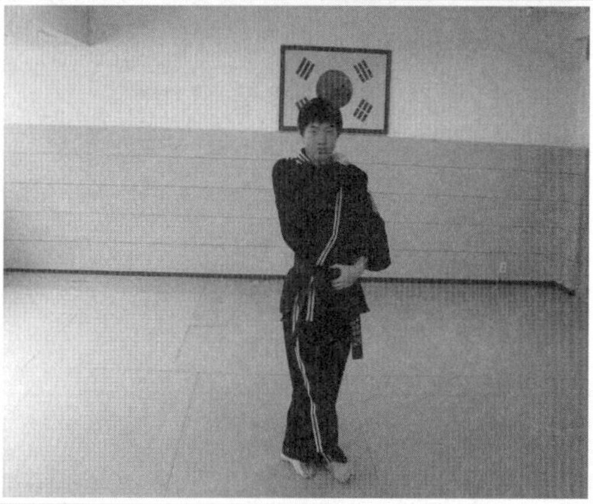

3. 무릎을 구부린다.

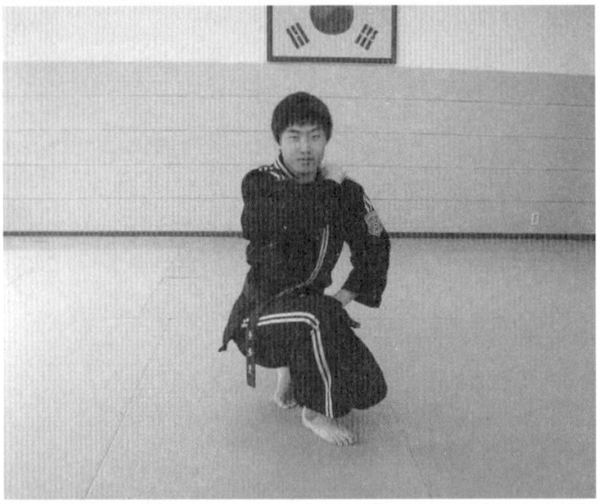

4. 넘어지면서 다리를 하늘로 찬다.

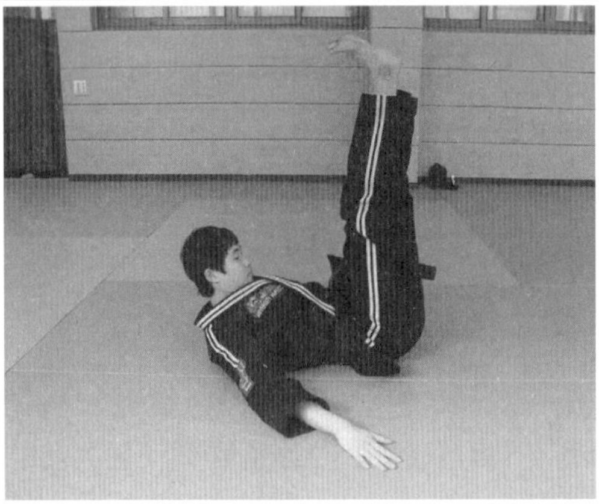

5. 시선은 띠 매듭, 손은 45℃를 유지하고 발은 뒤꿈치가 닿지 않도록 주의한다.

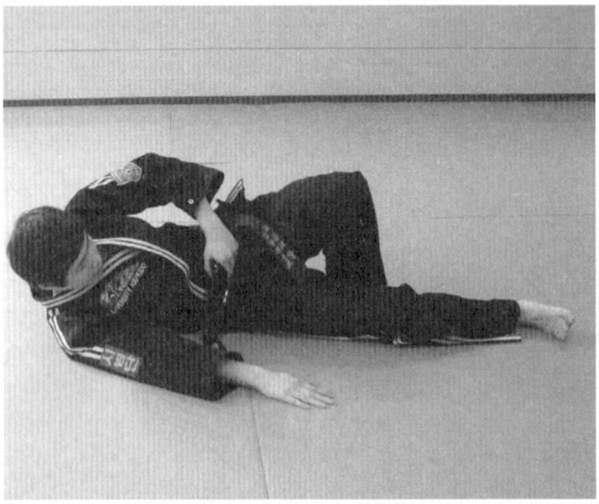

(4) 전방회전 낙법

1-1. 우전방 회전낙법 준비

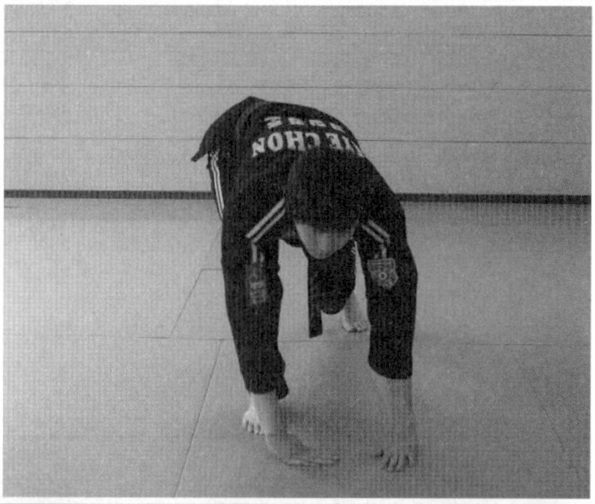

1-2. 우전방 회전낙법 준비

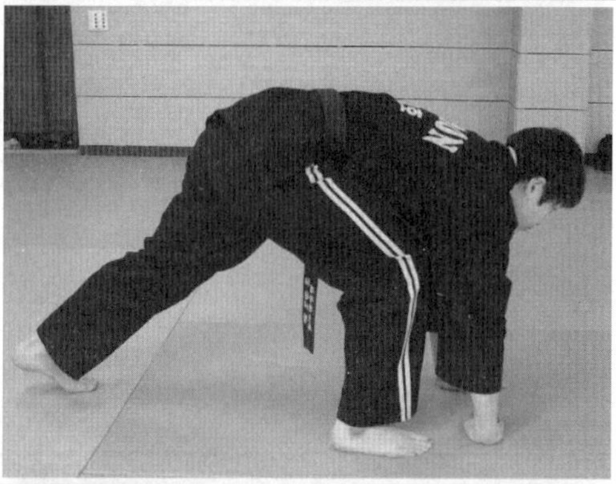

2. 왼발을 올리면서 팔꿈치를 땅에 댄다.

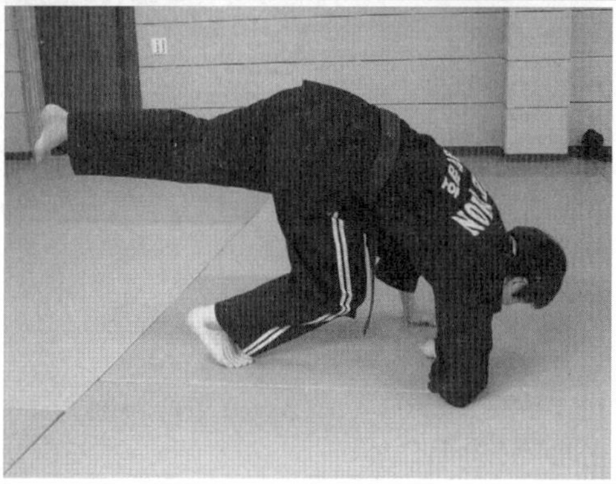

3. 발 뒷꿈치를 하늘로 차면서 어깨를 땅에 대고 시선은 좌측을 바라본다.

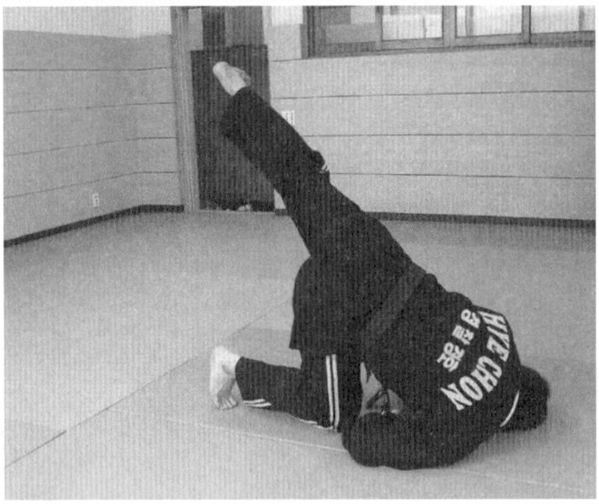

4. 우측어깨부터 왼쪽 엉덩이로 사선으로 땅에 딯으며 구른다.

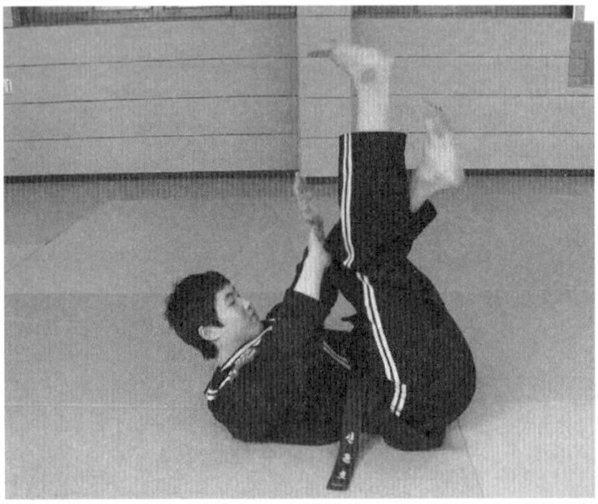

5. 외쪽 발등을 쭉 펴고 오른발은 살짝 구부린다.

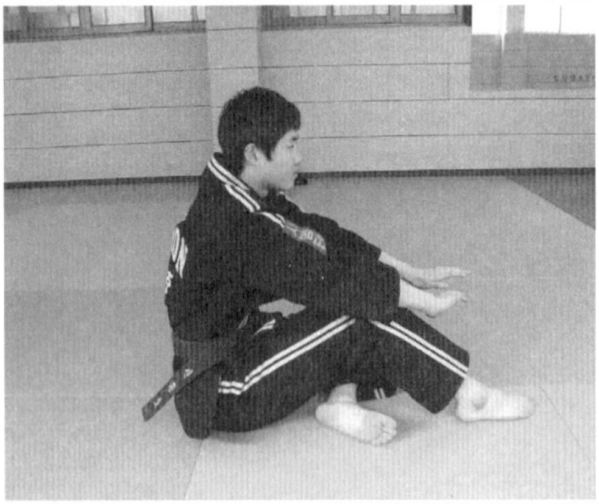

6. 상체를 앞으로 밀며 일어난다.

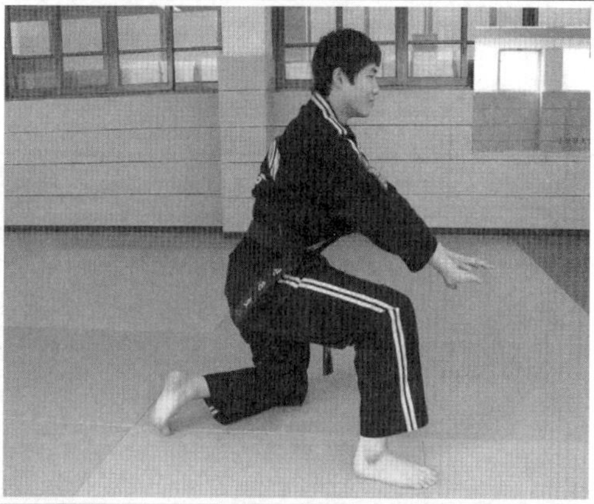

7. 무릎을 펴고 일어난다.

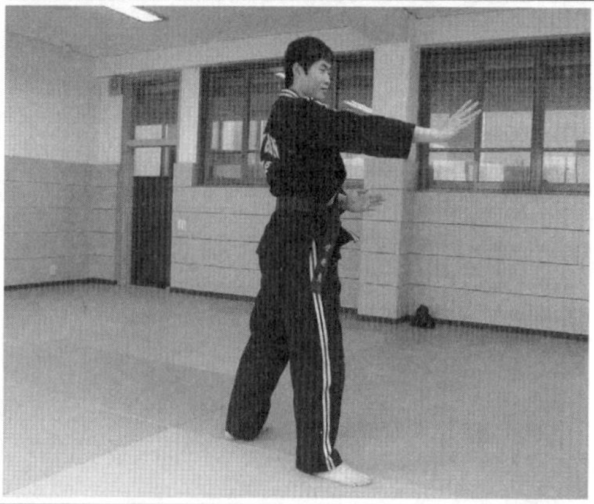

2) 손빼기

(1) 손빼기-1

1. 손빼기 준비

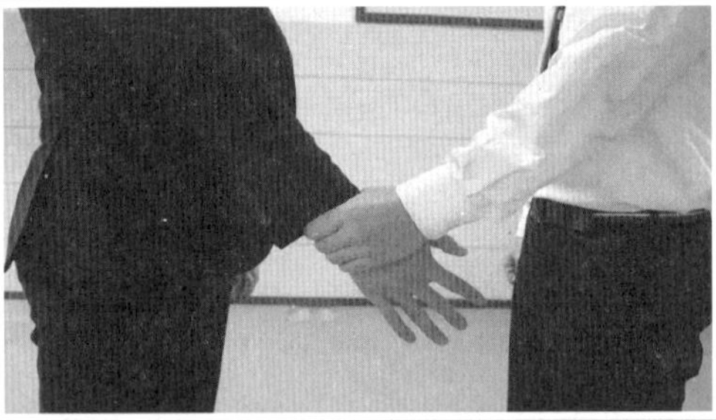

2. 팔꿈치를 상대방 쪽으로 밀어 넣는다.

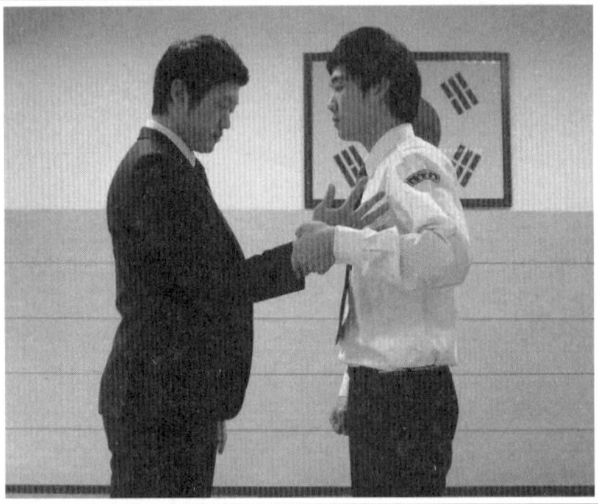

3. 팔꿈치를 완전히 밀어 넣으며 손목을 안쪽으로 당긴다.

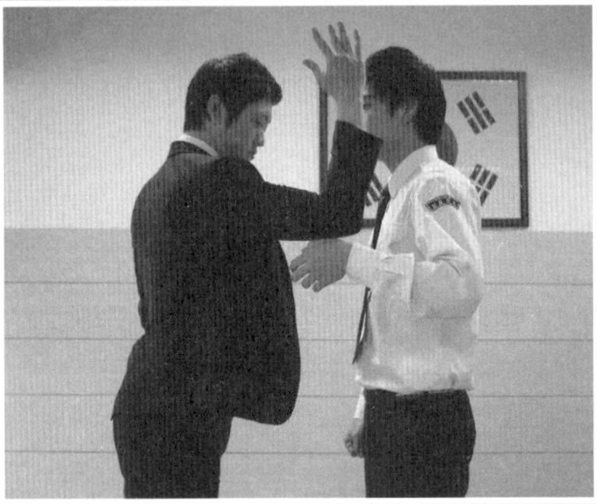

(2) 손빼기-2

1. 손빼기 준비

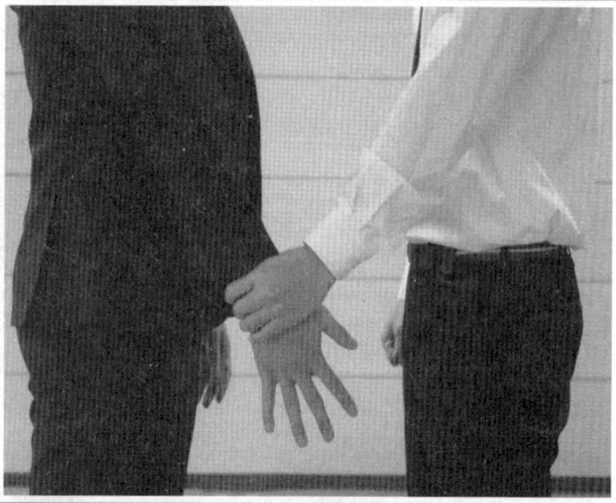

2. 손을 뒤집는다.

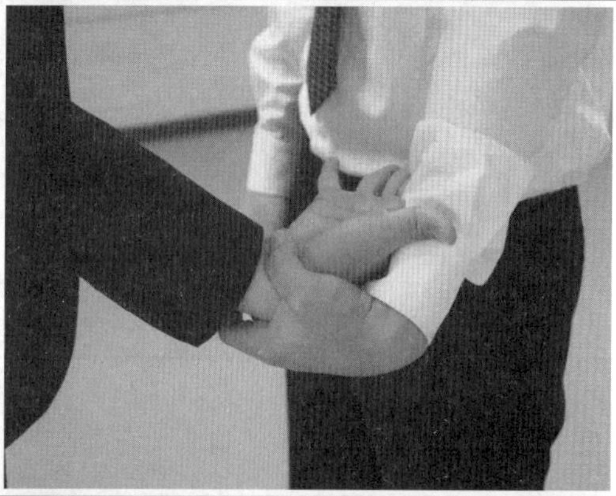

3. 손을 뒤집은 상태서 팔꿈치를 안쪽으로 밀어 넣는다.

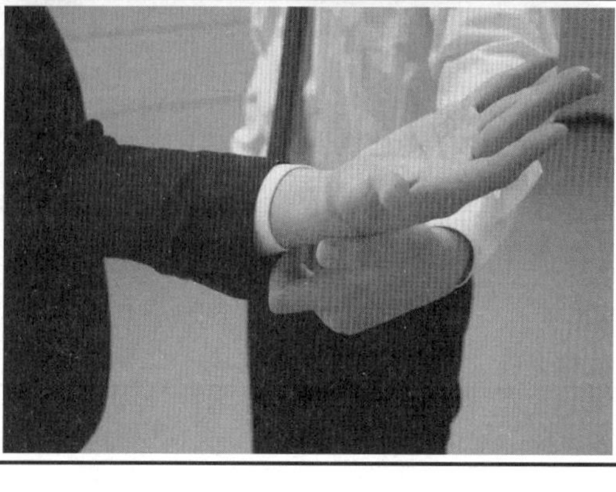

(3) 손빼기-3

1. 손빼기 준비

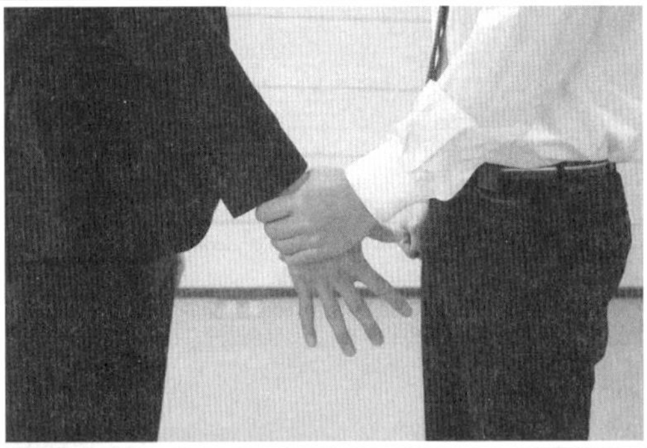

2. 엄지를 안쪽으로 오게 한다.

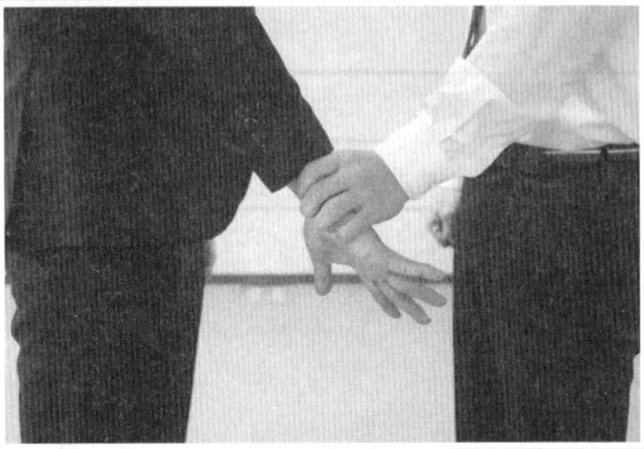

3. 엄지를 안쪽으로 놓은 상태에서 아래쪽 45℃ 방향으로 내린다.

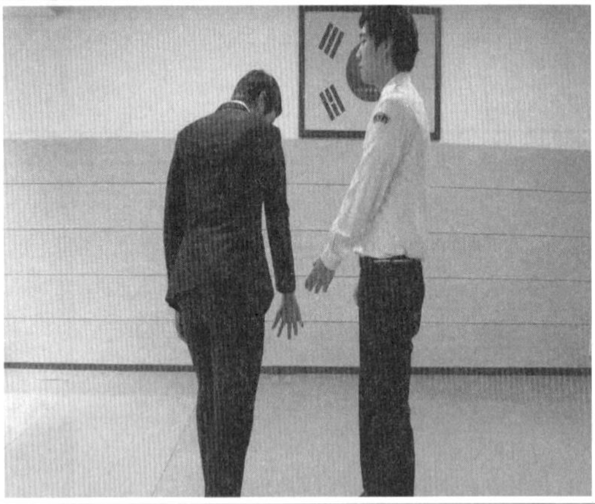

(4) 손빼기-4

1. 손빼기 준비

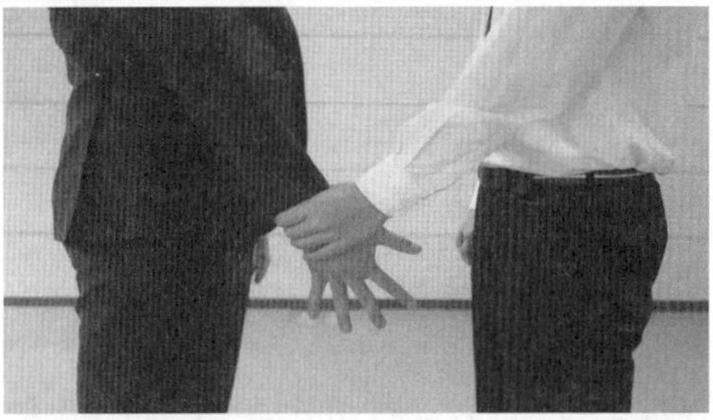

2. 오른쪽으로 돌리며 상대방 손목에 자신의 엄지손을 올려 놓는다.

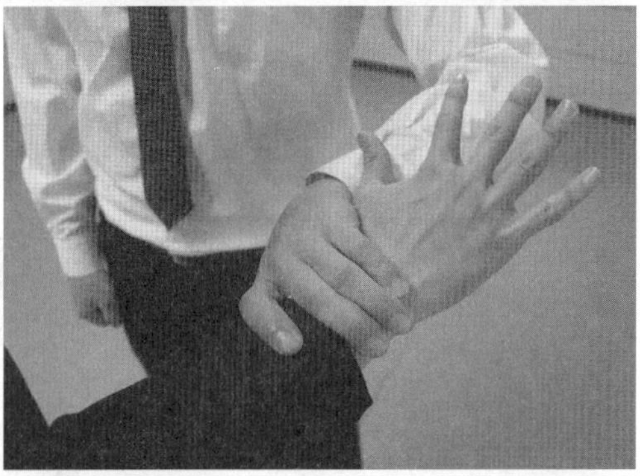

3. 팔꿈치를 밀어 넣는다.

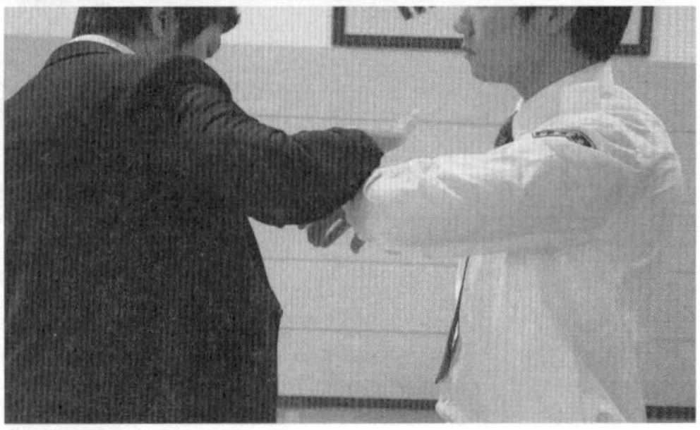

4. 팔꿈치를 밀어 넣으며 엄지손을 안쪽으로 당긴다.

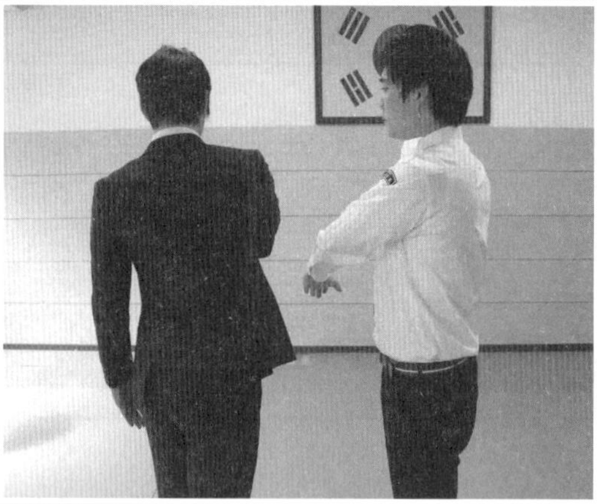

(5) 손빼기-5

1. 손빼기 준비

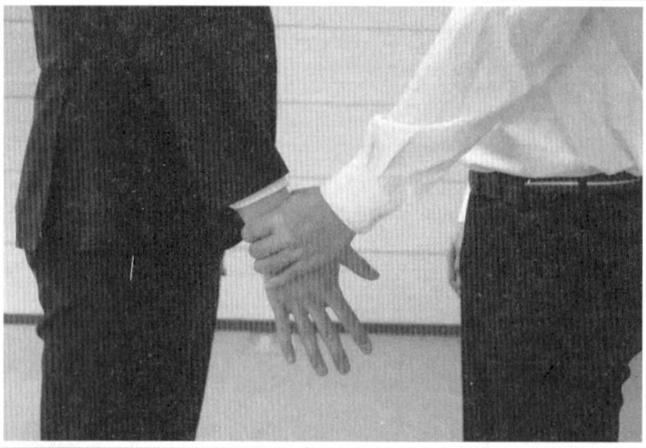

2. 안쪽방향으로 돌리며 상대방 명치 앞에 놓는다.

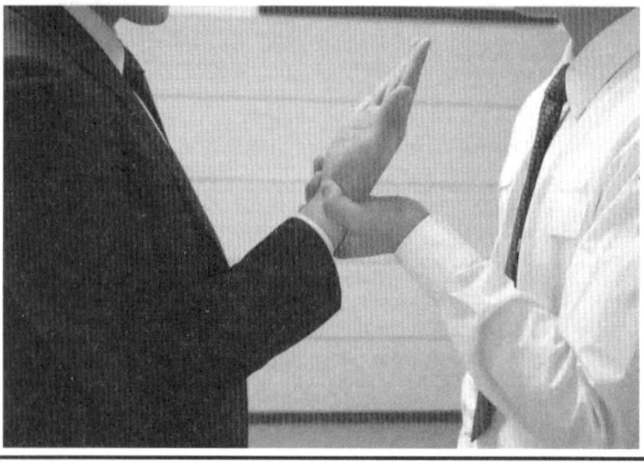

3. 상대방 목 쪽으로 밀어 넣는다.

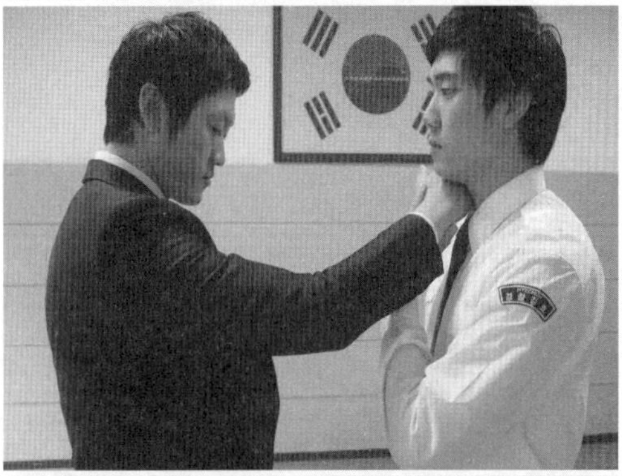

4. 손을 틀어서 상대방 쪽으로 손을 쭉 편다.

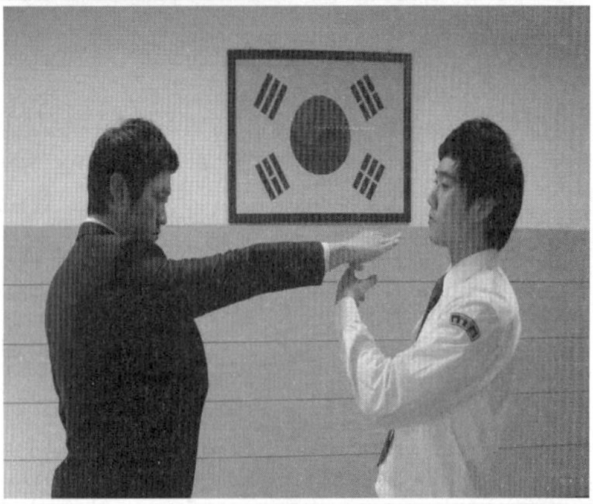

3) 손목 잡혔을 때

(1) 안 손목 잡혔을 때

1. 팔꿈치 꺾기 준비

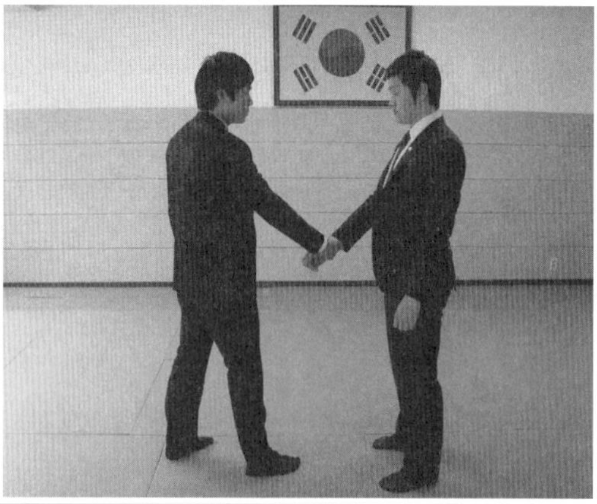

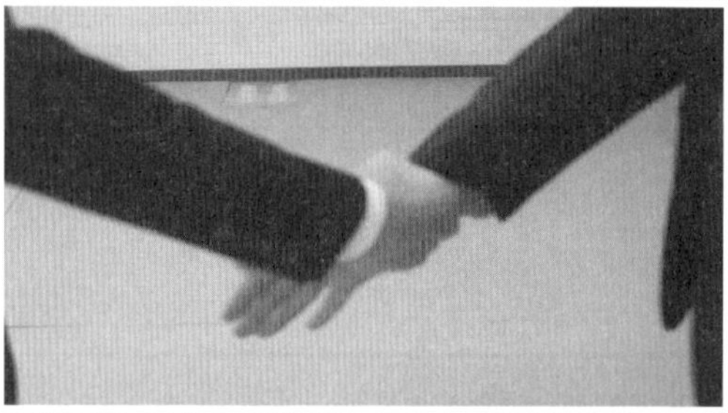

2. 오른손을 안쪽으로 돌려 손목을 잡고
왼손으로는 상대방 팔꿈치를 잡는다.

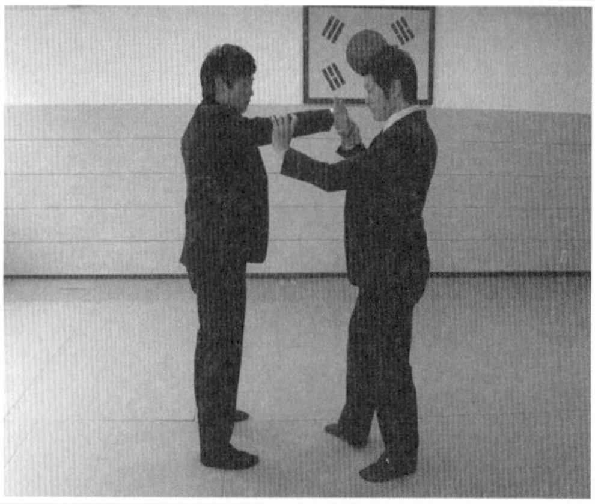

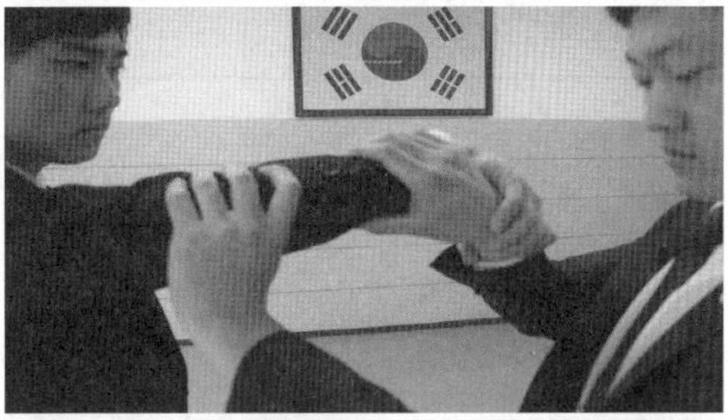

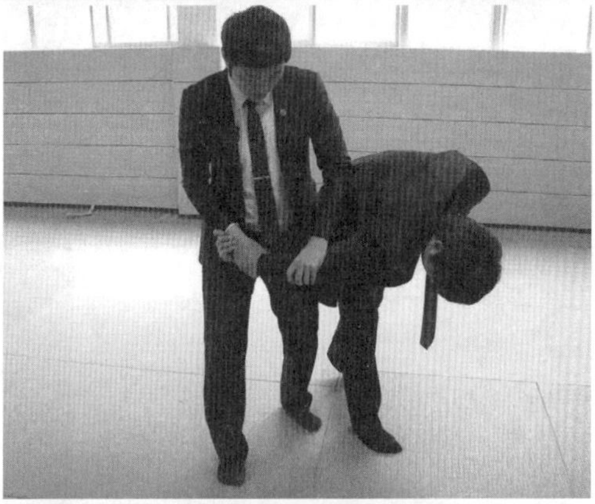

3. 왼손을 상대방 쪽으로 밀어 넣는다.

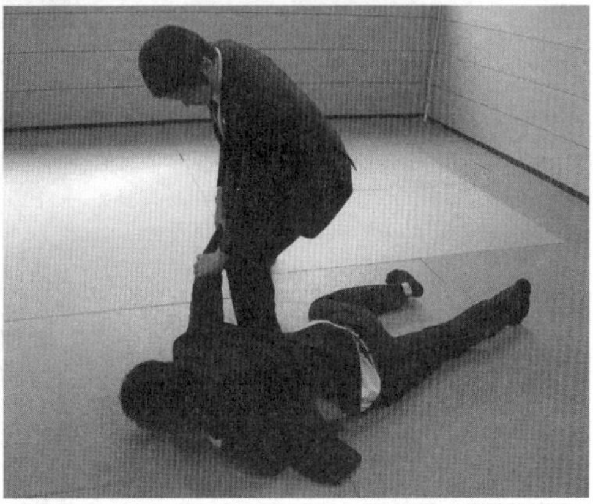

4. 팔꿈치를 밀며 제압

(2) 바깥 손목 잡혔을 때

1. 팔꿈치 꺾기 준비

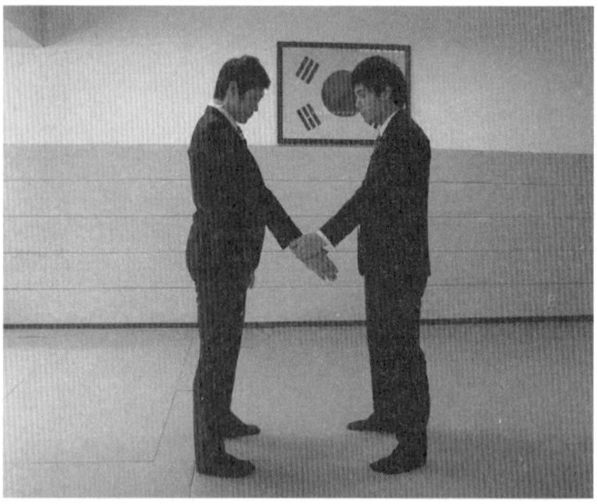

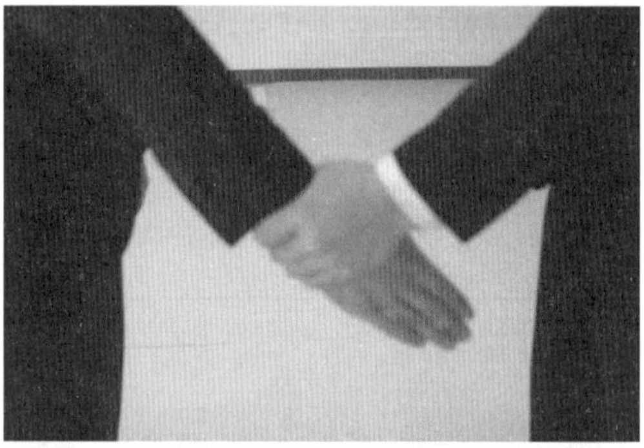

2. 왼손으로 상대방 손등을 잡는다.

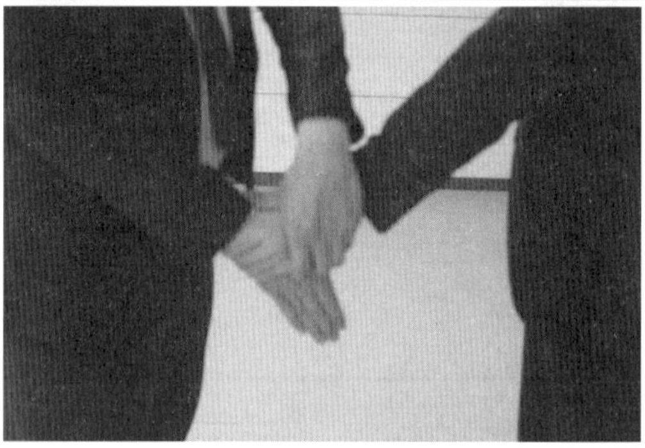

3. 오른쪽 팔꿈치로 상대방 팔꿈치를 위에 올려놓는다.

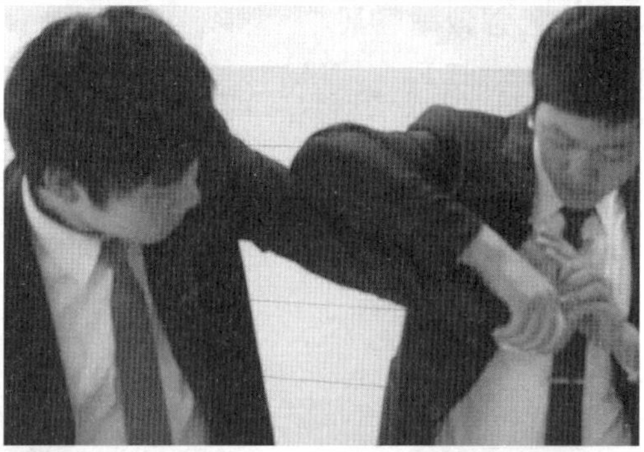

4. 팔꿈치를 깊숙이 밀어 넣는다.

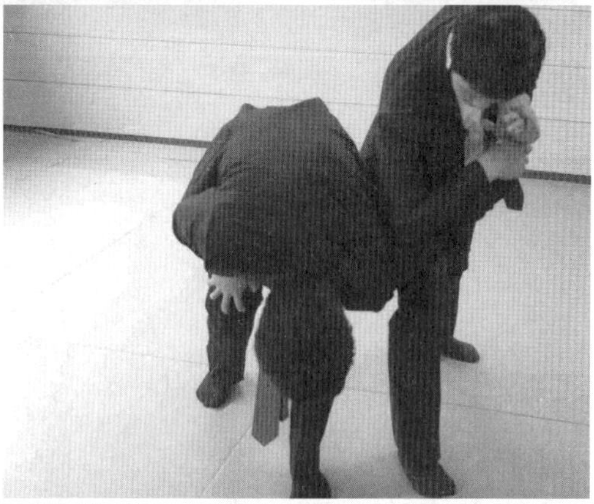

5. 손목을 가슴 쪽으로 잡아당기며 제압한다.

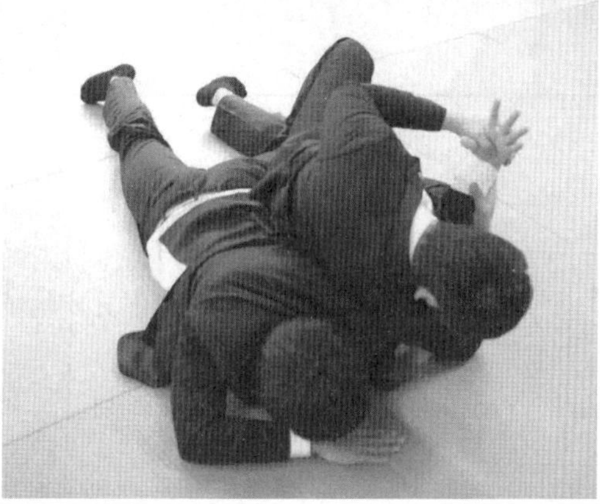

4) 어깨 잡혔을 때

(1) 앞에서 어깨 잡혔을 때

1. 손목 꺾기 준비

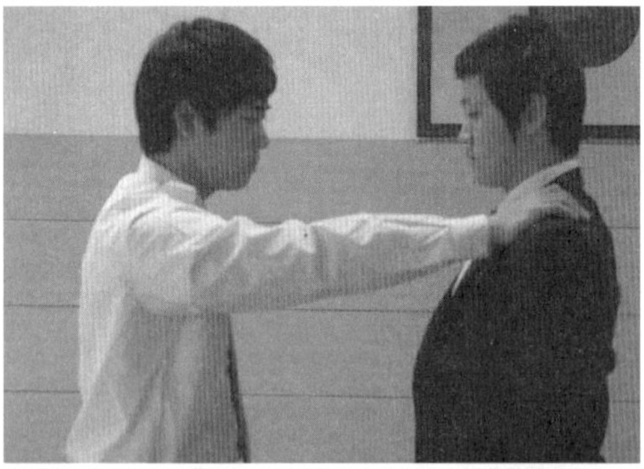

2. 오른손으로 상대방 손목위쪽을 잡는다.

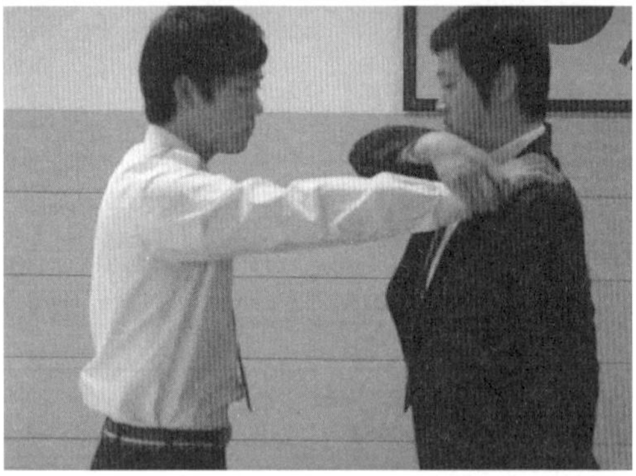

3. 오른손으로 상대방 손날을 새우고 왼손으로는 상대방 팔꿈치를 잡는다.

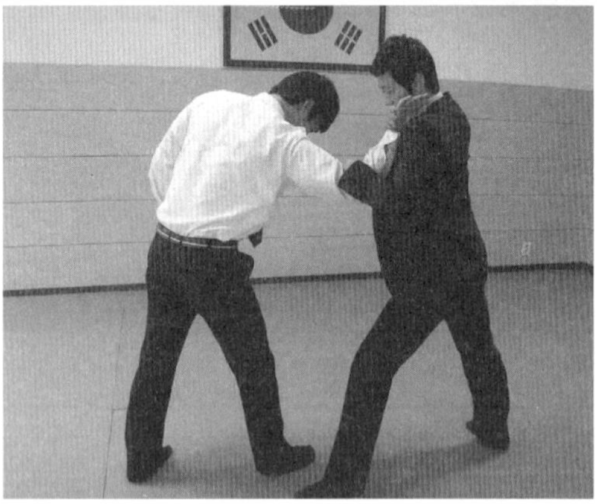

4. 왼손을 안쪽으로 당기며 오른손으로 손목을 제압한다.

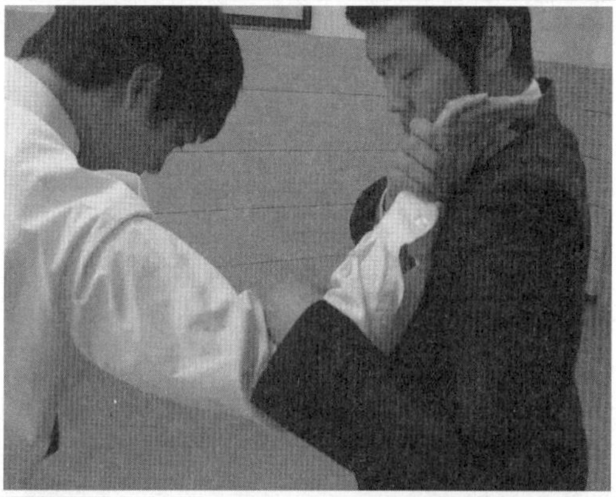

5. 왼손을 상대방 쪽으로 누르며 제압한다.

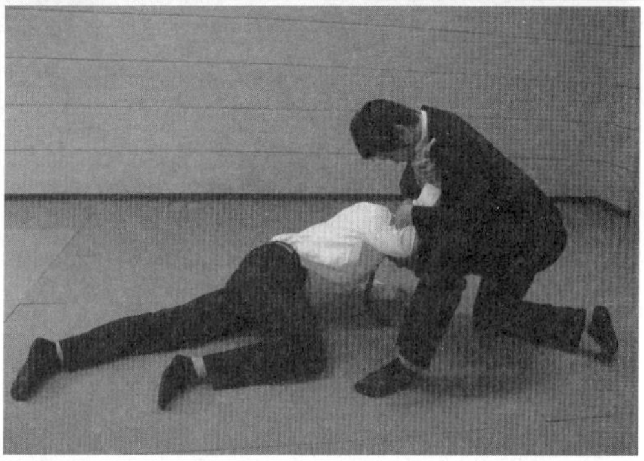

(2) 뒤어깨 잡혔을 때

1. 손목꺾기 준비

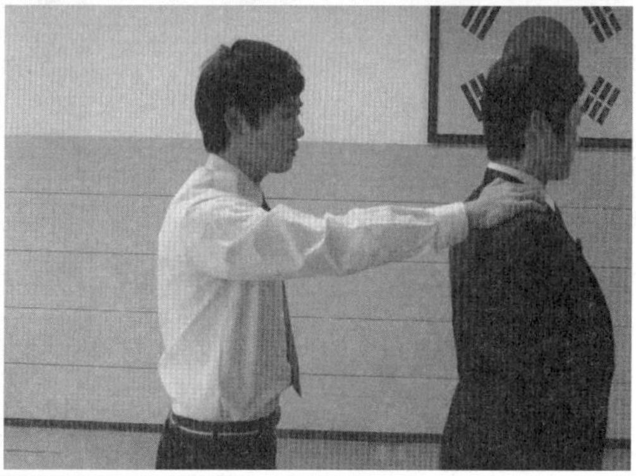

2. 왼손으로 상대방이 손을 빼지 못하게 잡아준다.

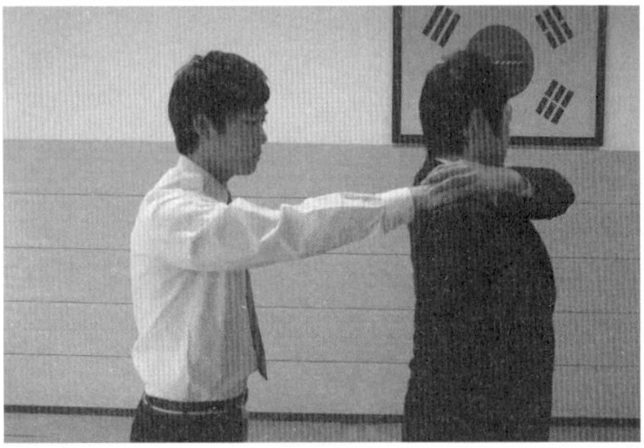

3. 오른손을 반듯하게 하늘로 들어올린다.

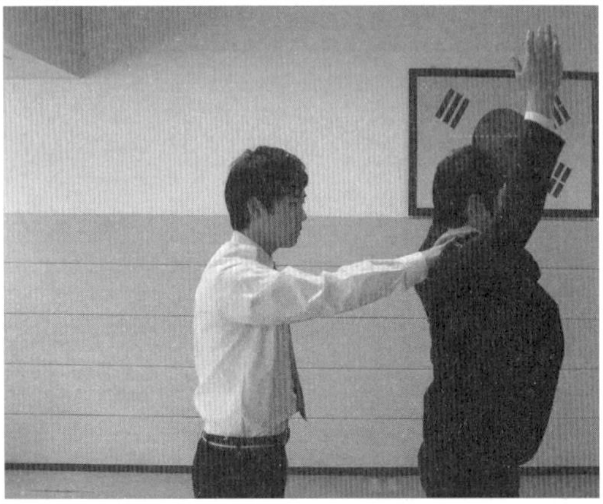

4. 상대방 손목과 일직선이 되게 내려찍는다.

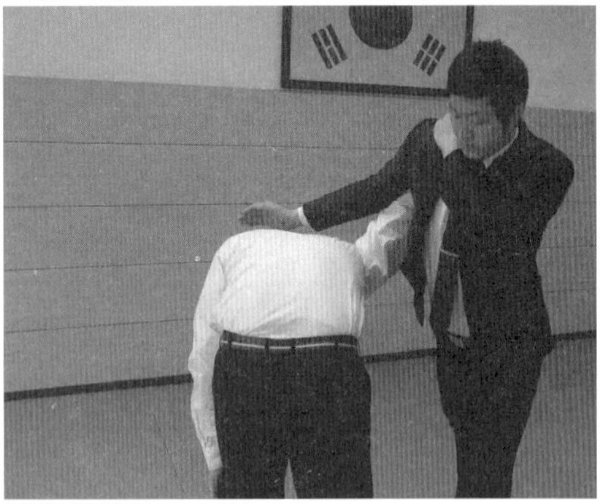

5. 오른손 팔꿈치로 상대방 팔꿈치를 제압한다.

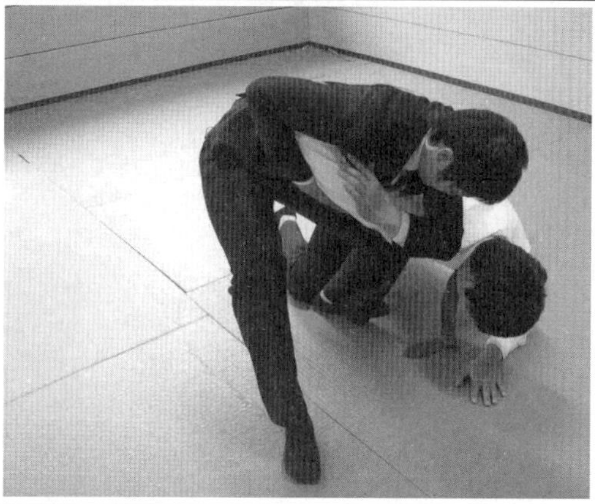

5) 머리 잡혔을 때

(1) 앞 머리 잡혔을 때

1. 손목꺾기 준비

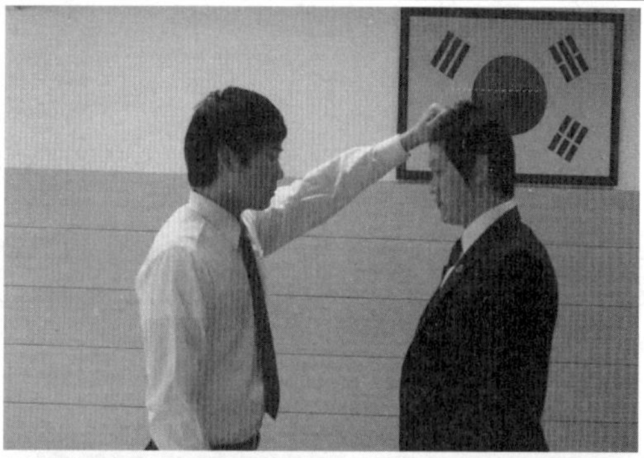

2. 양손을 이용하여 자신의 머리가 뽑히지 않도록 안쪽으로 당겨준다.

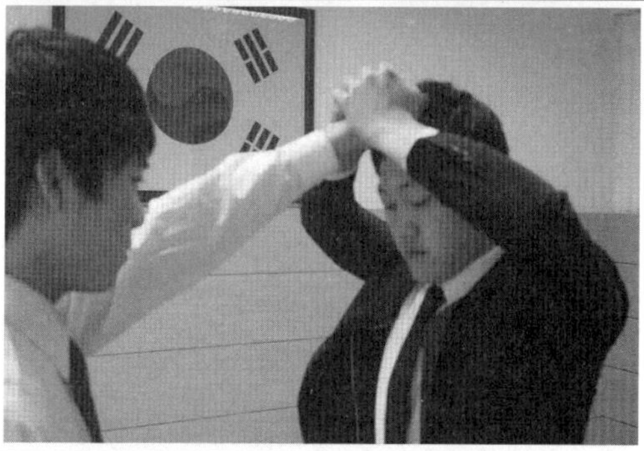

3. 왼발을 뒤로 뺀다.

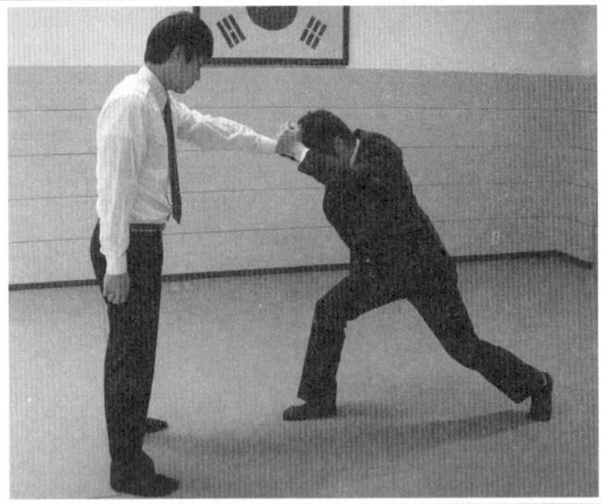

4. 왼쪽으로 몸을 틀며 양손을 이용하여 손목을 꺾는다.

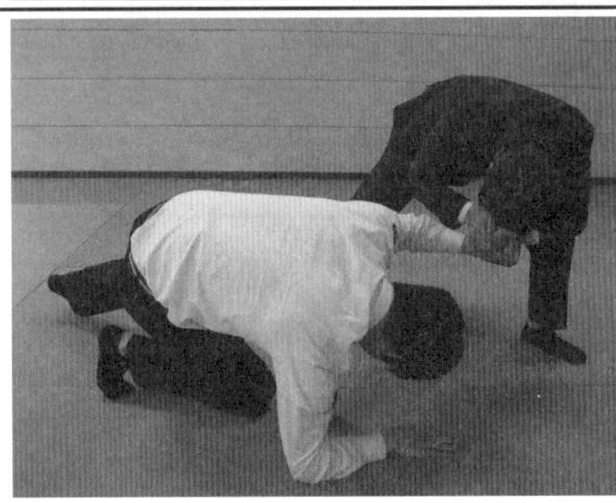

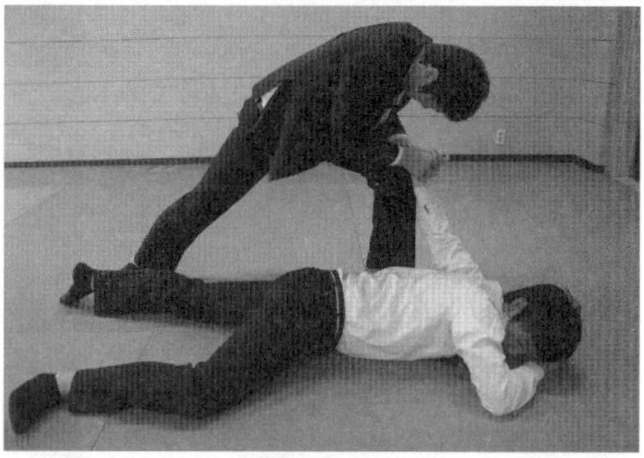

5. 손목을 상대방 쪽으로 밀며 상대방을 제압한다.

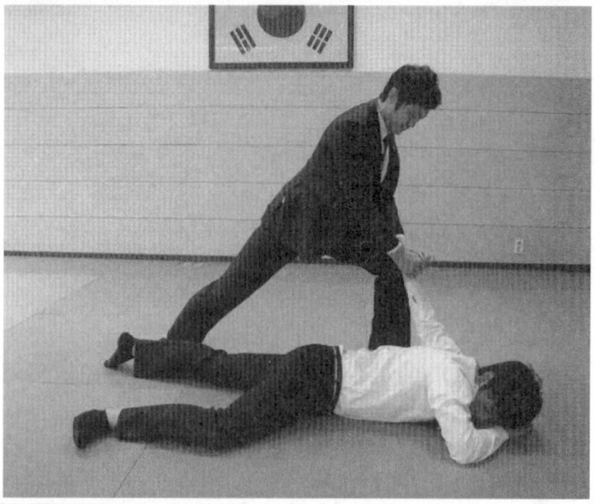

(2) 뒷머리 잡혔을 때

1. 오른발이 뒤로 빠지며

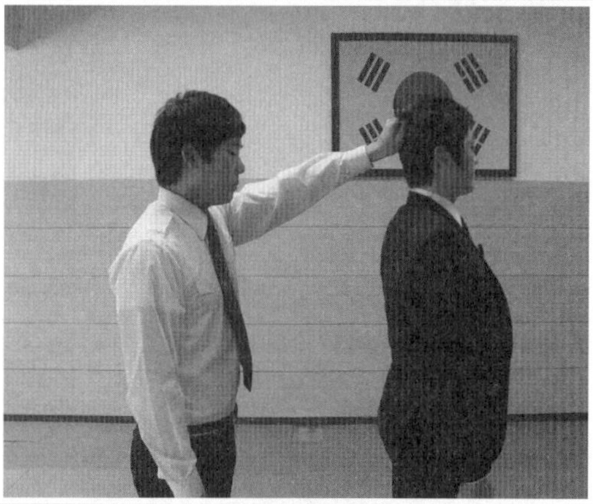

2. 오른손은 허리로 간다.

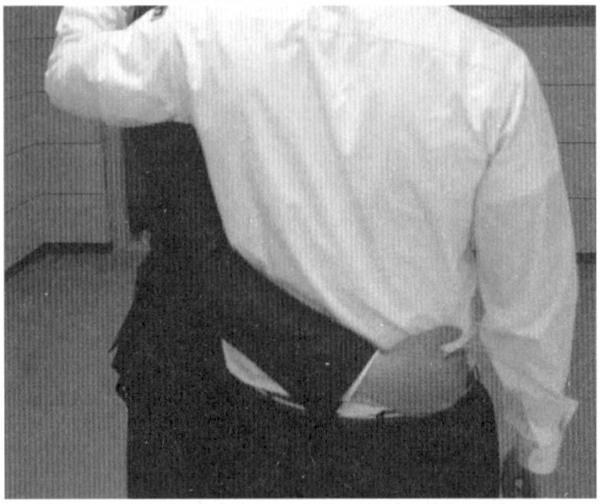

3. 왼손엄지손가락으로 기도를 누른다.

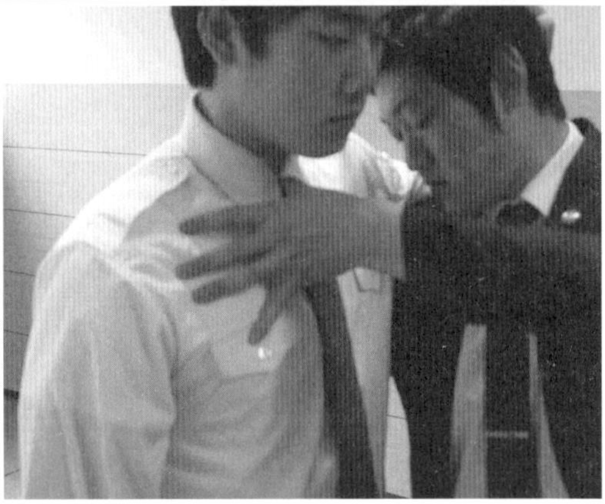

4. 제압한다.

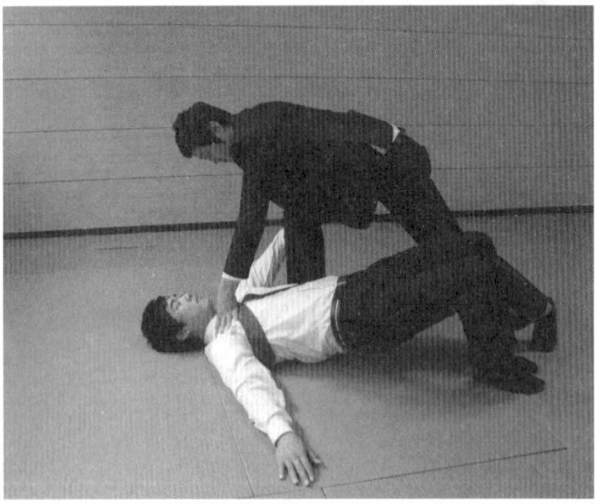

6) 안았을 때

(1) 앞에서 안았을 때

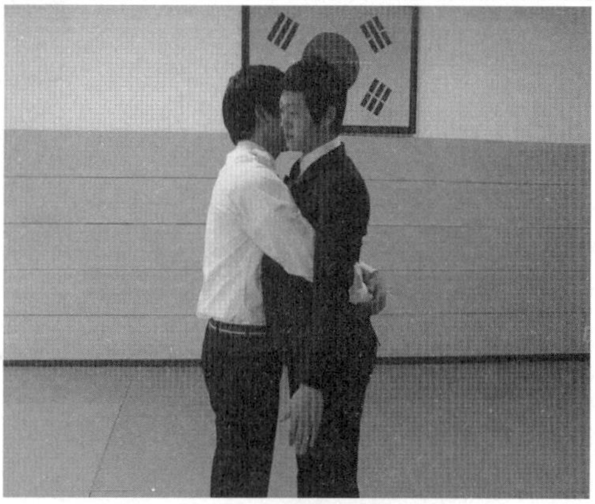

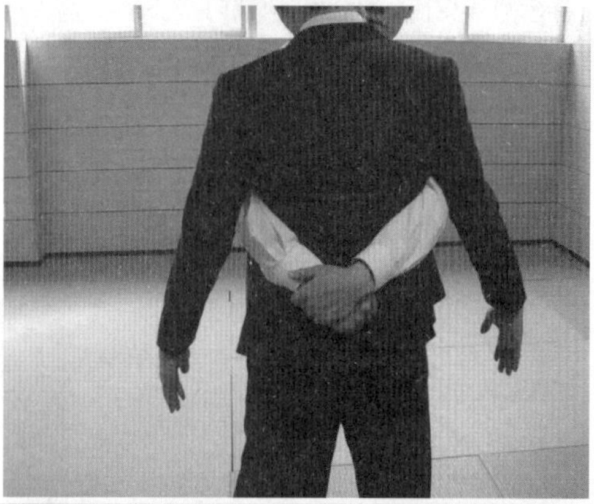

1. 목꺾기 준비

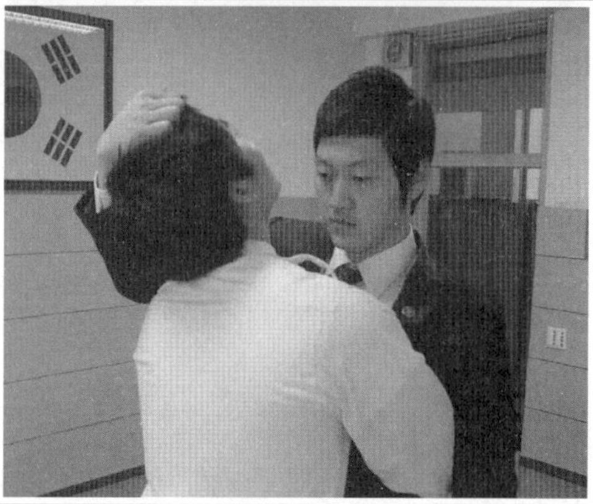

2. 오른손으로 상대방 머리를 잡는다.

3. 왼손날로 상대방 목을 누른다.

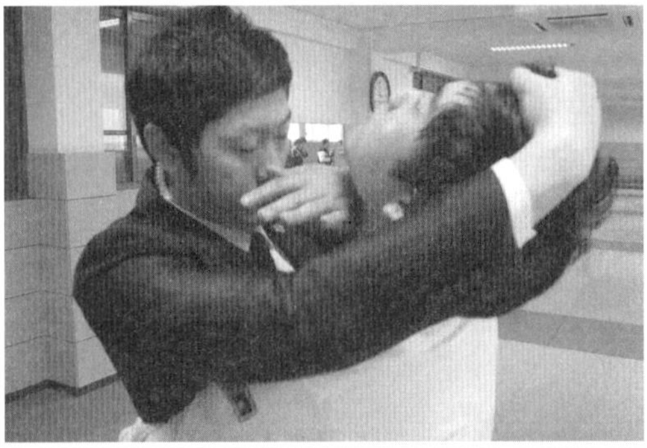

4. 오른손은 당기고 왼손은 상대방 쪽으로 밀어 넣는다.

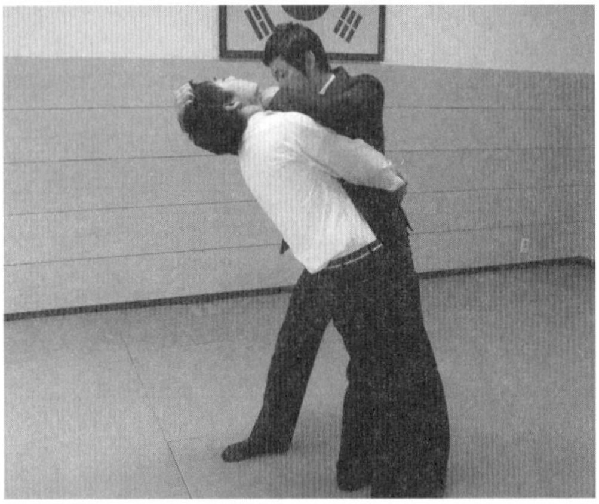

5. 안쪽으로 더 깊숙이 밀며 상대방을 제압한다.

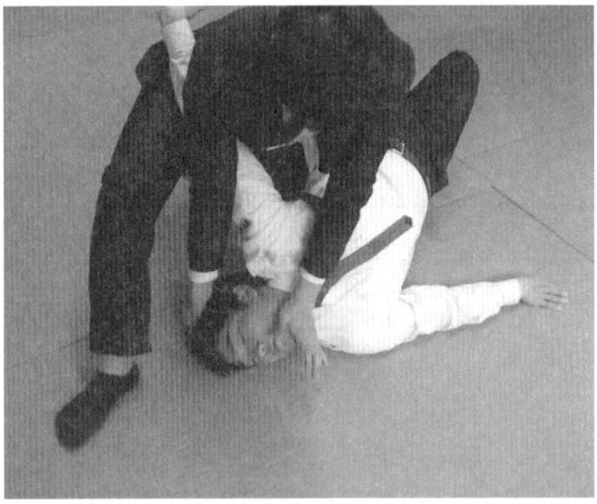

(2) 뒤에서 안았을 때

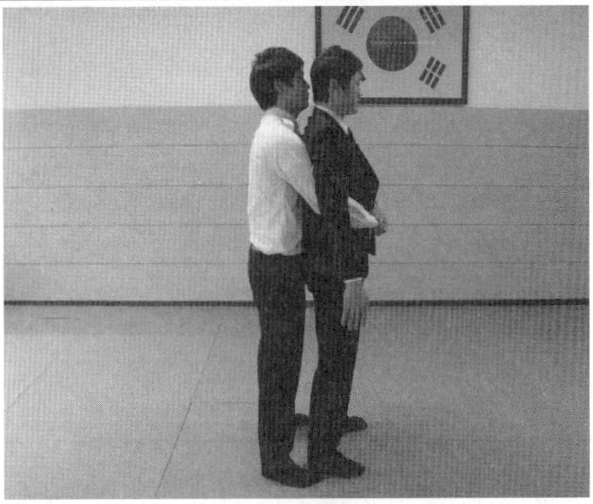

1. 발목꺾기 준비

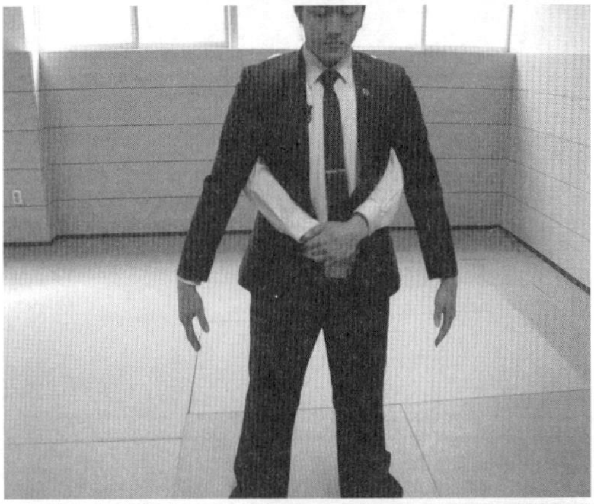

2. 오른발을 뒤로 뺀다.

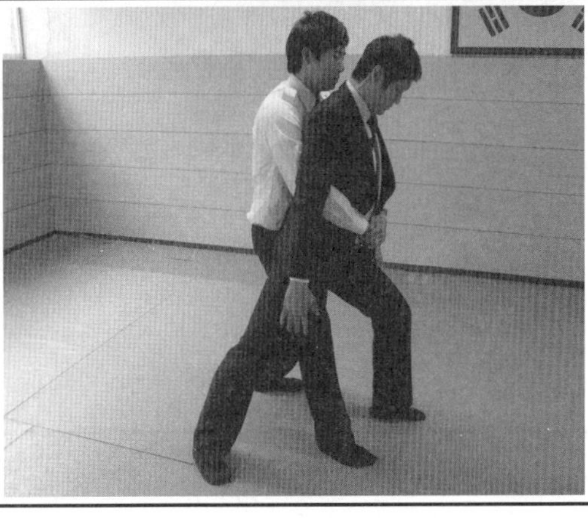

3. 상대방 발목을 잡는다.

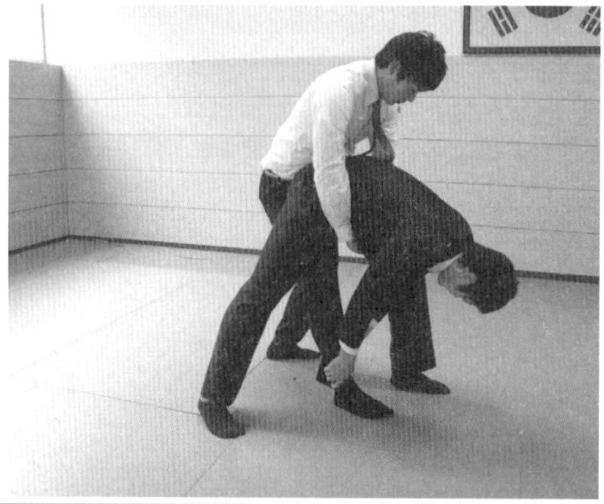

4. 상대방 발을 들어올린다.

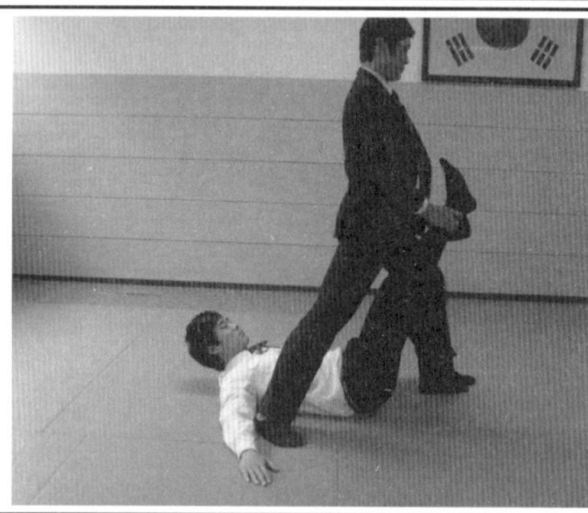

5. 누워 있는 상대방 목을 제압한다.

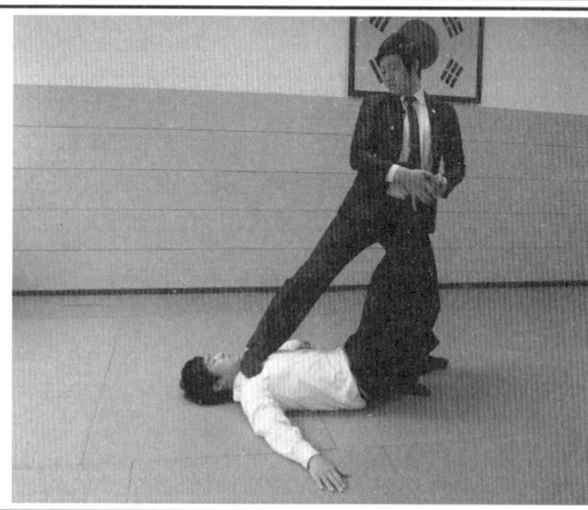

(3) 뒤에서 양팔을 안았을 때

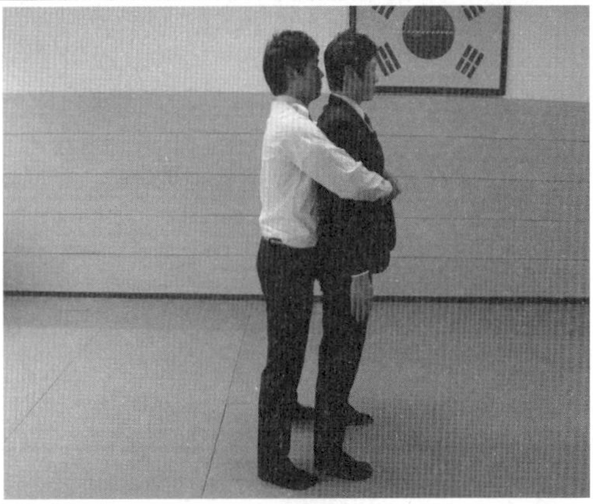

1. 매치기 준비

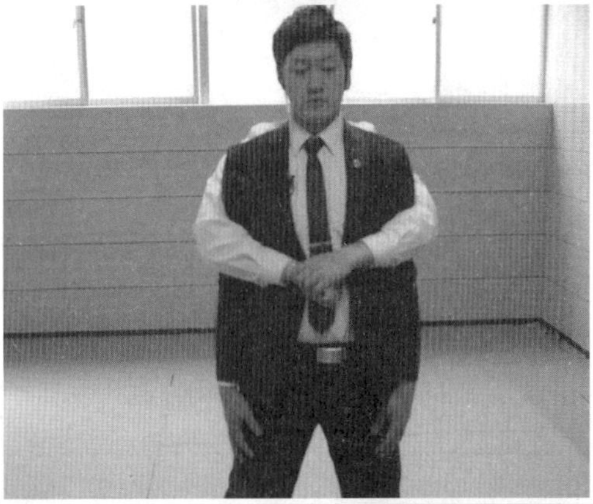

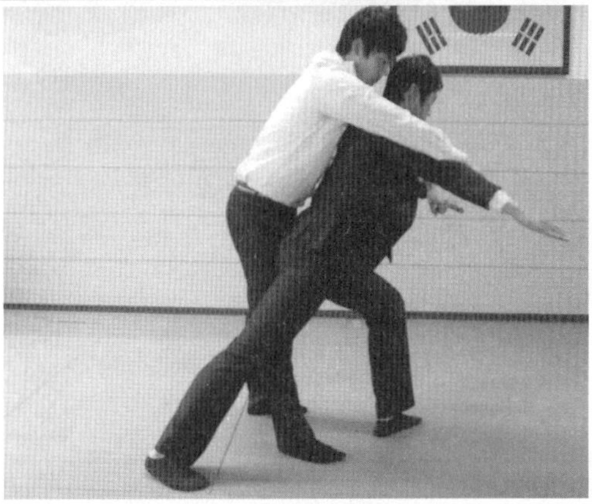

2. 오른발을 뒤로 뺀다.

3. 오른손을 이용하여 상대방 오른팔을 감싸 잡는다.

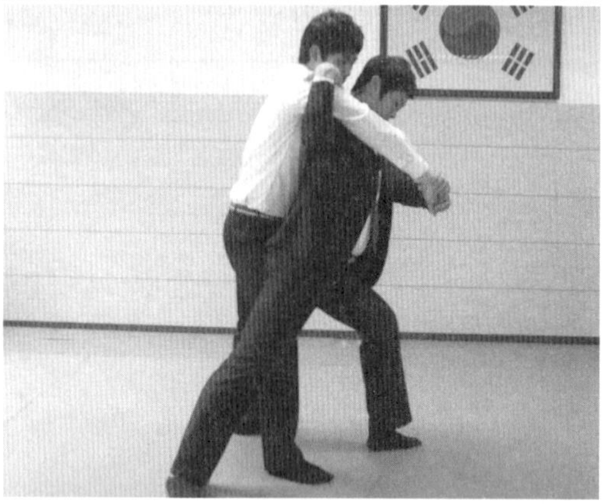

4. 양손을 잡아당기며 상체를 앞쪽으로 숙인다.

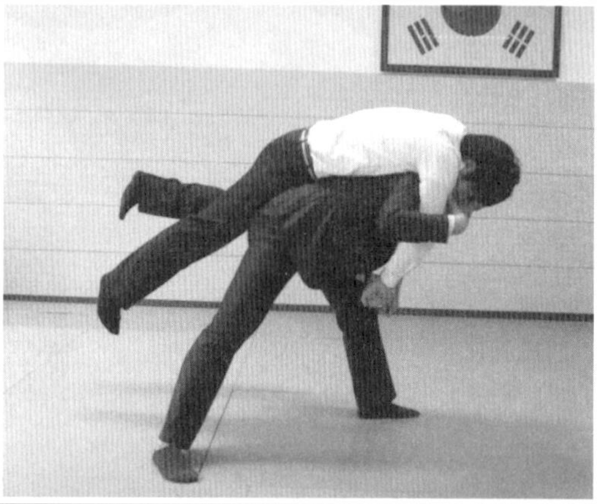

5. 왼손은 손목을 잡고 오른손은 상대방 팔꿈치를 눌러 제압한다.

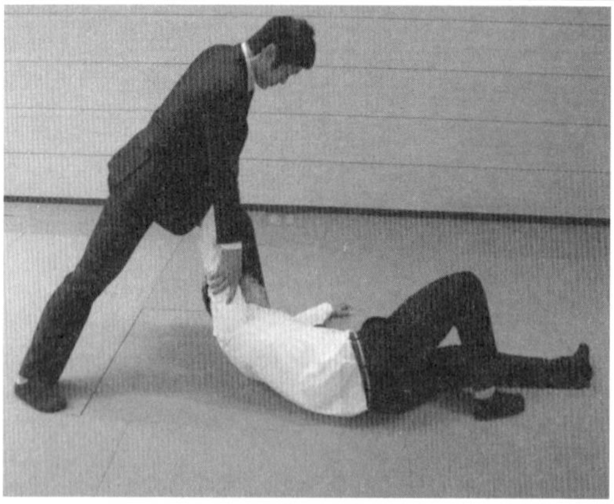

(4) 뒤에서 목을 안았을 때

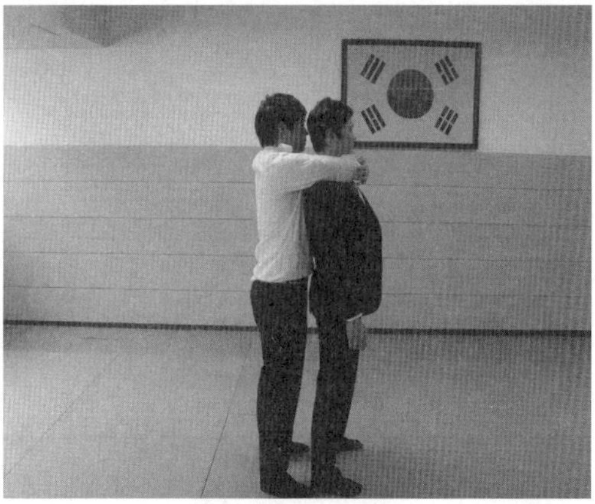

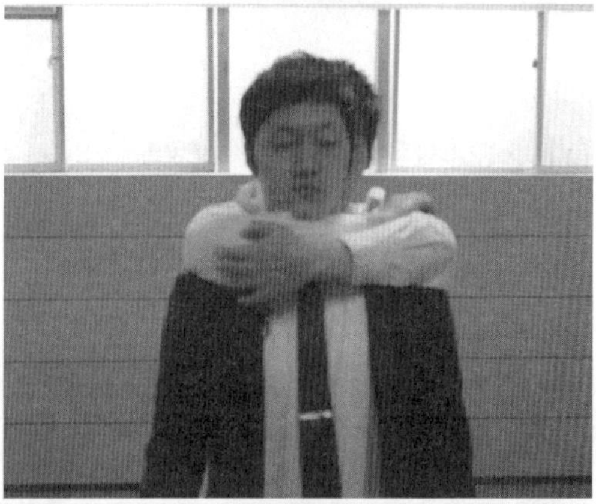

1. 매치기 준비

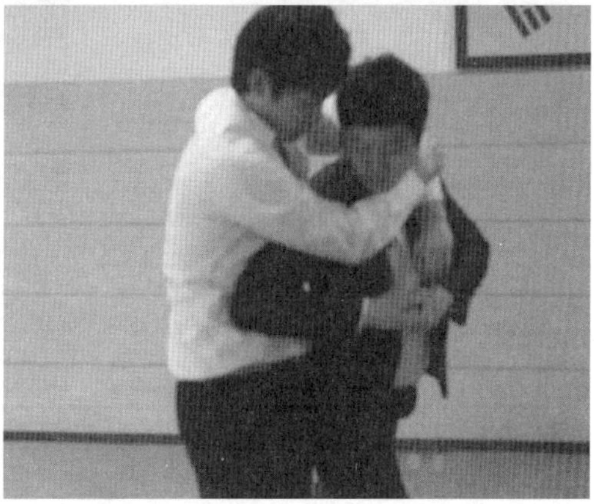

2. 왼발이 빠지며 오른손으로 상대방 명치를 가격한다.

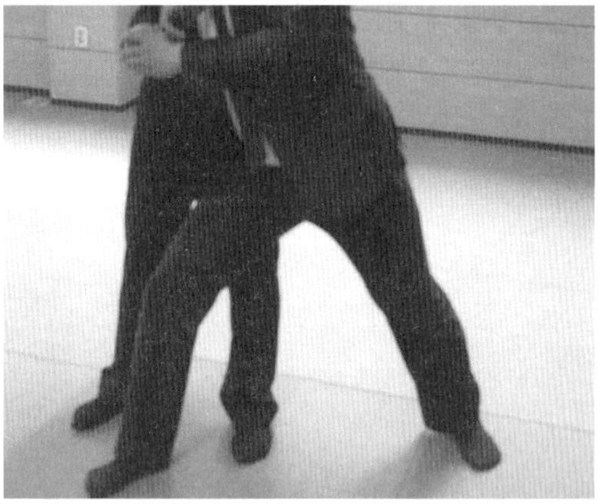

3. 상대방 오른팔을 감싸 잡고 상체를 앞으로 숙인다.

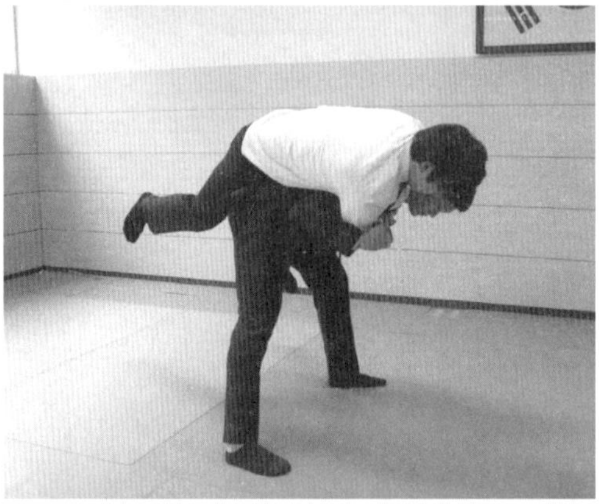

4. 왼손은 손목을 잡고 오른손은 상대방 팔꿈치를 눌러 제압한다.

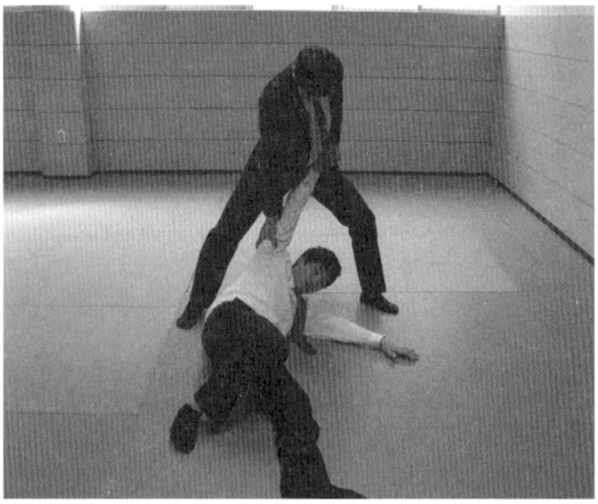

7) 칼막기

(1) 바로 칼 찌를 때

1. 칼막기

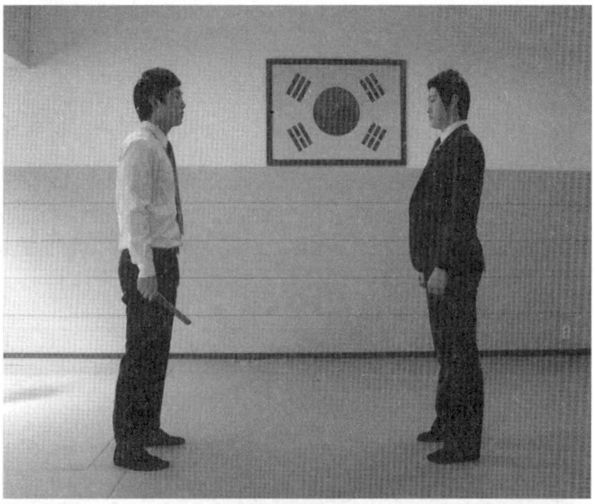

2. 손을 X자로 막는다.

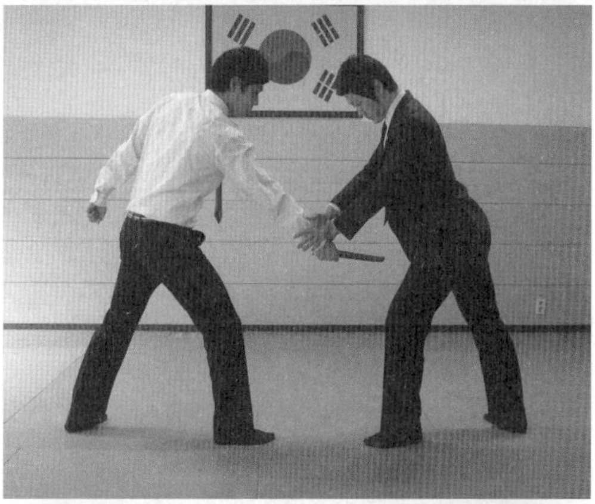

3. 상대방 손등을 잡는다.

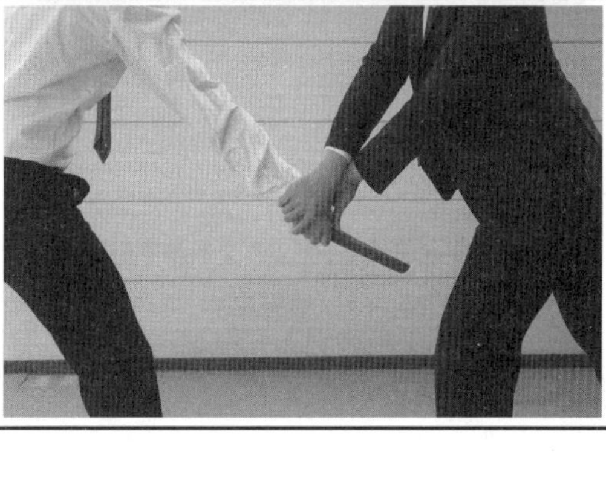

4. 상대방 손등을 들어올린다.

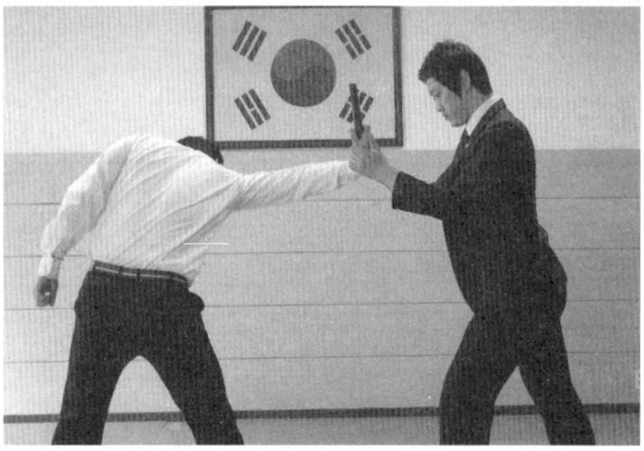

5. 오른손으로 상대방 옆구리를 누른다.

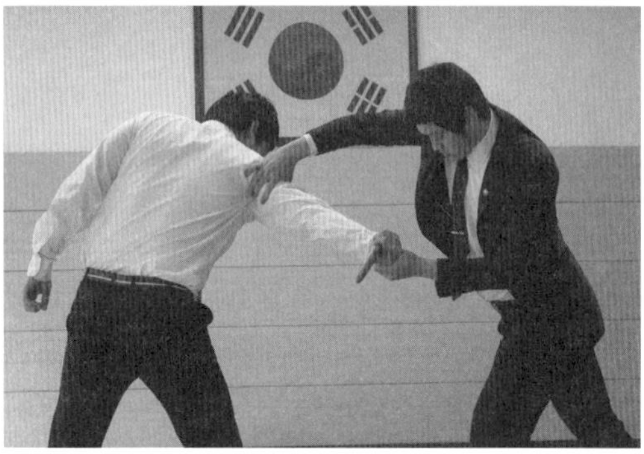

6. 왼손을 상대방 등 쪽으로 밀어 넣으며 오른손을 누른다.

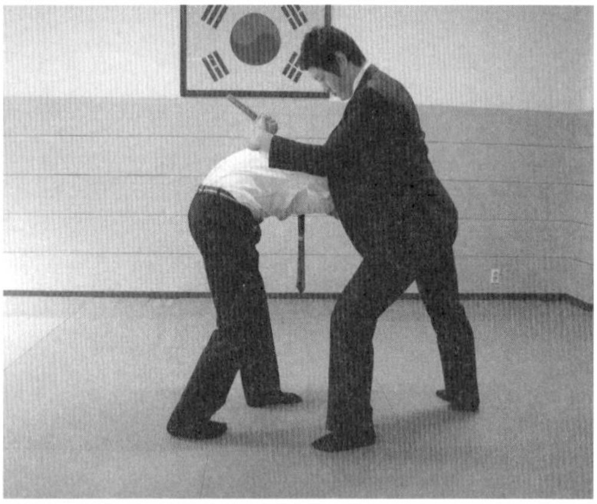

7. 상대방 명치와 손목을 잡는다.

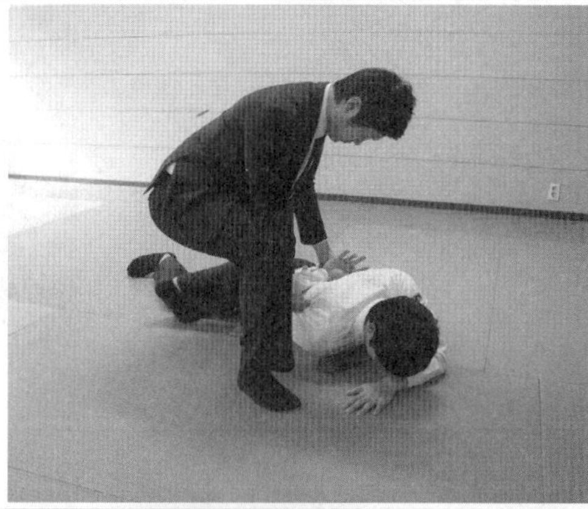

8. 상대방 팔꿈치와 손목을 제압한 후 깊게 누른다.

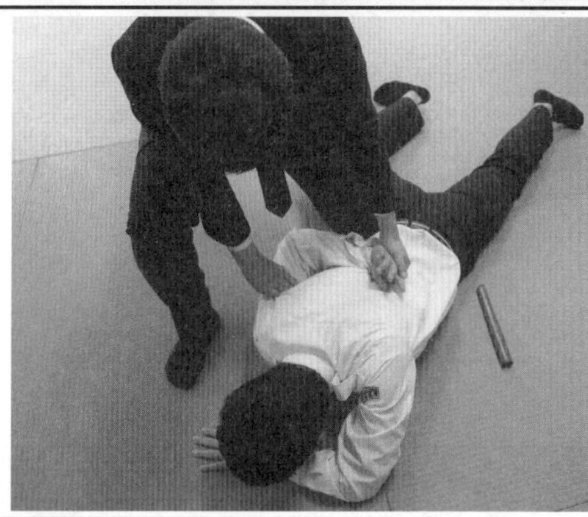

(2) 밑에 칼로 찌를 때

1. 칼막기 준비

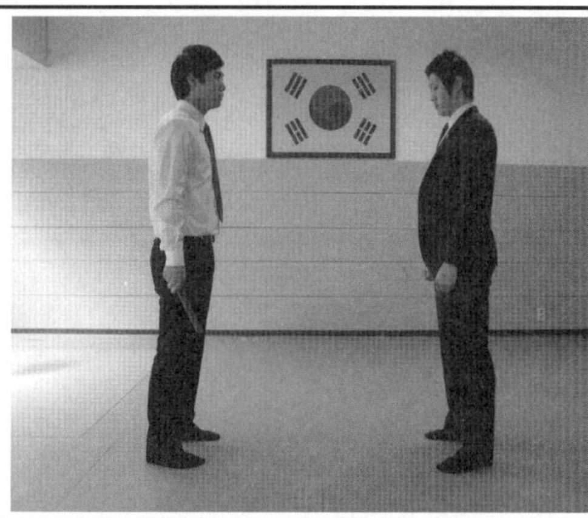

2. 들어오는 칼을 왼손으로 손목을 잡는다.

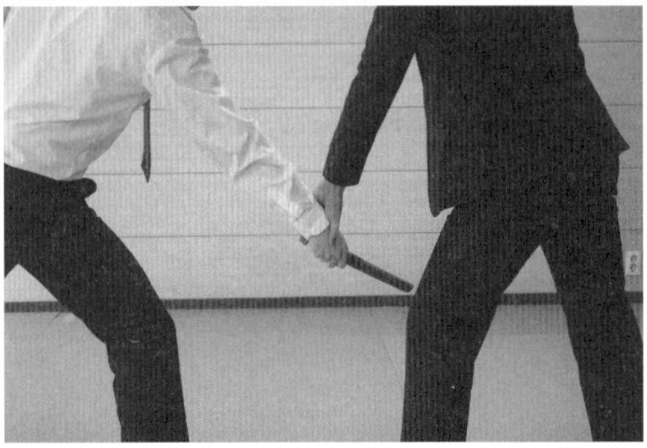

3. 왼손을 안쪽으로 돌리며 오른손으로 같이 잡는다.

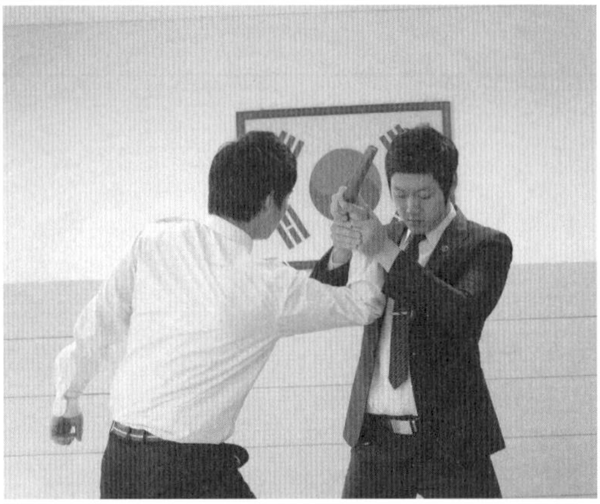

4. 왼발이 빠지며 손목을 상대방 쪽으로 꺾어 제압한다.

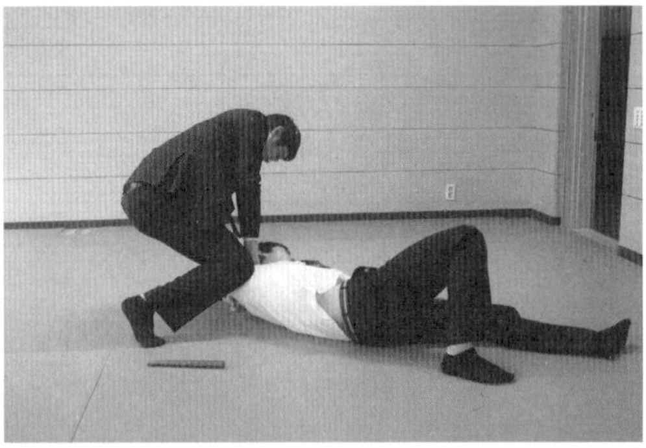

(3) 위에서 칼 찌를 때-1

1. 칼막기 준비

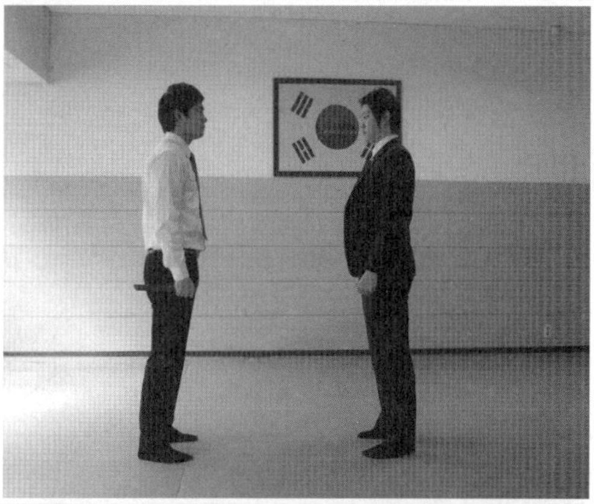

2. 상체를 앞으로 숙이고 내려오는 상대방의 팔을 X자로 막는다.

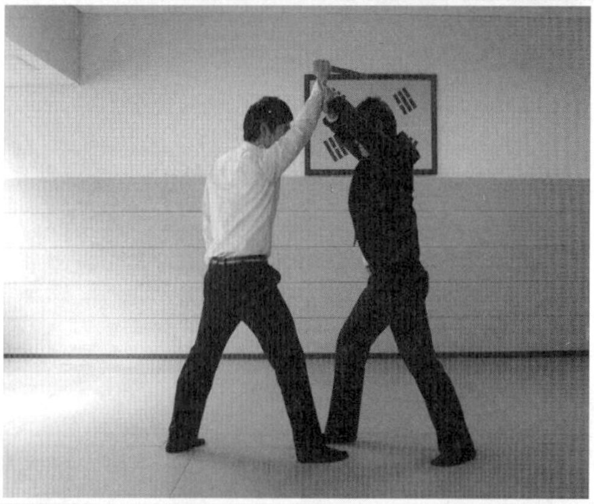

3. 오른발 전진하면서 오른손을 상대방 뒤쪽으로 해서 손목을 잡는다.

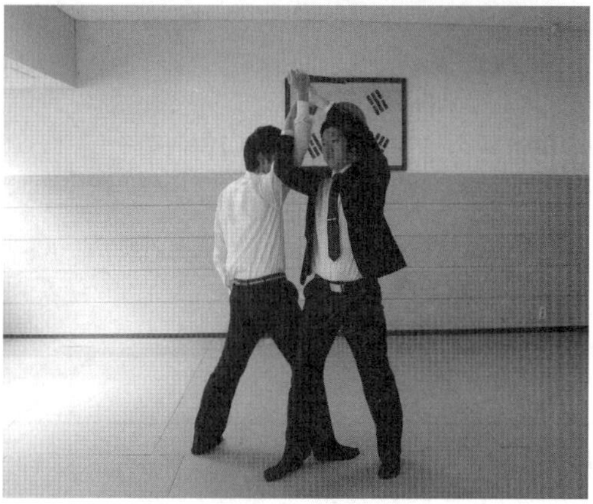

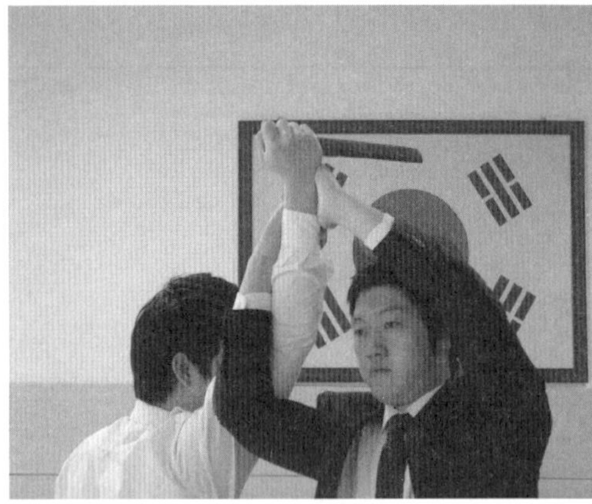

4. 오른발로 상대방 오른발을 힘차게 찬다.

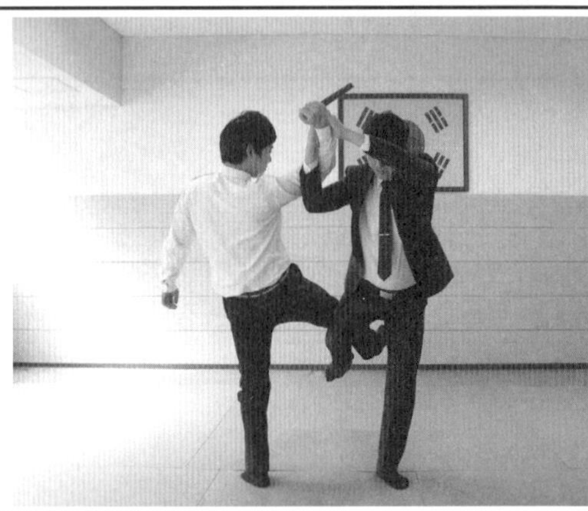

5. 상대방 왼손을 귀 쪽으로 잡아당기며 제압한다.

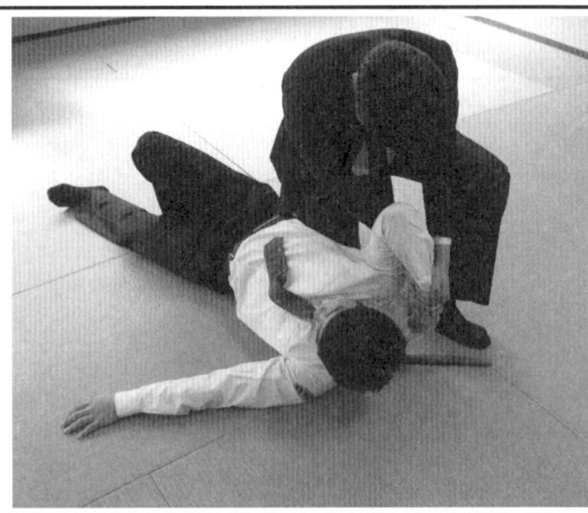

(4) 위에서 칼 찌를때-2

1. 칼막기 준비

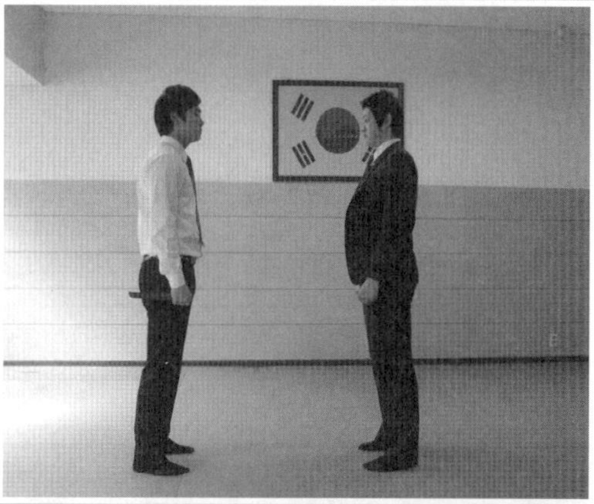

2. 오른발 전진하며 내려오는 손을 X자 로 막는다.

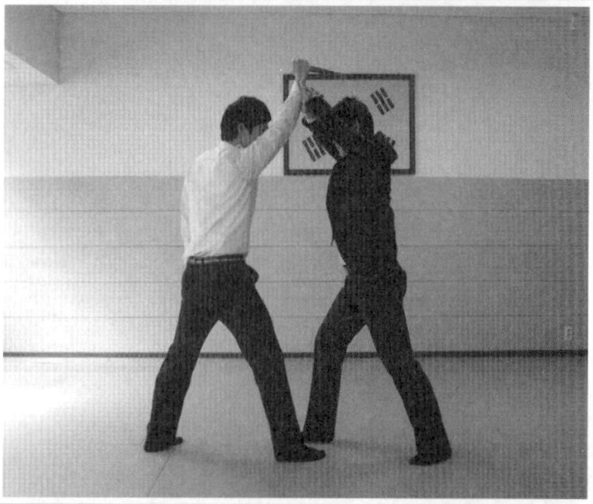

3. 오른손을 이용해서 상대방 팔을 감싸 잡는다.

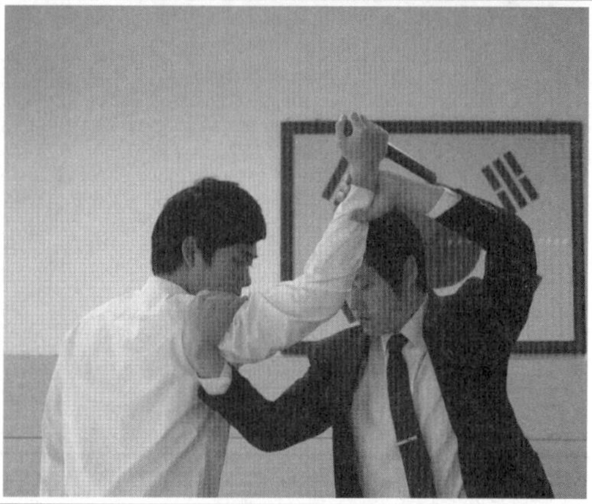

4. 왼발을 상대방 왼발 앞으로 놓는다.

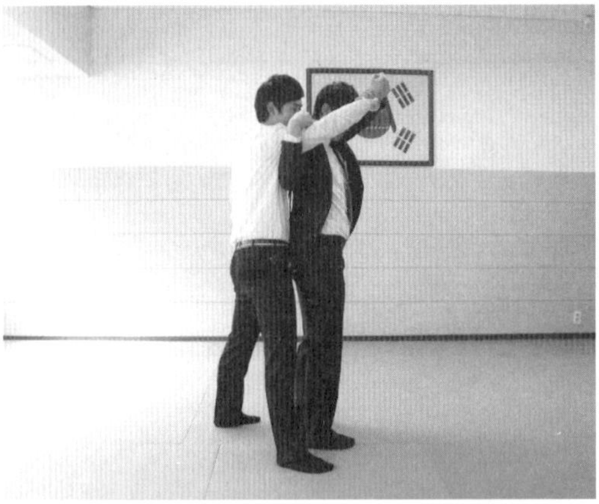

5. 왼손을 당기며 상체를 앞으로 숙인다.

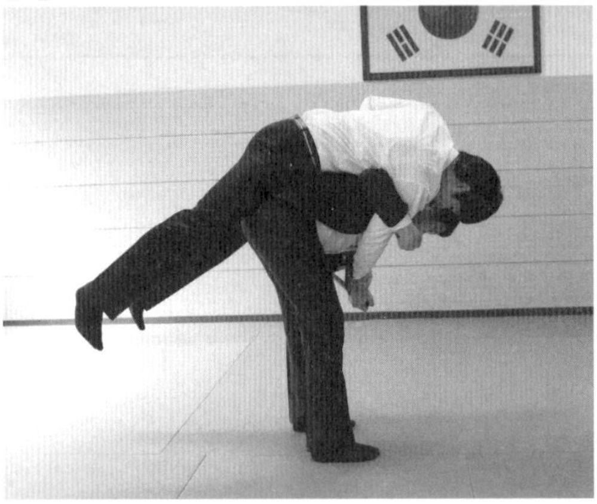

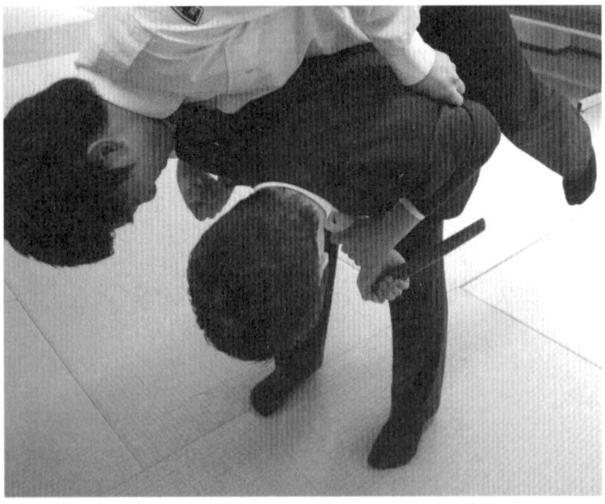

6. 왼팔로 상대방 팔을 잡은 뒤 오른손으로 팔꿈치를 누른다.

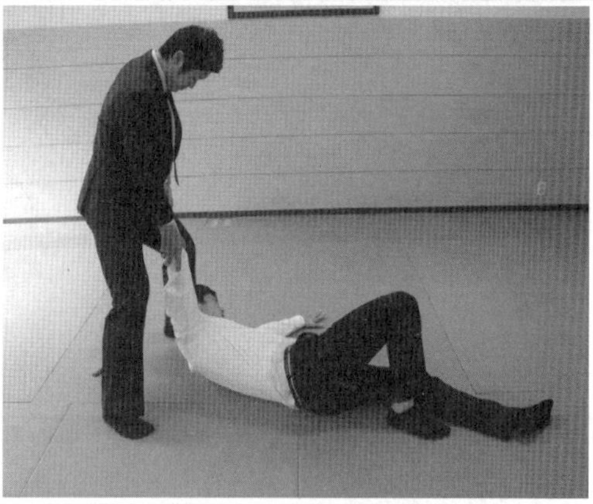

(5) 위에서 칼 찌를 때-3

1. 칼막기 준비

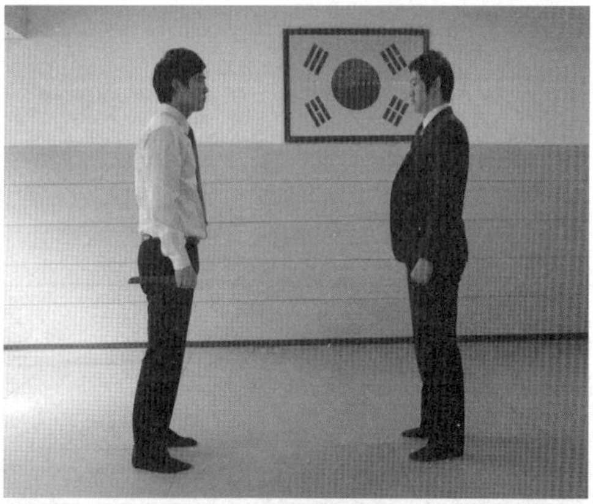

2. 왼발을 전진하며 내려오는 손을 X자로 막는다.

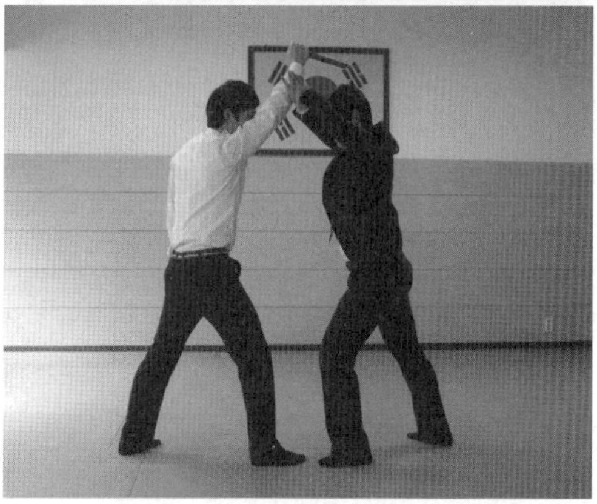

3. 상대방 팔을 오른쪽으로 밀어 넣는다.

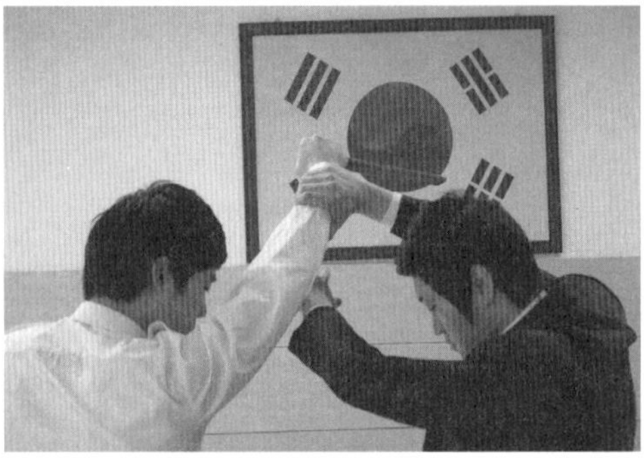

4. 왼손으로 팔꿈치를 잡는다.

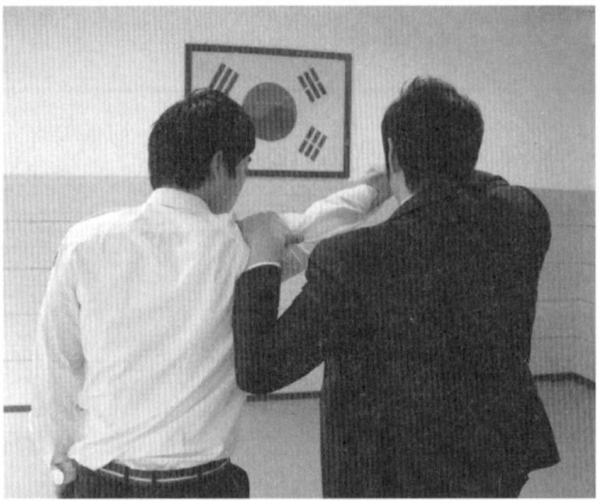

5. 양손을 이용하여 상대방 팔을 누른다.

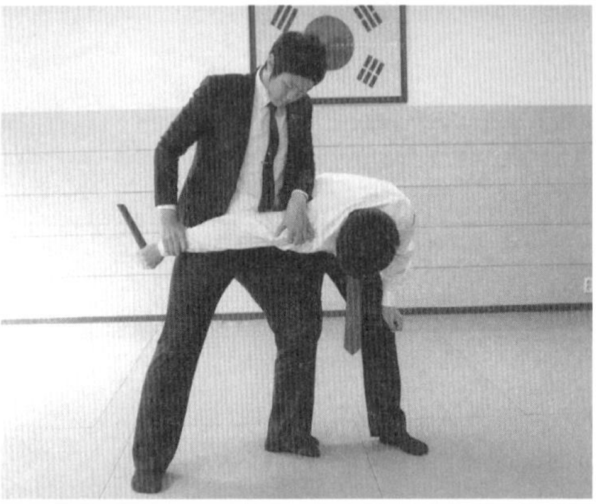

6. 상대방 오른팔을 잡아당기며 제압한다.

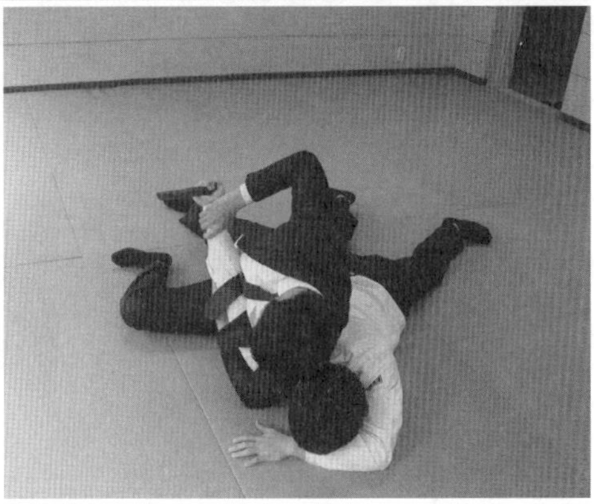

8) 권총막기

(1) 권총을 뒤에서 겨눌 때-1

1. 권총막기 준비

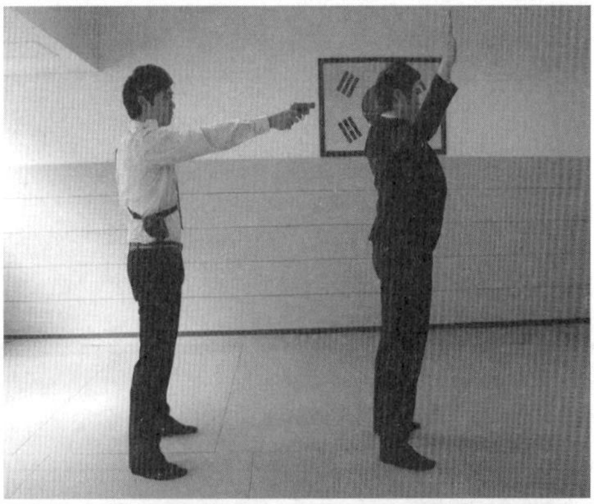

2. 오른손과 발을 돌려 상대방 권총을 밀며 총구를 돌린다.

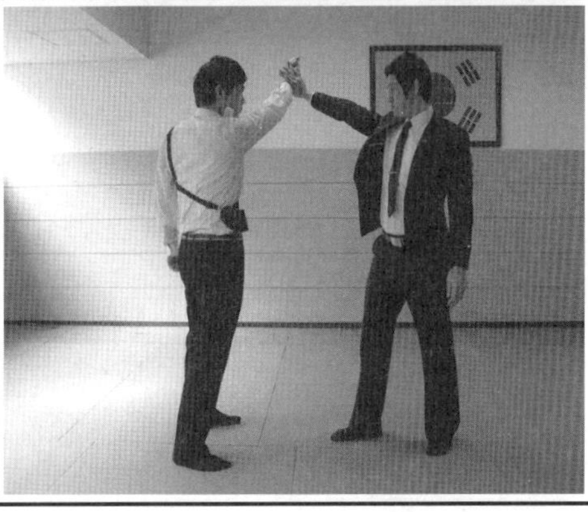

3. 왼손으로 팔꿈치를 잡는다.

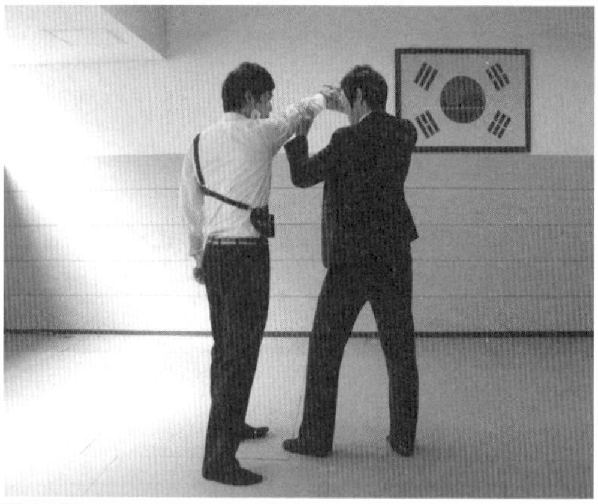

4. 상체를 숙이고 팔꿈치를 밀려 제압

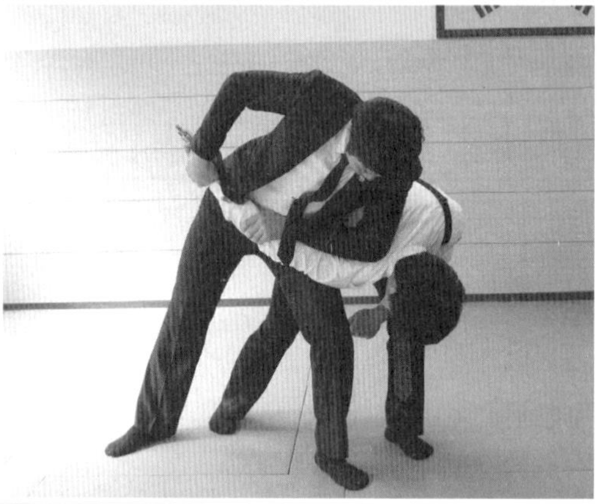

(2) 권총을 뒤에서 겨눌 때-2

1. 권총막기 준비

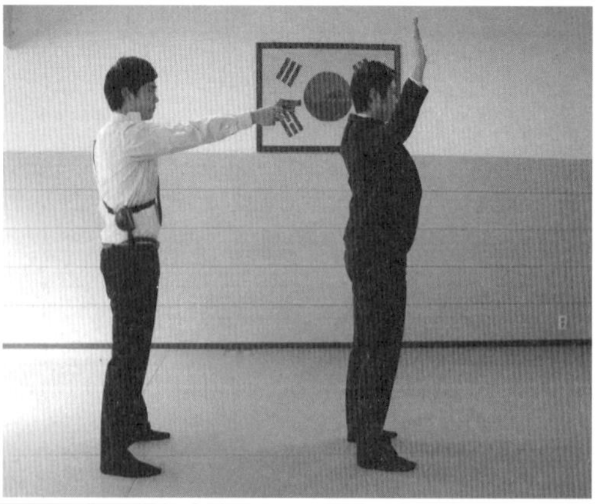

2. 왼팔과 다리를 돌리며 상대방의 총구를 하늘로 가게 한다.

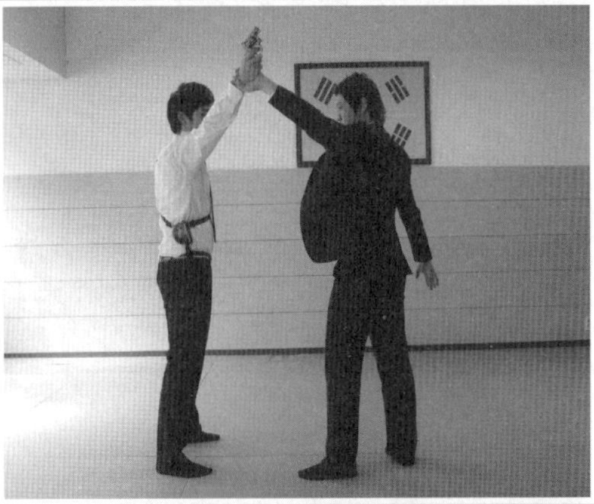

3. 오른손을 이용하여 상대방 손목을 내려친다.

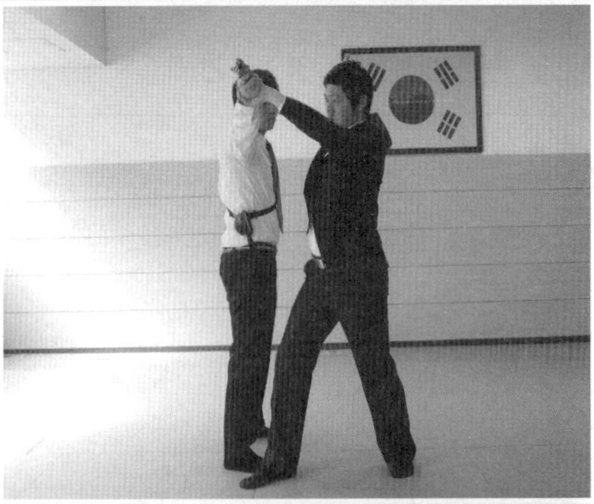

4. 내려친 손과 잡고 있던 손을 함께 잡아 당긴다.

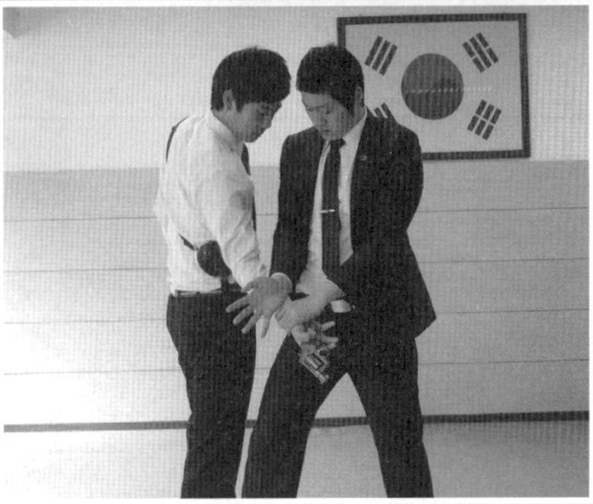

5. 상대방 손목을 잡아당기며 제압

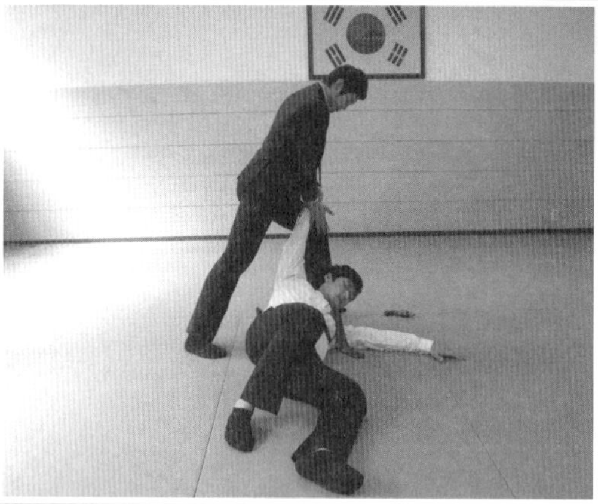

(3) 권총을 앞에서 겨눌 때-1

1. 권총막기 준비

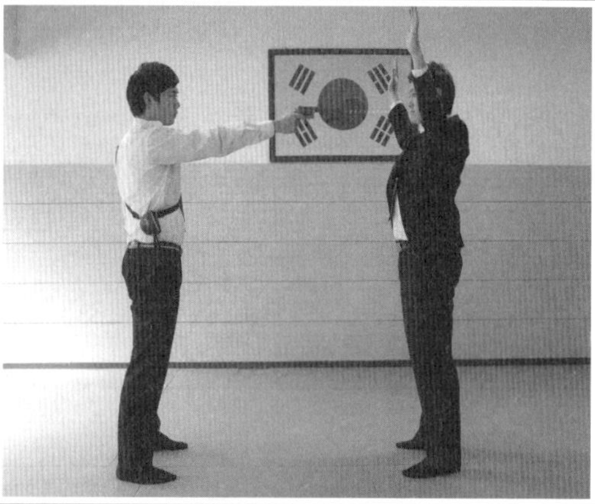

2. 왼손으로 상대방 손을 돌려 잡으며 총구를 하늘로 가게 한다.

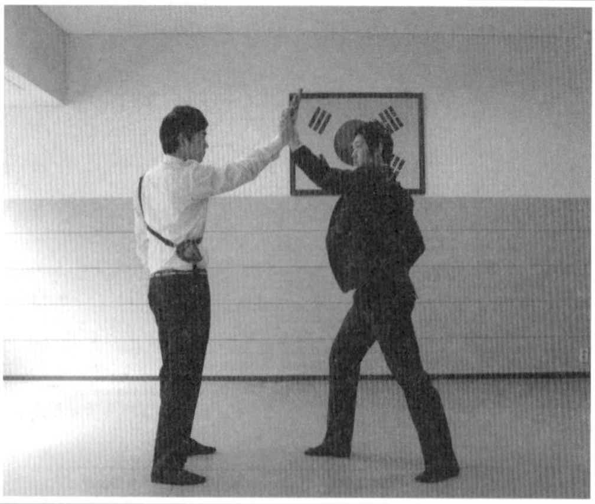

3. 오른손을 든다.

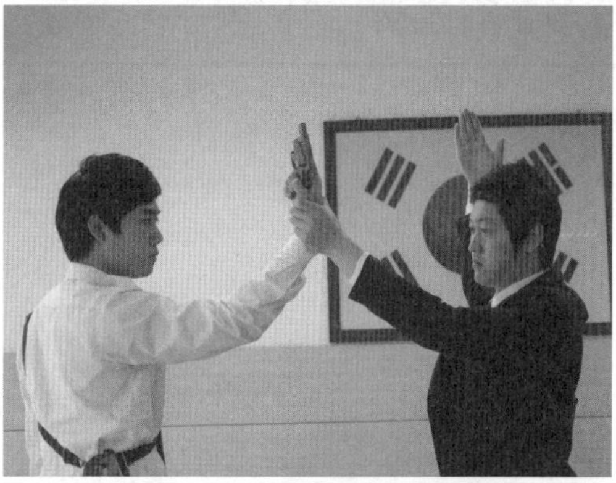

4. 오른손을 내려치며 왼손과 오른손을 잡아당긴다.

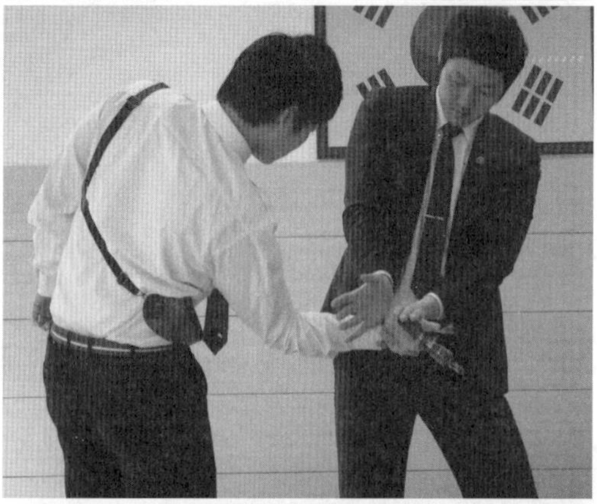

5. 상대방 손목을 잡아당기며 제압

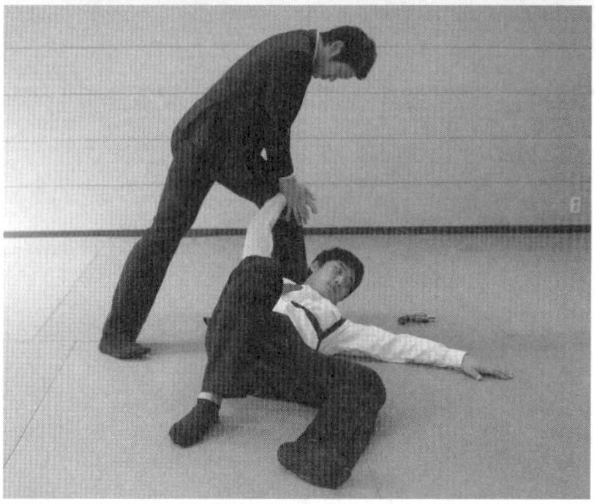

(4) 권총을 앞에서 겨눌 때-2

1. 권총막기 준비

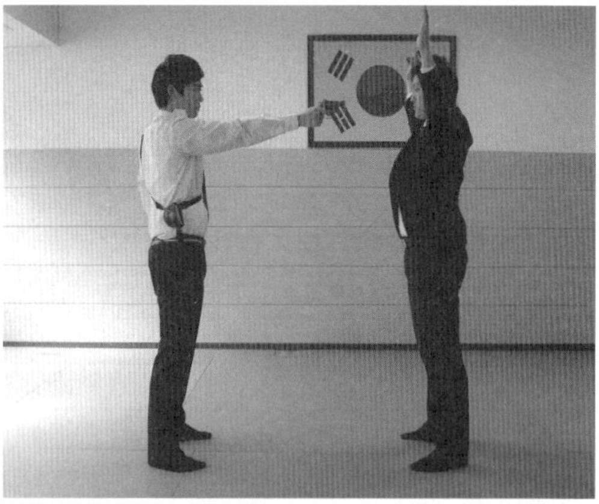

2. 오른발과 오른손을 돌려 상대방의 총구를 오른쪽 상단을 향하게 한다.

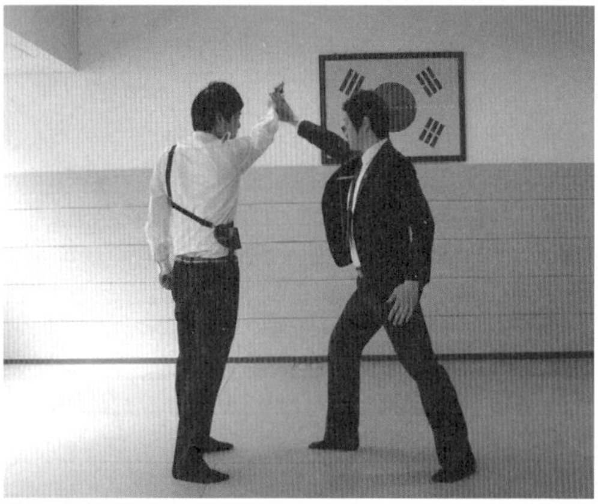

3. 오른손을 내리며 손목을 같이 잡는다.

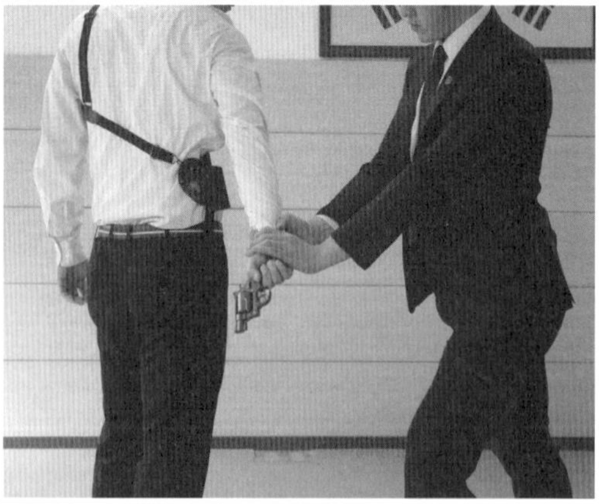

4. 왼손은 손목을 오른손은 팔꿈치를 잡는다.

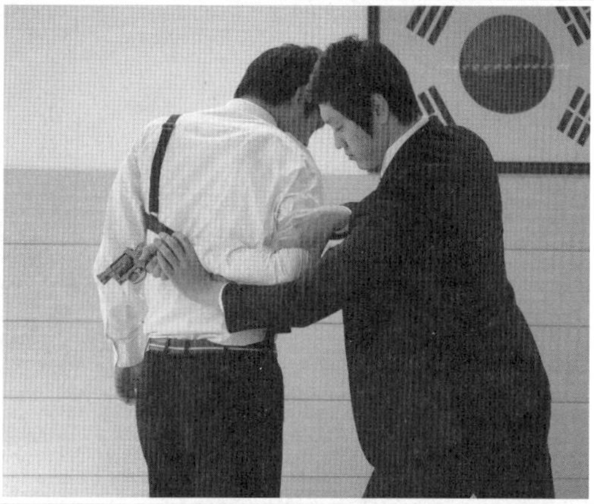

5. 오른발이 빠지며 양손을 아래쪽으로 잡아당긴다.

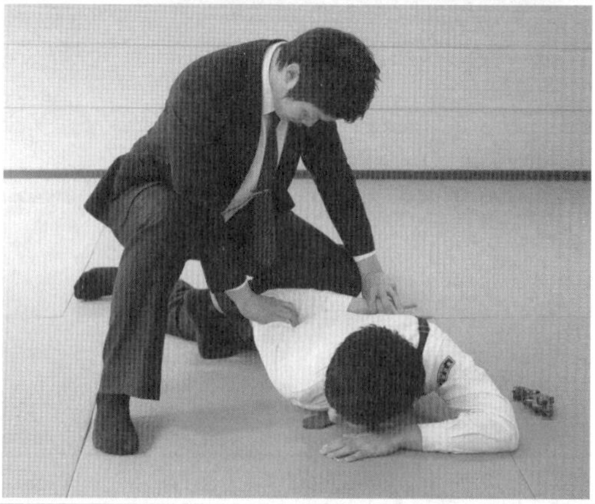

(5) 권총을 옆에서 겨눌 때

1. 권총막기 준비

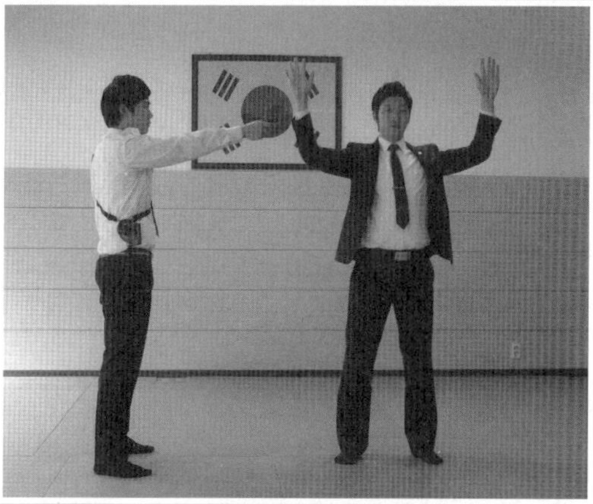

2. 오른손을 내리며 상대방 총구를 하단을 향하게 한다.

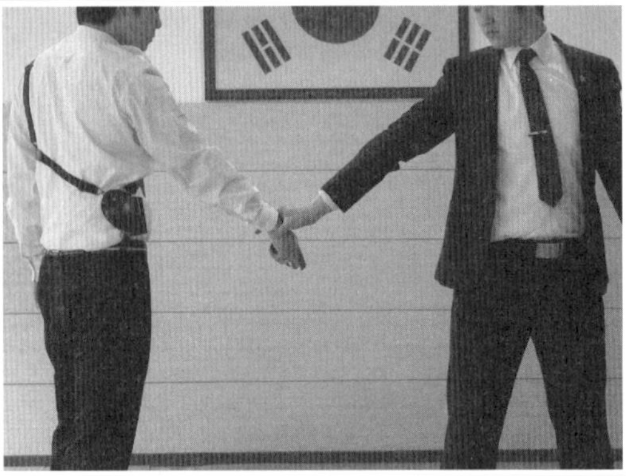

3. 왼발을 전진하며 손목을 같이 잡는다.

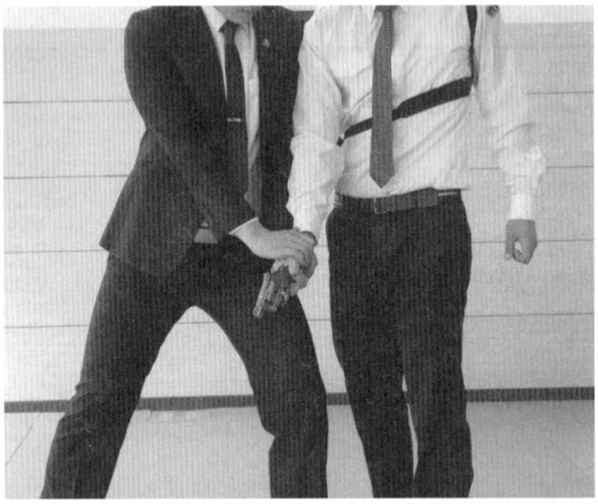

4. 팔을 들어올린다.

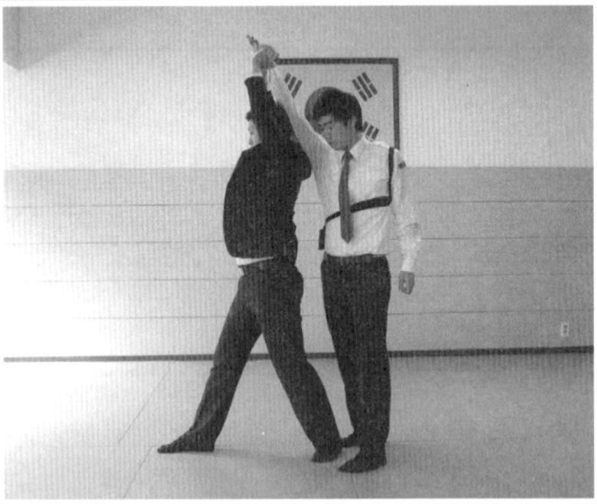

5. 팔을 내리며 상대방 팔을 자신의 어깨에 걸치게 한다.

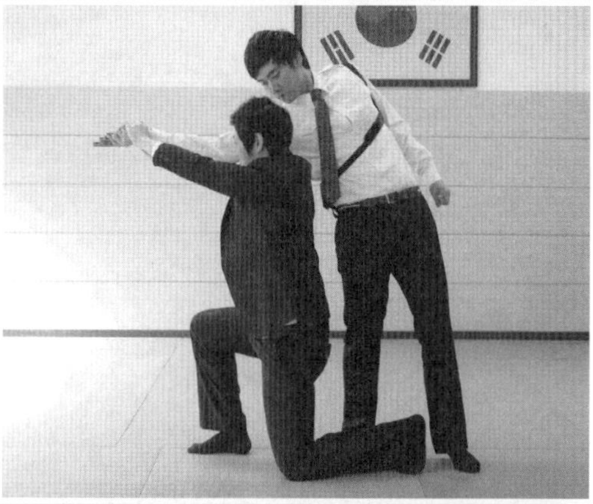

6. 팔꿈치를 누르며 제압

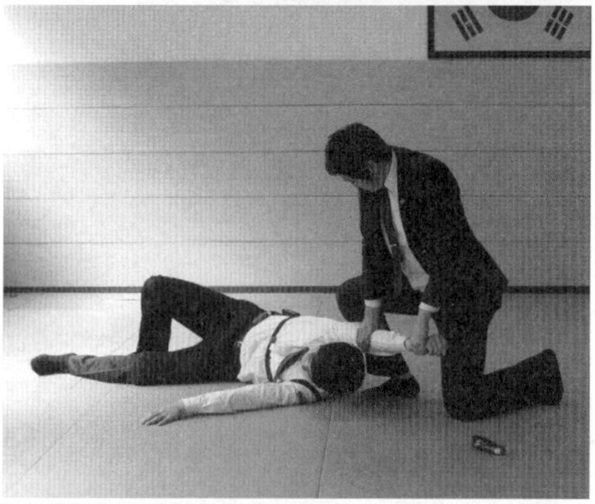

제 10 장

장비사용법

제10장 장비사용법

제1절 경찰장비의 의의

1. 경찰장비의 개념 및 법적 근거

“경찰장비”란 무기, 경찰장구(警察裝具), 최루제(催淚劑)와 그 발사장치, 살수차, 감식기구(鑑識機具), 해안 감시기구, 통신기기, 차량 · 선박 · 항공기 등 경찰이 직무를 수행할 때 필요한 장치와 기구를 말한다. 또한 인명 또는 신체에 위해를 가할 수 있는 경찰장비의 종류 및 그 사용기준, 안전교육 · 안전검사의 기준 등에 대하여는 대통령령으로 정하고 있다(「경찰관직무집행법」 제10조).

2. 위해성 경찰장비의 종류

「위해성 경찰장비의 사용기준 등에 관한 규정」 제2조에서는 위해성 경찰장비를 다음과 같이 구분하고 있다.

1) 위해성 경찰장구

위해성 경찰장구에는 수갑 · 포승(捕繩) · 호송용포승 · 경찰봉 · 호신용경봉 · 전자충격기 · 방패 및 전자방패

2) 위해성 무기

위해성 무기에는 권총 · 소총 · 기관총(기관단총을 포함) · 산탄총 · 유탄발사기 · 박격포 · 3인치포 · 함포 · 크레모아 · 수류탄 · 폭약류 및 도검

3) 위해성 분사기 · 최루탄 등

위해성 분사기 · 최루탄 등에는 근접분사기 · 가스분사기 · 가스발사총(고무탄 발사겸용을 포함) 및 최루탄(발사장치 포함),

4) 기타장비

기타장비에는 가스차 · 살수차 · 특수진압차 · 물포 · 석궁 · 다목적발사기 및 도주차량 차단장비가 해당된다.

5) 경비원의 휴대용 장비의 구체적인 기준

장 비	장 비 기 준
경 적	금속이나 플라스틱 재질의 호루라기
단 봉	금속(합금 포함)이나 플라스틱 재질의 전장 700mm 이하의 호신용 봉
분사기	「총포 · 도검 · 화약류 등 안전에 관한 법률」에 따른 분사기
안전방패	플라스틱 재질의 폭 500mm 이하, 길이 1,000mm이하의 방패로 경찰공원이 사용하는 안전방패와 색상 및 디자인이 명확히 구분되어야 함
무전기	무전기 송신 시 실시간으로 수신이 가능한 것
안전모	안면을 가리지 아니하면서, 머리를 보호하는 장비로 경찰공무원이 사용하는 방석모와 색상 및 디자인이 명확히 구분되어야 함
방검복	경찰공무원이 사용하는 방검복과 색상 및 디자인이 명확히 구분되어야 함.

3. 위해성 경찰장비의 사용기준 및 제한

1) 수갑 · 포승의 사용기준

경찰관은 체포 · 구속영장을 집행하거나 신체의 자유를 제한하는 판결 또는 처분을 받은 자를 법률이 정한 절차에 따라 호송하거나 수용하기 위하여 필요한 때에는 최소한의 범위 안에서 수갑 · 포승 또는 호송용 포승을 사용할 수 있다.

또한 범인 · 주취자 또는 정신착란자의 자살 또는 자해기도를 방지하기 위하여 필요한 때에는 수갑 · 포승 또는 호송용 포승을 사용할 수 있다. 이 경우 경찰관은 소속 국가경찰관서의 장에게 그 사실을 보고하여야 한다.

2) 경찰봉 · 호신용경봉의 사용기준

경찰관은 불법집회 · 시위로 인하여 발생할 수 있는 타인 또는 경찰관의 생명 · 신체의 위해와 재산 · 공공시설의 위험을 방지하기 위하여 필요한 때에는 최소한의 범위 안에서 경찰봉 또는 호신용경봉을 사용할 수 있다. 경찰관이 경찰봉 또는 호신용경봉을 사용하는 때에는 인명 또는 신체에 대한 위해를 최소화하도록 주의하여야 한다.

3) 전자충격기 등의 사용제한

경찰관이 보유하고 있는 전자충격기(테이저건)는 두 개의 전극침이 신체에 발사하는 장치로 2.1ma의 전류를 신체로 흘려보내 전자파동을 교란시킴으로써 신체근육을 일시적으로 마비시킨다. 이에 경찰관은 14세 미안이나 임산부에 대하여 전자충격기 또는 전자방패를 사용하여서는 아니 된다. 또한 수갑을 채워 제압된 경우나 단순주취자, 폭력성이 없는 시비소란자에 대해서는 사용이 제한되어 있으며 대상자가 계단, 난간 등 높은 곳에 있거나 주변에 인화성 물질이 묻어있거나 소지하고 있을 때에는 사용을 자제해야 하며, 안면부, 후두부, 생식기를 향하여 전극침을 발사하여서는 아니 된다.

4) 권총 및 소총의 사용제한

경찰관은 사람을 향하여 권총 또는 소총을 발사하고자 하는 때에는 미리 구두 또는 공포탄에 의한 사격으로 상대방에게 경고하여야 한다. 다만, 경찰관을 급습하거나 타인의 생명 · 신체에 대한 중대한 위험을 야기하는 범행이 목전에 실행되고 있는 등 상황이 급박하여 특히 경고할 시간적 여유가 없는 경우, 그리고 인질 · 간첩 또는 테러사건에 있어서 은밀히 작전을 수행하는 경우로서 부득이한 때에는 경고하지 아니할 수 있다.

또한 경찰관은 권총 또는 소총을 사용하는 경우에 있어서 범죄와 무관한 다중의 생명 · 신체에 위해를 가할 우려가 있는 때, 총기 또는 폭발물을 가지고 대항하는 경우를 제외하고는 14세 미만의 자 또는 임산부에 대하여 권총 또는 소총을 발사하여서는 아니 된다.

다만, 권총 또는 소총을 사용하지 아니하고는 타인 또는 경찰관의 생명 · 신체에 대한 중대한 위험을 방지할 수 없다고 인정되는 때에는 필요한 최소한의 범위 안에서 이를 사용할 수 있다. 그리고 공공의 안전을 위협하는 동물을 사살하기 위하여 부득이한 때에는 권총 또는 소총을 사용할 수 있다.

5) 가스발사총 등의 사용제한

경찰관은 범인의 체포 또는 도주방지, 타인 또는 경찰관의 생명 · 신체에 대한 방호, 공무집행에 대한 항거의 억제를 위하여 필요한 때에는 최소한의 범위 안에서 가스발사총을 사용할 수 있다. 이 경우 경찰관은 1미터 이내의 거리에서는 상대방의 얼굴을 향하여 이를 발사하여서는 아니 된다. 최루탄발사기로 최루탄을 발사하는 경우 30도 이상의 발사각을 유지하여야 하고, 가스차 · 살수차 또는 특수진압차의 최루탄발사대로 최루탄을 발사하는 경우에는 15도 이상의 발사각을 유지하여야 한다.

6) 가스차 · 살수차 · 특수진압차 · 물포의 사용기준

경찰관은 다음의 경우에 해당하는 때에는 가스차 · 살수차 · 특수진압차 · 물포를 사용할 수 있다.

첫째, 불법집회 · 시위 또는 소요사태로 인하여 발생할 수 있는 타인 또는 경찰관의 생명 · 신체의 위해와 재산 · 공공시설의 위험을 억제하기 위하여 부득이한 경우에는 현장책임자의 판단에 의하여 필요한 최소한의 범위 안에서 가스차 또는 살수차를 사용할 수 있다.

둘째, 소요사태의 진압, 대간첩 · 대테러작전의 수행을 위하여 부득이한 경우에는 필요한 최소한의 범위 안에서 특수진압차를 사용할 수 있다.

셋째, 불법해상시위를 해산시키거나 정선명령에 불응하고 도주하는 선박을 정지시키기 위하여 부득이한 경우에는 현장책임자의 판단에 의하여 필요한 최소한의 범위 안에서 경비함정의 물포를 사용할 수 있다. 다만, 사람을 향하여 직접 물포를 발사하여서는 아니 된다.

7) 석궁 및 다목적발사기의 사용기준

경찰관은 다음의 경우에 해당하는 때에는 석궁 및 다목적발사기를 사용할 수 있다.

첫째, 경찰관은 총기 · 폭발물 기타 위험물로 무장한 범인 또는 인질범의 체포, 대간첩 · 대테러작전 등 국가안전에 관련되는 작전을 은밀히 수행하거나 총기를 사용할 경우에는 화재 · 폭발의 위험이 있는 등 부득이한 때에 한하여 현장책임자의 판단에 의하여 필요한 최소한의 범위 안에서 석궁을 사용할 수 있다.

둘째, 경찰관은 인질범의 체포 또는 대간첩 · 대테러작전 등 국가안전에 관련되는 작전을 수행하거나 공공시설의 안전에 대한 현저한 위해의 발생을 방지하기 위하여 필요한 때에는 최소한의 범위 안에서 다목적발사기를 사용할 수 있다.

8) 도주차량차단장비의 사용기준

경찰관은 무면허운전이나 음주운전 기타 범죄에 이용하였다고 의심할 만한 차량 또는 수배중인 차량이 정당한 검문에 불응하고 도주하거나, 차량으로 직무집행중인 경찰관에게 위해를 가한 후 도주하려는 경우에는 도주차량차단장비를 사용할 수 있다. 도주차량차단장비를 운용하는 경찰관은 검문 또는 단속 장소의 전방에 동 장비의 운용중임을 알리는 안내표지판을 설치하고 기타 필요한 안전조치를 취하여야 한다.

9) 위해성 경찰장비 사용을 위한 안전교육

직무수행 중 위해성 장비를 사용하는 경찰관은 위해성 경찰장비 사용을 위한 안전교육을 받아야 한다.

10) 사용기록의 보관

무기 · 분사기 · 최루탄 · 살수차의 위해성 경찰장비를 사용하는 경우 그 현장 책임자 또는 사용자는 사용보고서를 작성하여 직근상급 감독자에게 보고하고 직근상급 감독자는 이를 3년간 보관하여야 한다.

제2절 경찰장구의 의의

1. 경찰장구의 개념

경찰장구란 경찰관이 휴대하여 범인검거와 범죄진압 등 직무수행에 사용하는 수갑, 포승, 경찰봉, 방패 등을 말한다.

2. 경찰장구의 사용요건

경찰관은 현행범인인 경우와 사형, 무기 또는 장기 3년 이상의 징역이나 금고에 해당하는 죄를 범한 범인의 체포 · 도주의 방지, 자기 또는 타인의 생명 · 신체에 대한 방호, 공무집행에 대한 항거의 억제를 위하여 필요하다고 인정되는 상당한 이유가 있을 때에는 그 사태를 합리적으로 판단하여 필요한 한도 내에서 경찰장구를 사용할 수 있다.

제3절 분사기의 의의

1. 분사기의 개념

총포·도검·화약류 등의 안전관리에 관한 법률에서 규정하고 있는 '분사기'라 함은 사람의 활동을 일시적으로 곤란하게 하는 최루 또는 질식 등의 작용제를 분사할 수 있는 기기로서 대통령령이 정하는 것을 말한다(총포·도검·화약류 등의 안전에 법률 제2조 4항) 일반적으로 분사기와 가스총의 용어를 혼용하여 사용하는 경우가 있지만, 가스총은 총포·도검·화약류 등의 안전에 관한 법률 시행령의 규정상 엽총과 사격총의 종류로 구분하고 있기 때문에 분사기와는 종류가 다르다고 할 수 있다(총포·도검·화약류 등의 안전관리에 관한 법률 시행령 제3조).

2. 분사기의 작동 원리

분사기는 약제통 내부에 최루 또는 질식작용제(분말 또는 액체의 식물성 물질로서 불연성인 물질)를 내장하고 그 물질을 약제통 내부에 액화질소 또는 액화 프레온가스를 강제로 압입하여 노즐을 통하여 분출되는 힘의 분사원리를 응용하여 제조된 기기를 말한다.

3. 분사기의 종류

총포·도검·화약류 등의 안전관리에 관한 법률 시행령에서는 분사기의 종류로써, 총포형 분사기, 막대형 분사기, 만년필형 분사기, 기타 휴대형 분사기로 구분하고 있다(총포·도검·화약류 등의 안전관리에 관한 법률 시행령 제6조 2). 또한 구조 및 성능에 따라 분말식 분사기와 액체식 분사기로 구분하고, 사용목적에 따라 호신용 분사기와 경비용분사기, 치안용 분사기로 구분하고 있다.

1) 형태에 의한 분류

(1) 총포형 분사기

총포형 분사기는 외관이 권총 등과 같은 총기류와 유사하게 만들어진 분사기로써 액체 및 분말로 생산되며, 대표적으로 리벌버형 분사기를 들 수 있다. 이 분사기는 실탄방식과 분사식(스프레이)형으로 되어 있는데, 실탄방식은 5연발과 6연발이 있으며 작용제가 내장된 실탄을 장전하여 사용하게 된다. 발포하였을 때는 실탄은 움직이지 아니하고 실탄에 내장된 작용제가 발사되는 것을 말한다.

(2) 막대형 분사기

액체 및 분말 약제로 생산되며 막대형태의 분사기를 말한다. 부피가 커서 소지하는데 약간의 제한이 있으나 분사량이 많아 경비용으로 많이 사용되고 있다.

(3) 만년필형 분사기

주로 액체식으로 생산되며 만년필형태의 분사기를 말한다. 만년필과 유사한 형태를 띠고 있기 때문에 소지하기가 간편하다. 간편하고 기계적 원리로 원터치방식이며 정확한 조준력과 상의 포켓에 꽂고 다닐 수 있고, 거부감 없이 사용이 가능하여 금융기관 등에서의 사용이 좋다.

(4) 기타 휴대형 분사기

기타 휴대하기가 간편한 형태의 분사기들로 립스틱 형, 핸드폰 형, 화장품 형 등 다양한 종류로 생산되고 있다.

총포형 분사기	막대형 분사기
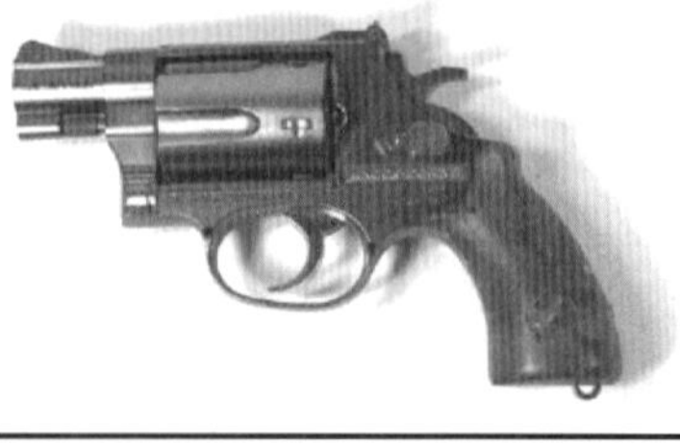	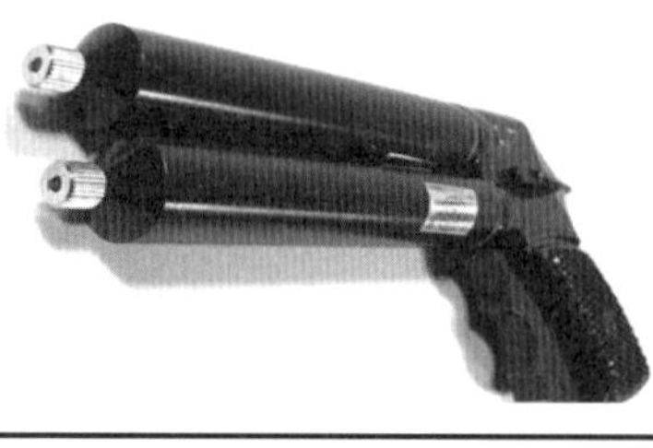

만년필형 분사기	기타 휴대형 분사기
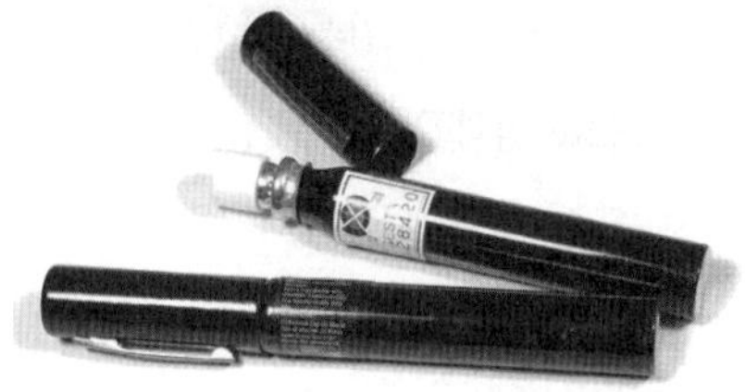	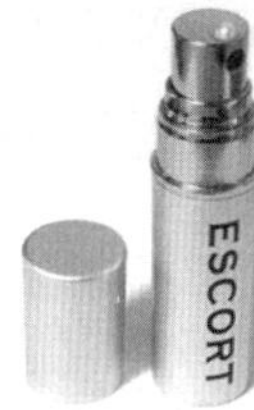

2) 구조 및 성능에 의한 분류

분사기는 구조 및 성능에 따라 분말식분사기와 액체식 분사기로 구분하고 있다. 분사기의 구조 및 성능에 따라 총포·도검·화약류 등의 안전관리에 관한 법률 시행규칙에서 규정하고 있다(총포·도검·화약류 등의 안전관리에 관한 법률 시행규칙 제2조의 2).

(1) 분말식 분사기

약제통 내부에 분말을 넣어 압축되어 있는 가스의 압력으로 분말을 외부로 분출시킬 수 있도록 만들어진 것으로 아래와 같은 장단점이 있다.

① 장점

- 분사되는 약제의 양이 액체식에 비해 많고, 반경이 넓고 멀리 분사된다.
- 분사되는 약제의 매운 성분이 액체식에 비해 더 강력하다.
- 분사되는 약제의 유효기간이 액체식에 비해 월등히 길어 경제적이다.
- 다수의 범인을 제압하는데 더 효과적이다(특히 막대형의 경우).
- 확실하게 한발씩 발사할 수 있다.
- 추위와 더위에 민감하지 않아 사계절 사용이 가능하다.

② 단점

- 모양을 권총형이나 소형, 경량화 등 다양화하기 어렵다.
- 단발 또는 2발을 발사할 수 있으며, 그 이상 발사 횟수를 늘리기 어렵다.
- 분사시 바람의 영향을 많이 받는다.

(2) 액체식 분사기

약제통 내부에 고액체로 되어 있는 작용제를 넣어서 강압되어 있는 냉매(압축가스)를 통해 작용제를 외부로 분출시킬 수 있도록 만들어진 것으로 아래와 같은 장 · 단점이 있다.

① 장점

- 권총모양 등 형태를 다양화 할 수 있고, 경량화 시킬 수 있다.
- 짧게 여러번 나누어서 단발부터 6~7회 이상까지 분사할 수 있다.
- 탄창 리벌버 화약식의 경우 1발씩 나누어 5발까지 발사할 수 있으며, 총성이 발생하므로 방범효과가 뛰어나다.
- 바람의 영향을 많이 받지 않는다.

② 단점

- 분말식에 비해 약제량이 적으며 매운 성분이 약하다.
- 약제의 유효기간이 짧아 비경제적이다.
- 점사식분사로 한발씩 분사할 경우 분사거리가 짧아진다.
- 일단 한번이라도 분사하고 나면 약제의 잔량을 측정할 수 없어 다음번에 분사하고자 할 때 분사가 되지 않는 경우도 있으며, 약제의 성분이 유성(油性)이기 때문에 분사노즐이 완벽하게 고압축된 압력을 막지 못하여 약제가 누출되어 소지시 맵고 역겨운 냄새가 날 수 있다.
- 언제든지 사용할 수 있게 하기 위하여 약제통을 지속적으로 교환하여야 하므로 유지비가 많이 든다.
- 추위와 더위 등 온도변화에 민감하여 약제통 내부의 압력이 수축 또는 팽창하여 추울 때는 분사효과가 현저히 떨어지고, 더울 때는 압력팽창으로 자연 분사되는 경우가 있다.

【분말 및 액체식 분사기의 비교】

구분	분말분사기	액체분사기	비고
약제효과	강함	약함	
약제량	많음	적음	
유효거리	길다(5~7m)	짧다(3~5m)	
분사범위	넓음	좁음	
소형화	어려움	가능	
경량화	어려움	가능	
연발분사	제한적	가능	
경제성	경제적(20~24개월)	비경제적(15~18개월)	약제 유효기간
바람영향	매우 큼	적음	

3) 사용목적에 따른 분류

(1) 호신용 분사기

소화기와 같이 가스가 폭넓게 분사되기 때문에 범인이나 흉악범으로부터 신변을 안전하게 보호할 수 있는 분사기이다. 호신용 분사기는 부피가 작아 휴대하기가 간편하고, 대부분 스프레이 방식을 사용되는 립스틱형, 핸드폰형, 화장품형 등으로 사용하기가 매우 용이하다.

(2) 경비용 분사기

경비업법상에서 규정된 경비원의 휴대장구 중 하나로 경비목적을 달성하기 위하여 사용할 수 있는 분사기이다. 경비용 분사기는 호신용 분사기보다 부피가 커서 일반인이 휴대하기는 부적합하지만 호신용에 비해 약제량이 많고 다수의 범인을 제압할 수 있다. 대표적으로 막대형 분사기를 말한다.

(3) 치안용 분사기

치안용 분사기는 주로 경찰 등에서 사용하는 분사기로써 범인검거나 범죄자 진압 등은 물론 민생치안과 데모진압을 위해서 사용할 수 있다. 이 분사기에는 호신용이나 경비용 등 일반분사기 약제로는 사용이 금지되어 있는 최루작용제를 내장하여 사용할 수 있다.

제4절 분사기의 사용요건

1. 분사기 소지

1) 분사기 소지의 금지

누구든지 다음에 해당하는 경우를 제외하고는 허가 없이 분사기를 소지하여서는 아니 된다.

① 법령에 의하여 직무상 분사기를 소지하는 경우
② 제조업의 허가의 규정에 의한 제조업자가 그가 제조한 분사기를 소지하는 경우
③ 제조업의 허가의 규정에 의하여 화약류를 제조한 사람이 그가 제조한 화약류를 소지하는 경우
④ 판매업의 허가의 규정에 의한 판매업자가 분사기를 소지하는 경우
⑤ 판매업의 허가의 규정에 의한 총포판매업자가 판매하는 총용 실탄 또는 공포탄을 소지하는 경우
⑥ 수출입의 허가의 규정에 의하여 수출입허가를 받은 사람이 그 분사기를 소지하는 경우
⑦ 화약류의 사용의 규정에 의한 화약류의 사용허가를 받은 사람이 그 화약류를 소지하는 경우
⑧ 양도 · 양수 등의 제한의 규정에 의한 화약류의 양수허가를 받은 사람이 그 화약류를 소지하는 경우
⑨ 종업원이 그 직무상 분사기를 소지하는 경우
⑩ 대통령령이 정하는 사람이 분사기를 소지하는 경우

2) 분사기의 소지허가 및 허가 절차

(1) 분사기의 소지허가

① 소지의 금지 규정에 해당되지 아니하는 사람이 분사기를 소지하고자 하는 때에는 행정안전부령이 정하는 바에 의하여 주소지를 관할하는 시 · 도 경찰청장 또는 경

찰서장의 허가를 각각 받아야 한다.

② 경비를 위하여 법인의 대표자 또는 대리인 · 사용인 기타 종업원이 분사기를 소지하고자 하는 때에는 그 법인의 대표자가 허가를 받고자 하는 분사기의 수 및 이를 소지할 사람을 특정하여 그 법인의 주된 사업장의 소재지를 관할하는 경찰서장의 허가를 받아야 한다.

③ 분사기의 범위는 그 종류 및 용도별로 대통령령으로 정한다.

(2) 분사기의 허가 절차

① 개인소지 허가 절차 및 구비서류

분사기 소지에 관한 신청접수는 관할 경찰서 민원봉사실(생활질서계)에서 담당하며 신청서류는 분사기 소지허가 신청서, 신체검사서(운전면허가 있는 경우는 면허증 사본), 분사기의 출처를 증명할 수 있는 서류, 증명사진 2매가 필요하다. 처리기간은 7일 이내이다.

② 법인 소지허가 절차 및 구비서류

분사기 소지 허가권자는 법인의 주된 사무소 관할 경찰서장이며 허가신청에 필요한 서류는 대표자 개인 허가신청, 사용자 지정신청서, 실제사용자 전원의 신체검사서(운전면허가 있는 경우는 면허증 사본), 분사기의 출처를 증명할 수 있는 서류, 정관 및 대표자와 임원의 명단이다.

3) 분사기소지자의 결격사유 등

(1) 법 제13조 제1항에 해당하는 사람

① 20세 미만인 사람. 다만, 대한체육회장이나 특별시 · 광역시 또는 도의 체육회장이 추천한 선수 또는 후보자가 사격경기용 총을 소지하고자 하는 경우에는 제외한다.

② 심신상실자, 마약 · 대마 · 향정신성의약품 또는 알콜의 중독자 정신질환자 또는 뇌전증 환자로서 대통령령으로 정하는 사람

③ 금고 이상의 실형의 선고를 받고 그 집행이 끝나거나(집행이 끝난 것으로 보는 경우를 포함한다) 면제된 날부터 5년이 지나지 아니한 사람

④ 이 법의 규정을 위반하여 벌금형의 선고를 받고 5년이 지나지 아니한 사람

⑤ 「특정강력범죄의 처벌에 관한 특례법」에 의한 특정강력범죄를 범하여 벌금형 또는 징역 이상의 형의 집행유예선고를 받고 그 유예기간이 끝난 날부터 5년이 지나지 아니한 사람
⑥ 이 법의 규정을 위반하여 금고 이상의 형의 집행유예선고를 받고 그 집행유예의 기간이 끝난 날로부터 5년이 지나지 아니한 사람
⑦ 제조업자 등에 대한 행정처분(제45조) 또는 총포 등의 소지허가를 받은 사람 등에 대한 행정처분(제46조 제1항)의 규정에 의한 허가취소처분을 받고 1년이 지나지 아니한 사람

(2) 법 제13조 제2항에 해당하는 사람

시 · 도 경찰청장 또는 경찰서장은 제13조 제1항에 해당하지 아니하는 사람에 대하여도 다른 사람의 생명 · 재산 또는 공공의 안전을 해칠 염려가 있다고 인정되는 경우에는 분사기의 소지허가를 하지 아니할 수 있다.

(3) 법 제13조 제3항에 해당하는 사람

시 · 도 경찰청장 또는 경찰서장은 위장한 분사기 또는 그 구조와 기능이 행정안전부령이 정하는 기준에 적합하지 아니한 분사기에 대하여는 소지허가를 하여서는 아니 된다.

2. 분사기 사용에 따른 벌칙 및 과태료

1) 벌칙

총포 · 도검 · 화약류 등의 안전관리에 관한 법률에서 분사기와 관련된 법규 또는 명령을 위반하였을 경우 징역과 벌금 등으로 엄격히 통제하고 있으며 징역과 벌금을 병과할 수 있도록 되어 있다.

(1) 10년 이하의 징역 또는 5천만 원 이하의 벌금

수출하기 위한 목적으로 규정에 의한 구조 및 성능기준을 적용하지 아니하고 제조된 분사기를 국내에 판매하거나 유출시킨 사람(미수범 처벌)

(2) 5년 이하의 징역 또는 1천만 원 이하의 벌금

① 제조업 허가사항, 판매업 허가사항, 수출입 허가사항의 규정을 위반한 사람

② 화약류의 사용의 규정을 위반한 사람

③ 양도·양수의 제한의 규정을 위반한 사람

④ 화약류 제조보안책임자 및 화약류 관리보안책임자의 의무 등의 규정을 위반하여 안전상의 감독업무를 게을리 한 사람

⑤ 제조업자 등에 대한 행정처분의 규정에 의한 영업정지명령 또는 사용정지명령을 위반한 사람

⑥ 공공의 안전 등을 위한 조치의 규정에 의한 명령 또는 조치를 위반하거나 공공의 안전 등을 위한 조치의 규정에 의한 보관명령에 위반한 사람

⑦ 총포제조업자는 식별 표지가 유지될 수 있도록 총포 제작

(3) 3년 이하의 징역 또는 700만 원 이하의 벌금

① 행상과 옥외판매일·광고금지, 취급의 금지, 화약류의 저장, 화약류저장소 설치허가, 화약류 제조보안책임자 및 화약류 관리보안책임자의 선임, 화약류의 안정도시험, 화약류의 포장 등, 응급조치 등, 위해예방 규정, 자체안전 점검 또는 완성검사의 규정을 위반한 사람

② 화약류의 운반 규정에 의한 기술상의 기준이나 지시에 따르지 아니한 사람

②의1 화약류 제조보안책임자 및 화약류 관리보안책임자의 선임 또는 화약류의 안정도시험의 규정에 의한 명령을 위반한 사람

②의2 총포도난 분실 또는 소지 허가가 취소된 자가 총포도난·분실 이외에 다른 총포를 소지한 경우 총포의 소지 허가가 금지된 기간 동안 다른 총포의 사용을 제한 할 수 있고 다른 총포를 허가 관청이 지정한 곳에 보관하도록 한 명령에 위반한 사람

③ 정기안전검사 또는 총포·분사기·전자충격기·석궁의 검사 규정을 위반한 사람

④ 총포·분사기·전자충격기·석궁의 검사 규정을 위반한 총포·분사기·전자충격기·석궁의 제조업자·수입자 또는 판매업자

⑤ 출입·검사 등의 규정에 의한 출입 또는 검사를 거부·기피 또는 방해하거나 거짓 진술을 한 사람

⑥ 거짓이나 그 밖의 옳지 못한 방법으로 이 법의 규정에 의한 허가 또는 면허를 받은 사람
⑦ 총포의 식별표지를 조작하거나, 불법적으로 삭제 · 제거 또는 변경한 사람

(4) 2년 이하의 징역 또는 500만 원 이하의 벌금

① 제조업자의 지위승계, 모의총포의 제조 · 판매 · 소지의 금지, 총포 · 도검 · 분사기 · 전자충격기 · 석궁의 휴대 · 운반 · 사용 및 개조 등의 제한, 화약류 제조보안책임자 및 화약류 관리보안책임자의 의무 또는 화기취급 및 흡연의 금지 등의 규정을 위반한 사람
② 화약류의 폐기의 규정에 의한 기술상의 기준을 위반하여 화약류를 폐기한 사람
③ 발견 · 습득의 신고 등의 규정에 위반한 사람
④ 화약류의 운반의 규정에 의한 신고를 하지 아니하거나 거짓으로 신고를 한 사람

2) 과태료

(1) 다음에 해당하는 자는 300만 원 이하의 과태료를 과한다.

① 수출입의 허가 등, 모의총포의 제조 · 판매 · 소지의 금지, 화약류의 폐기, 화약류제조보안책임자 및 화약류관리보안책임자의 선임, 도난 · 분실의 신고 또는 폐업 및 휴업신고 등의 규정에 따른 신고를 하지 아니하거나 거짓으로 신고를 한 사람
② 총포 · 도검 · 분사기 · 전자충격기 · 석궁의 휴대 · 운반 · 사용 및 개조 등의 제한, 화약류의 안정도시험, 남은 화약류에 대한 조치, 자체안전교육, 장부비치와 기장, 간판 그 밖의 표지, 허가증 등의 규정을 위반한 사람
③ 화약류의 운반 규정을 위반하여 화약류운반신고필증을 지니지 아니한 자
④ 화약류의 안정도시험, 자체안전점검 또는 출입 · 검사 등의 규정에 의한 보고를 하지 아니하거나, 거짓으로 보고를 한 자
⑤ 화약류의 폐기 또는 자체안전교육의 규정에 의한 명령을 위반한 자
⑥ 공공의 안전을 위한 조치 등의 규정에 의한 준수사항을 위반한 사람

(2) 과태료는 대통령령이 정하는 바에 의하여 소관에 따라 경찰청장, 시 · 도 경찰청장 또는 경찰서장이 부과 · 징수한다.

(3) 과태료처분에 불복이 있는 자는 그 처분이 있음을 안 날부터 30일 이내에 관할관청에 이의를 제기할 수 있다.

(4) 관할관청의 과태료처분을 받은 자가 이의를 제기한 때에는 관할관청은 지체 없이 관할법원에 그 사실을 통보하여야 하며, 그 통보를 받은 관할법원은 비송사건절차법에 의한 과태료 재판을 한다.

(5) 기간 내에 이의를 제기하지 아니하거나 과태료를 납부하지 아니한 때에는 국세체납처분의 예에 의하여 이를 징수한다.

3) 형의 병과

규정에 의하여 벌함에 있어서는 징역과 벌금형을 함께 과할 수 있다.

4) 양벌규정

법인의 대표자나 법인 또는 개인의 대리인, 사용인, 그 밖의 종업원이 그 법인 또는 개인의 업무에 관하여 위반행위를 하면 그 행위자를 벌하는 외에 그 법인 또는 개인에게도 해당 조문의 벌금형을 과한다. 다만, 법인 또는 개인이 그 위반행위를 방지하기 위하여 해당 업무에 관하여 상당한 주의와 감독을 게을리 하지 아니한 경우에는 그러하지 아니하다.

제5절 분사기의 사용방법

1. 서설

분사기를 실무에서 사용하기 위해서는 사용법의 숙지가 필요하다. 왜냐하면 경비원은 항상 범죄를 감시하는 입장에 있다. 이런 면에서 언제든지 현행범인과 마주칠 수 있기 때문에 유사시 자신의 생명, 신체를 보호해야 한다. 이러한 보호수단 중의 하나가 호신용 장구인 분사기이다. 그러나 정작 분사기를 사용하고자 할 때는 분사기에 대한 올바른 사용법을 몰라 당황하거나 제대로 사용하지 못하고 속수무책으로 당하는 경우가 있다. 이런 측면에서 분사기에 대한 올바른 사용법 등을 익혀 실무에 활용할 수 있도록 해야 한다.

2. 분사기 사용 원칙

경비업무를 수행하는 중 출현한 현행범인을 제압하기 위해서 분사기를 사용할 때는 첫째, 오직 경비업무 목적으로 사용해야 한다. 둘째, 필요한 최소한도 내에서 범인을 제압하거나 방어적 수단으로만 사용해야 한다. 셋째, 적법절차에 의해서 법률에서 규정하고 있는 범위 내에서 사용해야 한다.

1) 경비업무의 목적으로 사용

경비업무 수행 중 소지하는 분사기는 경비용이며, 경비원이 경비업법에 의해 정해진 업무를 수행하고 있는 것이다. 목전의 위험에 대한 부득이한 대처 방법으로 분사기를 사용하였다면 경비업무 목적에 부합한다고 할 수 있다. 그러나 이권다툼이나 주민과의 갈등 등에 대하여 위협 또는 불안감 조성으로 위력을 과시하거나 남용 등의 물리력을 행사한다면 사용목적에 부합한다고 할 수 없다.

2) 최소한도 내에서 방어목적으로 사용

분사기 소지의 근본 목적은 방어를 위한 것이다. 순찰 중 거동수상자를 발견하였더라도 신분확인 등의 절차가 필요하다. 신분확인 등 거동행위에 대한 확인 중 기습공격을 해 올 때, 방어를 위해 꼭 필요한 최소한도 내에서 사용해야 한다.

3) 적법한 범위 내에서 사용

분사기의 사용은 반드시 현행범인 체포나 정당방위 등 적법한 범위 내에서 사용해야 한다.

4) 분사기 분실시

「동법」 제35조 위반시, 제74조 과태료 20만 원 부과

5) 집회시위 현장 사안별 분사기 소지자 처리

구 분		휴대 사안별 내용	조 치
무허가 소지		무허가 소지로 형사입건	총안법 제12조1항(무허가소지 〈징역5년↓,벌금1천만원↓〉)
허가 소지	단순 소지	본인의 호신을 위하여 비노출 단순 착용 및 가방 등에 보관	용도에 맞는 사용으로 처벌불가
	위력 과시	호신 외 위력 과시용으로 노출 착용 및 다중에게 꺼내 보이는 행위(총기형)	총안법 제17조1항(용도외휴대 〈허가취소 및 과태료 10만원〉)
	직접 사용	호신 목적 외 타 시위자를 제압하기 위한 용도로 발사	총안법 제17조2항(용도 외사용 〈징역 2년↓,벌금 500만원↓〉)
	경호 목적	집회장소 신변보호 목적으로 경비업체 경비원이 署에 사전신고 후 소지	경비업법 제18조2항(경비원의 배치허가) 신고 후 소지 가능
		집회장소 내 신변보호 목적으로 경비업체 경비원이 署에 미신고 소지	총안법 제17조2항(용도 외사용 〈징역2년↓, 벌금 500만원↓〉)

3. 분사기 사용 방법

1) 분사기 휴대

경비원이 휴대하는 분사기는 근무 중에 한하여 이를 휴대할 수 있다. 또한 반드시 소지허가증과 함께 소지해야 하며, 휴대방법은 허리휴대와 어깨휴대로 나눌 수 있다.

(1) 허리 휴대법

일반적인 휴대법이며 급박한 상황에서 범인을 제압하거나 타인의 생명 또는 신체의 위해를 가할 우려가 있을 때 즉각적인 대응이 가능하다. 일반적으로 시설경비 업무 시 휴대하는 방법이다.

(2) 어깨 휴대법

신변보호 업무와 같은 경비원의 비노출이 필요한 업무를 수행할 때 주로 사용하며, 분사기 소지 여부를 노출시키지 않는다는 장점이 있다.

2) 분사기 사용요령

(1) 액체분사방식 리벌버형 사용요령

① 안전장치를 몸 바깥쪽으로 완전히 밀어 실린더를 개방, 약제를 장전
② 안정장치 해제
③ 목표물을 향해 신속·정확한 조준
④ 방아쇠를 당겨 분사
⑤ 제압여부 확인 후 다음 발사 여부 판단

(2) 분말방식 막대형 사용요령

① 약제를 장전하거나 분리할 때 약제통을 회전시킴
② 안전장치 해제
③ 목표물을 향해 신속·정확한 조준

④ 방아쇠를 당겨 분사

⑤ 제압여부 확인 후 다음 발사 여부 판단

3) 조준요령

① 신속히 분사기를 꺼냄

② 일어선 자세에서 분사기를 분사할 경우 두 다리는 안정적인 자세를 취함

③ 분사기 파지(잡기) 후 목표물 겨냥

④ 분사기를 파지한 손은 자신의 신체로부터 가급적 멀리 이격

⑤ 가늠자와 가늠쇠를 범인 안면부와 일치하고 조준점은 상대방의 인중

4) 분사기 파지요령(잡는 법)

한 손 파지법	양 손 파지법
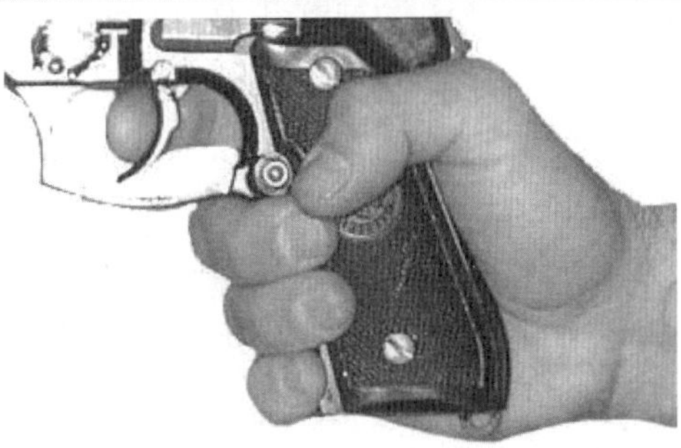	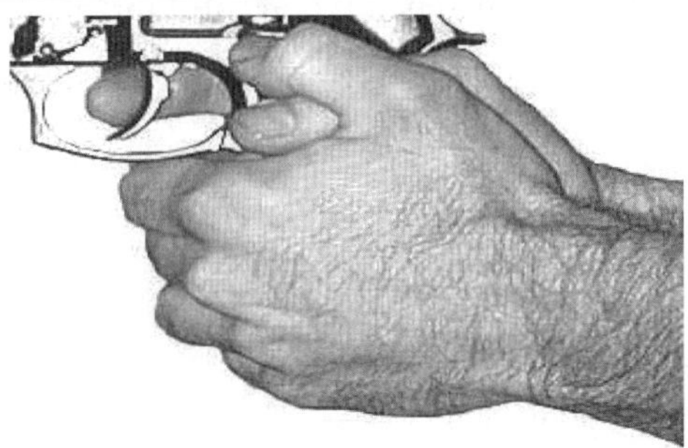

4. 분사기 관리 요령

1) 평시관리

(1) 분사기 보관

① 분사기를 도난, 분실하게 되면 제2의 범행도구로 이용될 수 있다. 따라서 분사기를 휴대하지 않고 일정장소에 보관할 때는, 잠금장치가 되어 있는 서랍 등에 안전하게 보관해야 한다.

② 약제의 유효기간을 확인하여 주기적으로 교체해 주어야 최상의 성능을 유지할 수 있다. 일반적으로 액체분사방식 리벌버형 분사기의 약제 유효기간은 약 1년이고, 분말분사방식 막대형 분사기는 약 1년에서 1년 6개월이다.

③ 약제는 제조한 후 오래 되면, 분말약제의 경우 분말이 약제통 내부에서 응고되거나 액체약제의 경우, 액체가 약제통 내부에서 증발 또는 분사노즐에 말라붙어서 분사되지 않는 경우가 있다. 따라서 주기적으로 약제를 교체하여 유사시에 분사할 때 제 성능을 유지할 수 있도록 해야 한다.

2) 사용 후 관리

분사기를 사용한 후 비눗물 등으로 깨끗하게 닦아서 냄새나 남은 약제를 제거해야 한다. 또한 분사기의 노즐 부분에 잔량의 약제가 남아서 노즐을 막고 있는지 살펴보아야 한다. 분사기의 손질이 끝나면 약제를 교체하여 즉시 사용할 수 있는 준비를 갖추고, 사용한 약제는 손질 후 충약 등의 조치가 필요하다

제 11 장 직업윤리 및 서비스

제11장 직업윤리 및 서비스

제1절 직업윤리

1. 직업윤리의 개념

윤리란 어떤 사회 전체에 대한 공인된 행동 기준이며, 그 적용을 받는 모든 사람에게 그 준수를 요구하는 사회적 규범을 말한다. 직업윤리란 원래 기업윤리, 상업윤리, 공무원윤리 등과 같은 전문 용어로 시작된 것이 아니라, 상식적인 범용어로 사용되기 시작했다. 이러한 윤리를 구체적인 분야에 적용할 때 다양한 윤리적 측면이 나타나게 된다.

모든 사람은 직업의 특수성에 따라 각자 다른 직업윤리를 갖게 된다. 그러나 직업인이라면 일반적인 윤리 원칙에 어긋나는 직업윤리는 바람직하지 못하다. 따라서 모든 직업윤리는 일반적인 윤리 원칙을 기반으로 하고, 그 위에 직업의 특수성에 맞는 윤리적 가이드라인을 수립해야 한다. 이렇게 하면 일반적인 윤리와 직업윤리는 서로 보완적인 관계에 있을 수 있다.

우리는 직업생활에서 두 가지 측면에서 직업윤리를 준수해야 한다. 첫째, 직업윤리는 일반윤리의 한 형태이므로, 누구나 윤리 원칙을 포기하지 않는 한 그것에서 파생된 직업윤리를 준수해야 한다. 둘째, 직업생활을 통해 발생하는 문제를 해결하고 우리가 달성하려는 목표를 달성하기 위해 직업윤리를 준수해야 한다.

2. 직업윤리의 필요성

인간은 누구나 성인으로 성장하면서 자기 가족의 생계를 책임져야 하고 아울러 국가사회에서의 역할을 분담함으로써 국익에 봉사해야 하며 자신의 발전을 위해서도 직업을 가져야 한다. 이렇게 볼 때 직업이라는 것은 직업활동을 통해 일정한 수준의 경제적 대가를 얻어 생활에 필요한 에너지를 공급받게 되는 생계유지 측면과 국가사회의 구성원으로서 모든 사람의 맡은바 사회적 역할을 분담함으로써 국가사회에 이바지하는 측면, 그리고 모든 사람의 참다운 개성신장을 통해서 자아를 실현한다는 측면이 있다.

특히, 현대 사회는 정보통신기술(ICT)의 융합을 통하여 '초연결', '초융합', '초지능'을 특징으로 하는 4차산업혁명 기술을 통하여 인공지능(AI), 사물인터넷(IoT), 로봇기술, 드론, 자율주행차, 가상현실(VR) 등이 주도하는 시대이면서, 한편으로는 도시 외곽을 중심으로 농업사회의 문화도 남아 있다고 하겠다. 이처럼 복잡한 사회의 흐름 속에서는 하루에도 수백 개의 새로운 직업이 탄생되고 또 사라진다. 세상의 흐름에 따라 새로운 직업군의 등장과 기존 직업군의 소멸도 많아지고 있으며, 그 사회의 요구에 따라 직업군도 빠르게 융합과 연결을 거치면서 재편성 되고 있다. 이러한 변화에는 각 직업군의 직업윤리 변화도 맞물려 돌아가는 것이다.

과거 농업사회에서는 서로가 모여 살면서 평생 한자리에서 농사만을 짓고 살았기 때문에 서로에게 필요한 것은 협동하는 것이며, 물을 잘 쓰는 정도의 기술과 부지런함 등이 요구되는 덕목이었을 것이다. 또한 직업과 윤리는 서로 상호 작용하는 것이기에 한자리에서 농사만 짓고 살아가는 사람들의 윤리관은 운명적이며, 순환적인 자연을 따르며 체념적인 사상으로 되기 쉽다. 따라서 이런 윤리관이 그들의 직업윤리가 되는 것이라 하겠다.

하지만 4차산업혁명 시대는 초융합과 초연결의 시대이며 하루아침에 모든 것이 변하는 그런 사회라 할 수 있겠다. 어제 신문이 오늘의 고전이라는 말은 농업사회에서 보여주는 기다림의 정서와는 다른 현대의 정서를 담고 있다. 현대사회는 과히 폭발적이라고 부를만한 직업군의 증가를 보여준다. 또한 직업이라는 것은 생존을 위한 수단만이 아니라 인간의 자아를 실현하는 장(場)으로 이해되어 진다.

그러므로 자신의 적성이나 자아실현과 거리 있는 직업은 쉽게 변경된다. 자신에게 해야 할 일이 주어져 기다리는 대신 자신이 원하는 일을 찾아가는 것이 현대의 정서이다. 그리고 다양해진 직업은 이를 가능한 것으로 만들어 준다. 현대사회에서 필요한 직업윤리는 다양해 사람들의 다른 직업을 존중해주며 자신에게 맞는 직업이 무엇인지 찾아내는 것이다.

우리는 정보화 사회를 맞으면서 직업과 그에 따른 윤리 의식도 많이 변화하고 있다. 미디어의 발달은 사람들로 하여금 업무처리를 간편하고 신속하게 할 수 있도록 만들어 주었다. 또한 이러한 미디어는 이제 우리의 일상으로 들어와 뗄 수 없는 사리가 된 것이다. 하지만 미디어의 발달로 인한 개인의 익명화 또는 사생활의 지나친 노출, 정보의 공개와 동시에 정보의 무단사용 등, 정보화 사회는 우리에게 또 다른 직업윤리를 요구하고 있다.

이처럼 사회의 변화에 따라 그 특징이 다르고 요구되는 직업과 그 윤리도 바뀌어 가고 있다. 하지만 노동으로 대표되는 인간의 직업은 역사적 산물이기 때문에 그 오랜 시간동안 많은 사상과 윤리들의 영향을 받으면서 형성되어 오늘날까지 모습은 바뀌었을지라도 그 정신은 전달되고 있다고 할 수 있다.

3. 직업윤리 교육의 목적

1) 목적

사회적으로 가치 있는 것을 윤리로 본다면 이 윤리를 토대로 하여 모든 사회적 규범, 제도, 법 등이 도출된다고 볼 수 있다. 따라서 인간은 문화적 환경 속에서 사회화되어 가며, 윤리는 문화적으로 승인된 올바른 상태라고 할 수 있다. 따라서 윤리는 사회적 강제규범인 법으로부터 도출되는 것이 아니다.

2) 윤리교육의 접근

윤리교육에 대한 거시적(macroscopic) 접근방법은 사회의 제도적 구조에 대한 처방과 평가를 내리는 것이고, 미시적(microscopic)접근방법은 개인행동에 대한 도덕적 평가와 지도를 하는 것이다.

4. 직업윤리 관련 이론

1) 작은 호의에 대한 찬반론

(1) 찬성론의 근거

㉠ 모든 행위에는 감사의 표시가 필요하다. 심지어 자신의 업무와 관련된 일에 대해서도 고마움의 표현은 중요하다.

㉡ 작은 호의를 받았다 해도 그로 인해 업무에 편파적이게 될 것이라는 근거는 부족하다.

㉢ 지역주민과의 긍정적인 관계 형성은 경찰관의 업무를 수행하는데 있어서 중요한 요소로 작용한다. 작은 호의는 이런 관계를 형성하는 데 도움을 줄 수 있다.

(2) 반대론의 근거

㉠ 아무리 작은 선물이라도 그것이 반복되면 받는 사람에게 부담감을 주거나 의무감을 느끼게 할 수 있다.

㉡ 작은 호의와 뇌물의 차이를 명확히 구별하지 못할 수 있다. 이에 따라 부적절한 판단이나 행동이 발생할 위험이 있다.

㉢ 작은 호의를 제공하는 사람 중에서는 상대방에게 특정한 업무처리를 기대하거나 요구하는 사람들도 있을 수 있으며, 이러한 상황은 공정한 업무처리를 방해할 수 있다.

2) 미끄러운 경사이론

미끄러운 경사이론은 작은 잘못이나 유혹에 빠지기 시작하면, 그것이 점차 큰 문제로 발전할 가능성이 있다는 개념을 나타낸다. 이 이론에 따르면, 사소한 위반을 봐주거나 간과하면 그로 인해 더 큰 위반을 저지르기가 쉬워진다.

예를 들어, 한 경찰관이 작은 선물을 받는 것을 승인한다면, 그것이 큰 뇌물을 받아들이는 데의 첫걸음이 될 수 있다. 혹은, 사소한 위반을 봐주는 것이 그 사람에게 법을 어기는 것이 쉬워진다고 느끼게 할 수 있다.

이러한 이론은 개인의 윤리적 판단과 규범에 대한 인식을 강화하는 데 중요하다. 사소한 유혹이나 잘못을 피하고 미리 예방함으로써, 미래에 더 큰 문제를 방지할 수 있다. 따라서 미끄러운 경사이론은 개인이나 조직의 윤리 교육과 제도 구축에서 중요한 역할을 한다.

결론적으로, 이 이론에 따르면 사소한 잘못도 간과하면 안 되며, 특히 직장이나 사회에서의 업무를 수행할 때는 사생활을 포함한 모든 영역에서 엄격한 기준과 규정을 준수해야 한다는 것이다.

3) 썩은 사과이론

사과상자의 사과전체 중 일부가 썩으면 전체가 썩게 된다는 이론이다. 즉 썩은 사과이론은 특정 집단 또는 조직 내에서 소수의 부정한 행동을 하는 개인들의 영향이 그 집단 전체에 나쁜 영향을 미칠 수 있다는 개념이다. 이 이론에 따르면, 한 조직 내에서 소수의 부정하거나 부패한 개인들이 있으면, 그들의 부정한 행위가 그 조직의 전체적인 명성이나 효과를 손상시킬 수 있다고 한다.

예를 들어, 경찰서나 기업 내에서 소수의 경찰관이나 직원들이 불법적인 행동을 할 경우, 그 행동이 그 경찰서나 기업 전체의 명성을 손상시킬 수 있다. 이러한 부패한 행위는 다른 직원들 사이에서도 동일한 행동을 하도록 유도할 수 있으며, 그로 인해 조직 전체가 부패하게 될 수 있다.

이렇게 한 개인의 부정한 행위가 조직 전체에 나쁜 영향을 미칠 수 있으므로, 조직은 이러한 부정한 행위를 사전에 방지하고, 발견되면 즉시 조치해야 한다.

따라서 썩은사과이론은 조직의 지도자나 관리자들에게 개개인의 행동이 조직 전체에 큰 영향을 미칠 수 있음을 경각시키는 중요한 개념으로 사용됩니다.

제2절 인권의 정의

1. 인권이란 무엇인가?

인권은 '인간이면 누구나 누릴 수 있는 당연한 권리', '사람이기 때문에 당연히 가지는 권리'를 말한다. 사람이라면 누구나 자신의 신체와 생명을 지킬 권리, 고문 받지 않을 권리, 노예상태에 놓이지 않을 권리를 지닌다. 이러한 권리는 사람이 세계의 어느 장소에서 살건, 어떤 문명권에 속하건 상관없이 이미 세계사적 보편성을 지니는 개념이 되었다. 오늘날 국가는 자국의 인권보호를 위해 직접 나서고 있고 다른 나라의 인권 상황에 대한 발언까지 하고 있는 상황이다. 그만큼 인권이란 원칙은 거부할 수 없는 대세로서 인류 보편의 질서가 된 것이다.

2. 인권이 가지는 의미

오늘날 인권이란 말은 우리가 너무나 흔하게 접하는 용어가 되었다. 그러나 우리는 인권에 대해 얼마나 알고 있을까? 인권을 법적, 정치적인 의미로 받아들이기 쉽지만 사실 인권은 '인간이면 누구나 누릴 수 있는 당연한 권리', '사람이기 때문에 당연히 가지는 권리'를 말한다. 아주 간단하다. 그러나 이 간단한 정의가 갖는 의미는 여러 가지이다.

1) 인권존중은 민주사회의 요체이다.

현대 사회에서 인권은 국가의 절대적인 권한 행사에 제한을 가한다. 즉, 아무리 국권이 중요해도 인간의 존엄성과 가치를 훼손할 정도로 국가가 권한을 행사해서는 안 되며, 인권과 관련해서 다른 나라의 내정에 개입할 수도 있다는 것이다. 즉, 과거에 주권이 신성불가침이라고 믿었고, 다른 나라의 인권에 대한 거론을 상상도 하기 어려웠던 때와 비교하면 오늘날은 인권이 대단히 중요하게 취급되고 있는 시대이다.

2) 인권은 보편적이다.

인간의 기본적인 권리는 세계 어디에서나 동일하게 보호되어야 한다. 보편적 권리와 차별방지는 동전의 양면을 이룬다. 그런데 현대 인권 개념에 대하여 비판적인 사람들은 흔히 인권이 서구적이고 상대적 개념이라고 지적한다. 이런 주장에는 어느 정도 일리가 있다. 역사와 전통의 차이를 무시할 수 없고 각국마다 인권을 이해하는 방식이 고유한 사상과 전통, 그리고 역사적 맥락에서 결정되는 것이 당연하다.

또한 인권을 구체적으로 실천하는 방법도 나라마다 차이가 날 수밖에 없다. 그렇다면 세계인권선언의 초안 작성을 위하여 각국 전문가들이 참여하고 아주 많은 나라들이 국제인권법을 인정하고 있음은 무엇을 의미하는가? 한국을 포함한 많은 나라들이 그 헌법과 법률에서 기본권을 인정하고 있음은 또 무엇을 의미하는가? 이러한 의문들은 인권이 장소와 문명을 초월해서 보편적인 호소력을 가진다는 말이 아니겠는가? 그러므로 인권 원칙의 큰 틀 자체는 이미 세계 공통의 것이며 그것을 거부하는 것은 시대착오라고 할 수 있다. 또한 인신과 생명을 지킬 권리, 고문 받지 않을 권리, 노예 상태에 놓이지 않을 권리 등은 보편적 인권 중에서도 가장 본질적인 내용이며, 어떤 경우에도 침해할 수 없는 핵심적 인권이다.

3) 권리 간 충돌과 제한

인권은 보편적인 개념이지만 권리들 사이에서는 충돌이 생길 수도 있다. 범죄자의 인권과 범죄피해자의 권리, 교도관의 인권과 수용자의 인권에서 흔히 권리의 충돌이 주장된다. 가장 이상적으로는 모든 권리가 동시에 보장되는 윈-윈 형태라면 좋을 것이다. 그러나 어떤 권리는 인정하고 다른 권리는 제한해야 하는 경우가 종종 발생한다.

만일 권리의 제한이 불가피하다면 어떤 원칙에 의거해서 처리해야 할까? 인권 전문가들은 다음과 같은 원칙들을 제시하고 있다.

첫째, 권리간의 충돌을 중재하는 데에는 전체 사회의 민주적 요구가 반영되어야 한다. 그러나 이때에도 단순한 다수결적 결정이 아니라 약자의 권리보호가 우선되어야 할 것이다.

둘째, 나의 권리를 행사하기 위해 타인의 권리를 해쳐서는 안 된다.

마지막으로 권리와 권리가 다툴 때에는 어느 쪽 권리가 더 중요한지 결정할 수 있는 판단의 기준과 주체가 있어야 한다. 이 역할은 현대 법치국가에서는 일반적으로 헌법 그리고 사법부가 담당한다. 또한 국가인권위원회도 약자의 권리를 해석하고 지지하고 시정하는 중요한 국가기구가 된다.

제3절 인권의 유형

1. 서설

인권을 영어로 쓸 때 복수형인 'human rights'로 쓴다. 인권의 종류가 다양하다는 뜻이다(어떤 한 종류의 인권만을 가리킬 때에는 단수형을 쓴다). 시대가 변함에 따라 새로운 인권문제가 계속 발생한다. 예를 들면, 타인의 이메일을 열어보는 것은 통신자유의 침해이지만, 과거 컴퓨터가 없던 시대에는 이런 문제 자체를 상상할 수 없었다.

따라서 얼마나 많은 종류의 인권이 있는지를 일일이 열거하는 것은 큰 의미가 없다. 그러나 인권사상과 국제인권법의 발전과정에서 형성된 인권의 유형을 큰 테두리 내에서는 분류할 수 있다. 학자들에 따라 분류방식이 다르기는 하지만 여기서는 다양한 견해를 종합하여 제시한다.

2. 시민적 · 정치적 권리

※ 사상과 양심의 자유, 참정권, 의견표명과 언론의 자유, 집회와 결사의 자유 등

인권의 역사에서 가장 오래 된 권리 유형은 사람 개개인의 안전과 안녕을 다루는 시민적 · 정치적 권리(civil and political rights)이다. 시민적 · 정치적 권리는 18세기말부터 나오기 시작해서 가장 먼저 국제법으로 인정되기 시작했다.

부자 나라이든 가난한 나라이든 마음만 먹으면 법적 절차와 제도 개선을 통해 비교적 쉽게 보장할 수 있는 권리가 바로 시민적 · 정치적 권리이다.

3. 법적 권리

※ 법 앞의 평등, 유죄판결 전까지 무죄로 추정받을 권리, 공정한 사법부, 공정한 재판, 인신보호, 사생활 보호, 소급입법 방지, 구금자 처우 등

법적 권리는 모든 인간이 합법적 절차에 의해 대우를 받을 권리를 말한다. 권력자가 마음대로 통치하는 인치(人治)가 아니라 법의 지배에 의한 법치(法治)를 뜻한다. 따라서 법적 권리를 절차적 권리 또는 규범적 권리라고도 한다.

고문금지 또는 사형반대 역시 엄격한 의미에서는 법적 권리이다. 특히 법적 권리는 경찰, 교도관 등 법집행 공직자들과 관계가 깊은 권리이기도 하다. 법적 권리는 여러 면에서 시민적 · 정치적 권리와 비슷하므로 이들을 한데 묶어 '시민적 · 정치적 · 법적 권리'라고도 한다.

4. 경제적 · 사회적 · 문화적 권리

※ 밥을 먹고, 살아갈 집이 있고, 가정을 꾸리고, 건강을 지키고, 노동조건을 보장받고, 교육을 받고, 예술과 과학의 업적을 인정받고, 사회보장의 혜택을 누릴 수 있는 권리 등

사람이 하나의 생명체로서 살아가려면 기본적인 의식주와 삶의 질이 보장되어야 한다. 이것을 다루는 것이 바로 경제적 · 사회적 · 문화적 권리(economic, social and cultural rights)이다.

19세기 후반에 출현한 경제적 · 사회적 · 문화적 권리는 국가의 적극적인 조치가 강조되며, 일정한 경제적 자원이 있어야 실천할 수 있다는 점에서 시민적 · 정치적 · 법적 권리와 구분된다. 그러나 시민적 · 정치적 · 법적 권리와 경제적 · 사회적 · 문화적 권리는 둘 다 중요하고, 서로가 서로를 보완하며, 함께 발전되어야 한다는 점에서 분리될 수 없는 성격(불가분성)을 가진다.

5. 차별받지 않을 권리

※ 국적, 인종, 피부색, 성별, 종교, 사상, 신분, 성적지향, 출신지역, 장애, 나이 등 가리지 않고 모든 사람이 똑같이 모든 권리를 누릴 수 있다.

앞에서 구분한 세 권리가 각기 다른 영역을 다루고 있는 반면, 차별받지 않을 권리(non-discriminatory rights)는 독립된 영역이라기보다는 사람들이 모든 권리를 평등하게 누릴 수 있는 원칙을 강조한다.

따라서 '차별받지 않을 권리'는 시민적 권리, 법적권리, 경제적 권리 등 모든 권리영역에 적용될 수 있는 기본적 원칙이라고 보면 된다.

6. 그 밖의 권리

이 밖에 개인이 아닌 집단의 권리 즉 소수자, 난민, 이주노동자, 국민의 자기결정권 등을 집단적 권리(collective rights)라고 한다. 마지막으로 국제법으로 정착되지는 않았지만 국제사회에서 인정하기 시작한 지향적인 권리가 있다. 대표적으로 제3세계 민중의 발전권 그리고 토착 원주민의 권리 등이 있으며 이는 선언적 권리(declaratory right)라고 한다.

'사람이 사람답게 살아가기 위해서 반드시 누구에게나 보장되어야 하는 권리'로 간단하게 정의되는 인권이 이처럼 다양한 유형으로 나눠지는 것은 무엇 때문인가? 이는 인권이 시대와 사회적 조건에 따라 변화하고 풍부해진 역사를 갖고 있기 때문이다. 이러한 역사의 발자취에는 인간다움을 보장받기 위해 소수의 특권에 도전했던 수많은 사람들의 노력이 자리하고 있기도 한다.

제4절 예절 및 서비스

1. 예절의 개관

1) 예절의 정의

예절이란 예의범절의 준말로써, 행동의 기준이 되는 마음가짐과 바른 몸가짐을 의미한다. 이는 가장 사람답게 살기 위해 필요로 하는 기본인 것이다. 더불어 잘 살아가기 위한 인간들의 약속이며, 그 밑바탕이 되는 것은 "인간에 대한 존중"이라는 근본정신이다. 이것은 시대와 장소를 가리지 않고 앞으로도 변치 않을 공통(共通)된 대원칙이다.

2) 기본예절

(1) 용모복장 3요소

① 청결 : 몸치장을 정성스럽게 하고 옷 매무새를 잘해서 다른 사람에게 청결감을 준다는 것은 무엇보다 남에게 경의를 표한다는 의미이다.

② 단정 : 기능적인 아름다움이 돋보여야 하는데 요란한 몸치장은 자연스러운 아름다움을 저해한다.

③ 조화 : 신분에 어울리는 청결하고 단정한 옷차림은 본인의 매너임과 동시에 주위 사람들에 대한 배려이다.

(2) 전화응대의 3요소

① 신속 : 신호가 3번 울리기 전에 받도록 한다.

② 정확 : 회사명 부서명 자신을 이름을 밝힌다. 정당한 속도의 응대, 메모(중요한 단어나 내용은 확인)

③ 친절과 정중 : 친절하게 응대, 밝고 상냥하게 응대, 응대도중 대화를 끊거나 가로채는 일이 없도록 한다.

(3) 인사예절

가. 인사의 의미

한자로 보면 사람 인(人)과 일 사(事)또는 섬길 사(仕)이며 사람이 할 일 이라는 뜻을 내포하고 있다. 또한 상대방의 인격을 존중하고 배려에 대한 표현하는 행위이다.

나. 인사의 종류

구분	목례 눈인사	약례 짧은 인사	보통례 보통인사	정중례 정중한인사
시선	눈맞춤	발끝 2.5m앞	발끝 2.0m앞	발끝 1.5m앞
방법	상체를 숙이지 않고 가볍게 머리만 숙여서 하는 인사	상체를 15도 정도 기울여 가볍게 인사	상체를 30도 정도 기울여 하는 인사	상체를 45도 정도 기울여 하는 인사
상황	-2번 이상 만난 경우 -낯선 사람과 만난 경우 -평교지간 -양손에 짐을 든 경우 -통화 중인 경우	-협소한 공간에서의 인사 -상사나 손님을 2번 이상 만난 경우 -동료 손아랫사람에게 하는 인사	-상대에 대한 정식 인사 -보편적으로 처음 상대를 만나는 경우 -상사에게 보고하거나 지시 받는 경우	-정중한 감사의 경우 -사과를 해야 할 경우 -각종 행사 예식인 경우 -공식적인 경우

다. 인사의 6원칙

① 내가 먼저 인사한다.

② 마주칠 때마다 인사한다.

③ 상대방이 못 보거나 인사를 받지 않아도 인사한다.

④ 제대로 정식으로 인사한다.

⑤ 일어서서 인사한다.

⑥ 즉시 인사한다.

2. 서비스

1) 서비스 마인드

고객이 만족하려면 어떤 서비스를 취해야 만족할 수 있는지 고객의 입장에서 그 마음을 생각하고 행동을 하는 것

(1) 서비스인의 마음가짐

① 상대방의 견해를 존중하라.
② 잘못했으면 즉시 분명한 태도로 인정하라.
③ 우호적인 태도로 말을 시작하라.
④ 상대방으로 하여금 많은 이야기를 하게 하라.
⑤ 상대방의 관점에서 사물을 볼 수 있도록 성실히 노력하라.
⑥ 상대방의 생각이나 욕구에 공감하라.
⑦ 보다 고매한 동기에 호소하라.
⑧ 당신의 생각을 적극적으로 표현하라. 진정한 서비스맨이 되기 위한 평소 자세

(2) 고객의 기본요구

① 기억 받는 존재가 되고 싶어 한다
② 환영받고 싶어한다, 관심 받고 싶어한다,
③ 칭찬의 대상이 되고 싶어한다.

(3) 고객의 입장을 이해하기 위한 필요한 자세

① 고객의 입장에서 생각하기, 항상 고객의 입장에서 잘 경청하기
② 고객에게 친절하기, 보상을 바라지 않는 것, 고객과의 좋은 관계 유지
③ 사회적인 통념상 어긋나는 요구에는 무조건적인 친절은 배제

(4) 고객응대의 기본자세

① 밝은 표정 연출을 위한 노력 및 인상을 좋게 한다,

② 적극적인 태도를 갖는다.

③ 정확한 발음과 알맞은 속도로 대화를 한다,

④ 항상 감사한 마음으로 고객입장에 선다.

2) 서비스를 위한 3가지 질문

① 고객들이 나 자신과 회사로부터 원하는 것은 무엇인가?

② 지원부서가 고객 서비스를 위해 해줄 수 있는 것은 무엇인가?

③ 만족시키는 데 큰 도움이 될 수 있는 작고 사소한 일은 무엇인가?

3. 고객만족 위한 의사소통법

1) 비언어적 의사소통 능력의 중요성

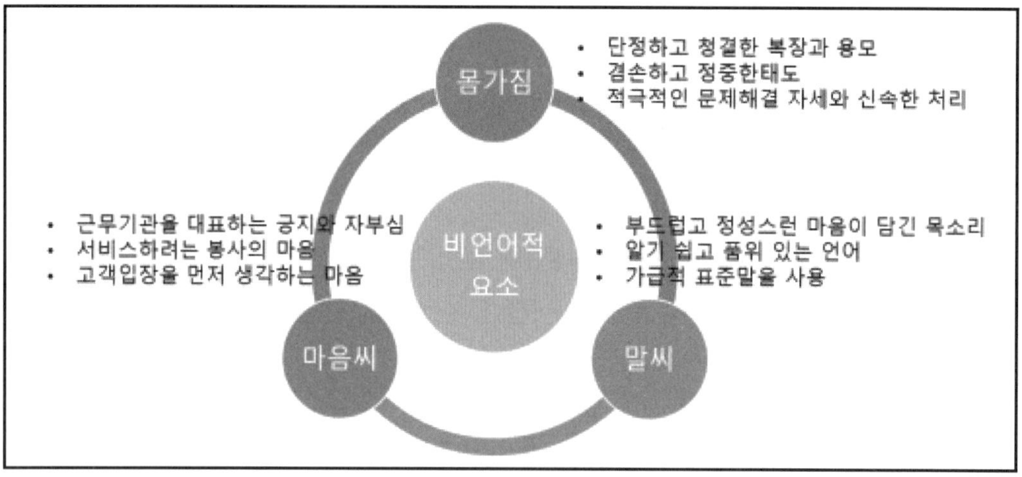

2) 언어적 의사 소통능력향상을 위한 서비스 화법

(1) 존대 화법

상대를 존중하고 나를 존중받게 하는 화법

참고 예시) 잠시만 기다려 주시겠습니까?
기다리시게 해서 죄송합니다.
말씀하신 내용이 맞으신가요?

(2) 쿠션 화법

단호한 표현보다 미안한 마음을 먼저 전해서 사전에 쿠션역할 화법

참고 예시) "죄송합니다만~ 수고스럽겠지만~ 번거로우시겠지만~ 실례합니다만~

(3) 레이어드 화법

거부감이 들기 쉬운 명령조의 말이 아닌 부탁이나 질문형식 화법

참고 예시) "이렇게 좀 하세요!" -> 이렇게 한번 해보시는 게 어때요?
"기다리세요" -> 잠시만 기다려 주시겠습니까?

(4) 긍정 화법

부정적인 상황을 설명하거나 안내할 때 긍정적으로 바꾸는 화법

참고 예시) 안됩니다 -> 그것보다는 이렇게 하는 것이 좋습니다.
리필은 안됩니다 -> 리필은 500원만 내시면 가능합니다.

(5) Yes but 화법

상대방 의견에 공감을 먼저 표현한 뒤 거절이나 반박의 이유를 이야기하기

참고 예시) 고객님 입장에서는 그렇게 생각 할 수도 있겠네요.
거기까지 생각하지 못해서 죄송합니다. 그런데 이런 상황에서는 이런 이유로 처리해 드리기가 힘들 것 같습니다.

3) 언어적 의사 소통능력향상을 위한 경청

(1) 경청이란?

경청이란 상대의 말을 듣기만 하는 것이 아니라, 말의 내용은 물론이며, 그 내면에 깔린 동기나 정서에 귀를 기울여 듣는 것

(2) 경청의 효과

① 오해와 실수를 방지할 수 있다.

② 고객이 무엇을 원하고 요구하는지 알아낼 수 있다.

③ 제공하는 서비스를 향상하는 방법에 대한 단서를 얻을 수 있다.

④ 고객과 오랜 관계를 형성할 수 있다.

(3) 경청의 화법

① 정보가 복잡할 때

제가 정확히 이해하고 있는지 확인해보겠습니다.

고객님 말씀은 이런 뜻이죠?

② 확실하지 않을 때

손님께서는 A를 원하시나요? B를 원하시나요?

③ 중요한 정보 다시 읽어주기

이런게 중요하다는 말씀이시죠?

(4) 경청의 방해물 7가지

① 방해: 잠시 전화를 받거나 다른 동료와 이야기하는 것

② 소음

③ 딴생각

④ 기술: 전화로 통화하는 것은 얼굴을 보고 이야기하는 것보다 경청이 힘듦

⑤ 정형화: 상대가 어떻게 나올 건지 미리 가정

⑥ 발단되는 단어나 표현: 무심코 감정을 격하게 만드는 단어나 표현

⑦ 태도: 듣는 태도에 따라 같은 말도 다르게 들림

4. 고객 만족을 위한 경비원의 태도

① 범죄와 사고로부터 고객을 보호하는 데 최선을 다해야 한다.
② 경비원은 고객들의 안전과 편안한 생활을 보장하는 파수꾼의 역할을 한다.
③ 고객의 보호와 편의에 대해 확실하게 인식하고 그 책임을 다해야 한다.
④ 고객의 위험 상황 및 재산상 손해가 예상될 때 피해를 최소화해야 한다.
⑤ 업무상 고객의 정보를 소중하게 여기고 철저하게 보호해야 한다.
⑥ 고객으로부터 신뢰감을 얻고 범죄 및 사고 예방에 온 힘을 기울여야 한다.

부 록

의료기관에 근무하는
보안인력(경비원 등)을 위한

상황별 대처 요령 매뉴얼

1. 매뉴얼 제작 배경

• 의료기관에서 폭력 · 난동 등 위험상황이 발생하는 경우 경비원 등의 보안인력은 이러한 위험상황을 제거하기 위해 필요시 제지, 현행범 체포와 같은 조치를 취할 수 있으나, 사전지식이 불충분함에 따라 대처에 어려움을 겪는 경우가 있습니다.

• 이에, 경찰청은 안전한 의료 환경 조성 대책의 일환으로 의료기관에서 근무하는 보안인력(경비원 등)의 대처능력을 향상시키고자 위험상황에 대한 각각의 사례와 조치요령 및 이에 대한 해설을 담은 '상황별 대처 요령 매뉴얼'을 제작하였습니다.

2. 미리 알아두기

1) 보안인력의 구분

• 본 매뉴얼에서 말하고 있는 보안인력은 경비업법에 따른 경비원과 법령상 근거를 두고 있지는 않으나 의료기관 자체 업무분장에 따라 경비업무를 담당하고 있는 보안담당자 등을 모두 포함하는 개념입니다.

※ 보안인력이란? = ① 경비업법 상 경비원 + ② 청원경찰 + ③ 그 외 보안담당자

2) 보안업무의 근거

• 「경비업법」 제2조는 도난, 화재, 그 밖의 혼잡 등으로 발생할 수 있는 위험을 방지하는 것을 경비원의 업무로 규정하고 있습니다. 따라서 경비업법에 따라 배치된 경비원은 해당 규정에 따라 위험발생 방지 업무(경비업무)를 수행할 수 있습니다.

• 한편, 의료기관에 직접 고용되어 「경비업법」 상 경비원으로 볼 수 없는 보안담당자의 경우에는 「경비업법」을 업무의 근거로 삼을 수는 없으나, 통상의 시설에서 자체적으로 경비를 하는 것에 특별히 제한이 있다거나 법률적 자격이 요구되는 것은 아니므로, 보안담당자는 부여 받은 직무에 따라 경비업무를 수행할 수 있고, 필요한 경우 형사소송법 및 형법 등 관련 법률의 범위 내에서 경고, 제지, 현행범인 체포 등의 조치도 취할 수 있습니다.

Q : 의료기관에 배치된 경비원은 신변을 보호하는 경비원이 아닌데 의료진, 환자 등 사람에게 발생할 수 있는 위험도 방지할 수 있는 것인가요?
A : 의료기관에 배치된 경비원은 시설경비원에 속하며, 이러한 시설경비원은 배치된 장소에서 발생할 수 있는 다양한 위험을 방지하는 것을 임무로 하고 있습니다. 따라서 의료기관에 배치된 경비원은 시설뿐 아니라 해당 장소에 있는 사람에게 발생할 수 있는 위험도 방지할 수 있습니다.
아울러, 「형법」은 위법한 침해로부터 개인의 권리가 보전될 수 있도록 정당행위, 정당방위, 긴급피난, 자구행위 등과 같은 법 규정을 두고 있으므로, 의료기관에서 근무하는 보안인력이 「경비업법」에 따른 경비원이 아닌 경우에도, 의료진, 환자에 대한 폭행 등 위험한 상황이 발생하였다면, 해당 보안인력은 그러한 위험을 제거하기 위한 경고, 제지, 현행범인 체포와 같은 필요한 조치를 취할 수 있습니다.

3) 보안인력이 할 수 있는 조치들

- **(현행범 체포)** 「형사소송법」 제212조에서는 '현행범인은 누구든지 체포할 수 있다'고 규정하고 있습니다. 따라서 의료기관에 배치된 보안인력 역시 필요한 경우 현행범인 체포가 가능합니다.

Q : 현행범인이면 무조건 체포할 수 있는 것인가요?
A : 대법원 판례는 현행범인인 경우에도 '도망 및 증거인멸의 염려'가 있을 때만 현행범인 체포를 할 수 있다고 보고 있습니다. 따라서 의료기관에서 가해자가 폭력 등 법에 위반되는 행위를 한 경우라도 '도망 및 증거인멸의 염려'가 없다면 현행범인 체포를 해서는 안됩니다.

- **(제지 · 경고)** 앞에서 말씀드린 바와 같이 「경비업법」 제2조는 도난, 화재, 그 밖의 혼잡 등으로 발생할 수 있는 위험을 방지하는 것을 경비원의 업무로 규정하고 있습니다. 따라서 「경비업법」 적용을 받는 경비원은 출입할 자격이 없으면서도 해당 시설에 무단으로 출입하려고 하는 사람, 타인에게 폭력을 행사하는 등 위험상황을 초래하는 사람에게는 제지 · 경고 등의 필요한 조치를 취할 수 있습니다.
또한, 「형법」 제20조는 '법령에 의한 행위 또는 업무로 인한 행위 기타 사회상규에 위배되지 아니하는 행위는 벌하지 아니한다'라고 규정하고 있습니다. 따라서 「경비업법」 상 경비원이 아닌 보안인력도 폭력 등 위험상황이 발생하였거나, 출입할 자격이 없는 사람이 의료시설 내로 무단출입하려고 하는 때에는, 그러한 행위를 하는 상대방에게 제지·경고 등의 필요한 조치를 취할 수 있습니다.

Q : 경비업무를 위해서 제지를 하는 경우 방식은 상관이 없나요?

A : 대법원은 어떠한 행위가 정당행위로 인정되기 위해서는 ▵ 목적의 정당성 ▵ 수단의 상당성 ▵ 법익 균형성 ▵ 긴급성 ▵ 보충성이 있어야 한다고 말하고 있습니다. 따라서 보안인력의 제지행위도 이러한 요건에 부합되어야만 정당행위로 인정받을 수 있습니다. 가령, 단순히 시설로 진입하고자 하는 사람을 막는 것이 아니라 밀어 넘어뜨린다거나, 위험성이 높지 않은 행동을 제지하기 위해 장구를 사용하는 등의 행위를 한다면 이러한 행위는 정당행위로 인정받을 수 없는 경비업무라고 볼 수 있습니다.

Q : 의료기관에 술에 취한 사람이 들어와 자는 경우 경비원이 끌어 낼 수 있나요?

A : 「경비업법」상 경비원의 임무는 도난, 화재, 그 밖의 혼잡 등으로 인한 '위험발생 방지'인데, 단순히 술에 취한 사람이 병원에서 잠만 자고 있다면, 이는 경비원의 임무에서 규정하고 있는 '위험발생'이라고 보기 어렵습니다. 따라서, 해당 사례와 같이 술에 취한 사람이 위험한 행동을 하지 않는 상태에서 단순히 잠만 자고 있다면, 직접적인 물리력을 사용하여 끌어내는 조치를 취하기보다는 경찰에 신고하여 보호자를 찾는 것이 바람직합니다.

• **(장구사용)** 「경비업법」 제16조의2(경비원의 장비 등)는 '경비원은 경비업무를 위해 필요하다고 인정되는 상당한 이유가 있을 때에는
필요한 최소한도에서 단봉·분사기 등 규정된 장구를 사용할 수 있다'고 규정하고 있습니다. 따라서 경비업체를 통해 의료기관에 배치된 경비원은 필요한 경우 장구를 사용할 수 있습니다.

Q : 경비원은 아무 때나 장구를 사용할 수 있는 것인가요?

A : 「경비업법」은 경비원의 장구사용 요건으로 '필요하다고 인정되는 상당한 이유'를 규정하고 있습니다. 따라서, 단봉·분사기 등의 장구를 사용하지 않고서는 위험발생을 방지할 수 없는 경우에만 사용할 수 있습니다.
예를 들어, 술에 취해 몸을 가누지도 못하는 사람이 단순히 주변을 향해 손발을 휘두르는 정도라면 장구를 사용하여서는 안 되는 상황이라고 보아야 하나, 거동이 자유로운 사람이 위험한 물건을 소지하고 주변을 위협하고 있거나, 다수의 사람이 폭력을 행사하는 등 경비원이 장구를 사용하지 않고서는 해당 위험을 해소할 방법이

없는 경우라면, 이러한 상황은 장구를 사용할 수 있는 경우라고 볼 수 있습니다.
Q : 「경비업법」상의 경비원만 장구를 사용할 수 있나요?
A : 「경비업법」상 경비원이 사용하는 장구는 ▵분사기 ▵단봉 ▵방패 등으로 이 중 ▵분사기는 총포화약법에 따라 관할 경찰서(생활질서계)의 허가를 받아야 합니다. 의료기관에 직접 고용된 보안담당자 또한 마찬가지로 분사기는 허가를 받아야 하고 ▵ 단봉, ▵ 방패 등은 소지에 특별한 제한이 없습니다.
다만, ▵ 단봉 ▵ 분사기와 같은 장구는 위해를 해소함과 동시에 위해를 가할 수도 있는 장구이므로, 보안인력이 이러한 장구를 사용하는 경우에는 정당행위 요건을 엄격히 준수하여 사용하여야 합니다.

3. 사례별 조치 요령

1) 욕설하는 가해자 제지

(1) 사례 요지

응급실 내에서 폭력행위를 하지는 않지만 의료진, 환자 등에게 큰소리로 욕설을 하고 폭언을 하는 경우 어떻게 해야 할까요?

(2) 조치 요령

가해자가 단순히 욕설만 하는 경우에는 해당 행위에 대하여 경고하고 동영상 촬영 등 증거 확보 후 사후 고소 절차를 진행하는 것이 바람직합니다.

해설 단순히 폭언이나 욕설을 하는 경우, 그러한 행위로 인하여 당장의 위험이 발생한다고 볼 수는 없지만, 의료기관의 혼란을 가중시킬 수 있을 정도의 크고 지속적인 폭언이나 욕설이라면 보안인력은 이로 인한 위험발생을 방지하기 위하여 해당 행위에 대한 중지를 요청하거나 경고를 할 수 있습니다.

또한, 「형사소송법」은 '현행범은 누구든지 체포할 수 있다'라고 규정되어 있으므로, 해당법령에 따라 경비원도 원칙적으로는 모욕을 하는 상대방을 현행범인으로 체포할 수 있습니다.

다만, 판례(대법원 98도3029)는 현행범인 체포의 요건으로 행위의 가벌성, 범죄의 현행성 · 시간적 접착성, 범인 · 범죄의 명백성 외에도 체포의 필요성 즉, 도망 또는 증거인멸의 염려를 요구하고 있기 때문에, 다수의 사람들이 모여 있는 장소에서 의사, 간호사, 환자 등을 향해 욕설을 하는 경우라도 증세가 위중하여 도망을 할 수 없거나, 신분이 확인되어 차후 고소를 할 수 있는 경우에는 현행범인 체포를 하는 것이 적절하지 않습니다.

따라서 이러한 경우에는 먼저 가해자에게 욕설을 하는 것을 중지해 줄 것을 요청(경고)하고, 그럼에도 계속하여 욕설을 한다면 동영상 촬영, 목격자 확보 등 적절한 조치를 취하면서 즉시 경찰에 신고하거나, 추후 고소 등의 절차를 진행하는 것이 바람직합니다.

2) 폭력을 행사하는 가해자 체포

(1) 사례 요지

의료진, 환자 등에게 폭력을 행사하는 사람을 보안인력이 체포할 수 있나요?

(2) 조치 요령

현행범 체포는 누구나 할 수 있으므로, '필요성 있는 경우'라면 보안인력도 폭력을 행사하는 사람을 체포할 수 있습니다. 다만, 이렇게 체포하는 경우에는 신병을 인계하기 위해 신속히 경찰에 신고해야 합니다.

해설 앞선 해설과 같이 현행범인인 경우 누구라도 체포가 가능합니다. 다만, 이렇게 체포를 하는 경우에도 필요성이 존재해야 하는데, 판례(2013헌마849)는 이러한 체포의 필요성이 일반인(사인)에게도 적용되는 것으로 보고 있습니다.
따라서, 의료진, 환자 등 에게 폭력을 행사한 사람이 있는 경우에도, 신분 확인이 안 된 상태에서 폭력을 행사한 후 도망하려 한다거나, 자신이 폭력을 행사한 사실을 숨기려고 하는 등 도망 및 증거인멸이 예상되는 경우에는 현행범으로 체포할 수 있습니다.

헌법재판소 2013헌마849 결정요지

이 사건 기록에 의하면, 청구인들은 피해자의 갑작스러운 폭행으로 넘어져 상해를 입었고, **폭행을 가한 피해자는 아무런 사과 없이 그대로 도주하려고 하였으며**, 청구인들은 피해자와는 전혀 모르는 사이로서 피해자가 도주할 경우 사후에 피해자를 체포할 가능성이 희박하여, 청구인들이 피해자를 쫓아가 붙잡는 과정에서 유형력을 행사하였다는 것인바, 청구인들의 행위는 현행범인 체포의 요건을 갖추었다.
또한, **피해자를 제압하면서 일행에게 경찰에 신고하도록 한 점에 비추어 동기나 목적이 정당**하고, 피해자를 체포함에 있어 양팔로 목을 감싸 안고 다리를 걸어 넘어뜨린 후 무릎과 양팔로 피해자의 목, 어깨, 머리 등을 눌러 꼼짝하지 못하게 한 점은 다소 공격적인 행위로 볼 여지도 있으나, **피해자를 제압한 후 경찰이 출동할 때까지 약 5분간 위와 같은 행위를 하였고, 추가적인 폭행이 없었던 점**에 비추어 수단이나 방법으로 상당하며, 청구인들도 피해자의 폭행으로 각각 약 3주간의 치료를 요하는 상해를 입은 점에 비추어 법익균형성도 충족되었고, 피해자의 인적사항이나 주소 등을 모르는 상태이어서 긴급성과 보충성요건도 충족하였다. 따라서 청구인들의 이 사건 행위는 적법한 현행범인 체포행위로서 정당행위에 해당하므로 위법성이 조각된다.

3) 폭력을 제지하기 위한 물리력 행사

(1) 사례 요지

의료진, 환자 등에게 폭력을 행사하는 사람이 있는 경우, 폭력만 제지하고 싶은데, 보안인력이 제지하는 과정에서 물리력을 행사해도 되는 것인가요?

(2) 조치 요령

폭력 행사로 인하여 의료진, 환자 등에게 위험이 발생할 수 있는 경우라면 해당 행위를 제지하기 위해 필요한 물리력을 행사할 수 있습니다.

해설 「경비업법」은 '**경비원**은 직무를 수행함에 있어 타인에게 위력을 과시하거나 물리력을 행사하는 등 경비업무의 범위를 벗어난 행위를 하여서는 아니된다(제15조의2)'라고 규정하고 있습니다.
따라서, 경비원은 직무를 수행하는 과정에서 불필요한 물리력 등을 행사하지 않도록 주의하여야 합니다.

다만, **해당 규정은 정당한 업무를 수행하는 과정에서 행사하는 물리력을 규제하려는 것이 아니라, 「경비업법」상 허용되지 않는 업무를 수행하는 과정에서 행사되는 불필요한 물리력*을 규제하고자 하는 것인 만큼, 정당한 업무 범위 내에서의 물리력 행사는 가능**한 것으로 보아야 합니다.

* 제15조의2에 대한 발의안(2005.05.27. 최규식 의원 대표발의)과 심사과정(제254회 국회 제8차 본회의 회의록 참고)을 살펴보면,
법안의 제안 목적이 '**경비원이 집단민원 현장에 불법적으로 동원되어 주민들과 충돌하여 사회적 문제가 되고 있음에 따라 경비원이 경비업무외의 업무에 종사하거나 종사하도록 한 경우, 이를 처벌하고자 함**'이라는 것을 확인할 수 있고,
원안은 '일반경비원은 경비업무 외의 업무에 종사하여는 아니 된다'라는 단일 조항으로 규정되어 있었으나, 법안 심사 과정에서 입법자의 의도와 법률 명확성을 고려하여 현재와 같은 2개의 조항으로 수정되었다는 것을 알 수 있습니다.
따라서, 제15조의2(경비원의 의무)는 경비원이 행사하는 모든 물리력을 제한하고자 하는 것이 아니라, 경비업무와 관련 없는 불필요한 물리력만 규제하기 위해 도입된 것으로 이해하여야 합니다.

형법은 '법령에 의한 행위 또는 업무로 인한 행위 기타 사회상규에 위배되지 아니하는 행위는 벌하지 아니한다(정당행위)'라는 규정을 통해 이를 명문화하고 있으며, 경비업법은 제16조의2(경비원의 장비 등) 규정을 통해 상당한 이유가 있을 때에는 필요 최소한도의 물리력 행사가 가능하다는 것을 보여주고 있습니다.

■ 「경비업법」 제16조의2(경비원의 장비 등)
① 경비원이 휴대할 수 있는 장비의 종류는 경적 · 단봉 · 분사기 등 행정안전부령으로 정하되, 근무 중에만 이를 휴대할 수 있다. (생략)
④ 경비원은 경비업무를 위하여 필요하다고 인정되는 상당한 이유가 있을 때에는 필요한 최소한도에서 제1항의 장비를 사용할 수 있다. (생략)

또한 「형법」은 '자기 또는 타인의 법익에 대한 현재의 부당한 침해를 방위하기 위한 행위는 상당한 이유가 있는 때에는 벌하지 아니한다(정당방위)'라고 규정하고 있으므로, 가해자에 의한 폭력 등으로 의료진, 환자 등이 위험에 처한 경우 경비원은 그러한 위험을 방위하기 위한 물리력 행사가 가능합니다.
아울러, **경비원 외 보안인력**도 의료진, 환자 등에게 폭력을 행사하려고 하거나 의료기관 내에서 난동을 피워 다른 환자의 치료를 위태롭게 하는 사람이 있는 경우, 그러한 행위를 제지하기 위해 필요한 물리력을 행사할 수 있습니다. 다만, 이렇게 필요한 물리력을 행사하는 경우에도 해당 행위가 정당행위로 인정받기 위해서는 첫째, 그 행위의 동기나 목적의 정당하여야 하며, 둘째, 행위의 수단이나 방법이 상당하여야 하고 셋째, 보호법익과 침해법익의 균형성이 있어야 하며 넷째, 긴급하고 다섯째, 그 행위 이외의 다른 수단이나 방법이 없다는 보충성의 요건을 갖추어야 합니다(대법원 97도 3337).
아울러, 정당방위의 경우에도 판례는 타인에 의한 부당한 침해가 있었다 하더라도 그것이 상호간의 싸움으로 번진다면, 그러한 투쟁행위는 상대방에 대하여 방어행위인 동시에 공격행위를 구성하여 그 상대방의 행위를 부당한 침해라고 하고 피고인의 행위만을 방어행위라고 볼 수 없다고 판시(대법원 83도 3020)하고 있기 때문에,
가해자 등에 의한 폭력을 제지하는 과정에서 수반되는 물리력 행사가 정당방위로 인정받기 위해

서는 상대방의 부당한 공격에서 벗어나거나 이를 방어하기 위한 정도의 물리력이어야 하며, 그러한 행위에 이르게 된 경위, 목적, 수단, 의사 등 제반사정이 사회통념상 허용될 만한 정도로 상당하여야 합니다(대법원 89도623).

4) 경비원의 장구 사용

(1) 사례 요지

폭력을 제지하는 과정에서 경비원이 장구를 사용할 수 있나요?

(2) 조치 요령

필요한 경우 경비원은 장구를 사용할 수 있습니다. 다만, 장구를 사용하지 않고는 폭력을 제지할 수 없는 경우에 한하여 최소한도로 사용해야 합니다.

해설 앞서 살펴본 바와 같이 폭력을 제지하거나 현행범인 체포를 하는 과정에서 경비원은 일정한 물리력을 행사하거나 장구를 사용할 수 있습니다. 다만, 이렇게 장구를 사용하는 경우에도 정당행위나 정당방위에 필요한 요건을 갖추어야 하므로, 분사기 또는 단봉 등의 장구를 사용하지 않고는 다른 수단이나 방법이 없고, 사회통념상 허용될 만한 정도의 상당성 등이 있는 경우에만 현행범인 체포 또는 제지에 수반하여 장구를 사용할 수 있습니다.

■ 「경비업법」 제16조의2(경비원의 장비 등)

① 경비원이 휴대할 수 있는 장비의 종류는 경적 · 단봉 · 분사기 등 행정안전부령으로 정하되, 근무 중에만 이를 휴대할 수 있다. (생략)

④ 경비원은 경비업무를 위하여 필요하다고 인정되는 상당한 이유가 있을 때에는 필요한 최소한도에서 제1항의 장비를 사용할 수 있다. (생략)

가령, 거동이 자유로운 사람이 위험한 물건을 이용하여 의료진, 환자 등 다른 사람을 폭행 · 협박하는 경우, 대화로써 행위를 중지시킬 수 없거나 다른 사람에게 위해를 가할 가능성이 높아 당장 행위를 중지시킬 필요가 있다면, 이러한 때에는 체포 또는 제지에 수반하여 분사기 · 단봉 등의 장구를 사용할 수 있으나, 사실상 거동이 어려운 가해자가 단순히 주먹을 휘두르거나 발길질을 하는 수준이어서 장구를 사용하지 않고서도 충분히 제지가 가능한 상황이라면, 이러한 경우에는 장구를 사용하여서는 안됩니다.

4. 참고자료

붙임 1 정당방위 · 정당행위 등 적용 요건

(1) 정당방위 적용요건

- **(규정)** 자기 또는 타인의 법익에 대한 현재의 부당한 침해를 방위하기 위한 행위는 상당한 이유가 있을 때 벌하지 아니한다(「형법」 제21조 제1항)
- **(적용 요건)**

① 정당방위 상황
- 상대방이 자기 또는 타인의 법익에 대한 부당한 침해

② 현재의 부당한 침해
- 침해행위가 저지되거나 종료된 후에는 폭력행위를 하지 않았을 것

③ 방위행위
- 침해행위에 대해 방어하기 위한 행위일 것

④ 상당한 이유
- 위법하게 침해행위를 도발하지 않았을 것
- 폭력행위의 수단이 침해행위의 방위에 필요한 범위 내일 것
- 상대방이 침해하려는 법익보다 방위행위로 침해한 법익이 현저히 크지 않을 것

(2) 정당행위 적용요건

- **(규정)** 법령에 의한 행위 또는 업무로 인한 행위 기타 사회상규에 위배되지 아니하는 행위는 벌하지 아니한다(「형법」 제20조).
- **(적용 요건)**

① 동기나 목적의 정당성
② 행위의 수단이나 방법의 상당성
③ 보호이익과 침해이익과의 법익균형성
④ 긴급한 사정
⑤ 다른 수단이나 방법이 없다는 보충성

(3) 긴급피난 적용요건

- **(규정)** 자기 또는 타인의 법익에 대한 현재의 위난을 피하기 위한 행위는 상당한 이유가 있는 때에는 벌하지 아니한다. (「형법」 제22조)
- **(적용 요건)**

① **현재의 위난**
- 방치하면 법익침해가 발생할 개연성이 높은 현재의 상태
  ※ 현재의 부당한 침해를 요구하는 정당방위보다 적용 범위가 넓음

② **자기 또는 타인의 법익에 대한 위난을 피하기 위한 행위**
- 정당방위와 달리 개인적인 법익(생명 · 신체 등) 외에 사회적, 국가적 법익 포함
- 방어적 피난(위난을 야기한 자의 법익 침해), 공격적 피난(위난 발생과 무관한 제3자의 법익을 침해, 대부분의 긴급피난행위가 여기에 속함)

③ **상당성**
- (보충성) 긴급피난의 행위는 최후의 유일한 수단이어야 함
- (우월한 이익) 긴급피난을 통해 보호되는 법익은 침해되는 법익보다 우월한 법익이어야 함
- (수단의 적합성) 피난 행위는 사회상규에 비추어 적합한 수단이어야 함

붙임 2 의료기관 비상벨 신고

(1) 신고 접수 및 출동

- **(신고접수)** 의료기관 내에 설치된 비상벨이 작동하는 경우 112에 신고가 접수되며, 경찰은 긴급한 상황(코드0 · 1)으로 판단합니다.
  ※ '16. 4월부터 경찰은 112신고를 긴급성에 따라 5단계로 분류하고 있으며, 코드 0 · 1은 긴급신고, 코드 2 · 3는 비긴급신고, 코드4는 비출동신고(상담문의)
- **(신고출동)** 신고가 접수되면 신고 장소에서 가장 가까운 순찰차가 출동하며, 흉기 소지, 집단폭행 등 위험한 경우에는 인접 순찰차 · 형사 등이 함께 출동합니다.

〈112신고 처리 흐름도〉

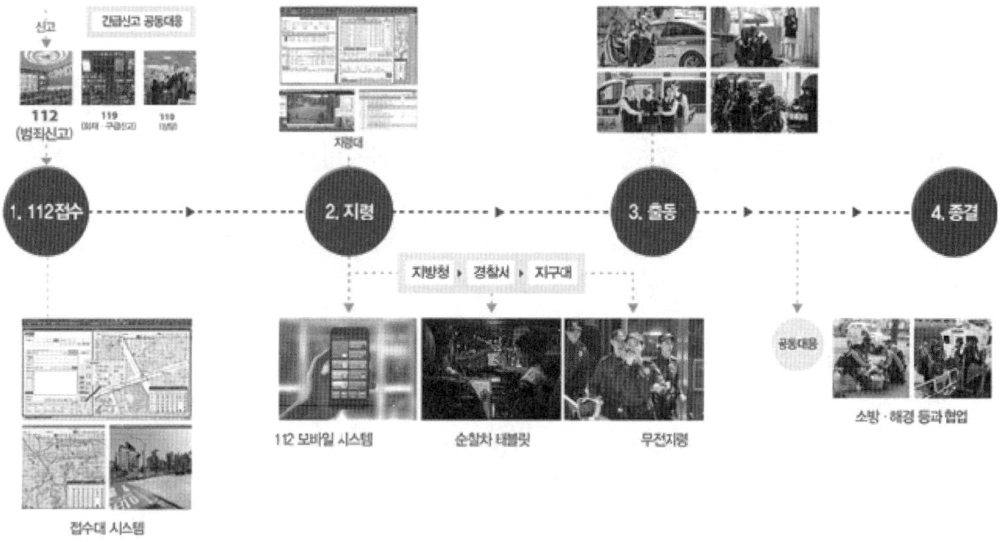

(2) 경비원 협조사항

■ (신고 요령) 긴급한 경우에는 비상벨을 신속하게 작동시키고, 부득이하게 휴대폰 등으로 112에 신고할 경우, 우선적으로 의료기관 주소와 응급실 등 발생장소, 피해상황을 말한 후, 접수요원의 질문에 답변해주시기 바랍니다.

- 특히 흉기·위험물 등 소지여부, 정신질환 의심 등 현장 위험성을 확인할 수 있는 내용을 신고 시에 먼저 말씀해 주시거나 이에 대한 접수요원의 질문에 대해서 답변해 주시기 바랍니다.

  ※ 긴급한 경우에는 신고자와 접수요원간 통화 중이라도, 현장 경찰관들이 출동하면서 실시간으로 신고내용을 청취할 수 있습니다.

- 경비원이 1인으로 비상벨 작동이 어려운 경우에는 먼저, 의료진·환자 대피 등 조치를 우선 실시하고, 주변인 중 1명을 지정하여 비상벨을 작동케 하거나 전화로 112에 신고하도록 요청하시기 바랍니다.

■ (유의사항) 오작동에 의한 경찰 출동으로 경찰력이 낭비되지 않도록 비상벨 작동에 유의해야 합니다.

- 테스트를 위한 시범작동이거나 오작동임이 확인되는 경우 112에 사전 혹은 확인 즉시 연락하여 관련 내용을 고지하거나 설명해 주시기 바랍니다.

붙임 3 관련 법령

(1) 경비업법

제15조의2 (경비원 등의 의무)

① 경비원은 직무를 수행함에 있어 타인에게 위력을 과시하거나 물리력을 행사하는 등 경비업무의 범위를 벗어난 행위를 하여서는 아니된다.

② 누구든지 경비원으로 하여금 경비업무의 범위를 벗어난 행위를 하게 하여서는 아니 된다.

제16조의2 (경비원의 장비 등)

① 경비원이 휴대할 수 있는 장비의 종류는 경적 · 단봉 · 분사기 등 행정안전부령으로 정하되, 근무 중에만 이를 휴대할 수 있다.

④ 경비원은 경비업무를 위하여 필요하다고 인정되는 상당한 이유가 있을 때에는 필요한 최소한도에서 제1항의 장비를 사용할 수 있다.

②③⑤ (생 략)

시행규칙 [별표5] 경비원 휴대장비의 구체적인 기준

장비	장비기준
1. 경적	금속이나 플라스틱 재질의 호루라기
2. 단봉	금속(합금 포함)이나 플라스틱 재질의 전장 700mm이하의 호신용 봉
3. 분사기	「총포 · 도검 · 화약류 등 단속법」에 따른 분사기
4. 안전방패	플라스틱 재질의 폭 500mm 이하, 길이 1,000mm이하의 방패로 경찰공무원이 사용하는 안전방패와 색상 및 디자인이 명확히 구분되어야 함
5. 무전기	무전기 송신 시 실시간으로 수신이 가능한 것
6. 안전모	안면을 가리지 아니하면서, 머리를 보호하는 장비로 경찰공무원이 사용하는 방석모와 색상 및 디자인이 명확히 구분되어야 함
7. 방검복	경찰공무원이 사용하는 방검복과 색상 및 디자인이 명확히 구분되어야 함

(2) 형사소송법

제212조 (현행범인의 체포)

현행범인은 누구든지 영장없이 체포할 수 있다.

제211조 (현행범인과 준현행범인)

① 범죄의 실행 중이거나 실행의 즉후인 자를 현행범인이라 한다.

② 다음 각 호의 1에 해당하는 자는 현행범인으로 간주한다.

1. 범인으로 호창되어 추적되고 있는 때
2. 장물이나 범죄에 사용되었다고 인정함에 충분한 흉기 기타의 물건을 소지하고 있는 때
3. 신체 또는 의복류에 현저한 증적이 있는 때
4. 누구임을 물음에 대하여 도망하려 하는 때

제213조 (체포된 현행범인의 인도)

① 검사 또는 사법경찰관리 아닌 자가 현행범인을 체포한 때에는 즉시 검사 또는 사법경찰관리에게 인도하여야 한다. (이하 생략)

(3) 형법

제20조 (정당행위)

법령에 의한 행위 또는 업무로 인한 행위 기타 사회상규에 위배되지 아니하는 행위는 벌하지 아니한다.

제21조 (정당방위)

① 자기 또는 타인의 법익에 대한 현재의 부당한 침해를 방위하기 위한 행위는 상당한 이유가 있는 때에는 벌하지 아니한다.

② 방위행위가 그 정도를 초과한 때에는 정황에 의하여 그 형을 감경 또는 면제할 수 있다.

③ 전항의 경우에 그 행위가 야간 기타 불안스러운 상태하에서 공포, 경악, 흥분 또는 당황으로 인한 때에는 벌하지 아니한다.

제22조 (긴급피난)

① 자기 또는 타인의 법익에 대한 현재의 위난을 피하기 위한 행위는 상당한 이유가 있는 때에는 벌하지 아니한다.

② 위난을 피하지 못할 책임이 있는 자에 대하여는 전항의 규정을 적용한다.

③ 제21조 제2항과 제3항의 규정은 본조에 준용한다.

제23조 (자구행위)
① 법정절차에 의하여 청구권을 보전하기 불능한 경우에 그 청구권의 실행불능 또는 현저한 실행곤란을 피하기 위한 행위는 상당한 이유가 있는 때에는 벌하지 아니한다.
② 전항의 행위가 그 정도를 초과한 때에는 정황에 의하여 형을 감경 또는 면제할 수 있다.

붙임 4 관련 판례

- **상호시비가 벌어져 싸움한 경우 정당방위의 성립인정 가부 / 대법원 83도3020**
- 판결요지 : 피고인과 피해자 사이에 상호시비가 벌어져 싸움을 하는 경우에는 그 투쟁행위는 상대방에 대하여 방어행위인 동시에 공격행위를 구성하며, 상대방의 행위를 부당한 침해라고 하고 피고인의 행위만을 방어행위라고는 할 수 없다.

- **위법한 법익침해 행위가 있더라도 긴박성 또는 방위행위의 상당성이 결여된 경우에 있어서의 정당방위의 성립 여부 / 대법원 84도1611**
- 판결요지 : 피고인이 그 소유의 밤나무 단지에서 피해자가 밤 18개를 푸대에 주워 담는 것을 보고 푸대를 빼앗으려다 반항하는 피해자의 뺨과 팔목을 때려 상처를 입혔다면 위 행위가 비록 피해자의 절취행위를 방지하기 위한 것이었다 하여도 긴박성과 상당성을 결여하여 정당방위라고 볼 수 없다.

- **더 이상 맞지 않으려고 가슴을 밀어낸 정도의 폭행과 정당행위 / 대법원 86도751**
- 판결요지 : 피해자가 피고인의 팔을 당기고 하여 아무말 없이 뒤돌아 가는데 다시 오른팔을 확 잡아당기고 가슴부분을 1회 때리고 또 다시 때리려는 것을 보고, 피고인으로서는 더 이상 맞지 않으려고 피해자의 가슴을 밀어낸 정도의 행위로서는 비록 외형상 그것이 폭행에 해당한다 하더라도 그 동기나 당시의 상황으로 봐서 불법한 공격적인 행위로 나아간 것이라고 할 수 없고 이는 오히려 먼저 당한 폭행과 같은 새로운 폭행을 당하지 않으려고 본능적으로 한 소극적 방어행위(저항)에 지나지 않아 사회상규에 어긋나는 행위라고 볼 수 없다.

- **父의 신체 등에 대한 위해를 방위하기 위한 정당방위로서 위법성이 조각된다고 본 사례 / 대법원 86도1091**
- 판결요지 : 차량통행문제를 둘러싸고 피고인의 父와 다툼이 있던 피해자가 그 소유의 차량에 올라타 문안으로 운전해 들어가려 하자 피고인의 父가 양팔을 벌리고 이를 제지하였으나 위 피해자가 이에 불응하고 그대로 그 차를 피고인의 父 앞쪽으로 약 3미터 가량 전진시키자 위 차의 운전석 부근 옆에 서 있던 피고인이 父가 위 차에 다치겠으므로 이에 당황하여 위 차를 정지시키기 위하여 운전석 옆 창문을 통하여 피해자의 머리털을 잡아당겨 그의 흉부가 위 차의 창문틀에 부딪혀 약간의 상처를 입게 한 행위는 父의 생명, 신체에 대한 현재의 부당한 침해를 방위하기 위한 행위로서 정당방위에 해당한다.

- **정당방위에 해당한다고 본 사례 / 대법원 89도623 판결**
- 판결요지 : 피고인이 방안에서 피해자로부터 깨진 병으로 찔리고 이유 없이 폭행을 당하여 이를 피하여 방밖의 홀(hall)로 도망쳐 나오자 피해자가 피고인을 쫓아 나와서까지 폭행을 하였다면 이때 피고인이 방안에서 피해자를 껴안거나 두 손으로 멱살부분을 잡아 흔든 일이 있고 홀 밖에서 서로 붙잡고 밀고 당긴 일이 있다고 하여도 특별한 사정이 없는 한 이는 피해자에 대항하여 폭행을 가한 것이라기 보다는 피해자의 부당한 공격에서 벗어나거나 이를 방어하려고 한 행위였다고 보는 것이 상당하고 그 행위에 이르게 된 경위, 목적, 수단, 의사 등 제반사정에 비추어 위법성이 결여된 행위라고 볼 것 이다.

- **[1] 정당행위의 성립요건, [2] 현행범인 체포의 요건, [3] 현행범인 체포행위가 적정한 한계를 벗어나는 행위인지 여부의 판단기준, [4] 피고인의 차를 손괴하고 도망하려는 피해자를 도망하지 못하게 멱살을 잡고 흔들어 피해자에게 전치 14일의 흉부찰과상을 가한 경우, 정당행위에 해당한다고 본 사례 / 대법원 98도3029**
- 판결요지 : [1] 어떠한 행위가 위법성 조각사유로서의 정당행위가 되는지의 여부는 구체적인 경우에 따라 합목적적, 합리적으로 가려져야 할 것인바, 정당행위를 인정하려면 첫째 그 행위의 동기나 목적의 정당성, 둘째 행위의 수단이나 방법의 상당성, 셋째 보호법익과 침해법익의 균형성, 넷째 긴급성, 다섯째 그 행위 이외의 다른 수단이나 방법이 없다는 보충성의 요건을 모두 갖추어야 할 것이다.

  [2] 현행범인은 누구든지 영장 없이 체포할 수 있으므로 사인의 현행범인 체포는 법령에 의한 행위로서 위법성이 조각 된다고 할 것인데, 현행범인 체포의 요건으로서는 행위의 가벌성, 범죄의 현행성 · 시간적 접착성, 범인 · 범죄의 명백성 외에 체포의 필요성 즉, 도망 또는 증거인멸의 염려가 있을 것을 요한다.

[3] 적정한 한계를 벗어나는 현행범인 체포행위는 그 부분에 관한 한 법령에 의한 행위로 될 수 없다고 할 것이나,적정한 한계를 벗어나는 행위인가 여부는 결국 정당행위의 일반적 요건을 갖추었는지 여부에 따라 결정되어야 할 것이지 그 행위가 소극적인 방어행위인가 적극적인 공격행위인가에 따라 결정되어야 하는 것은 아니다.

[4] 피고인의 차를 손괴하고 도망하려는 피해자를 도망하지 못하게 멱살을 잡고 흔들어 피해자에게 전치 14일의 흉부찰과상을 가한 경우, 정당행위에 해당한다고 본 사례.

참고문헌

강영규 외(2005). 경찰경비총서. 경찰대학.

강용길 외(2010). 경찰학개론. 경찰공제회.

경찰공제회(2007). 경찰실무Ⅰ. 경성문화사.

경찰공제회(2006). 특수경비. 경찰공제회.

경찰대학(2002). 경찰정보론. 경찰대학.

경찰실무교재 편찬위원. (2024). 「경찰실무종합」. 경찰공제회

경찰청. (2025). 범죄예방정책과 안내문(배포일: 2025.01.03.)

국가법령정보센터, https://www.law.go.kr

국가정보포럼(2006). 국가정보학. 박영사.

국토교통부. (2024). 도로공사장 교통관리지침

김대웅. (2006). 「도시교통계획」. 형설출판사

김두현(2010). 경호학 개론. 엑스퍼드.

김순석 · 김양현(2010). 경비업법. 박문각.

김순석 · 김양현(2010). 민간경비론. 박문각.

김용세(2009). 피해자학. 형설출판사.

김일곤. (2010). 일본 교통유도 경비제도의 시사점. 한국콘텐츠학회 종합학술대회 논문집, 충남대학교

김창윤 외(2009). 경찰학. 다해.

김형중(2015). 새로쓴 경찰학총론. 형지사.

김형중 외(2015). 새로쓴 경찰행정학. 박영사.

김형훈(2007). 경찰관직무집행법. 경찰대학.

김형훈(2007). 생활안전외근론. 경찰대학.

대한민국 항공보안협회 민간경비교육(2018). 특수경비원 신임교육. 진영사.

박기륜(2004). 국제범죄론. 비젼캐릭터.

박동균, 박기범. (2012). 일본 민간경비 산업의 특징 및 정책적 시사점. 한국민간경비학회보, 11(2), 99-127

박진용 · 이재민 · 김태환 · 박성면. (2024). 혼잡 · 교통유도경비론. 대영문화사

박현호 외(2009). 범죄예방론. 경찰대학.

박현호(2007). 안전관리론. 경찰대학.

배석주(2002). 생활응급대처요령, 현대북스.

배철효 외(2009). 경호학개론. 대영문화사.

부산1339외(2012). 일반인을 위한 응급처치.

신제철 · 김순석(2013). 산업보안론. 도서출판 그린.

안황권 외(2011). 특수경비. 한국경비협회.

안황권 · 안성조(2006). 신경호경비법론. 백산출판사.

이상원(2008). PIA민간조사학개론. 한국고시미디어.

이윤식(1994). 행정정보체계론. 법영사.

이윤식(2009). 신행정정보체계론. 대영문화사.

이윤호(2007). 현대사회와 범죄. 다해.

이윤호(2007). 피해자학. 박영사.

이윤호(2007). 범죄학. 박영사.

이황우(2010). 테러리즘. 법문사.

이황우(2007). 경찰행정학. 법문사.

임준태(2009). 범죄예방론. 대영문화사.

장석헌 외(2010). 범죄심리학. 청목출판사.

전대양(2003). 현대사회와 범죄. 형설출판사.

정우일(2008). 경비업법요론. 울산대학교출판부.

조민상. (2024). 한국의 혼잡·교통유도경비 활성화 방안. 한국민간경비학회보, 23(3), 1-22

최선우(2008). 민간경비론. 진영사.

최선우(2003). 경찰과 커뮤니티. 대왕사.

최선태(2005). 기업손실예방론. 백산출판사.

최진태(2006). 테러리즘의 이론과 실제. 대영문화사.
허경미(2005). 현대사회와 범죄. 박영사.
행정안전부 재난안전관리본부(2019). 민방위표준교재.
https://www.moleg.go.kr(법제처 홈페이지)
https://terms.naver.com(네이버백과사전 홈페이지)
http://www.nema.go.kr(소방방채청 홈페이지)
http://www.kfsa.or.kr(소방안전협회 홈페이지)
http://www.humanrights.go.kr(국가인권위원회 홈페이지) 인권교육자료
http://ye.anyang.go.kr/(안양시예절교육관 홈페이지)
http://www.yejiwon.or.kr/(예지원 홈페이지)
http://www.gcyaewon.or.kr/(과천예원 홈페이지)
「경비업법 시행령」(대통령령 제34826호)
「경비업법」(법률 제20645호)
「경찰관 직무집행법」(법률 제20153호)
「공연법」(법률 제19245호)
「도로교통법 시행규칙」(행정안전부령 제531호)
「도로교통법 시행령」(대통령령 제35163호)
「도로교통법」(법률 제19841호)
화재발생시 국민행동 매뉴얼(소방방재청)
응급처치요령(소방방재청)

【저자약력】

김순석

동국대학교 대학원 경찰행정학과 경찰학 석사 · 박사

現 신라대학교 경찰행정학과 교수

現 신라대학교 평생교육원 원장

現 경찰청 과학수사 자문위원

現 국립재난안전연구원 정부사업 심사평가위원

現 부산경찰청 운전면허행정처분심의위원

現 부산시 청원경찰 심의위원

現 경남도 청원경찰 채용 면접위원

現 부산강서소방서 징계심의위원

現 한국안전정책학회 회장

現 한국민간경비학회 부회장

現 한국범죄심리학회 부회장

現 한국경찰학회 부산경남지역 회장

現 한국치안행정학회 출판위원장

現 한국경호경비학회 상임이사

現 순경 및 경찰간부후보생 공개채용시험 출제 및 선정위원

現 경비지도사 자격시험 출제위원

現 신변보호사 자격시험 출제위원

前 New Jersey City University, Exchange Professor

前 신라대학교 입학처장

前 한국피해자지원협회(KOVA) 부산지회장

前 부산경찰청 집회시위 자문위원

前 중앙경찰학교 외래교수

前 한국경비협회 외래교수

김양현

동국대학교 대학원 경찰행정학과 경찰학 석사 · 박사
現 신라대학교 경찰행정학과 교수
現 신라대학교 민간경비센터 책임교수
現 부산광역시 사전영재난영향성검토위원
現 경찰서 감찰처분위원
現 경찰서 청원심의위원
現 경찰서 경미범죄심사위원
現 경찰서 민원조정위원
現 경찰서 정보공개청구심의위원
現 한국민간경비학회 이사
現 한국공안행정학회 이사
現 한국범죄심리학회 이사
現 한국치안정책학회 이사
경찰공무원/해양경찰공무원/소방공무원 채용 출제 및 면접위원
해양경찰정비창 채용 면접 및 점검위원
시도경찰청/구치소 방호직 면접위원
경비지도사/신변보호사 자격시험 출제위원
시도 청원경찰 출제 및 면접위원
책임운영기관 실사평가위원
前 신라대학교 대학원 부원장
前 유원대학교 경찰행정학과 교수
前 한국경비협회 외래교수
前 지방검찰청 형사조정위원
前 경찰인재개발원 발전위원
前 부산경찰청 징계위원

조민상

순천향대학교 대학원 경찰행정학과 경찰학 석사·박사
現 신라대학교 경찰행정학과 교수
現 법무부 채용 면접 및 점검위원
現 충남경찰청 손실보상심의위원회 위원
現 남해지방해양경찰청 고충심사위원회 위원
現 해양경찰정비창 채용 면접 및 점검위원
現 국세청 일반직 공무원 채용 심사위원
現 한국융합과학회 부회장
現 한국민간경비학회 이사
現 국가위기관리학회 이사
現 한국재난관리학회 이사
現 미래융합통섭학회 이사
現 한국치안행정학회 이사
現 한국범죄심리학회 이사
現 한국해양경찰학회 이사
現 사단법인 위기관리 이론과 실천 이사
前 국무조정실 정부업무평가단 평가위원
前 신라대학교 기획조정처 부처장
前 전국재해구호협회 연구위원
前 충청남도 학술연구용역심의 위원
前 충청연구원 미래기획위원회 위원
경비지도사/신변보호사 자격시험 출제위원
경찰공무원(순경 및 경찰간부후보생) 공개채용시험 출제위원
해양경찰공무원 채용 면접위원
소방공무원 채용 면접 심사위원

박동수

선문대학교 경찰행정법학과 계약교수
주산학평생교육원 부원장
민간경비교육센터 주임교수

학력: 동국대학교 일반대학원 경찰학석사
광운대학교 일반대학원 범죄학석사

경력: 前) 서남대학교 경찰행정학과 조교수
前) 중앙경찰학교 외래강사
前) 경찰인재개발원 외래강사
前) 경찰대학교 외래강사
前) 아산경찰서 경미범죄심사위원
現) 충남교육청 행정심판위원
現) 충남교육청 적극행정지원위원
現) 독립기념관 정보공개심의위원

학회: 한국경찰학회 이사
한국민간경비학회 이사
한국공안행정학회 이사
한국범죄심리학회 이사
한국해양경찰학회 이사

정병수

동국대학교 대학원 경찰행정학과 범죄학 석사 · 박사
現 세한대학교 공공안전학부 학부장(경찰행정학과 교수)
現 세한대학교 일반경비원교육 책임교수
現 경찰청 과학수사 자문위원
現 충남경찰청 경찰수사 심의위원회 위원
現 충남경찰청 중대범죄 신상정보공개 심의위원회 위원
現 충남경찰청 시민감찰위원회 위원
現 충남 당진경찰서 청소년 선도심사위원회 전문위원
現 당진시의회 윤리심사 및 행동강령운영 자문위원회 위원
現 경기 평택해양경찰서 보통고충심사 심사위원회 민간위원
現 경기 평택해양경찰서 경미범죄심사위원회 위원
現 경기 평택해양경찰서 정보공개심의위원회 위원
現 경기 평택지방해양수산청 청원경찰 징계위원회 위원
現 경찰인재개발원 외래교수
現 충남경찰청 교육센터 자치경찰교육 외래교수
現 한국민간경비학회 편집위원회 위원장
現 한국치안행정학회 연구위원회 위원장
現 한국범죄심리학회 연구윤리위원회 위원장
경찰공무원 순경 · 경찰간부후보생 채용시험 출제위원 및 면접위원
인사혁신처 공무원 채용시험 출제위원 및 면접위원
일반직 공무원 경력경쟁채용시험 서류평가위원
경찰청 경력채용시험 면접위원
충남경찰청 경찰공무원 승진 평가위원
충남 태안경찰서 보통징계위원회 민간징계위원
국가공인 신변보호사 자격시험 출제 및 선정위원
시도 청원경찰 채용시험 출제위원 및 면접위원
당진시 결산검사위원

前 세한대학교 사회문화복지학부장

前 경기남부청 경기경찰 교육센터 외래교수

前 수원시 좋은시정 위원회 위원(안전도시분과)

前 아산시 공공디자인 진흥위원회 위원(범죄예방)

前 충남형 자치경찰제 비전과 추진전략 집필 외부 연구위원

前 충남교육청 인정도서심의위원회 위원